中国历代名著全译·丛书

四书全译

刘俊田　林松　禹克坤　译注

中国历代名著全译丛书
编委会

1990年：第一版（第一批）

（以姓氏笔画为序）

王运熙　余冠英　张　克（常务）　罗尔纲

程千帆　缪　钺

1997年：第一版（第二批）

（以姓氏笔画为序）

王元化　王运熙　李万寿（常务）　袁行霈

程千帆　傅璇琮　李立朴（执行）　黄涤明（执行）

学术顾问

陈祖武　张新民

特约编审（以姓氏笔画为序）

于民雄　汪泰陵　易健贤　赵　泓　袁华忠

再版说明

◎ 在人类文明历史长河中，中华民族创造了源远流长、博大精深的优秀传统文化，它是中华民族的“根”与“魂”，为中华民族生生不息、发展壮大提供了强大的精神支撑。中华优秀传统文化内容包蕴万千，而浩如烟海的历代经典名著正是其中最为璀璨的瑰宝。

◎ 为了传承和弘扬中华优秀传统文化，使广大读者了解我国历代经典名著的全豹，上世纪90年代，我们在全国学术界许多著名学者的支持下，出版了这套《中国历代名著全译丛书》。丛书分两批，每批50种，精选我国历代经史子集四部名著以会注全译的形式整理出版。由于丛书开名著全译之先河且兼具权威性、通俗性、学术性和资料性，出版之后得到书界的认可和受到读者的喜爱，并于1993年荣获第三届中宣部精神文明建设“五个一工程”奖。

◎ 随着中国开启建设社会主义现代化国家新征程，文化作为一个国家、一个民族的灵魂，在中国特色社会主义事业全局中的重要地位被进一步凸显，提高文化软实力成为实现中华民族伟大复兴的重要支撑。正是由于这样的背景，让我们开启《中国历代名著全译丛书》的再版工作具有非同寻常的意义。此次再版我们主要做了两项工作：一是对书的内容进行全面细致的校订，改正上一版中存在的舛误，同时，在尊重和保持作者学术成果原貌的基础之上，对个别属于历史局限的地方作了适当处理，使其内容更加精善；二是对书的装帧形式重新进行设计，使其形态更具审美价值并符合新时代读者的阅读习惯。

◎ 我们相信，这套新版的《中国历代名著全译丛书》在让读者领略到中华优秀传统文化独特风采与恒久魅力的同时，对提升中华民族文化自觉自信将起到应有的作用。

贵州人民出版社有限公司

2021年1月

前 言

◎ 宋代的朱熹曾将《大学》《中庸》《论语》《孟子》四部著作汇编在一起，并加注释，名为《四书集注》，在南宋光宗绍熙元年（1190）刊行。元朝延祐年间（1314—1320），朝廷明令以《四书集注》考试士子。自此迄至清末，沿习不变。本书统治封建社会的思想达七百年之久，影响深远。

◎《大学》《中庸》为《礼记》一书中的篇章，约写定于秦统一以后。《论语》是记录孔子及其弟子言行的著作，成书于春秋战国之际。《孟子》是关于孟子言行的著作，成书于战国时代。这四部书写成于不同时代，思想观点也不尽一致。但是，经过汉以后历代统治阶级思想家的改造，特别是经过宋代程颢、程颐、朱熹的几番阐释以后，"四书"及其"集注"，已经成为封建思想的集大成之作。约略说来，在哲学上，宣扬唯心主义的"天命"观；在政治上，维护地主阶级统治，推崇"仁""义"，鼓吹"中庸"；在经济上，通过美化井田制美化封建剥削；在道德上，宣扬"忠""孝""诚""信"，企图用脱离社会实践的主观修养，诱导人们诚心接受封建统治。

◎今天，为了认识封建社会，批判封建主义，对于一般干部来说，读一读“四书”并不是毫无意义的。况且，作为古代遗产，“四书”中也含有某些民主性菁华，乃至文章的写作经验，经过分析、批判，可以为建设新文化提供借鉴。由于“四书”的古代汉语不便于今天的读者阅读，我们决定将“四书”译成现代汉语。是为本书编写印行的缘起。

◎《四书集注》实际上包括“四书”及“集注”两部分。“四书”是秦及秦以前以孔子为代表的儒家思想的文献。“集注”则浸透了宋代以程颢、程颐、朱熹为代表的“理学”世界观。两部分既有联系又有区别。我们现在略去“集注”，只译“四书”。书中的注释，是由我们新作的，内容限于字词训释和典章、制度的说明等，力求简明。今译以直译为主，兼顾文采。原文以中华书局“新编诸子集成”本《四书章句集注》为据，不另作校勘。每部书前，有简要说明一篇，供读者参考。注文、今译、说明如有错误，敬请批评指正。

一九八五年三月

目录

大学

引言 3
（一） 7
（二） 12
（三） 13
（四） 15
（五） 19
（六） 20
（七） 21
（八） 24
（九） 25
（十） 27
（十一） 31

中庸

引言 45
（一） 48
（二） 51
（三） 52
（四） 53
（五） 54
（六） 55
（七） 56
（八） 57
（九） 58
（十） 60
（十一） 62
（十二） 63
（十三） 65
（十四） 68
（十五） 70
（十六） 71
（十七） 73
（十八） 75
（十九） 77
（二十） 81

（二十一） 91
（二十二） 92
（二十三） 93
（二十四） 95
（二十五） 96
（二十六） 97
（二十七） 101
（二十八） 104
（二十九） 107
（三十） 110
（三十一） 111
（三十二） 114
（三十三） 115

论语

引言 123
学而第一 126
为政第二 136
八佾第三 150
里仁第四 167
公冶长第五 179
雍也第六 196
述而第七 213
泰伯第八 231
子罕第九 243
乡党第十 258
先进第十一 273
颜渊第十二 290
子路第十三 304
宪问第十四 319
卫灵公第十五 343
季氏第十六 358
阳货第十七 369
微子第十八 385
子张第十九 395
尧曰第二十 407

孟子

引言	415
梁惠王上	418
梁惠王下	456
公孙丑上	501
公孙丑下	539
滕文公上	575
滕文公下	611
离娄上	645
离娄下	677
万章上	705
万章下	735
告子上	764
告子下	793
尽心上	827
尽心下	860

大学

引言

◎《大学》原是《礼记》中的一篇，可能作于战国时期，写定于秦统一全国以后不久。作者不详。

◎“大学”，指有关政治、哲理的高深而广博的学问。据传在周代，贵族子弟八岁入小学，学习基础文化及武艺。十五岁入大学，又称太学，学习治理政事的理论。汉代郑玄说：“《大学》者，以其记博学可以为政也。”（《礼记注释》）朱熹说：“《大学》者，大人之学也。”（《四书集注》）

◎《大学》分“经”一章，“传”十章。“经”是基本观点，“传”是对于“经”的解释、阐述。这样的章次，是由朱熹重新编辑的。

◎《大学》依据孔子、孟子“仁政”的思想，阐明了新生的地主阶级“治国平天下”的理论。篇中提出三条基本原则（三纲）和八个步骤（八目）。“三纲”是“明明德”“新民”“止于至善”。《大学》认为，人生来就具有高尚的“明德”，入世以后，“明德”被掩，需要经过“大学之道”的教育，重新发扬明德，革新民心，达到道德完善的境地。具体说来，就是做到

"八目":"格物""致知""诚意""正心""修身""齐家""治国""平天下"。"八目"中,"修身"是根本。前四目是"修身"的方法,后三目是"修身"的目的。

◎《大学》篇认为"修身"的重要途径是格物致知,即"致知在格物"。汉代郑玄在《礼记注释》中说:知是对于善、恶、吉、凶的因果关系的认识。格,是招致、引来的意思。物,是事的意思。如果我们的认识趋向于善,就会引来善事,如果我们的认识趋向于恶,就会引来恶事。就是说事是按照人的思想追求发生的。唐代孔颖达在"疏"中对"注"文又作了引申。应该说,这样的解释基本符合原意。朱熹根据二程的观点,对"格物致知"作了新的解释。在《四书集注》中,朱熹解释"物"是事物,"格"是探究、穷尽,"致"是推极,"知"是认识。朱熹认为,人心都有认识的能力,任何事物都含有理,不穷尽理,认识就不完全。要认识完全,达到顶点,就要在与事物接触时,穷尽其理。在他看来,这就是"格物致知",或者说是"物格""知至"。应该说,朱熹的解说已经不完全符合《大学》篇的原意。按原意,"知"是对于"至善"的认识,认识到"至善",行为就端正。经过朱熹的解说,"格物"成为"知"的手段。但是朱熹所说的事物,不是指客观存在的物质现象,而是指人们从事的社会活动。"格物"的"格",不是指人在实践中对于自然社会"物"的考察、研究,而是指以

"诚意""正心"为内容的心理体验。因而"致知"的"知"并不是对于自然、社会的客观规律的认识，而是恢复一个人先天具有的道德本性。朱熹提倡"格物""致知"，是教人防止个人感情、欲望的偏向，努力消除忿怒、恐惧、好乐、忧患各种情感，追求道德的自我完善。这样，就把封建主义的政治统治与个人的道德修养结合在一起，强调道德修养在社会发展中的决定性作用。这些，显然都是历史的唯心主义。

◎《大学》还强调维护宗法制度即"齐家"对于"治国平天下"的重要意义。在这方面，《大学》提倡孝、弟、慈。孝是协调下辈对上辈的关系；弟是协调同辈之间长与幼的关系；慈是协调上辈对下辈的关系。《大学》认为，协调这些关系的原则同样适用于协调国家中君与臣，君臣与民的关系。这样便把家族中宗法治理与国家中政治统治结合在一起。

◎《大学》还为新兴的封建国家制定了政治统治的原则。其主要内容是，统治者要以身作则，遵循"絜矩之道"。要尊重老人，抚恤孤儿。要能爱人，能恶人。好恶要与民同，成为民之父母。要注意物质生产，剥削要掌握一定限度，不能与民争利等。这些，体现了新生的地主阶级的政治理想，具有进步意义。当然，其理论基础仍然是以"德""义"为中心内容的唯心主义，而且这种理想在整个封建社会里也从未实现过。它虽然具有某种欺骗性，但是在一定的历史条件下，也曾经成为人民

（包括地主阶级中先进分子）反抗统治者的思想武器。

◎ 朱熹对于《大学》除了注解外，还对每章加以简短的提示，包括补写第五章的“传”文。为了帮助读者理解原文，我们将提示、补文一并译出，用〔 〕号标记。

禹克坤

（一）

原文 大学之道[①]，在明明德[②]，在亲民[③]，在止于至善。

注释 ① 大学之道：大学的原则。道的本义是道路。在中国古代政治学、哲学里，“道”有时指原则、规律，有时指一定的政治观或思想体系，有时指宇宙万物的本原、本体，有时指方法、办法。本书以下包括“《中庸》译注”，各据其具体所指，或直引，或译成相应的现代汉语。

② 明明德：儒家认为，人生来具有善良的德性，即明德。后天因为受到物质利益的蒙蔽，个人偏狭气质的拘束，明德受到压抑，所以要经过教育，使明德显露出来。明，动词，使彰明。明德，光明的德性，善德。

③ 亲民：据下文，应为“新民”。新，动词，革新。即弃旧图新，去恶从善。

译文 大学的原则，在于发扬光明的德性，革新民心，达到完善。

原文 知止[①]而后有定，定而后能静，静而后能安，安而后能虑，虑而后能得[②]。

注释 ① 止：名词，所止之地，即至善。

② 得：指有所收获，得到至善。

译文 知道达到完善才能坚定不移，坚定不移才能镇静不躁，镇静不躁才能安然不乱，安然不乱才能思虑周全，思虑周全才能达到完善。

原文 物有本末，事有终始。知所先后，则近道矣。

译文 任何物都有根本有枝末，任何事都有终结有开始。知道本、末与终、始的先后次序，那就接近大学的原则了。

原文 古之欲明明德于天下者，先治其国。欲治其国者，先齐其家[①]。欲齐其家者，先修其身[②]。欲修其身者，先正其心。欲正其心者，先诚其意。欲诚其意者，先致其知[③]。致知在格物[④]。

注释 ① 先齐其家：意为使家族齐心协力，平安和睦。齐，有治理意。家，家族。古代卿大夫有一定的地域被他统治，组成以血缘关系为纽带的家族，不同于现代意义上的“家”或“家庭”。

② 修其身：修养自身的品德。

③ 先致其知：先使认识达到极点，即认识明确。致，至。知，认识。

④ 格物：据朱熹解释，指穷究物理。“言欲致吾之知，在即物而穷其理也”（《四书集注》）。

译文 古时候，要在天下发扬光明德性的人，先要治理好他的邦国。要治理好邦国，先要安定他的家族。要安定家族，先要修养自己的品性。要修养品性，先要端正自己的心思。要端正心思，先要使自己的意念真诚。要使意念真诚，先要认识明确。认识明确在于穷究物理。

原文 物格而后知至，知至而后意诚。意诚而后心正。心正而后身修。身修而后家齐。家齐而后国治。国治而后天下平。

译文 穷究物理以后才能认识明确，认识明确以后意念才能真诚，意念真诚以后心思才能端正，心思端正以后才能修养品性，品性修养以后家族才能安定，家族安定以后邦国才能治理成功，邦国治理成功以后天下才能太平。

原文 自天子以至于庶人①，壹是皆以修身为本②。其本乱而末治者否矣③。其所厚者薄，④而其所薄者厚，未之有也⑤！

注释 ① 庶（shù）人：西周以后称农业生产者。秦以后泛指没有官爵的平民。

② 壹是：都是。

③“其本乱”句：本乱，意为本性败坏。末治，意为国家治理成功。

④ 其所厚者薄：厚，尊重。薄，轻薄，轻蔑。

⑤ 未之有也：即未有之，意为从来没有过这样的事。之，代词。

译文 从天子直到平民，人人都要以修养品性为根本。一个人，他的根本已乱而枝末却能治理，这是不可能的。正如他尊重的人却对他轻蔑，他轻蔑的人却对他尊重，这样的事是从来不会有的。

原文 右经一章[①]，盖孔子之言，而曾子述之[②]。其传十章[③]，则曾子之意而门人记之也。旧本颇有错简，今因程子所定[④]，而更考经文，别为序次如左。

注释 ① 经：经典。汉代开始将孔子以及体现了儒家思想的著作称为经或经典。

② 曾子：名参（shēn），字子舆。孔子的学生。按，说《大学》为曾子所述，并不确实。

③ 传（zhuàn）：对于经书的解释。

④ 程子：程颐，字正叔。洛阳人，世称伊川先生。宋代唯心主义理学家。“子”是尊称。

译文 上面是“经”一章，是孔子的言论，由曾子口述。十章“传”，是曾子的见解，由他的学生记录下来，古本多有错乱，现依据程子订正，再考证经书，分出章节次序如下。

（二）

原文 《康诰》曰①：“克明德②。”《大甲》曰③：“顾諟天之明命④。”《帝典》曰⑤：“克明峻德⑥。”皆自明也⑦。

注释 ① 康诰：《尚书·周书》的篇名。《尚书》是中国上古历史文件和部分追述古代事迹著作的汇编。分为《虞书》《夏书》《商书》《周书》四部分。《康诰》是周成王封康叔时作的文告。

② 克明德：《康诰》篇原句为“惟乃丕显考文王，克明德慎罚。”是赞扬文王的话。克，能够。

③《大甲》：即《太甲》，《尚书·商书》中的一篇。

④ 顾諟天之明命：《太甲》篇原句为“伊尹作书曰，先王顾諟天之明命，以承上下神祇。”是伊尹告诫太甲的话。伊尹是商朝初年的大臣，曾放逐仲任的侄子太甲，自立为王，后又让太甲复位。顾，思念。諟，此。明命，光辉的命令，也即明德。

⑤《帝典》：即《尧典》，《尚书·虞书》中的一篇。

⑥ 克明峻德：《尧典》原句为“若稽古帝尧……克明俊德，以亲九族。”“俊”即“峻”，意为大。

⑦ 皆：指上引的几段文字。

译文 《康诰》上说:“能有光明的德性。”《大甲》上说:“思念上天光辉的命令。”《帝典》上说:“能够发扬崇高的德性。”这些都是说要自己发扬德性。

原文 右传之首章,释“明明德”。

译文 上面是首章“传”文,解释“明明德”。

(三)

原文 汤之《盘铭》曰①:“苟日新,日日新,又日新②。”《康诰》曰:“作新民③。”《诗》曰:“周虽旧邦,其命维新④。”是故君子无所不用其极⑤。

注释 ① 汤之《盘铭》:汤,商朝的开国君主叫成汤。盘,沐浴用的器皿。铭,刻在器皿上用以警戒自己的文辞。

② “苟日新”三句:苟,如果。新,既指身体上洗涤污垢,焕然一新,又引申指品德修养上的弃旧图新。

③ 作新民：原句为“已，汝惟小子，乃服惟弘王，应保殷民。亦惟助王宅天命，作新民。”作，振作，鼓励。新民，使民自新。此句证明“经”一章“在亲民”应为“在新民”。

④“《诗》曰”三句：《诗》，《诗经·大雅·文王》。周，周朝。旧邦，古老的国家。其命，指周朝承受的天命。维，助词。

⑤ 其极：指“至善”。极，顶点。

译文 汤朝的《盘铭》上说：“如一天能够自新，则应天天自新，新了还要更新。”《康诰》上说：“鼓励平民自新。”《诗经》上说：“周朝虽是旧邦国，承受天命却很新。”因此，君子无处不追求完善的境地。

原文 右传之二章，释新民。

译文 上面是第二章“传”文，解释“新民”。

（四）

原文 《诗》云："邦畿千里，惟民所止[①]。"《诗》云："缗蛮黄鸟，止于丘隅[②]。"子曰[③]："於止[④]，知其所止，可以人而不如鸟乎！"

注释 ①"《诗》云"三句：见《诗经·商颂·玄鸟》。邦畿（jī），君王居住都城及其周围的地域。止，居住。

②"《诗》云"三句：见《诗经·小雅·緜蛮》。缗蛮，即緜（mián）蛮，鸟叫声。隅，角落。止，栖息。

③ 子：孔子。以下不再注释。

④ 於（wū）：叹辞。

译文 《诗经》上说："国都广阔千里，平民都愿居住。"《诗经》上说："黄鸟叫声'缗蛮'，栖息在山高冈。"孔子说："啊，黄鸟知道它应当栖息的地方，难道人可以不如鸟吗？"

原文 《诗》云："穆穆文王，於缉熙敬止[①]！"为人君，止于仁；为人臣，止于敬；为人子，止于孝；为人父，止于慈；与国人交[②]，止于信。

注释 ①“《诗》云”三句：见《诗经·大雅·文王》。文王，周文王。穆穆，仪表美好、端庄恭敬的样子。缉，继续。熙，光明。止，助词。

② 国人：指统治阶级上层人物。

译文 《诗经》上说：“庄重美好的文王啊，你光大先王之德，办事敬顺天命。”作为国君，要达到“仁”；作为属臣，要达到“敬”。作为儿子，要达到“孝”；作为父亲，要达到“慈”；与国人来往，要达到“信”。

原文 《诗》云：“瞻彼淇澳，绿竹猗猗。有斐君子，如切如磋，如琢如磨。瑟兮僩兮，赫兮喧兮。有斐君子，终不可諠兮[①]！”如切如磋者，道学也[②]；如琢如磨者，自修也[③]；瑟兮僩兮者，恂栗也[④]；赫兮喧兮者，威仪也[⑤]；有斐君子，终不可諠兮者，道盛德至善，民之不能忘也。

注释 ①“《诗》云”十句：见《诗经·卫风·淇澳》。淇，淇水，在今河南省北部。澳（yù），水边。猗猗（yī yī），植物光彩、茂盛的样子。斐（fěi），文采。切，切割。磋，磨光。琢，雕琢。瑟（sè），此处为庄重的样子。僩（xiàn），胸襟开阔的样子。赫，显耀。喧（xuān），通“煊”，盛大的样子。諠（xuàn），《诗经》作“谖”，遗忘。

② 道学：道，言，说。学，讲习，讨论。

③ 自修：自我反省。

④ 恂栗（xún lì）：恐惧。

⑤ 威仪：仪表威严。

译文 《诗经》上说：“看那淇水弯弯的地方，青青的竹子茂盛闪光。这个有文采的君子，如用刀锯破析骨器，如用砂石把珠玉磨光。庄重开朗，显赫坚强。这个有文采的君子，我们终身不能遗忘。”“如用刀锯破析骨器”，比喻精心求学；“如用砂石把珠玉磨光”，比喻修养品性；“庄重开朗”，是说内心谨慎；“显赫坚强”，是说仪表威严；“这个有文采的君子，我们终身不能遗忘”，是说君子正气充沛，德性达到完善的境地，平民当然牢记不忘了。

原文 《诗》云：“於戏！前王不忘[①]。”君子贤其贤而亲其亲[②]，小人乐其乐而利其利[③]，此以没世不忘也[④]。

注释 ①“《诗》云”三句：见《诗经·周颂·烈文》。於戏（wū hū），叹辞。前王，可能是指周武王。

②“君子”句：君子，指贵族。贤其贤，两“贤”字义为贤明。前“贤”字用作动词，引申为尊贵之意，后“贤”字用作名词，指贤明的君子。亲其亲，前“亲”字意为亲爱、亲近，后“亲”字用作名词，意为亲族。

③“小人”句：小人，指平民。乐其乐，两“乐”（luò）字，主为快乐。前“乐”字用作动词，意为以小人之乐为乐。利其利，两“利”字义为利益。前“利”字，用作动词，意为让平民获得利益。

④ 此以：因此。

译文 《诗经》上说：“啊，前代的君王，不能让人遗忘。”前王尊重贤明的君子，亲近同一亲族的君子；前王能与平民同享快乐，又让平民获得利益。这就是前代君王虽已去世，后代永不遗忘的道理。

原文 右传之三章，释止于至善。

译文 上面是第三章“传”文，解释“止於至善”。

（五）

原文 子曰："听讼，吾犹人也。必也使无讼乎[①]！"无情者[②]，不得尽其辞[③]。大畏民志[④]。此谓知本[⑤]。

注释 ①"子曰"四句：见《论语·颜渊》篇。听，听取，指审理。讼，诉讼。犹人，与别人一样。

② 情：真实情况。

③ 尽：竭尽。

④ 民志：民心。

⑤ 本：根本的道理。

译文 孔子说："审判讼案，我的能力与别人一样。我力求做到的恐怕还是使人不再发生诉讼吧。"让隐瞒实情的人，不敢花言巧语，并且在内心里十分恐惧。这就叫作认识根本的道理。

原文 右传之四章，释"本末"。

译文 上面是第四章"传"文，解释"本末"。

（六）

原文 此谓知本。此谓知之至也①。

注释 ①“此谓”两句：程颐认为“此谓知本”是多出的话。朱熹认为“此谓知之至也”句上面有缺文。按在《礼记·大学》中此两句在第一章后面。

译文 这就叫作认识根本的道理。这就是认识的顶点。

原文 右传之五章，盖释格物、致知之义，而今亡矣。闲尝窃取程子之意以补之曰：“所谓致知在格物者，言欲致吾之知，在即物而穷其理也。盖人心之灵莫不有知，而天下之物莫不有理，惟于理有未穷，故其知有不尽也。是以《大学》始教，必始学者即凡天下之物，莫不因其已知之理而益穷之，以求至乎其极。至于用力之久，而一旦豁然贯通焉，则众物之表里精粗无不到，而吾心之全体大用无不明矣。此谓物格，此谓知之至也。”

译文 上面是“传”文的第五章，解释“格物”“致知”的意义，然而全文现今已经佚失了。我闲来曾私下采用程子的观点补足如下：“所谓认识明确在于穷究物理，是说欲使我们有明确的认识，就需要接触外物而穷究其理。一般地说，人的心是灵巧的，无不有认识的能力。而天下的物也无不包含着理，只是因为我们对于理未能穷尽，所以认识才不完全。因此《大学》篇必得先教育学者在接触天下万物的时候，要根据自己已经认识的理去穷尽万物的理，以达到认识的极点。如此长久用功，终有一天会豁然贯通，万物的表里内外、精微粗浅无不认识到，我们的认识在总体上、在运用上无不洞察明白。这就是物的理被穷尽，这就是认识的顶点。”

（七）

原文 所谓诚其意者①，毋自欺也②。如恶恶臭③，如好好色④，此之谓自谦⑤，故君子必慎其独也⑥！

注释 ① 诚其意：使意念真诚。意，意念，志意。

② 毋（wú）：不要。

③ 恶（wù）恶臭（è xiù）：讨厌污秽的气味。

④ 好（hào）好色：喜好美丽的女子。色，女性，女子。

⑤ 谦（qiàn）：通“慊”，心安理得的样子。

⑥ 慎其独：在独自一人的时候要谨慎不苟。独，指独处。

译文 所谓使意念真诚，就是自己不要欺瞒自己，就像厌恶污秽的气味，就像喜好美丽的女人。这就是自己求得安然满足，所以君子在独处时，一定要谨慎。

原文 小人闲居为不善①，无所不至，见君子而后厌然②，揜其不善③，而著其善④。人之视己，如见其肺肝然，则何益矣。此谓诚于中⑤，形于外，故君子必慎其独也。

注释 ① 闲居：独处。

② 厌（yā）然：躲躲闪闪的神态。

③ 揜（yǎn）：掩藏。

④ 著（zhù）：显明。

⑤ 中：心中。

译文 小人闲居独处的时候，却做不善的事，什么坏事都做得出。见到君子以后躲躲闪闪，企图掩盖他做的不善的事，装作他似乎做过善的事。别人看你自己，好像能见到你的心肝五脏。这样做法，有什么益处呢？这就叫心中诚实，一定要表现到外表。所以君子在独处时，一定要谨慎。

原文 **曾子曰：“十目所视，十手所指，其严乎[①]！”**

注释 ① 其（qǐ）：即“岂”，意为“难道不是……”。

译文 曾子说：“一个人常常被十目注视着，被十手指点着。这难道不是很可怕吗？”

原文 **富润屋[①]，德润身[②]，心广体胖[③]，故君子必诚其意。**

注释 ① 润屋：意为装饰房屋，使房屋更华丽。

② 润身：意为增强修养，使思想更高尚。

③ 心广体胖（pán）：胸襟宽广，体貌安详自然。胖，大，舒坦。

译文 富能装饰房屋，德能修养品性。胸襟宽广，体貌安详，所以君子一定要使自己的意念真诚。

原文 右传之六章，释诚意。

译文 以上是第六章“传”文，解释“诚意”。

（八）

原文 所谓修身在正其心者，身有所忿懥[①]，则不得其正；有所恐惧，则不得其正；有所好乐，则不得其正；有所忧患，则不得其正。

注释 ① 忿懥（zhì）：愤怒。

译文 如要修养品性，须先端正心思。道理是什么呢？心有愤慨，就不能端正；心有恐惧，就不能端正；心有喜好，就不能端正；心有忧患，就不能端正。

原文 心不在焉，视而不见，听而不闻，食而不知其味。此谓修身在正其心。

译文 心思不在应在的位置，是看也看不见，听也听不到，吃也不辨滋味的。这就是修养品性须先端正心思的道理。

原文 右传之七章，释“正心”“修身”。

译文 以上是第七章“传”文，释“正心”“修身”。

（九）

原文 所谓齐其家，在修其身者：人之其所亲爱而辟焉[①]，之其所贱恶而辟焉，之其所畏敬而辟焉，之其所哀矜而辟焉[②]，之其所敖惰而辟焉[③]。故好而知其恶，恶而知其美者，天下鲜矣。故谚有之曰：“人莫知其子之恶，莫知其苗之硕[④]。”此谓身不修不可以齐其家。

注释 ①“人之其”句：之，即“于”，意为“对于”。辟，偏激。

②哀矜（jīn）：同情，怜惜。

③敖（ào）惰：敖，骄傲。惰，慢怠。

④硕：大。

译文 如要安定家族，须先修养品性。道理是什么呢？人们对于他亲近、热爱的人常有偏向；对于他轻贱、厌恶的人常有偏向；对于他畏惧、恭敬的人常有偏向；对于他傲视、慢怠的人常有偏向。因此喜欢某人又了解他的坏处，厌恶某人又了解他的好处；这种人在天下是少见的。所以有一句谚语说：“没有人能知道自己儿子的坏处，没有人满足自己的庄稼好。”这就是不修养好品性就不能安定家族的道理。

原文 右传之八章，释“修身齐家”。

译文 以上是“传”文的第八章，解释“修身齐家”。

（十）

原文 所谓治国必先齐其家者，其家不可教，而能教人者无之。故君子不出家而成教于国①。孝者，所以事君也。弟者②，所以事长也③。慈者④，所以使众也。

注释 ① 成教：实行教化成功。教，教化，指精神性感化。

② 弟（tì）：封建道德之一。指弟弟应绝对服从哥哥。

③ 长（zhǎng）：兄长。这里指上司、长官

④ 慈：封建道德之一。指父母爱子女，也指君王所谓爱平民。

译文 要治理邦国，先去安定家族。道理是什么呢？不能治理好本家族，却能治理好本邦国的人，那是从来不会有的。所以君子不离开家族，就能显示治理邦国的成效。“孝”，是用来服事君王的原则；“弟”，是用来服事长官的原则；“慈”，是用来役使平民的原则。

原文 《康诰》曰：“如保赤子①。”心诚求之，虽不中②，不远矣。未有学养子而后嫁者也。

注释 ① 如保赤子:《尚书·周书·康诰》篇作“若保赤子”。是周成王告诫康叔的话，意为保护平民如母亲养护婴孩。

② 中（zhòng）：符合。

译文 《康诰》上说:“如同保护婴儿。”诚心实意去努力保护，虽不能尽合婴儿的意愿，相差也不会太远。没有先学养育孩子再去出嫁的人啊。

原文 一家仁，一国兴仁[①]；一家让[②]，一国兴让；一人贪戾，一国作乱。其机如此[③]。此谓一言偾事[④]，一人定国。

注释 ① 兴：兴起，兴盛。

② 让：谦逊。

③ 机：古代弩箭上的发动机关，意为关键。

④ 偾（fèn）事：败事。

译文 一家实行仁爱，一国也会兴起仁爱；一家实行谦让，一国也会兴起谦让；一人贪婪暴戾，一国就会犯上作乱。事情的关键就是这样。这就叫作：一句话能让事情败坏，一个人能让邦国安定。

原文 尧舜帅天下以仁[①]，而民从之。桀纣帅天下以暴[②]，而民从之。其所令[③]，反其所好，而民不从。是故君子有诸己而后求诸人[④]，无诸己而后非诸人。所藏乎身不恕[⑤]，而能喻诸人者[⑥]，未之有也。故治国在齐其家。

注释 ① 尧舜：传说中父系氏族社会后期的部落联盟的两位领袖。历代被认为是圣君。帅：同“率”，率领，统帅。

② 桀（jié）纣：桀，夏代最后一位君主。纣，商代最后一位君主。历来均被认为是暴君。

③ 令：号令。

④ 有诸己：自己有善的行为。下文“无诸己”，是自己无邪恶的行为。诸，即“于”“对于”。

⑤ 所藏乎身不恕：藏，积藏。恕，恕道。儒家认为，自己不愿意别人做的，也不去对别人做，这样推己及人的品德即恕道。

⑥ 喻：使别人明白。

译文 尧舜用仁爱统治天下，平民就跟随着实行仁爱；桀纣用凶暴统治天下，平民就跟随着凶暴。命令平民实行仁爱自己却嗜好凶暴，平民是不会顺从的。因此，君子先应该要求自己，然后才能要求别人。先要求自己不做，然后才能禁止别人。本身藏有不合恕道的行为，却去教训别人实行恕道，那是从来不会办到的。所以要治理邦国，先得去安定家族。

原文 《诗》云："桃之夭夭，其叶蓁蓁。之子于归，宜其家人①。"宜其家人，而后可以教国人。《诗》云："宜兄宜弟②。"宜兄宜弟，而后可以教国人。《诗》云："其仪不忒，正是四国③。"其为父子兄弟足法，而后民法之也。此谓治国在齐其家。

注释 ①"《诗》云"五句：见《诗经·周南·桃夭》。夭（yāo），鲜嫩、美丽。蓁蓁（zhēn），茂盛的样子。之，此。子，女子。归，女子出嫁。

②"《诗》云"二句：见《诗经·小雅·蓼萧》。

③"《诗》云"三句：见《诗经·曹风·鸤鸠》。仪，指威仪。忒（tè），差错。

译文 《诗经》上说："桃花又嫩又美，树叶茂密可爱。这个姑娘出嫁了，全家老小愉快。"让全家愉快，以后才能治理好国人。《诗经》上说："让兄长愉快，让弟弟愉快。”兄弟都愉快，然后才能治理国人。《诗经》上说：“仪容没有差错，成为四方表率。”无论是作为父亲，作为儿子，还是作为兄长，作为弟弟都能成为典范，然后平民才能去效法他。这就是要治理邦国先去安定家族的道理。

原文 右传之九章，释“齐家”“治国”。

译文 以上是第九章“传”文，解释“齐家”“治国”。

（十一）

原文 所谓平天下，在治其国者：上老老[①]，而民兴孝；上长长[②]，而民兴弟；上恤孤[③]，而民不倍[④]。是以君子有絜矩之道也[⑤]。

注释 ① 老老：尊敬老人。前“老”字，作动词，意为将老人当作老人看待。

② 长长（zhǎng）：尊重长辈。后“长”字，是长者，指年纪大辈分高的人。前“长”字，作动词，意为将长者当作长者。

③ 恤（xù）孤：恤，体恤，周济。孤，幼年丧父称孤。

④ 倍：通“背”，背弃。

⑤ 絜（xié）矩之道：儒家伦理思想之一。指君子的一言一行要有示范作用。絜，量度。矩，制作方形物件的工具。

译文 要平定天下，先去治理好邦国。道理是什么呢？在上位的人尊敬老人，一国的平民会兴起“孝”道。在上位的人，尊重长辈，一国的平民会兴起“弟”道。在上位的人救济孤儿，一国的平民就不会背叛。因此，君子实行“絜矩”示范的原则。

原文 所恶于上，毋以使下；所恶于下，毋以事上；所恶于前，毋以先后；所恶于后，毋以从前；所恶于右，毋以交于左；所恶于左，毋以交于右。此之谓絜矩之道。

译文 厌恶在上位的人办的事，切勿用这样的事对付在下位的人。厌恶在下位的人办的事，切勿用这样的事去应付在上位的人。厌恶在我以前的人办的事，切勿用先前的事对付以后的人；厌恶在我以后的人办的事，切勿用以后的事对付以前的人。厌恶我右边的人办的事，切勿用这样的事和左边的人交往；厌恶我左边的人办的事，切勿用这样的事去与右边的人交往。这就是“絜矩”示范的原则。

原文 《诗》云：“乐只君子，民之父母[①]。”民之所好，好之；民之所恶，恶之。此之谓民之父母。《诗》云：“节彼南山，维石岩岩。赫赫师尹，民具尔瞻[②]。”有国者不可以不慎。辟，则为天下僇矣[③]。《诗》云：“殷之未丧师，克配上帝。仪监于殷，竣命不易[④]。”道得众则得国[⑤]，失众则失国。

注释 ①“《诗》云”三句：见《诗经·小雅·南山有台》。乐（luò），用礼乐（yuè）进行娱乐。只，助词。

②“《诗》云”五句：见《诗经·小雅·节南山》。节，高大。岩岩，险峻的样子。师尹，太师尹氏，可能是指周宣王时做过太师的尹吉甫的后代。太师是周代的三公之一。

③ 僇（lù）：通“戮”，杀戮。

④“《诗》云”五句：见《诗经·大雅·文王》。配，符合。仪，

即“宜”。监，鉴戒。峻，大。

⑤ 道：言，“说是”。

译文 《诗经》上说：“美好的君子啊，是平民的父母。”平民喜好的，君子也喜好，平民厌恶的，君子也厌恶。这才能够成为“平民的父母”。《诗经》上说：“高高的终南山，山崖险峻直立。显赫的太师尹氏，平民都注视您。”统治邦国的人不可以不谨慎。如果办事偏颇，就会被天下人废黜了。《诗经》上说：“殷朝没有丧失民心的时候，德行与上帝的要求相称。请用殷朝做个鉴戒，守住天命并非容易。”这是说得到民心，就会得国；失去民心，就会失国。

原文 是故君子先慎乎德。有德此有人①，有人此有土；有土此有财，有财此有用②。德者，本也；财者，末也。外本内末③，争民施夺④。是故财聚则民散，财散则民聚。是故言悖而出者⑤，亦悖而入。货悖而入者，亦悖而出。

注释 ① 此：这样，这么。

② 用：指供国家享用的各项货物。

③ 外本内末：将根本当作外，将枝末当作内，意为喧宾夺主，主次颠倒。本，指德。末，指财。外，意为轻视。内，意为重视。

④ 争民施夺：争民，与民争利。施夺，施行劫夺。

⑤ 悖（bèi）：意为违背正理。

译文 因此君子首先要慎重修养德性。有德，这才有人；有人，这才有土地；有土地，这才有财富；有财富，便能供给日用。德是根本，财是枝末。将根本当作外，将枝末当作内，这是倡导与民争利，互相劫夺。因此，财富聚集在君王，平民就要流散；财富散落在民间，平民就会归附。因此，政令违背正理公布出去，平民会违背正理来报复；财富违背正理收入进来，也会违背正理散失掉。

原文 《康诰》曰："惟命不于常①。"道善则得之，不善则失之矣。《楚书》曰："楚国无以为宝，惟善以为宝②。"舅犯曰："亡人无以为宝，仁亲以为宝③。"

注释 ① 常：始终如一。

② "《楚书》"三句：《楚书》，楚昭王时史书。楚昭王派王孙

圉（yǔ）出使秦国。晋国赵简子问楚国珍宝美玉现在怎么样了。王孙圉答道，楚国从来没有把美玉当作珍宝，只是把善人如观射父（人名）这样的大臣看作珍宝。事见《国语·楚语》。汉代刘向的《新序》中也有类似的记载。

③“舅犯”三句：舅犯，晋文公重耳的舅舅狐偃，字子犯。亡人，流亡的人，指重耳。晋僖公四年十二月，晋献公因受骊姬的谗言，逼迫太子申生自缢而死。重耳避难逃亡在外。在狄国时，晋献公逝世。秦穆公派人劝重耳归国掌政。重耳将此事告子犯，子犯以为不可，对重耳说了这几句话。事见《礼记·檀弓下》。

译文 《康诰》上说：“天命是不会始终如一的。”这是说，行为善会得到天命，行为不善就会失去天命。《楚书》上说：“楚国没有什么是宝，只是把‘善’当作宝。”舅犯说流亡在外的人没有什么是宝，只是把热爱亲族当作宝。”

原文 《秦誓》曰[①]：“若有一个臣，断断兮[②]，无他技，其心休休焉[③]，其如有容焉[④]。人之有技，若己有之。人之彦圣[⑤]，其心好之。不啻若自其口出[⑥]，实能容之。以能保我子孙黎民[⑦]，尚亦有利哉。人之有技，媢疾以恶之[8]。人之彦圣，而违之俾不通[9]，实不能容，以不能保我子孙黎民，亦曰殆哉。”唯仁人放流之[10]，迸诸四夷[11]，不与同中国[12]。此谓唯仁人为能爱人，能恶人。见贤而不能举，举而不能先[13]，命也[14]。见不善而不能退，退而不能远，过也[15]。好人之所恶，恶人之所好，是谓拂人之性[16]，灾必逮夫身[17]。是故君子有大道，必忠信以得之，骄泰以失之[18]。

注释

①《秦誓》:《尚书·周书·秦誓》。秦穆公伐郑，在崤（yáo）地被晋击败，归后告诫群臣，作《秦誓》。

② 断断：真诚不二的样子。

③ 休休：一心向善的样子。

④ 有容：能够容人。

⑤ 彦圣：指德才兼美的人。彦，美。圣，通“明”。

⑥ 不啻（chì）：不异于。

⑦ 以能：因此。

⑧ 媢（mào）：忌妒。

⑨ 违：阻抑。

⑩ 放流之：放流，流放，放逐。之，指上述不能容人的人。

⑪ 迸（bǐng）诸四夷：迸，即“屏”，逐退。四夷，四方之夷。夷是古代东方的部族。

⑫ 中国：全国中心地区。与现代的“中国”一词的意义不同。

⑬ 举：推举，任用。

⑭ 命：郑玄说“当作慢”。慢即轻慢。

⑮ 过：宽纵。

⑯ 拂：逆，违背。

⑰ 逮夫（fú）身：逮，及、到。夫，助词，此。

⑱ 骄泰：放纵奢侈。

译文 《秦誓》上说：“但愿能有这样一个大臣：他忠诚老实，没有别的技能；但是心地很好，能够容让别人。别人有技能，如同自己有技能。别人德才兼美，他诚心欢喜。不只是在口头表示，实际上也能容让。这样，一定能够保护我的子孙百姓，对我是多么有利啊！如果别人有技能，就忌妒、厌恶；别人德才兼美，就设法压制，使他不被重用，这实在是不能容人。这样就不能保护我的子孙百姓，也实在是太危险了。”唯独有仁德的人会把这种人流放到远处，驱逐到四夷居住的地区，不许他与贤人同住在中国。这就是说，唯独有仁德的人，能够爱人也能够厌恶人。发现贤臣却不去任用，任用却不及早任用，这是轻慢。发现不善的臣却不去将他罢退，罢退却不将他驱逐到远方，这是放纵。喜好众人厌恶的，厌恶众人喜好的，这是违背人的本性，灾祸一定会落到自己身上。因此君子拥有的大道，一定是用忠诚信义去得到，也一定会因放纵奢侈而失去。

原文 生财有大道。生之者众，食之者寡，为之者疾①，用之者舒②，则财恒足矣。仁者以财发身③，不仁者以身发财。未有上好仁，而下不好义者也。未有好义，其事不终者也。未有府库财④，非其财者也⑤。孟献子⑥曰："畜马乘⑦，不察于鸡豚⑧。伐冰之家⑨，不畜牛羊。百乘之家⑩，不畜聚敛之臣⑪。与其有聚敛之臣，宁有盗臣⑫。此谓国不以利为利，以义为利也。长国家而务财用者⑬，必自小人矣。彼为善之⑭，小人之使为国家，灾害并至。虽有善者，亦无如之何矣⑮！此谓国不以利为利，以义为利也。

注释 ① 疾：迅速。

② 舒：舒缓。

③ 发身：意为提高品德修养。发，发起，发达。

④ 府库：古代国家收藏财物文书的地方。府，指机构。库，指建筑物。

⑤ 非其财：不是君王的财富。意为由于君王无道，失去权位，财富最终不为他所有。

⑥ 孟献子：鲁国大夫，姓仲孙名蔑。

⑦ 畜马乘（shèng）：指初做大夫官的人。畜，养。乘，用四匹马拉的车。

⑧ 不察于鸡豚（tún）：意为做了大官的人，不应该关注养鸡养猪的财利。察，关注。豚，小猪，这里泛指猪。

⑨ 伐冰之家：丧祭时能用冰保存遗体的家族，指卿大夫。

⑩ 百乘之家：拥有一百辆车乘的人，指有封地的诸侯王。

⑪ 聚敛之臣：搜括钱财的家臣。聚，聚集。敛，征收。

⑫ 盗臣：盗窃府库钱财的家臣。

⑬ 长（zhǎng）：成为国家之长，即君王。务：专心。

⑭ 彼：指统治国家的君王。

⑮ 无如之何：无法对付。

译文 生财有条重要的原则：生财的人要多，耗财的人要少。谋财的人要勤奋，用财的人要节俭。这样财富便会经常充裕了。仁爱的人用财富去完善品性，不仁的人用生命去积聚财富。在上位的人好仁，在下位的人却不去好义，这是不可能有的。在下位的人好义，办事却不会有始有终，这是不可能有的。府库里有财富，财富最后不属于君王所有，这是不可能有的。孟献子说：“畜养四匹马拉车的人，就不应该注重养鸡养猪的财利。丧祭用冰的卿大夫，就不应该饲养牛羊。官做到有百辆车乘的地位，就不应该收养聚敛民财的家臣。与其有聚敛民财的家臣，不如有偷盗府库钱财的家臣。这是说一个邦国不应以财富为利益，应该以仁义为利益。统治邦国的君王专心务财，这一定是出自小人的主意。君王以为小人是好人，其实，小人如果治理邦国，一定会引起天灾人祸。纵使以后改用贤臣，也无法挽救了。这就是邦国不以财富为利益而以仁义为利益的道理。

原文 **右传之十章，释“治国平天下”。凡传十章。前四章统论纲领旨趣，后六章细论条目功夫。其第五章乃明善之要，第六章乃诚身之本，在初学尤为当务之急，读者不可以其近而忽之也。**

译文 以上是第十章“传”文，解释“治国平天下”。全篇“传”文共十章。前四章全面论述总纲主旨，后六章详细论述细目及实行的方法。第五章是阐明“至善”的要领，第六章是解说修身诚意是根本，对于初学者来说尤其是当务之急，读的时候不要因为浅近而忽略它。

中庸

引 言

◎《中庸》原是《礼记》的一篇，司马迁、郑玄、朱熹等人都认为是子思所作。子思（前483—前402），姓孔，名伋，孔子的孙子，战国初年哲学家。孟子受业于子思的门人，发挥子思的思想，形成思孟学派。后代尊称子思为“述圣”。《汉书·艺文志》曾著录《子思》二十三篇，已佚。但是现存的《中庸》篇，已经秦初的儒者修改，约写定于秦统一全国后不久。

◎“中庸”，在字面上，是折中平常的意思。“中庸”又称“中和”。《中庸》篇认为，一个人还没有表现出喜怒哀乐的情感时，心中是澹然平静的，叫作“中”。表现出来以后经过整饰，符合常理，叫作“和”。达到“中和”的境地，天地正常运行，万物生长发育，国家也就太平了。

◎《中庸》篇认为，“中庸”是最高的准则。它要求人们立定“中”道，在好、坏两个极端之间进行折中，做到不偏不倚，既不过分也不要不及。并要求人们安于自己的社会地位，不做越位非分的事。身居上位不骄慢，身居下位不背叛。只是端正自己，不去责求别人。不怨天，不尤人。

◎《中庸》篇认为，在政治上实行“中庸”，就是要恰如其分地处理好君臣、父子、夫妇、兄弟、朋友之间的关系。具体说来，就是尊重贤人，亲爱亲族，恭敬大臣，体谅小臣，爱护平民，招集百工，安抚远人，取信诸侯。对于平民要按照时令役使，收取赋税微薄。要嘉奖有才能的人，同情才能不足的人。要继绝世，兴灭国。

◎《中庸》篇认为，君子的一言一行符合“中庸”，小人肆无忌惮，违反“中庸”；因而感叹“中庸”难以实行。

◎《中庸》篇还强调“诚”的重要意义。“诚”即《大学》篇中说的“诚意”。“诚”被说成是先天的原则，人的本性。主观的“诚”，决定了世间万物的存在，所谓“不诚无物”。极端“诚”的人才能充分发挥本性，感化人群，与天地并存，成为治理国家的最高典范。

◎《中庸》篇用唯心主义的哲学语言，表现了新生的地主阶级的政治纲领及思想纲领。它反对偏激、背叛，鼓吹折中、驯服；强调通过脱离实践的道德修养，自觉地遵从现存的社会秩序。在当时的历史条件下，具有进步意义。我们知道，世界是充满矛盾的。矛盾的对立双方既斗争又统一，并且是通过斗争达到新的统一，新的统一又孕育着新的矛盾。《中庸》注意到了矛盾的统一性质，力图从统一性方面去处理、解决复杂多端的社会矛盾，这是其可贵之处；但是同时夸大了统一性在矛盾发展中的作用，忽视、贬低了矛盾的斗争性，在认识上是片面的；在政治上，则显示了新生的地主阶级的软弱与保守，深受旧的传统观念的影响。

◎《中庸》篇中一些言论，积淀了古代统治者处理社会矛盾、协调社会关系的政治经验，对于人的道德修养有比较深入的阐述，具有不同程度的普遍意义，在今天仍可以作为借鉴。朱熹除对《中庸》篇作了注解，还分章写了简短的提示。为了帮助读者理解原文，我们将这些提示一并译出，用〔 〕号标明。

禹克坤

（一）

原文 天命之谓性[①]，率性之谓道[②]，修道之谓教[③]。

注释 ① 天命之谓性：天命，即天理。儒家认为，天理表现为阴、阳及金、木、水、火、土五行。上天把天理交付于人，形成人的仁、义、礼、智、信的品德，这就是人的性。之，助词。谓，称作。

② 率性之谓道：道，指人们必须遵循的原则，就是按照天命决定的人性去行动。例如，农民受剥削而不反抗，在儒家看来，就是率性，符合天命，是应该肯定的道。否则就是大逆不道。这显然是荒谬的。率，遵循。

③ 修道之谓教：修道，按照道的原则修养自己。教，教化。统治阶级通过精神性感化的方式实行统治，即是儒家主张的教化。这种教化必须遵循正道的原则。按，以上三句从天命与人事的联系上说明按照统治阶级意志办事的必要性及合理性。

译文 上天的定命就是“性”，遵循本性而行动就是“道”，按照“道”去修养自己就是“教”。

原文 道也者，不可须臾离也。可离非道也。是故君子戒慎乎其所不睹，恐惧乎其所不闻。莫见乎隐①，莫显乎微②。故君子慎其独也。

注释 ① 莫见（xiàn）乎隐：莫，无，没有。见，体现。乎，同“于”，表示比较。隐，暗处。此指心中微妙的变化。

② 莫显乎微：显，显著。微，小事。此指一般人觉察不到的事情。

译文 “道”是不可片刻离开的。如果能片刻离开，就不是“道”了。因此君子在不被看见的地方，也是谨慎敬戒的；在不被听见的时候，也是恐慌、畏惧的。没有比幽暗之中更为显著的，没有比细微之处更为明显的。因此君子在独处时要谨慎啊。

原文 喜怒哀乐之未发，谓之中①。发而皆中节②，谓之和。中也者，天下之大本也；和也者，天下之达道也③。致中和④，天地位焉，万物育焉。

注释 ① 中：不偏不倚。喜怒哀乐是人的感情，当这些感情还没有表现到外表时，《中庸》篇认为，人的内心处于虚静澹然、不偏不倚的境界，称为“中”。

② 中（zhòng）节：中，符合。节，法度、常理。《中庸》篇认为，人的喜怒哀乐的感情要符合统治阶级规定的常理。做到这一点，情感中正和谐，就是“和”。

③ 达道:《中庸》篇认为，人的感情和谐，这是天下共同遵循的道理，所以称“达道”。

④ 致：即“至”，到达。

译文 喜怒哀乐没有表现出来的时候，称为“中”。表现出来以后符合常理，称为“和”。“中”，是天下的根本；“和”，是通贯天下的原则。达到“中和”的境地，天地便各在其位了，万物便生长发育了。

原文 〔右第一章。子思述所传之意以立言：首明道之本原出于天而不可易，其实体备于己而不可离，次言存养省察之要，终言圣神功化之极。盖欲学者于此反求诸身而自得之，以去夫外诱之私，而充其本然之善，杨氏所谓一篇之体要是也①。其下十章，盖子思引夫子之言，以终此章之义。〕

注释 ① 杨氏：杨时，字中立，北宋时理学家，官至龙图阁直学士。

先后受教于程颢、程颐，朱熹之学与他有间接的师承关系。

译文 〔上面是第一章。子思传述孔子的意见以立论。首先说明“道”出于天而不可变更，“道”的实体充满在人的自身而不可分离；其次说明“存养省察”的要点；最后说明“圣神功化”的极境。目的是要学习者反省自己探寻出“道”，去除外界引诱的私欲，使天生的善性充实起来。正如杨先生所说，这一章是全篇的要领。往下十章，是子思引孔子言论，申说此章的含义。〕

（二）

原文 仲尼曰①：“君子中庸②，小人反中庸。君子之中庸也，君子而时中。小人之中庸也③，小人而无忌惮也④。”

注释 ① 仲尼：孔子，名丘，字仲尼。

② 中庸：不偏不倚，既不过分也无不足。庸，“常”的意思。

③ 小人之中庸也：根据晋代王肃《礼记》注本，应为“小人之反中庸也”。

④ 忌惮（dàn）：顾忌和畏惧。

译文 仲尼说：“君子做到中庸，小人违背中庸。因为君子做到中庸，所以君子时时恰如其分；因为小人违反中庸，所以小人肆无忌惮。”

原文 〔右第二章。〕

译文 〔以上是第二章。〕

（三）

原文 子曰：“中庸其至矣乎！民鲜能久矣[①]！”

注释 ①“子曰”三句：见《论语·雍也》篇，“子曰：‘中庸之为德也，其至矣乎！民鲜久矣。’”其，表示推测、不肯定。鲜，罕见。

译文 孔子说：“中庸可以说是最高的原则了！平民却很少有人能长久实行它了。”

原文 〔右第三章。〕

译文 〔以上是第三章。〕

（四）

原文 子曰：“道之不行也①，我知之矣。知者过之②，愚者不及也。道之不明也，我知之矣。贤者过之，不肖者不及也③。人莫不饮食也，鲜能知味也。”

注释 ① 道：指中庸之道。

② 知（zhì）者：有智慧、有教养的人。知，同“智”。

③ 不肖者：原意为不像先人有良好品德的人。此处指不贤的

人、卑贱之徒。肖，像。

译文 孔子说："中庸之道不能实行的原因，我知道了。聪明的人超过了中庸的规范，愚昧的人达不到中庸的规范。中庸之道不能盛行的原因，我知道了。贤明的人超过中庸的规范，卑贱的人达不到中庸的规范。人是没有不喝水，不吃饭的，但很少有人会品尝其中的滋味。"

原文 〔右第四章。〕

译文 〔以上是第四章。〕

（五）

原文 子曰："道其不行矣夫！"

译文 孔子说："唉，中庸之道大概是不能实行了！"

原文 〔右第五章。〕

译文 〔以上是第五章。〕

（六）

原文 子曰：“舜其大知也与[①]？舜好问而好察迩言[②]。隐恶而扬善[③]，执其两端[④]，用其中于民[⑤]。其斯以为舜乎[⑥]？”

注释 ① 舜：传说中我国父系氏族社会后期的部落联盟的领袖。知（zhì）：同“智”。

② 迩（ěr）言：浅近之言。

③ 隐恶而扬善：“恶”指不符合中庸之道的言论，“善”指符合中庸之道的言论。

④ 执其两端：掌握两方面的极端。指智者、贤者与愚者、不肖者对于中庸之道的过分与不足。

⑤ 用其中：即折中。指运用两端中符合中庸之道的道理。

⑥ 其斯以为舜乎：斯，此。舜是谥号，意思是仁义盛明。故说能被誉称为“舜”。

译文 孔子说：“舜难道不是最聪明的人吗？舜喜爱发问，又善于审察日常浅近的话语。他隐藏了别人说的坏话，宣扬别人说的好话。掌握好、坏两个方面的极端，应用折中、恰当的道理去治理平民，因此才被称为‘舜’啊！”

原文 〔右第六章。〕

译文 〔以上是第六章。〕

（七）

原文 子曰：“人皆曰予知①，驱而纳诸罟擭陷阱之中②，而莫之知辟也③。人皆曰予知，择乎中庸，而不能期月守也④。”

注释 ① 予：我。此处泛指一般人。

②“驱而”句：罟（gǔ），捕兽的网。擭（huò），装有机关的捕兽的木笼。陷阱，捕兽的深井，上有伪装，下有锋刃。

③ 辟（bì）：同“避”。

④ 期（jī）月：整月。

译文 孔子说：“人人都说自己聪明。如果把他驱赶到罟网陷阱那里，却又不知道躲避。人人都说自己聪明，虽然认清了中庸的原则，却又连一个月也不能坚持实行。”

原文 〔右第七章。〕

译文 〔以上是第七章。〕

（八）

原文 子曰：“回之为人也[①]，择乎中庸，得一善，则拳拳服膺而弗失之矣[②]。"

注释 ① 回：颜回，字子渊。孔子的学生。

② 拳拳服膺（yīng）：牢牢地放在心上。拳拳，牢握不舍。服，著，放置。膺，胸口。

译文 孔子说："颜回就是这样的人，他选定了中庸之道，就像得到一条善理，牢牢地记在心上，不让失去。"

原文 〔右第八章。〕

译文 〔以上是第八章〕

（九）

原文 子曰："天下国家可均也[①]，爵禄可辞也[②]，白刃可蹈也，中庸不可能也[③]。"

注释 ①“天下国家”句：天下，指西周时周天子统治下的各国。国，指周天子分封的诸侯国。家，指诸侯国分封的卿大夫领地。均，平，指治理公正。

② 爵（jué）禄可辞也：爵，爵位。禄，官吏的薪俸。辞，意为放弃。

③ 中庸不可能也：意思是，中庸之道是最高的道德标准，做到中庸并不容易。有的人尽管可以治理天下国家，辞爵禄，蹈锋刃，但是却不能实行中庸之道。

译文 孔子说：“天下国家可以治理成功，官爵俸禄可以辞去不受，雪白的刀刃可以践踏闯过，中庸之道却不能实行呢！”

原文 〔右第九章。〕

译文 〔以上是第九章。〕

（十）

原文 子路问强[1]。子曰："南方之强与？北方之强与？抑而强与[2]？宽柔以教，不报无道[3]：南方之强也，君子居之[4]。衽金革[5]，死而不厌[6]：北方之强也，而强者居之。故君子和而不流[7]，强哉矫[8]！中立而不倚，强哉矫！国有道，不变塞焉[9]，强哉矫！国无道，至死不变[10]，强哉矫！"

注释 ① 子路：名仲由，孔子的学生。

② 抑（yì）而强与：而强，指不属于南北，处于周朝腹心的"中国"之强。抑，选择连词，意为"还是"。而，代词，你，指子路。与，疑问语气词，同"吗"或"呢"。

③ 不报无道：别人对我实行无道的事我也不报复。

④ 居：居住，处于。

⑤ 衽（rèn）金革：以金革为卧处，指好勇善战。衽，卧席，此处为动词。金，铁制的兵器。革，皮革制成的甲盾。

⑥ 厌：后悔。

⑦ 和而不流：性格平和又不随波逐流，

⑧ 矫：坚强的样子。

⑨ 塞：实，指充实于内的志向。

⑩ 至死不变：意为杀身成仁。

译文 子路问什么是坚强。孔子说："南方的坚强呢？北方的坚强呢？还是你以为的坚强呢？用宽和柔顺的精神感化别人，对于横逆无道也不报复，这是南方的坚强，君子信守这种强。用兵器甲胄当枕席，死了也不后悔，这是北方的坚强，强力者信守这种强。所以君子和顺而不随波逐流，多么坚强啊！立定中庸而不偏倚，多么坚强啊！国家政治清平，不改变志向，多么坚强啊！国家政治混乱，宁死不变操守，多么坚强啊！"

原文 〔右第十章。〕

译文 〔以上是第十章。〕

（十一）

原文 子曰："素隐行怪①，后世有述焉②，吾弗为之矣。君子遵道而行，半途而废，吾弗能已矣③。君子依乎中庸。遁世不见知而不悔④，唯圣者能之。"

注释 ① 素隐行怪：素，据《汉书》应为"索"。隐，隐僻之理。怪，怪异。

② 述：传述，意为称赞。

③ 已：止，停止。

④ "遁（dùn）世"句：遁世，避世，指隐居。见，被。知，指赏识、任用。

译文 孔子说："索求隐僻的道理，办事荒诞怪异，这或许能得到后代称赞，我却是坚决不做的。君子顺着道路往前进，如果有人半途而废，我是决不停止的。君子依从中庸之道，埋没在世上不被重用也不后悔。只有圣人能做到这样。"

原文 〔右第十一章。〕

译文　〔以上是第十一章。〕

（十二）

原文　君子之道费而隐①。夫妇之愚可以与知焉②。及其至也，虽圣人亦有所不知焉。夫妇之不肖，可以能行焉。及其至也，虽圣人亦有所不能焉。天地之大也，人犹有所憾。故君子语大，天下莫能载焉；语小，天下莫能破焉③。《诗》云："鸢飞戾天，鱼跃于渊④。"言其上下察也⑤。君子之道，造端乎夫妇⑥；及其至也，察乎天地。

注释　① 费而隐：费，广大。隐，细微。

② 夫妇：匹夫匹妇，指普通男女。与（yù）知：与，动词，参预。

③ 破：破折，分析。

④ "《诗》云"三句：见《诗经·大雅·旱麓》。鸢（yuān），老鹰。戾（lì），到达。

⑤ 察：明显，彰著。

⑥ 造端：造立端绪，意为开始。

译文 君子的道广大而细微。普通男女虽然愚昧，但可以知道君子的道。至于道的最高处，即便是圣人也有了解不到的。普通男女虽然不贤明，但可以实行君子的道。至于道的最高处，即便是圣人也有实施不到的。天地是够广大的了，人还有不满足之处。所以君子说道“大”，天下不能载得起；说道“小”，天下也不能分析开。《诗经》上说：“鸢鸟飞向高空，鱼儿跳跃深水。”这是比喻君子的道在上下天地之间都是明显的。君子的道，开始于普通男女，推及到顶点而发扬光大在上下天地之间。

原文 〔右第十二章，盖子思之言，盖以申明首章“道不可离”之意也。以下八章，杂引孔子之言以明之。〕

译文 〔上面是第十二章，是子思的话，用来申述首章“道不可离”的意思。以下八章，杂引孔子的言论加以阐明。〕

（十三）

原文 子曰："道不远人。人之为道而远人，不可以为道。

译文 孔子说："中庸之道并不排斥人。如果有人实行道却排斥了人，那就不可能是道了。

原文 "《诗》云：'伐柯伐柯，其则不远[①]。'执柯以伐柯，睨而视之[②]，犹以为远。故君子以人治人[③]，改而止。

注释 ①"《诗》云"三句：见《诗经·豳风·伐柯》。伐柯，砍伐做斧柄的木材。柯，斧柄。则，法规。

② 睨（nì）：斜视。

③ 以人治人：用应该遵循的治人的原则去治理众人。

译文 "《诗经》上说：'伐木做斧柄，伐木做斧柄，做柄的方法并不远。'"拿着柄斧去砍伐做斧柄的木材，眯缝着眼儿注视着，还是相差很远。君子用人道治理人事，直到人们改正前非就中止。

原文 “忠恕违道不远[①]，施诸己而不愿[②]，亦勿施于人。

注释 ① 忠恕违道不远：在孔子思想中，“忠恕”是实施“仁”的方法。《论语·里仁》篇：“曾子曰：‘夫子之道，忠恕而已矣。’”“忠”，要求积极为人。《论语·学而》篇：“为人谋而不忠乎?”“恕”，要求推己及人。《论语·雍也》篇：“己欲立而立人，己欲达而达人。”《论语·卫灵公》篇：“其恕乎！己所不欲，勿施于人。”违，去，相距。道，指中庸之道。

② 施诸己而不愿：诸，“之于”的合音。其中“之”指自己不愿的行为。

译文 “做到‘忠’‘恕’，距离中庸之道就不远了。不愿意别人施加给我的行为，也一定不用来加给别人。

原文 “君子之道四，丘未能一焉。所求乎子[①]，以事父，未能也[②]。所求乎臣，以事君，未能也。所求乎弟，以事兄，未能也。所求乎朋友，先施之，未能也。庸德之行[③]，庸言之谨。有所不足，不敢不勉；有余，不敢尽。言顾行，行顾言。君子胡不慥慥尔[④]。”

注释 ① 求：责求，要求。

② 事：从事。引申作侍奉。

③ 庸：平常，平凡。

④ 君子胡不慥慥（zào）尔：胡，即“何”。慥慥，笃厚、老实的样子。

译文 “君子的道有四项。我孔丘连其中的一项也不能做到。我不能用要求儿子应做的事去侍奉父亲，我不能用要求臣下应做的事去侍奉君主，我不能用要求弟弟应做的事去侍奉兄长，我不能用要求朋友应做的事去首先与朋友交往。有德的事虽然平凡但要实行，言谈虽然一般但要谨慎。在这些方面，我都做得不够圆满，所以不敢不努力去弥补，即使做得圆满，也不敢将言谈的全意说尽。言谈时应看到行为如何，办事时应想到言谈如何。这样，君子怎么能不是忠厚老实的呢？”

原文 〔右第十三章。〕

译文 〔以上是第十三章。〕

（十四）

原文 君子素其位而行[①]，不愿乎其外。素富贵，行乎富贵；素贫贱，行乎贫贱；素夷狄[②]，行乎夷狄；素患难，行乎患难。君子无入而不自得焉[③]。

注释 ① 素其位：安于现在所处的地位。素，平素，现在。

② 夷狄：夷，当时东方的部族。狄，当时北方的部族。

③ 入：处于。

译文 君子安于现在的地位去做应做的事，不企求地位以外的名利。现在处于富贵，就做富贵人该做的事；现在处于贫贱，就做贫贱人该做的事；现在住在夷狄地区，就做在夷狄地区可以办到的事；现在处于忧患灾难的境遇，就做忧患灾难境遇中可以办到的事。君子无论处在什么情况下，都是悠然自得的。

原文 在上位，不陵下[①]；在下位，不援上[②]。正己而不求于人则无怨[③]。上不怨天，下不尤人[④]。

注释 ① 陵：欺陵。

② 援：攀援，高攀。

③ 正己：端正自己的品行。

④ 尤：怨恨。

译文 处在上位，不欺凌在下位的人；处在下位，不高攀在上位的人。只是端正自己却不去责求别人，这样便无怨心。上不抱怨天，下不抱怨人。

原文 故君子居易以俟命[①]，小人行险以侥倖[②]。子曰："射有似乎君子[③]，失诸正鹄[④]，反求诸其身。"

注释 ①"故君子"句：易，平地。引申为平安的地位。俟（sì），等待。命，天命。

② 侥倖：企图偶然求得荣幸。

③ 射：射箭。

④ 正鹄（gǔ）：箭靶中心圆圈。画在布上的叫"正"，画在皮上的叫"鹄"。

译文 因此君子处于平安的地位等待天命，小人做险恶的事妄求幸福。孔子说："射箭的事好比君子行道。如果箭射在靶心以外，应该反回来责求自己。”

原文 〔右第十四章。〕

译文 〔以上是第十四章。〕

（十五）

原文 君子之道，辟如行远①，必自迩②；辟如登高，必自卑③。《诗》曰：“妻子好合，如鼓瑟琴。兄弟既翕，和乐且耽。宜尔室家，乐尔妻帑④。”子曰：“父母其顺矣乎！”

注释 ① 辟：同“譬”。

② 迩：近处。

③ 卑：低处。

④“诗曰”七句：见《诗经·小雅·常棣》。合，和睦。鼓，弹奏。瑟（sè），弹拨乐器。翕（xì），聚合。耽（dān），《诗

经》作“湛”，安乐。帑，应作“孥（nú）”，子孙。

译文 君子实行中庸之道，譬如走远路，一定要从近处出发；譬如登高山，一定要从低处起程。《诗经》上说：“妻儿情好和睦，好像弹琴鼓瑟，兄弟相处融洽，和顺相安亲热。你的家庭美满，你的妻儿欢乐。”孔子说：“这样，父母就遂心如意了！”

原文 〔右第十五章。〕

译文 〔以上是第十五章。〕

（十六）

原文 子曰：“鬼神之为德，其盛矣乎！视之而弗见，听之而弗闻，体物而不可遗[①]，使天下之人，齐明盛服[②]，以承祭祀[③]。洋洋乎[④]，如在其上，如在其左右。《诗》曰：‘神之格思，不可度思，矧可射思[⑤]。’夫微之显[⑥]，诚之不可揜⑦，如此夫！”

注释

① 体物而不可遗：万物无不以鬼神之气而生，没有遗漏。体物，生养万物。遗，遗弃。可，即“所”。

② 齐（zhāi）明盛服：齐，通“斋”，斋戒。明，洁净。

③ 承：承当。

④ 洋洋：流动充满的样子。

⑤“诗曰”四句:《诗经·大雅·抑》。格，来临。思，语气词。度，推测。矧（shěn），况且。射，懈怠不敬。

⑥ 夫微之显：从微到显。微，隐微。显，显著。

⑦ 揜（yǎn）：掩盖。

译文

孔子说：“鬼神的德行，真是盛大得很啊！看也看不见形状，听也听不到声响。生长养育着万物，没有一物遭到遗弃。让天下的人，斋戒净心，穿上华丽的祭服，举行祭祀的典礼。浩浩荡荡啊，如在天顶上方，如在左右身旁。《诗经》上说：‘神的降临，不可揣测，怎么能够懈怠不敬？’从隐微到明显，至诚的德行就是这样不可掩藏啊！”

原文

〔右第十六章。〕

译文 〔以上是第十六章。〕

（十七）

原文 子曰：“舜其大孝也与？德为圣人，尊为天子，富有四海之内。宗庙飨之[①]，子孙保之[②]。故大德，必得其位，必得其禄，必得其寿。故天之生物[③]，必因其材而笃焉[④]。故栽者培之[⑤]，倾者覆之[⑥]。《诗》曰：‘嘉乐君子，宪宪令德。宜民宜人，受禄于天。保佑命之，自天申之[⑦]’。故大德者，必受命。”

注释 ① 宗庙飨（xiǎng）之：宗庙，古代天子、诸侯祭祀先王的地方。飨，袷祭，一种祭祀形式，祭先王。之，代词，指舜。

② 保：保持。

③ 物：指植物。

④ 材：质料，本性。笃（dǔ）：厚重。

⑤ 培：培养。

⑥ 覆：摧败。

⑦“《诗》曰”七句：见《诗经·大雅·假乐》。嘉乐，《诗经》作“假乐”。“假”通“嘉”，善。宪宪，《诗经》作“显显”，显明兴盛的样子。令，美好。申，申敕（chì），告诫。

译文 孔子说：“舜大概是个最孝顺的人吧。有圣人的德行，有天子的尊贵，拥有四海以内的财富。他享受宗庙的祭祀，子孙永远保持祭祀不断。所以有大德的人，必然得到应有的地位，必然得到应有的财富，必然得到应有的名望，必然得到应有的长寿。所以上天生育花卉树木，一定按照生物的本性加以精心照料。因而，能够栽培的就培养，倾斜枯萎的就让它倾覆。《诗经》上说：‘高尚优雅的君子，他的美德极显明。让平民安居乐业，上天赐给他福禄。保佑他，任用他，天命时时告诫他。’所以有大德的人，必然承受天命做天子。”

原文 〔右第十七章。〕

译文 〔以上是第十七章。〕

（十八）

原文 子曰：“无忧者，其惟文王乎[1]？以王季为父[2]，以武王[3]为子。父作之，子述之。武王缵大王、王季、文王之绪[4]，一戎衣而有天下。身不失天下之显名[5]，尊为天子，富有四海之内，宗庙飨之，子孙保之。

注释 ① 文王：西周开国君主古公亶父的孙子，名昌，晚年自号文王。

② 王季：古公亶父的儿子，名季历。号称西伯，为殷纣时西方诸侯之长。

③ 武王：文王的儿子，名发。继位后灭掉商朝。

④“武王缵”句：大王，即太王，指古公亶父，文王称王后追尊他为太王。缵（zuǎn），继承。绪，前人未竟的功业。

⑤ 显名：显赫的名声。

译文 孔子说：“无忧的人，大概只有文王一个人吧！王季是他的父亲，武王是他的儿子。父亲开创功业，再由儿子继承。武王继续大王、王季、文王的功业，一穿上军服就取得天下。自己没有失去显赫的名声，尊贵做到天子，拥有四海以内的财富，享受宗庙的祭祀，子孙永保祭祀不断。

原文 “武王末受命，周公成文武之德[①]，追王大王、王季，上祀先公以天子之礼[②]。斯礼也，达乎诸侯大夫，及士、庶人。父为大夫，子为士；葬以大夫祭以士。父为士，子为大夫；葬以士祭以大夫。期之丧[③]，达乎大夫。三年之丧，达乎天子。父母之丧，无贵贱一也。”

注释 ① 周公：武王同母弟，名旦。武王死后，其子成王诵继位，因年幼，由周公代行国政。

② 追王（wàng）：后代加封先祖以“王”的称号叫追王。

③ 期（jī）之丧：周年的守丧期。

译文 “武王老年承受天的命令，周公完成了文王、武王的德业，追尊大王、王季为王。往上祭祀太王以前的先祖，用天子的礼制。这种礼制，通行到诸侯、大夫，直至士、庶人。如果父是大夫，子是士。父死埋葬按大夫的礼制，祭祀按士的礼制。如果父是士，子是大夫。父死埋葬按士的礼制，祭祀按大夫的礼制。一周年的守丧期通行到大夫，三年的守丧期通行到天子。

给父母守丧的日期，没有贵贱的区别，都是一样的。”

原文 〔右第十八章。〕

译文 〔以上是第十八章。〕

（十九）

原文 子曰：“武王、周公，其达孝矣乎[①]！夫孝者，善继人之志[②]，善述人之事者也。春秋，修其祖庙[③]，陈其宗器[④]，设其裳衣[⑤]，荐其时食[⑥]。宗庙之礼，所以序昭穆也[⑦]。序爵[⑧]，所以辨贵贱也。序事[⑨]，所以辨贤也。旅酬，下为上[⑩]，所以逮贱也。燕毛[⑪]，所以序齿也。

注释 ① 达：通“大”。

② 人：指先祖。下“人”字同。

③ 修：整理。

④ 陈其宗器：陈，陈列。宗器，祖宗传下来的贵重器具。

⑤ 裳衣：指祖宗生前穿着的衣服。裳是下衣，衣是上衣。

⑥ 荐其时食：荐，献上。时食，时令食品。

⑦ 序昭穆：排列昭穆的次序。祭祀时，以始祖牌位居中，二世、四世、六世，位于始祖的左方，称“昭”；三世、五世、七世位于右方，称“穆”。这里指区分与祭者父子、长幼、亲疏的次序。

⑧ 序爵：祭祀者按官爵大小，以公、卿、大夫、士分为四等排列先后次序。

⑨ 序事：按在祭祀中担任的职务排列先后次序。事，职事，职务。

⑩ 旅酬，下为上：祭祀将终，旁系亲属的兄弟（宾）与直系亲属的兄弟（主）按次序敬酒，叫旅酬。旅，次序。旅酬时，弟弟先举杯向兄长敬酒，如同祭祀时，主人先向来宾敬酒。弟弟本属“下”，兄长属“上”。现在“下”以主人身份向“上”敬酒，因此叫作“下为上”。用意是祖宗的恩惠荣誉达到在下位的卑贱者，故下文说“所以逮贱也”。逮，及，接着，旁系兄弟（宾）向直系兄弟敬酒也有这种“下为上”的意义。

⑪ 燕毛：按年龄大小，即不按身份地位排列宴会席位的次序。燕，宴会。毛，毛发，意为年龄。

译文 孔子说：“武王、周公可以说是个通达孝道的人吧！

所谓孝，就是善于继承先祖的志向，善于继续先祖的事业。春、秋季节，整理祖庙，陈列宗器，摆设衣服，贡献应时食品。举行宗庙祭礼，是要排列左昭右穆的次序。按官爵排列次序，是要区分贵贱。按职务排列次序，是要区分人的贤与不贤。下辈的给年长的举杯劝酒，是为了把恩荣赐给年幼的人。按毛发黑白排列宴会的坐次，是为了排列年纪大小的顺序。

原文 “践其位[①]，行其礼，奏其乐，敬其所尊，爱其所亲。事死如事生，事亡如事存，孝之至也。

注释 ① 践其位：就位，站到应站的位置。

译文 “站到应站的位置上，举行先王传下的祭礼，演奏先王时代的音乐，尊敬先王所尊敬的祖先，亲爱先王所亲爱的子孙臣民。侍奉死者如同侍奉生者，侍奉已亡者如同侍奉现存者。这是孝的顶点了。

原文 “郊社之礼[①]，所以事上帝也。宗庙之礼，所以祀乎其先也。明乎郊社之礼，禘尝之义[②]，治国，其如示诸掌乎[③]！”

注释 ① 郊社之礼：祭祀上帝以及春、夏、秋、冬四时迎气都叫郊礼。祭祀水土之神叫社礼。

② 禘（dì）尝之义：禘，五年一次大祭，极为隆重，只有天子有权举办。尝，在一年四季的小祭祀中，秋季的叫"尝"，此处泛指小祭。

③ 治国，其如示诸掌乎：指治国容易，如同看着自己的手掌。示，视。《论语·八佾》篇："或问禘之说。子曰：'不知也；知其说者之於天下也，其如示诸斯乎！'指其掌。"

译文 "举行郊社的祭祀，是为了侍奉天帝。举行宗庙的祭祀，是为了祭祀祖先。明白'郊社''禘尝'祭礼的意义，治国大概就像看手掌上的东西一样容易吧！"

原文 〔右第十九章。〕

译文 〔以上是第十九章。〕

（二十）

原文 哀公问政[1]。子曰："文武之政，布在方策[2]。其人存[3]，则其政举；其人亡，则其政息[4]。人道敏政[5]，地道敏树[6]。夫政也者，蒲芦也[7]。故为政在人，取人以身，修身以道，修道以仁。

注释 ① 哀公：春秋时鲁国国君。姓姬，名蒋。"哀"是谥号。

② 布在方策：布，陈列。方，书写用的木版。策，书写用的竹简。

③ 其人存：那样的人存在。人，指贤人，即文王、武王的臣僚。

④ 息：消失。

⑤ 敏：勉力，用力。

⑥ 树：动词，指栽培树木。

⑦ 蒲芦：芦苇。芦草容易生长，比喻君子从政如能得到贤臣会很快成功。

译文 鲁哀公向孔子问治理政事的方法。孔子说："文王、武王的政令，记在木版简策上。文王、武王的贤臣存在，文王、武王的政令就能够实行；那样的贤臣没有了，文王、武王的政令就会消失。人道的法则，是努力治理政事；地道的法则，是努力培育树木。这政事啊，好比芦苇呀！所以治理政事，在于得到贤臣。得到贤臣，在于修养自己。修养自己，在于遵循大道。遵循大道，要从仁爱做起。

原文

"仁者，人也，亲亲为大。义者，宜也，尊贤为大。亲亲之杀[①]，尊贤之等，礼所生也。在下位不获乎上，民不可得而治矣[②]。故君子不可以不修身。思修身，不可以不事亲。思事亲，不可以不知人。思知人，不可以不知天。

注释

① 杀（shài）：减少，降等。指亲爱亲族要按关系远近有所分别。

② "在下位不获乎上"二句：据《〈礼记〉郑玄注，本句见于下文，此处误重。本书不译。

译文

"'仁'的意思是人。亲爱亲族是最大的仁。义的意思是相宜。尊重贤人是最大的义。亲爱亲族要分远近，尊重贤人要按等级。这都是从'礼'上产生的要求呀。所以君子不可以不修养自己。想要修养自己，不可以不侍奉亲族。想要侍奉亲族，不可以不知道人道的法则，想要知道人道的法则，不可以不知道天道的法则。

原文 “天下之达道五，所以行之者三，曰：君臣也，父子也，夫妇也，昆弟也[①]，朋友之交也，五者，天下之达道也；知、仁、勇三者，天下之达德也；所以行之者一也。或生而知之[②]，或学而知之，或困而知之；及其知之一也。或安而行之，或利而行之，或勉强而行之；及其成功一也。”

注释 ① 昆弟：兄和弟，也包括近房的和远房的弟兄。

② 生而知之：生来就知道。“之”，指上文“天下之达道”。《论语·季氏》篇：“生而知之者，上也；学而知之者，次也；困而学之，又其次也；困而不学，民斯为下矣。”

译文 “天下通行的大道有五项，实行这五项大道的方法有三条，君臣、父子、夫妇、兄弟、朋友交往，这五项是天下通行的大道。智、仁、勇这三条，是天下通行的大德。实行这大德的道理则是一样的。有的人生来就知道天下通行的大道，有的人经过学习才知道，有的人经过困惑探求才知道。他们终于知道天下通行的大道则是一样的。有的人是从容安然地实行天下通行的大道，有的人是凭着切身利害去实行，有的人勉勉强强地去实行。实行终于成功则是一样的。”

原文 子曰："好学近乎知，力行近乎仁，知耻近乎勇。知斯三者，则知所以修身。知所以修身，则知所以治人。知所以治人，则知所以治天下国家矣。

译文 孔子说："努力学习就接近智慧，尽力实行就接近仁爱，知道羞耻就接近勇敢。知道这三点，就知道修养自己的方法。知道修养自己的方法，就知道治理人群的方法。知道治理人群的方法，就知道治理天下国家的方法了。

原文 "凡为天下国家有九经①。曰：修身也，尊贤也，亲亲也，敬大臣也，体群臣也②，子庶民也③，来百工也④，柔远人也⑤，怀诸侯也⑥。修身则道立，尊贤则不惑。亲亲，则诸父昆弟不怨。敬大臣，则不眩。体群臣，则士之报礼重。子庶民，则百姓劝⑦。来百工，则财用足。柔远人，则四方归之。怀诸侯，则天下畏之。

注释

① 九经：九条准则。经，常道，准则。

② 体：体察、体谅。

③ 子庶民：子，动词，意为如同父母爱护儿子那般对待庶民。庶民，平民。

④ 来百工：来、招来。工，工匠。

⑤ 柔远人：安抚边远来的外族人。

⑥ 怀诸侯：怀，安抚诸侯，古代中央政权分封的各国国君称侯，又称诸侯。

⑦ 劝：勉力，努力。

译文

“大凡治理天下国家有九条准则。这就是：修养自己，尊重贤人，亲爱亲族，尊敬大臣，体谅小臣，爱护平民，招集到百种工匠，安抚边远来客，信服诸侯。修养自己就能掌握住‘道’，尊重贤人就不会迷惑；亲爱亲族，父辈兄弟就不会抱怨；尊敬大臣，处事就不糊涂；体谅小臣，士人回报的礼仪就隆重；爱护平民，百姓就努力；招集到百种工匠，财富货物就充足；安抚边远的来客，境外四方的百姓就来归顺。使诸侯信服，天下就都敬畏了。

原文 “齐明盛服，非礼不动；所以修身也。去谗远色[①]，贱货而贵德；所以劝贤也。尊其位，重其禄，同其好恶；所以劝亲亲也。官盛任使[②]，所以劝大臣也。忠信重禄，所以劝士也。时使薄敛[③]，所以劝百姓也。日省月试[④]，既禀称事[⑤]，所以劝百工也。送往迎来，嘉善而矜不能[⑥]；所以柔远人也。继绝世[⑦]，举废国[⑧]，治乱持危[⑨]，朝聘以时[⑩]，厚往而薄来；所以怀诸侯也。凡为天下国家有九经，所以行之者一也。

注释 ① 谗：说别人坏话。此处指说坏话的人。

② 官盛任使：盛，多。任使，足够使用。

③ 时使薄敛：指使百姓服劳役不误农时，向百姓征收赋税不繁重。使，役使。敛，征收租税。

④ 日省月试：省，视察。试，考核。

⑤ 既（xì）禀（lǐn）称事：既，即“饩”，赠送别人粮食或饲料。禀，给予粮食。称，符合。事，工作成果。

⑥ 矜（jīn）：怜悯、同情。

⑦ 继绝世：继，承继，延续。绝世，已经中断的家族世系。古代卿大夫的封邑采地，由子孙世袭。如果某一代有过失便被停止领有封邑采地，即停止食禄。继绝世就是使得卿大夫的后代恢复食禄，延续世系。

⑧ 举废国：举，任用、复兴。废国，已经没落的邦国。

⑨ 持：扶持，解救。

⑩ 朝聘：诸侯定期朝见天子。每年一见，叫小聘，三年一见叫大聘，五年一见叫朝聘。这里指天子主持朝聘之礼。

译文

“纯洁心灵，清净无欲，服饰端庄，无礼的事坚决不做，这是修养自己的方法。摒除奸佞小人，疏远美丽女色，轻贱货财，贵重德性，这是勉励贤人的方法。尊崇亲族的官位，厚给亲族的俸禄，好恶与他们一致，这是努力亲爱亲族的方法。下属的官员设置很多任凭使用，这是鼓励大臣的方法。待他忠诚信实，给他厚重的俸禄，这是鼓励士人的方法。按照时令役使，收取赋税微薄，这是鼓励百姓的方法。每日察看，每月考查，付给粮食与他的工作相称，这是鼓励百种工匠的方法。去时护送，来时欢迎；嘉奖有才能的人，同情才能不足的人。这是安抚边远来客的方法。延续已经绝后的家族，复兴已经颓败的邦国；治理混乱，解救危难；朝见聘问各有定时，赠送从厚，纳贡从薄。这是使诸侯信服的方法。大凡治理天下国家有九条准则，实施这些准则的道理都是一样的。

原文 “凡事豫则立①，不豫则废。言前定，则不跲②。事前定，则不困。行前定，则不疚③。道前定，则不穷。

注释 ① 豫：同“预”，预谋。

② 跲（jiá）：说话不通畅。

③ 疚（jiù）：内心不安。

译文 “凡事有预谋就能成功，不预谋就会失败。说话预先想定就不会中断，办事预先想定就不会遭受挫折，治理政事预先想定就不会抱愧，执行规则预先想定就不会陷入绝境。

原文 “在下位不获乎上，民不可得而治矣。获乎上有道，不信乎朋友，不获乎上矣。信乎朋友有道，不顺乎亲①，不信乎朋友矣。顺乎亲有道；反诸身不诚，不顺乎亲矣。诚身有道；不明乎善，不诚乎身矣②。

注释 ① 顺乎亲：顺，使顺心、高兴。亲，指父母。

② 此处整段与《孟子·离娄（上）》篇中一段基本相同。这是《中庸》引《孟子》，还是《孟子》引《中庸》，不易断定。据张岱年先生分析，可能是《孟子》引《中庸》。孟子虽然受

业子思门人，但自以为“私淑”孔子，对子思并不敬重，故著书引《中庸》而不标明子思的名字（《中国哲学史史料学》第36页）。

译文 “在下位的人，如果得不到在上位的人的信任，就不能够治理好平民百姓。要得到在上位的人的信任，这是有方法的。得不到朋友的相信，就不会得到在上位的人的信任了。要得到朋友的相信，这是有方法的。不顺从父母，就不会让朋友相信了。顺从父母，这是有方法的。自己心中不诚实，就不能够顺从父母。要使心中诚实，这是有方法的。不明白什么是善，就不能使自己心中诚实了。

原文 “诚者，天之道也。诚之者①，人之道也。诚者，不勉而中，不思而得，从容中道；圣人也。诚之者，择善而固执之者也。博学之，审问之，慎思之，明辨之，笃行之。

注释 ① 诚之者：诚之，使之诚，使自己做到诚。诚，是生来就有的诚，是圣人的能力。诚之者，是人为的诚，是一般人应该遵循的原则。

译文 "'诚'是天道的原则；努力做到'诚'，这是人道的原则。天的'诚'，不用勉强就达到，不用思考就达到，自然符合道的原则；圣人就是这样。努力做到'诚'，就是要选择美好的目标坚决守住呀。要广博地学习，要详细地询问，要谨重地思考，要清晰地辨别，要忠实地去贯彻。

原文 "有弗学，学之弗能弗措也①。有弗问，问之弗知弗措也。有弗思，思之弗得弗措也。有弗辨，辨之弗明弗措也。有弗行，行之弗笃弗措也。人一能之，己百之。人十能之，己千之。果能此道矣，虽愚必明，虽柔必强。"

注释 ① 弗（fú）措也：弗，不。措，废置，搁置。

译文 "要么不学，学了没有学通就不中止。要么不询问，询问了还不明白就不中止。要么不思虑，思考了不得要领就不中止。要么不辨别，辨别了还不清楚就不中止。要么不实行，实行了不到忠实程度就不中止。别人一次能做到的，我用百倍功夫；别人十次能做到的，我用千倍功夫。真的能够依照这种方法，虽然愚昧的人一定会变得精明，虽然柔弱的人一定会变得坚强。”

原文 〔右第二十章。〕

译文 〔以上为第二十章。〕

（二十一）

原文 自诚明①，谓之性。自明诚，谓之教。诚则明矣②，明则诚矣。

注释 ① 自诚明：自，由，从。明，明白，指明白道理。

② 则：即。

译文 由真诚明白了道理，这是因为出于本性。由明白道理达到真诚，这是因为接受了教育、感化。真诚就是明白道理，明白道理就是真诚啊。

原文 〔右第二十一章。子思承上章夫子天道、人道之意而立言也。自此以下十二章，皆子思之言，以反复推明此章之意。〕

译文 〔以上是第二十一章。子思承接孔夫子关于天道、人道的思想立论。自此以下十二章，都是子思的言论，以反复阐明此章的意思。〕

（二十二）

原文 唯天下至诚，为能尽其性①；能尽其性，则能尽人之性；能尽人之性，则能尽物之性；能尽物之性，则可以赞天地之化育②；可以赞天地之化育，则可以与天地参矣③。

注释 ① 唯天下至诚，为能尽其性：唯，独。至诚，至诚的人，即圣人。尽性，充分发挥本性。尽，竭尽。

② 赞：赞助。

③ 参：并列。

译文 只有天下极端真诚的人，才能充分发挥他的本性；能充分发挥自己的本性，就能够让众人充分发挥他们的本性；能充分发挥众人的本性，就能充分发挥万物的本性；能充分发挥万物的本性，就可以帮助天地培育万物；能帮助天地培育万物，就可以与天地处在并列的地位了。

原文 〔右第二十二章。〕

译文 〔以上是第二十二章。〕

（二十三）

原文 其次致曲[1]。曲能有诚。诚则形[2]，形则著[3]，著则明[4]，明则动，动则变[5]，变则化[6]。唯天下至诚为能化。

注释 ① 其次致曲：其次，次一等的人，次于“自诚明”的圣人，即贤人。致曲，指从平日一言一行着手。致，至，行。曲，局部，细小的事。

② 形：显露，表现。

③ 著：显著。

④ 明：光明。

⑤ 变：变革，指变革人心。

⑥ 化：感化，指使人不自觉地改恶从善。

译文 次一等的人，从平日一言一行着手，这叫致曲。致曲也能达到真诚的境界。达到真诚就会表现出来，表现出来以后就会显然昭著，显然昭著以后就会光辉明亮，光辉明亮以后就会激动外物，激动外物以后就会变革人心，变革人心以后就能感化人群。只有天下极端真诚的人才能感化人群。

原文 〔右第二十三章。〕

译文 〔以上是第二十三章。〕

（二十四）

原文 至诚之道，可以前知[①]。国家将兴，必有祯祥[②]；国家将亡，必有妖孽[③]；见乎蓍龟[④]，动乎四体[⑤]。祸福将至：善，必先知之；不善，必先知之。故至诚如神[⑥]。

注释 ① 至诚之道，可以前知：至诚之道，即至诚。前知，预知未来。

② 祯（zhēn）祥：吉祥的预兆。本有今无的物象称祯，本无今有的物象称祥。

③ 妖孽：物类反常的现象。草木之类称妖，虫豸之类称孽。

④ 见（xiàn）乎蓍（shī）龟：见，呈现。蓍龟，蓍草和龟甲，古人用来占卜。

⑤ 四体：手足，此指动作及仪态。

⑥ 如神：如神之微妙，不可言说。

译文 极端真诚可以预先知道未来的事。国家将要兴旺，必然有吉祥的征兆；国家将要衰亡，必然会出现妖孽；呈现在蓍草龟甲上，表现在手脚动作上。祸福将要来临时：善事一定可以预先知道；不善的事也一定可以预先知道。所以极端真诚如同神灵。

原文 〔右第二十四章。〕

译文 〔以上是第二十四章。〕

（二十五）

原文 诚者，自成也①。而道，自道也②。诚者，物之终始。不诚无物。是故君子诚之为贵。诚者，非自成己而已也③，所以成物也。成己，仁也；成物，知也，性之德也，合外内之道也，故时措之宜也④。

注释 ① 自成：自己成全自己。

② 自道（dǎo）：引导自己。

③ 非自成己而已：并非只是成全自己就够的。己，自己。已，中止。

④ 措：用，实施。

译文 真诚，意思是自己成全自己。而道，意思是自己引导自己。真诚贯穿物的开始、终结。没有真诚就没有万物。因此君子以真诚为贵。真诚，并非只是成全自己就够的，还要成全万物。成全自己，这是仁。成全万物，这是智。这是出于本性的德，结合了天地内外的道，所以任何时候施行都很合适。

原文 〔右第二十五章。〕

译文 〔以上是第二十五章。〕

（二十六）

原文 故至诚无息[①]。不息则久，久则征[②]，征则悠远，悠远则博厚，博厚则高明。博厚，所以载物也。高明，所以覆物也。悠久，所以成物也。博厚配地[③]，高明配天，悠久无疆[4]。如此者，不见而章[5]，不动而变，无为而成。

注释 ① 息：休止，止息。

② 征：效验。

③ 配地：意为与地有同样功效。配，匹配。

④ 无疆：无穷无尽。

⑤ 不见（xiàn）而章：见，表现。章，即“彰”，彰明，显现。

译文 所以，极端真诚是没有止息的。没有止息就会坚持长久，坚持长久就有效验，有效验就会悠远无穷，悠远无穷就会广博深厚，广博深厚就会高大光明。广博深厚，便能够载负万物。高大光明，便能够覆盖万物。悠远无穷，便能够生成万物。广博深厚可以与地相比，高大光明可以与天相比，悠远无穷可以永无止境。这样一来，不表现却很明显，不活动却有变化，无所作为却能自然成功。

原文 天地之道，可一言而尽也[1]。其为物不贰[2]，则其生物不测。天地之道：博也，厚也，高也，明也，悠也，久也。今夫天[3]，斯昭昭之多[4]，及其无穷也，日月星辰系焉。万物覆焉。今夫地，一撮土之多[5]，及其广厚，载华岳而不重[6]，振河海而不泄，万物载焉[7]。今夫山，一卷石之多[8]，及其广大，草木生之，禽兽居之，宝藏兴焉[9]。今夫水，一勺之多，及其不测[10]，鼋、鼍、蛟、龙、鱼、鳖生焉[11]，货财殖焉[12]。

注释

① 一言：即一字，指“诚”字。

② 无贰：诚是忠诚如一，没有别的混杂，这就是为物无贰。贰，即二。

③ 夫（fú）：发语词。

④ 斯昭昭之多：斯，此。昭昭，光明。多，指人们见到的只是一部分光明。下面几句中“多”字意同。

⑤ 一撮（cuō）土：指人们立足的只是一撮土地。撮，本义是用两三个指头取物，引申指很少的数量。

⑥ 华（huà）岳：华山，在今陕西省东部，古称“西岳”。

⑦ 振：整治，约束。

⑧ 一卷（quán）石：石小如拳。卷，通“拳”。

⑨ 兴：起，开发。

⑩ 不测：不可翻度。指水波一望无际，浩瀚无涯。

⑪ 鼋（yuán）、鼍（tuó）、蛟（jiāo）、龙、鱼、鳖（biē）

生焉：鼋，也称绿团鱼，背甲近圆形，暗绿色。鼍，也称扬子鳄，背面暗褐色，有六横列角质鳞。蛟，古代传说中的动物，据说能引发洪水。鳖，也称甲鱼，背甲橄榄色。

⑫ 殖：生殖。

译文 天地的道，可以用一字说尽。这个道作为物是单纯专一，没有二的。因而生成万物就不可测度了。天地的道，广博啊，深厚啊，高大啊，光明啊，悠远啊，长久啊！现在且说天，不过是有一片光明，而在无穷无尽的天空，上面悬系着日月星辰，覆盖着万物。现在且说地，不过是有一小撮土，·而在广阔深厚的地方，载负华山不显沉重，汇聚河海没有泄漏，一切万物都能被承担。现在且说山，不过是一小块石头，山脉连绵万里，草木在上面生长，禽兽在上面居住，宝藏从山里开发出来。现在且说水，不过是一勺水。但水波浩瀚无涯，里面生长着鼋、鼍、蛟、龙、鱼、鳖，给人们提供钱财货物。

原文 《诗》云：“维天之命，於穆不已①。”盖曰天之所以为天也。“於乎不显，文王之德之纯②！”盖曰文王之所以为文也，纯亦不已。

注释 ①“《诗》云”三句：见《诗经·周颂·维天之命》。维，语气词。於（wū），语气词。穆，深远。不已，无穷。

②“於乎”二句：引诗同注⑰。不显，意为多么光明。不，通“丕”，即大。显，显明。

译文 《诗经》上说：“独有上天的定命，深远而又无尽。”这大概是说天之所以成为天的道理。“啊，多么光明，文王德行纯洁。”这大概是说文王之所以被尊称为“文”王，是因为他纯洁无瑕，永无止境。

原文 〔右第二十六章。〕

译文 〔以上为第二十六章。〕

（二十七）

原文 大哉圣人之道。洋洋乎①！发育万物，峻极于天②。优优大哉③！礼仪三百④，威仪三千⑤。待其人而后行⑥。

故曰苟不至德，至道不凝焉[7]。故君子尊德性而道问学[8]，致广大而尽精微，极高明而道中庸。温故而知新，敦厚以崇礼。

注释

① 洋洋：盛大众多，有美好无比的意思。

② 峻极：高大到极点。

③ 优优：和适，宽裕。

④ 礼仪：古时礼节的主要规则，又称经礼。

⑤ 威仪：古时典礼中的动作规范及待人接物的礼节，又称曲礼。

⑥ 其人：指圣人。

⑦ 凝：凝聚集中，引申意为成功。

⑧ 道（dǎo）问学：道，由，从。问学，学习及询问。

译文

伟大啊，这圣人的道，浩浩荡荡啊！生养万物，与天一样崇高。伟大啊，宽广仁和！礼仪有三百条，威仪有三千条。必须等到圣人出世才能实行。因此，如果没有极大的德，极高的道是不能成功的。所以君子尊崇德性，又注重学习、询问。达到广大的境地又详尽到精细处。达到高明的极点，又注重中庸的实行。既温习已经了解的道理，又认识新的道理。崇尚礼节要朴实忠厚。

原文 是故居上不骄①，为下不倍②。国有道其言足以兴③，国无道其默足以容④。《诗》曰：“既明且哲，以保其身⑤。”其此之谓与？

注释 ① 居上不骄：居上，身居上位，指国君。骄，骄慢，矜持。

② 为下不倍：为下，身居下位，指臣民。不倍，意为不越分犯位。倍，通“背”，背弃，背叛。

③ 国有道：国家实行正道，指太平盛世。兴：兴起。意为得志，被朝廷任用。

④ 国无道：国家缺乏正道，指昏暗乱世。容：容身，指保全自己。

⑤ “《诗》曰”三句：见《诗经·大雅·蒸民》。哲，智慧，指洞察事理。

译文 因此，身居上位时不要骄慢，身居下位时不要背叛。国家实行正道时，力求主张能够被采纳；国家没有正道时，沉默无言力求保全自己。《诗经》上说：“既明白道理又洞察是非，这样便能保全自己。”说的不就是这个意思吗？

原文 〔右第二十七章。〕

译文 〔以上是第二十七章。〕

（二十八）

原文 子曰："愚而好自用[1]，贱而好自专[2]，生乎今之世反古之道。如此者，灾及其身也。"

注释 ① 自用：只凭自己主观意图行事，不虚心向别人求教。

② 自专：独断专行。

译文 孔子说："愚昧却好自以为是，卑贱却好独断专行。生于现在时代，却要恢复古时的制度。这样一来，灾祸是一定要落到自己身上的。"

原文 "非天子，不议礼[1]，不制度[2]，不考文[3]。今天下，车同轨，书同文，行同伦[4]，虽有其位，苟无其德，不敢作礼乐焉；虽有其德，苟无其位，亦不敢作礼乐焉。”

注释 ① 议礼：议论礼仪，指修订礼仪。

② 制度：创立制定法度。制，制定。

③ 考文：考核文字。

④“今天下”四句：各种车子的轮距一样，叫“车同轨”。轨，车子两轮之间的距离。字的笔划、间架一样，叫“书同文”。待人处事遵守同样的道德规范，叫“行同伦”。按，这句说的是秦始皇统一六国以后的情况。说明《中庸》有些章节是秦代儒者所增。

译文 “如果不是天子，就不要议定礼仪，不要创立法度，不要考核文字。现在天下车轨统一，文字笔划一致，伦理道德一样。虽有天子的地位，但如果没有天子的德性，就不要制定礼乐制度。虽有天子的德性，但如果没有天子的地位，也不要制定礼乐制度。”

原文 子曰：“吾说夏礼①，杞不足征也②。吾学殷礼③，有宋存焉④。吾学周礼⑤，今用之，吾从周⑥。”

注释 ① 吾说夏礼：说，解说。夏礼，夏朝的礼制。夏朝，约前2070—前1600，传说是禹建立的。

② 杞：国名，传说是周武王封夏禹的后代于此。故城在今河南杞县。

③ 殷礼：殷朝的礼制。商朝从国王盘庚迁都至殷（今河南安阳）到纣亡国，一般称为殷代，整个商朝，也称商殷或殷商。

④ 宋：国名，商汤的后代，故城在今河南商丘市南。

⑤ 周礼：周朝的礼制，是儒家企图恢复的理想的社会制度。

⑥ 这一小段话散见于《论语·八佾》篇。“夏礼，吾能言之，杞不足征也；殷礼，吾能言之，宋不足征也。文献不足故也。足，则吾能征之矣。”“周监于二代，郁郁乎文哉，吾从周。”《论语·为政》篇：“殷因于夏礼，所损益，可知也；周因于殷礼，所损益，可知也。其或继周者，虽百世，可知也。”

译文 孔子说：“我能解说夏朝的礼，杞国的文献不能证明。我学习殷朝的礼，宋国还保存着礼文。我学习周代的礼，现在还通用着。我要遵从周礼。”

原文 〔右第二十八章。〕

译文 〔以上是第二十八章。〕

（二十九）

原文 王天下有三重焉[①]，其寡过矣乎。上焉者[②]，虽善无征。无征不信，不信民弗从。下焉者[③]，虽善不尊。不尊不信，不信民弗从。

注释 ① 王天下有三重焉：王（wàng），成为君王；统治天下。三重，三件重要的事。指上章说的议礼、制度、考文。

② 上焉者：在上位的人，指君。

③ 下焉者：在下位的人，指臣。

译文 统治天下的人做到三件重要的事，大概就很少有过失了。在上位的人，虽然行为很好，但是没有验证，没有验证就不确实，不确实平民就不服从。在下位的人，虽然行为很好，但不尊贵，不尊贵就不确实，不确实平民就不服从。

原文 故君子之道：本诸身，征诸庶民，考诸三王而不缪[①]，建诸天地而不悖[②]，质诸鬼神而无疑[③]，百世以俟圣人而不惑[④]。质诸鬼神而无疑，知天也；百世以俟圣人而不惑，知人也。是故君子动而世为天下道[5]，行而世为天下德，言而世为天下则。远之则有望[6]，近之则不厌。

注释

① 考诸三王而不缪：指君子之道符合古代君王立下的原则。三王，即夏、殷、周三代君王。诸，意同于“之于”二字。

② 建诸天地而不悖（bèi）：指君子之道符合天地之道。建，立。

③ 质诸鬼神而无疑:《中庸》认为鬼神不疑，即是符合天道。

④ 不惑：不疑惑，不反对。

⑤ 道：通“导”。先导，疏导。

⑥ 望：仰望，敬仰。

译文

所以君子的道，是以自身做依据，从平民那里得到验证。考查到三代先王不显荒谬，树立在天地之间没有违逆，卜问鬼神也无怀疑，百世以后待到圣人出现也不会反对。卜问鬼神，鬼神不疑，这是了解天意啊；百世以后待到圣人出现也不会反对，这是了解人意啊。因此君子举动能世世代代成为天下的先导，办事能世世代代成为天下的标准，在远处使人仰望恭敬，在近处则不使人厌烦。

原文 《诗》曰:“在彼无恶,在此无射。庶几夙夜,以永终誉[①]。”君子未有不如此而蚤有誉於天下者也[②]。

注释 ①“《诗》曰”五句:见《诗经·周颂·振鹭》。据说这是一首赞美宋国微子的诗。彼,指在宋国。射(yì),《诗经》作“斁”,厌弃。誉,荣誉。

② 蚤:通“早”。

译文 《诗经》上说:“在那里无人厌恶,在这里无人烦弃。几乎是日夜操劳,永远保持名望。”一个君子如果不这样做,就能早早在天下获得名望,那是从来不会有的。

原文 〔右第二十九章。〕

译文 〔以上是第二十九章。〕

（三十）

原文 仲尼祖述尧舜①，宪章文武②，上律天时，下袭水土③，辟如天地之无不持载，无不覆帱④。辟如四时之错行⑤，如日月之代明⑥。万物并育而不相害，道并行而不相悖⑦。小德川流，大德敦化⑧。此天地之所以为大也。

注释 ① 祖述：效法，遵循前人的行为或学说。

② 宪章：遵从，效法。

③ 袭：协调。

④ 覆帱（dào）：遮盖，掩盖。

⑤ 错行：错综运行，意为流动不息。

⑥ 代明：交替光明，意为循环变化。

⑦ 道并行而不相悖：道，天地之道。悖，违背。

⑧ 敦化：使万物达到敦厚纯朴的境地。

译文 仲尼效法尧舜，以文王、武王为典范。上遵从天时变化，下与水土协调。好像天地没有一物不能扶持承载，没有一物不能覆盖笼罩；又好像四时的错综运行，好像日月的交替光明。万物一起生长，互相并不妨害；天地的道同时并行，互相并不违背。小德如水流浸润，大德使万物敦厚纯朴。这就是天地之所以伟大的道理。

原文 〔右第三十章。〕

译文 〔以上是第三十章。〕

（三十一）

原文 唯天下至圣，为能聪明睿知①，足以有临也②。宽裕温柔③，足以有容也④。发强刚疑⑤，足以有执也⑥。齐庄中正，足以有敬也。文理密察⑦，足以有别也⑧。

注释 ① 睿（ruì）知（zhì）：智慧。知，通“智”。

② 有临：居上临下。

③ 宽裕：宽，广大。裕，舒缓。

④ 有容：包容，

⑤ 发强：发，奋发。强，勇力。

⑥ 有执：决断。

⑦ 密察：密，详细。察，明辨。

⑧ 有别：辨别。

译文 只有天下崇高的圣人，才是聪明有智慧的，能够君临天下。宽宏大量，温和柔顺，能够包容天下。奋发勇敢，刚强坚毅，能够决断大事。严肃庄重，虔诚正直，能够恭敬行礼。文章条理精密详察，能够辨别是非。

原文 溥博渊泉，而时出之①。溥博如天，渊泉如渊。见而民莫不敬②，言而民莫不信，行而民莫不说③。是以声名洋溢乎中国④，施及蛮貊⑤。舟车所至，人力所通，天之所覆，地之所载，日月所照，霜露所队⑥；凡有血气者，莫不尊亲。故曰配天。

注释 ① 溥博渊泉，而时出之：溥博，辽阔广大。渊，深。时，时序。

② 见（xiàn）：表现。指行为举止。

③ 说（yuè）：通“悦”。

④ 洋溢：广泛传播。

⑤ 施（yì）及蛮貊（mò）：施及，延，延续。蛮貊，古代两个边远部族的名称。

⑥ 队（zhuì）：通“坠”，坠落。

译文 无比辽阔，深远无穷，随着时序变化而运行。无比辽阔如上天，深远无穷如深水。举止，平民没有不敬佩的。说话，平民没有不听从的。从政，平民没有不欢欣的。因此声名广泛流传在中国，一直传到蛮貊地区。以至车船能够行驶的地方，人力通行的地方，上天覆盖的地方，大地覆载的地方，日月照耀的地方，霜露降落的地方；凡是具有血气的生物，没有不尊敬他，热爱他。所以能与天地相比配。

原文 〔右第三十一章。〕

译文 〔以上是第三十一章。〕

（三十二）

原文 唯天下至诚，为能经纶天下之大经①，立天下之大本②，知天地之化育。夫焉有所倚？肫肫其仁③！渊渊其渊！浩浩其天！苟不固聪明圣知达天德者④，其孰能知之⑤？

注释 ① 为能经纶天下之大经：经纶，用蚕丝纺织以前整理丝缕，引申为治理国家大事。经，纺织的经线，引申为常理、规范。

② 本：根本。

③ 肫肫（chún）：同"忳忳"，诚挚的样子。

④ 固：实在，真实。

⑤ 之：指"天下至诚"。

译文 只有天下的极端真诚，能够成为治理天下的最高规范，树立天下的根本法则，知道天地的生成变化。这哪里需要别的依傍？仁德真挚恳切！像水一样深沉静寂！像天一样浩茫广大！如果不是聪明智慧、通贯天德的人，有谁能知道天的极端真诚呢？

原文 〔右第三十二章。〕

译文 〔以上是第三十二章。〕

（三十三）

原文 《诗》曰："衣锦尚絅[1]。"恶其文之著也。故君子之道，闇然而日章[2]；小人之道，的然而日亡[3]。君子之道，淡而不厌，简而文，温而理，知远之近，知风之自，知微之显，可与入德矣。

注释 ①《诗》曰"二句：见《诗经·卫风·硕人》。锦，色彩鲜艳的衣服。尚，加。絅（jiǒng），同"褧"，用麻布制的罩衣。

② 闇然：隐藏不露。闇，即"暗"。

③ 的（dì）然：鲜明、显著。

译文 《诗经》上说："穿着锦绣的衣服，外面罩件套袍。"这是讨厌花纹太显露。所以君子的道，深藏不露却日益昭彰；小人的道，显露无遗却日益消亡。君子的道：平淡而有意味，简略而有文采，温和而有条理，知道远处的事由近处发生，知道风云从哪里升起，知道微细的事变化为明显的事，这就可以和圣人的德行相比配了。

原文 《诗》云："潜虽伏矣，亦孔之昭[①]！"故君子内省不疚，无恶于志。君子之所不可及者，其唯人之所不见乎？

注释 ①"《诗》云"三句：见《诗经·小雅·正月》。昭，《诗经》作"炤"（zhào），昭、炤同，意为明显。

译文 《诗经》上说："鱼儿潜伏水中，也是清晰可见。"所以君子自我反省没有不安，心志并无惭愧。别人不可比及君子的原因，大概在这些别人看不到的地方不能严格要求自己。

原文 《诗》云："相在尔室，尚不愧于屋漏[①]。"故君子不动而敬，不言而信。

注释 ①"《诗》云"三句：见《诗经·大雅·抑》。屋漏，古代室内西北角设小帐，相传是神明所在。不愧于屋漏，意为心地光明，不在暗中做坏事。

译文 《诗经》上说："人们注视你在居室，你要无愧神灵。"所以君子虽无动作，但很恭敬，虽无言谈，但很诚实。

原文 《诗》曰："奏假无言，时靡有争①。"是故君子不赏而民劝，不怒而民威于鈇钺②。

注释 ①"《诗》曰"三句：见《诗经·商颂·烈祖》。奏，《诗经》作"鬷（zōng）"，进奉。假（gé），通"格"，感格，感通。靡（mí），没有。

② 鈇（fū）钺（yuè）：古代执行军法时用的斧子。

译文 《诗经》上说："进奉诚心，感通神灵，肃静无言，不敢争执。"因此，君子不用赏赐，平民也努力从善；君子不用发怒，平民也很畏惧，像见到鈇钺。

原文 《诗》曰："不显惟德，百辟其刑之①。"是故君子笃恭而天下平。

注释 ①“《诗》曰”二句：见《诗经·周颂·烈文》。不显，意为大显。辟（bì），诸侯。刑，通“型”，示范，效法。

译文 《诗经》上说：“上天的德性岂不显明，凡百诸侯都要效行。”因此君子忠厚谦恭，天下也就太平。

原文 《诗》云：“予怀明德，不大声以色[①]。”子曰：“声色之于以化民，末也。”《诗》曰：“德輶如毛[②]。”毛犹有伦[③]。“上天之载，无声无臭[④]”，至矣。

注释 ①“《诗》云”三句：见《诗经·大雅·皇矣》。声，号令。色，容貌。以，与。

②“《诗》曰”二句：见《诗经·大雅·烝民》。輶（yóu），古代一种轻便车，引申为轻。

③ 伦：比。

④“上天”二句：引自《诗经·大雅·文王》。臭（xiù），气味。

译文 《诗经》上说：“我思念你的光辉品德，虽然没有号令及温情。”孔子说：“用号令、温情感化平民，是枝末的事。”《诗经》上说；“品德轻如鸿毛。”有毛就是还有形迹。“天生万物，没有声响，没有气味”，这可以说是最高的境界了。

原文 〔右第三十三章。子思因前章极致之言，反求其本，复自下学为己谨独之事，推而言之，以驯致乎笃恭而天下之平之盛。又赞其妙，至于无声无臭而后已焉。盖举一篇之要而约言之，其反复丁宁示人之意，至深切矣，学者其可不尽心乎？〕

译文 〔以上是第三十三章。子思根据前章关于德性趋向极致的言论，反回来探求它的基础。又从后学者需自己慎独推而广之，讲到君子笃厚恭敬而天下太平的盛况，更称赞君子的德性高妙，达到无声无臭的最高境界。这是概括《中庸》一篇的宗旨。这样反复叮咛以教人的用意，太深远恳切啊，后学者难道可以不用心去领会吗？〕

论语

引 言

◎《论语》是记载孔子及其弟子言行的书。

◎ 孔子（前551—前479），名丘，字仲尼，春秋时鲁国陬邑（今山东曲阜）人。儒家学派创始人，我国古代伟大的思想家、政治家、教育家。他对我国思想文化的发展有巨大贡献，影响极其深远。先世为宋国贵族，在鲁曾任相礼（司仪）、委吏（司会计）、乘田（管理畜养）一类小官，鲁定公时曾任中都宰、司寇。因对鲁执政者季桓子和鲁定公所为不满，遂去鲁。曾周游卫、宋、陈、蔡、楚诸国，希望能实现其政治主张，但是皆不为时君所用，归死鲁国。晚年曾长期聚徒讲学，开我国私人讲学之先风。相传弟子多达三千人，其中著名者达七十余人。曾整理删定《诗》《书》等重要古代文献，并根据鲁史官所记《春秋》加以删修，成为我国第一部编年体历史著作。亦有学者认为孔子删诗编史未必可信，但他熟悉古代经典，可能曾做过某种整理工作，其贡献则是可以肯定的。

◎《论语》成书于春秋战国之际。从书中内容看，当是孔子弟子及其再传弟子所记。班固在《汉书·艺文志》中说："《论语》者，孔子应答弟子、时人及弟子相与言而接闻于夫子之语也。当时弟子各有所记，夫子既卒，门人相与辑而论纂，故谓之《论语》。"

◎《论语》是研究孔子生活及思想的主要资料。

◎ 汉时,《论语》有三种不同的本子:《鲁论语》二十篇;《齐论语》二十二篇;《古文论语》二十一篇。汉末郑玄根据《鲁论语》篇章，参考《齐论语》和《古文论语》作注，后郑注本独传,《齐论语》和《古文论语》亡佚。注释有三国魏何晏《论语集解》，南北朝梁皇侃《论语义疏》，宋邢昺《论语正义》，朱熹《论语集注》，清刘宝楠《论语正义》等。

自南宋以后，把《论语》《孟子》和《礼记》中的《大学》《中庸》合为《四书》。

◎《论语》中所记孔子的思想以"仁"为核心。他进一步解释说,"仁"是"爱人""己所不欲，勿施于人""己欲立而立人，己欲达而达人"。而"仁"的最高境界是"博施于民，而能济众"。他还认为，执行"仁"必须以"礼"为规范，即所谓"克己复礼为仁"。这对维护权势者的等级秩序是有利的。自汉代以来，孔子的思想经历代儒家思想家的补充修正改造，更加系统化了，在我国长期的封建社会里一直居统治地位。历代封建统治者都利用孔子维护其统治，尊崇他为至圣先师。

◎ 孔子的政治思想总的来说是保守的，但有些思想也有一定的进步意义。他说："道千乘之国，敬事而信，节用而爱人，使民以时。"(《学而》) 他严厉谴责冉求为季氏聚敛的行为，他说："非吾徒也。小子鸣鼓而攻之可也。"(《先进》) 在教育上他主张"有教无类"(《卫灵公》)和"学而不厌，诲人不倦"(《述而》)；在学习态度和方法上也多有精辟之言，如"学而不思则罔，思而不学则殆。""知之为知之，不知为不知"(以上《为政》)。他重视文学的政治和教化作用，如"《诗》，可以兴，可以观，可以群，可以怨。迩之事父，远之事君；多识于鸟兽草木之名"(《阳货》)。这可算是我国最早的文学评论了，它对后代文学尤其是诗歌的发展和文学批评都有很大影响。

◎《论语》主要是记言，是语录体散文的典范。语言精练含蓄，富于概括性，幽默诙谐，口语化。有些语句既形象，又富于启发性和哲理性，常被后人引用，已成为成语、格言。有些章节运用简单的对话和行动描写展示出人物的生动形象，例如《侍坐》章就形象地表现出孔子及其几位弟子的不同性格。

◎ 本书在译注过程中，参考了有关老师和专家的著作，得到不少教益。书中谬误仍有不少，统请同志们批评指正。

刘俊田

学而第一

（凡十六章）

原文 1·1 子曰[①]："学而时习之[②]，不亦说乎[③]？有朋自远方来[④]，不亦乐乎？人不知而不愠[⑤]，不亦君子乎？"

注释 ① 子曰：《论语》中"子曰"的"子"都是孔子的学生对孔子的称呼。

② 学而时习之：时，时时，经常。习，演习，复习。

③ 说（yuè）：同"悦"。

④ 朋：朋友。或认为"朋"当指自远方而来向孔子求教者。这样的理解是正确的，然而，我们觉得译为"朋友"较通俗易懂。

⑤ 愠（yùn）：怒。

译文 孔子说："学了，又经常复习它，不也是高兴的吗？有朋友从远方来，不也是快乐的吗？人家不了解我，我也不怨恨，不也是君子吗？"

原文 1·2 有子曰[①]："其为人也孝弟[②]，而好犯上者，鲜矣[3]；不好犯上，而好作乱者，未之有也。君子务本，本立而道生。孝弟也者，其为仁之本与[4]！”

注释 ① 有子：孔子的学生，姓有，名若。《论语》中对孔子的学生一般称字，只是曾参和有若称“子”，因而有人据此推断《论语》是由这两个人的学生编纂的。

② 孝弟（tì）：孝，子女善事父母称孝。弟，同“悌”，弟弟善事兄长称弟。

③ 鲜（xiǎn）：少。

④ 与（yú）：同“欤”，语气词，《论语》中“欤”均写作“与”。

译文 有子说：“能够孝顺父母，尊敬兄长，而喜好冒犯上级的人是少有的；不喜好冒犯上级，却喜好造反的人是根本没有的。君子专心致力于根本，根本确立了，‘道’自然就会生出来。孝悌是为仁的根本啊！”

原文 1·3 子曰：“巧言令色，鲜矣仁。”

译文 孔子说：“花言巧语，装出一副讨人喜欢的面孔的人，是很少有仁德的。”

原文 1·4 曾子曰[①]："吾日三省吾身[②]：为人谋而不忠[③]乎？与朋友交而不信乎？传不习乎[④]？"

注释 ① 曾子：孔子的学生，名参（shēn），字子舆。

② 三省（xǐng）：多次自我反省。"三"表示多数，不是实指。

③ 忠：这里是竭心尽力的意思。

④ 传（chuán）：这里指老师的传授。

译文 曾子说："我每天多次自我反省：为别人办事没有竭尽全力吗？和朋友交往有不诚实的表现吗？老师教我的东西没有去复习吗？"

原文 1·5 子曰："道千乘之国[①]，敬事而信[②]，节用而爱人[③]，使民以时[④]。"

注释 ① 道千乘之国：道，治理。乘（shèng），表示兵车的量词。古代四匹马拉一辆兵车，称作"乘"。兵车辆数的多寡是一个国家强弱的标志。

② 敬：专心致志。

③ 人：这个"人"与下文的"民"对言，指士大夫以上的统治阶级，故译为"各级部下"。

④ 使民以时：民，指下层普通老百姓。时，指农闲的时候。

译文 孔子说："治理拥有一千辆兵车的国家，就必须严肃认真地处理各种事情，而且要恪守各种信用，节约开支，爱护各级部下，要在农闲时役使百姓。"

原文 1·6 子曰："弟子入则孝①，出则弟，谨而信②，泛爱众③，而亲仁。行有余力④，则以学文⑤。"

注释 ① 弟子：指家中年纪幼小的男子。

② 谨：指行为有常规。

③ 泛爱众：泛，广泛。众，众人。

④ 余力：空闲时间。

⑤ 以：这里作"用"讲。

译文 孔子说："为人子弟的人，在家要孝顺父母，外出要尊敬兄长，行为要谨慎，说话要有信用，广泛亲爱众人，亲近有仁德的人。这样做了以后还有余力，就用来学习《诗》《书》等有关礼乐的著作。"

原文 1·7 子夏曰①："贤贤易色②；事父母能竭其力；事君

能致其身[3]；与朋友交言而有信。虽曰未学，吾谓之学矣。”

注释 ① 子夏：孔子的学生，姓卜，名商，字子夏。

② 贤贤：第一个“贤”是动词，尊崇的意思。第二个贤是名词，指贤德的人。

③ 致：委弃。

译文 子夏说：“尊崇贤人而不重视女色；侍奉父母，能够竭心尽力；侍奉君主，要有忘我献身的精神；和朋友交往，说话要诚实可信。这样的人，虽然说没有学习过，但我也一定要说他是学习过的了。”

原文 1·8 子曰：“君子不重则不威；学则不固。主忠信。无友不如己者[1]。过，则勿惮改[2]。”

注释 ① 无：同“毋”，不要。

② 惮（dàn）：害怕。

译文 孔子说：“君子如果不庄重就没有威严；就是学习了也不能巩固。〔做人〕要以忠和信为主，不要去和不如自己的人交朋友。有了过错，就不要害怕改正。”

原文 1·9 曾子曰：“慎终①，追远②，民德归厚矣。”

注释 ① 终：老死为终。这里指父母的死亡。慎终，指对父母的丧事要尽礼办理。

② 追远：指祭祀要尽量做到有诚心。

译文 曾子说：“要谨慎地办理父母的丧事，诚心诚意地祭祀祖先，这样做了，老百姓就会受到感化，他们的道德就会趋于笃厚。”

原文 1·10 子禽问于子贡曰①：“夫子至于是邦也②，必闻其政，求之与？抑与之与？”子贡曰：“夫子温、良、恭、俭、让以得之③。夫子之求之也，其诸异乎人之求之与④？”

注释 ① 子禽问于子贡：子禽，姓陈，名亢（kàng），字子禽。子贡，孔子的学生，姓端木，名赐，字子贡。

② 夫子：古代一种敬称，凡做过大夫级官的人就可被称为“夫子”。孔子曾做过鲁国的司寇，故他的学生称他为夫子。

后来，夫子就成为老师的同义语。

③ 温、良、恭、俭、让：温，温顺和厚；良，善良；恭，庄敬；俭，节俭；让，谦逊。

④ 其诸：或者。

译文 子禽问子贡说："我们老师每到一个国家，就要参与那个国家的政事，是他求来的呢，还是人家主动告知给他的呢？"子贡说："老师温、良、恭、俭、让，才获得这种待遇。他这种求得的方法，不同于别人求得的方法吧？"

原文 1·11 子曰："父在，观其志；父没，观其行，三年无改于父之道[①]，可谓孝矣。"

注释 ① 三年：不一定是实指，一般表示一段较长的时间。

译文 孔子说："父亲活着的时候，看他的志向，父亲死后，考察他的行为，如果长期地不改变他父亲所定的老规矩，这样的人可以称为孝了。"

原文 1·12 有子曰："礼之用，和为贵[①]。先王之道，斯为美；小大由之。有所不行，知和而和，不以礼节之②，亦不可行也。”

注释 ① 和：合适，恰当。

② 节：节制，制约。

译文 有子说：“礼的作用，以遇事做到恰到好处为可贵。古代那些圣明君主治理国家的方法，可贵之处就在于此；他们大事小事都要做得恰当。但是，若有行不通的地方，还一味地为恰当而恰当，而不用礼来加以节制，也是不可行的。”

原文 1·13 有子曰：“信近于义①，言可复也②。恭近于礼，远耻辱也③，因不失其亲④，亦可宗也⑤。”

注释 ① 近：符合，合于。

② 复：实践。

③ 远（yuàn）：动词，使之远离的意思。

④ 因：依靠。

⑤ 宗：主，可靠。

译文 有子说:“所讲的信用要符合义,这样,所许下的诺言才可实践。恭敬符合于礼,就不会遭到耻辱了。所依靠的都是可以亲近的人,也就可靠了。”

原文 1·14 子曰:“君子食无求饱,居无求安,敏于事而慎于言,就有道而正焉①。可谓好学也已。”

注释 ① 就有道而正焉:就,靠近,接近。正,纠正,改正。

译文 孔子说:“君子,不追求吃得好、住得安逸舒服,做事勤快,说话谨慎,接近有道德的人纠正自己的错误,这样,就可以说是好学的了。”

原文 1·15 子贡曰:“贫而无谄①,富而无骄,何如?”子曰:“可也;未若贫而乐,富而好礼者也。”子贡曰:“《诗》云:‘如切如磋,如琢如磨②。’其斯之谓与?”子曰:“赐也,始可与言《诗》已矣,告诸往而知来者③。”

注释 ① 谄(chǎn):巴结,奉承。

②《诗》云:“如切如磋,如琢如磨”:见《诗经·卫风·淇

奥》。切，把骨头做成各种形状；磋，把象牙做成各种形状；琢，雕刻玉石；磨，磨光。

③ 告诸往而知来者：诸，之。往，过去的事，这里指已知的事。来者，未来的事，这里指未知的事。

译文 子贡说："贫穷而不巴结人，富有而不骄傲，怎么样？"孔子说："可以，但不如贫穷而乐观，富有而喜好礼的人。"子贡说："《诗》中说：'要像对骨、角、象牙、玉石一样，切磋它，琢磨它。'讲的就是这个意思吧？"孔子说："赐呀，现在可以和你谈论《诗》了，因为告诉你这个问题，你就可以加以推论，指导另一个问题。"

原文 1·16 子曰："不患人之不己知，患不知人也。"

译文 孔子说："不害怕别人不了解自己，就害怕自己不了解别人。"

为政第二

（凡二十四章）

原文 2·1 子曰：“为政以德，譬如北辰①，居其所而众星共之②。”

注释 ① 北辰：北极星。

② 共：同“拱”，环抱，环绕。

译文 孔子说：“治理国家若能依靠道德，那就会像北极星一样，待在固定的地方，众星都会环绕在它的周围。”

原文 2·2 子曰：“《诗》三百①，一言以蔽之②，曰：‘思无邪③。’”

注释 ①《诗》三百:《诗经》共有诗三百零五篇，这里说“三百”，是举其概数。

② 蔽：概括。

③ 思无邪：这句话原出《诗经·鲁颂·駉（jiōng）》篇，孔子借此评论整部《诗经》。

译文 孔子说："《诗经》三百篇，可以用一句话来概括它，那就是'没有邪恶的思想'。"

原文 2·3 子曰："道之以政①，齐之以刑②，民免而无耻③；道之以德，齐之以礼，有耻且格④。"

注释 ① 道：同"导"。

② 齐：整齐，统一。

③ 民免而无耻：免，苟免。这里指苟免犯罪，而不受刑罚之祸。无耻，不知耻。这里指认识不到犯罪是可耻的。

④ 格：归服。

译文 孔子说："用法律命令来引导老百姓，用刑罚来整齐他们，这样他们虽然能够苟免犯罪，却不知道犯罪是可耻的；用道德来引导他们，用礼来整齐他们，这样他们不但知廉耻，而且心甘情愿归服。"

原文 2·4 子曰："吾十有五而志于学①，三十而立②，四十而不惑③，五十而知天命④，六十而耳顺⑤，七十而从心所欲，不逾矩⑥。"

注释 ① 有：又。

② 立：站立，自立。从下文《季氏》篇“不学礼，无以立”来看，这里的“立”当指立于礼，即做事能合于礼，站得住脚。

③ 不惑：不受迷惑。这里是说，到四十岁，学问已很渊博，不会受迷惑。

④ 天命：指天道流行的精理。

⑤ 耳顺：顺，通顺不逆。耳顺，指听到别人说的话，用不着怎么思考，便能领会。

⑥ 从心所欲，不逾矩：从，随。逾，超过。矩，规矩，法度。

译文 孔子说：“我十五岁有志于学业，三十岁说话做事都能够合于礼，四十岁〔明白了世上的各种事理〕能够不迷惑了，五十岁懂得了天命，六十岁一听到别人说的话，便能了解其主旨，七十岁便随心所欲，所想的一切都不会超过规矩。”

原文 2·5 孟懿子问孝①。子曰：“无违②。”樊迟御③，子告之曰：“孟孙问孝于我④，我对曰‘无违’。”樊迟曰：“何谓也！”子曰：“生，事之以礼；死，葬之以礼，祭之以礼。”

注释 ① 孟懿子：鲁国大夫，姓仲孙，名何忌，“懿”是谥号。

② 无违：不要违背礼。鲁国的三家是大夫，但他们经常僭用诸侯及天子之礼，孔子曾多次对此表示不满。孔子这个回答，可能就针对此而发。

③ 樊迟御：樊迟，孔子学生，名须，字子迟。御，驾车。这句是说樊迟为孔子驾车。

④ 孟孙：即孟懿子。

译文 孟懿子问孔子什么叫孝。孔子说：“不要违背礼。”有一次，樊迟替孔子赶车子，孔子告诉他说：“孟孙问我什么叫孝，我回答他说是‘不要违背礼’。”樊迟说：“这是什么意思？”孔子说：“父母在世时，要按照礼来侍奉他们，死了要按照礼来埋葬他们，按照礼来祭祀他们。”

原文 2·6 孟武伯问孝[①]。子曰：“父母唯其疾之忧[②]。”

注释 ① 孟武伯：姓孟孙，名彘，孟懿子之子，“武”是谥号。

② 其疾：其，代词，这里指父母。有人认为是指儿女，似不妥。疾，病。

译文 孟武伯问什么叫孝。孔子说："对父母，做儿女的要特别为他们的疾病操心。"

原文 2·7 子游问孝①。子曰："今之孝者，是谓能养②。至于犬马，皆能有养。不敬，何以别乎？"

注释 ① 子游：孔子学生，姓言，名偃，字子游。

② 养（yàng）：供奉饮食给父母。

译文 子游问什么是孝。孔子说："现在的所谓孝，只要能供养父母就行了。狗马都能得到饲养，如果不是真心孝敬父母，那养活父母和饲养狗马有什么区别呢？"

原文 2·8 子夏问孝。子曰："色难①。有事，弟子服其劳；有酒食，先生馔②，曾是以为孝乎③？"

注释 ① 色：和悦的脸色。

② 先生馔（zhuàn）：先生，年长者，这里指父母。馔，吃喝。

③ 曾（céng）：竟然。

译文 子夏问什么是孝。孔子说："难的是儿子经常保持和悦的脸色。有要做的事，儿子替父母去代劳；有了酒和饭，父母去吃喝，这竟能叫作孝吗？”

原文 2·9 子曰：“吾与回言终日①，不违，如愚。退而省其私，亦足以发。回也不愚。”

注释 ① 回：孔子最喜欢的学生，姓颜，名回，字子渊，又称颜渊。

译文 孔子说：“我整日给颜回讲学，他从来没有提出与我见解相违背的问题，像个愚蠢的人。可是我观察他私下的所作所为，发现他对我所讲的都能予以发挥，颜回并不愚蠢啊。”

原文 2·10 子曰：“视其所以①，观其所由②，察其所安③。人焉廋哉④？人焉廋哉？”

注释 ① 以：为。视其所以，即看一个人做好事还是做坏事。

② 由：从。观其所由，观察一个人所从由的道路。意思是说，一个人虽然愿做好事，但还要观察他所从由的道路。

③ 安：安心。所安，指一个人安于做什么或不安于做什么。譬如为山，还要观察他内心里是否真正安于这样做。

④ 焉廋：焉，何处。廋，隐匿。

译文 孔子说："考察他的所为，观察他所从由的道路，察看他以什么为安。那么这个人怎么能够隐藏呢？这个人怎么能够隐藏呢？"

原文 2·11 子曰："温故而知新，可以为师矣。"

译文 孔子说："温习旧的已经学到的知识，却能够有新的体会和收获，这样就可以做老师了。"

原文 2·12 子曰："君子不器。"

译文 孔子说："君子不要像个器皿那样〔只有一种用途〕。"

原文 2·13 子贡问君子。子曰："先行其言而后从之。"

译文 子贡问怎样才能做个君子。孔子说，"先将要说的话实行了然后再说出来。"

原文 2·14 子曰："君子周而不比，小人比而不周。"

译文 孔子说："君子普遍和人亲近而不只是和少数几个人亲近，小人只和少数几个人亲近而不普遍和人亲近。"

原文 2·15 子曰："学而不思则罔①，思而不学则殆②。"

注释 ① 罔（wǎng）：同"惘"，迷惑。

② 殆（dài）：危险。

译文 孔子说："只读书而不肯思考，那就陷于迷惑而无所收获；只是空想而不肯读书，那是危险的。"

原文 2·16 子曰："攻乎异端①，斯害也已②。"

注释 ① 攻乎异端：攻，攻击。异端，指不同于孔子学说的异端邪说。

② 斯害也已：斯，此，这。已，止。

译文 孔子说："批驳那些异端邪说，祸害自然就可以停止了。"

原文 2·17 子曰："由①！诲女知之乎②！知之为知之，不知为不知，是知也[3]。”

注释 ① 由：孔子学生，姓仲名由，字子路。

② 诲（huì）女：诲，教导。女，同“汝”，你。

③ 知：同“智”。

译文 孔子说：“由！我教给你什么叫‘知道’的道理了吧！知道就是知道，不知道就是不知道，这就是聪明智慧。”

原文 2·18 子张学干禄[1]。子曰：“多闻阙疑[2]，慎言其余，则寡尤[3]；多见阙殆，慎行其余，则寡悔。言寡尤，行寡悔，禄在其中矣。”

注释 ① 子张学干禄：子张，孔子学生，姓颛（zhuān）孙，名师，字子张。干，求。禄，旧时官吏的薪俸。

② 阙疑：阙，这里同“缺”，保留的意思。疑，疑问。阙疑，有疑问的地方要保留。下文“阙殆”与“阙疑”同意。

③ 尤：错误。

译文 子张向孔子学习求官爵得俸禄的方法。孔子说：“要多听，有怀疑的地方予以保留，其余有把握的地方谨慎地说出来，这样就可以少犯错误。要多看，有怀疑的地方予以保留，其余有把握的地方谨慎地去做，就可以减少后悔。说话少犯错误，做事后悔少，官爵薪俸就在其中了。”

原文 2·19 哀公问曰[①]：“何为则民服？”孔子对曰[②]：“举直错诸枉[③]，则民服；举枉错诸直，则民不服。”

注释 ① 哀公：鲁国的君主，姓姬名蒋，定公之子。“哀”是他的谥号。

② 对曰：《论语》中凡臣对答君主的问话，一定用“对曰”，表示尊敬。这里孔子为臣，回答哀公所问，故用“对曰”。

③ 举直错诸枉：举，提拔。直，正直。这里指正直的人。错，放置。诸，之于的合音。枉，不正直，不正派。这里指行为邪恶的人。

译文 鲁哀公问道：“怎样做才能让老百姓服从呢？”孔子回答说：“把正直的人提拔到邪恶的人的上面，老百姓就会服从；把邪恶的人提拔到正直的人的上面，老百姓就不会服从了。”

原文 2·20 季康子问[①]："使民敬、忠以劝[②]，如之何？"子曰："临之以庄[③]，则敬；孝慈，则忠；举善而教不能，则劝。"

注释 ① 季康子：鲁哀公时的正卿，姓季孙，名肥。"康"是他的谥号。

② 忠以劝：以，连接词，相当于"而"。劝，鼓励。

③ 临：对待。

译文 季康子问道："要想使老百姓尊敬我，忠于我而又互相鼓励〔做好事〕，应该怎么办才好？"孔子说："你对待他们的事态度严肃端庄，他们就会尊敬你；你对父母孝顺，对年幼的人慈爱，他们就会忠于你；你提拔好人，教育无能的人，他们就会互相鼓励〔做好事〕。"

原文 2·21 或谓孔子曰[①]："子奚不为政[②]？"子曰："《书》云[③]：'孝乎惟孝，友于兄弟，施于有政[④]。'是亦惟政，奚其为为政？"

注释 ① 或：有人。

② 奚（xī）：疑问词。

③《书》：指《尚书》。以下所引三句，是古《尚书》逸文，今文《尚书》无此三句。

④ 施于有政：施，这里当推广讲。有，助词，无意义。

译文 有人对孔子说："你为什么不出来做官参与政治活动？"孔子说："《尚书》上说：'孝嘛，就是孝顺父母，友爱兄弟，把这种精神推广到政治上去'，这也就是参与政治，为什么一定要做官才算参与政治呢？"

原文 2·22 子曰："人而无信，不知其可也。大车无輗[1]，小车无軏[2]，其何以行之哉？"

注释 ① 輗（ní）：古代大车车辕前与横木相接的关键。

② 軏（yuè）：古代小车车辕前与横木相接的关键。驾车时将马或牛套进辕里后，必须将车辕与横木相接处的輗或軏关上，否则就套不住牲口，车也无法行走。

译文 孔子说："一个人不讲信用，不知道那怎么可以。这就好比大车没有輗、小车没有軏，那怎么能行走呢？"

原文 2·23 子张问："十世可知也[①]？"子曰："殷因于夏礼[②]，所损益[③]，可知也；周因于殷礼，所损益，可知也。其或继周者[④]，虽百世，可知也。"

注释 ① 十世可知也：世，指朝代。这句如直译则为"今后十代可以预先知道吗？"知道什么，没有说明。但从下文内容可推知，子张问的是今后十代的礼仪制度。

② 殷因于夏：殷，指殷朝，又称商朝。因，因袭。夏，指夏朝。

③ 损益：损，减少。益，增加。

④ 周：指周朝。

译文 子张问："今后十代的〔礼仪制度〕可以知道吗？"孔子说："商朝因袭夏朝的礼仪制度，他所废弃和增添的，那是可以知道的。周代因袭商代的礼仪制度，他所废弃和增添的，也是可以知道的。如果将来有人继承周朝而当政，就是往后一百代也是可以预先知道的。"

原文 2·24 子曰："非其鬼而祭之[①]，谄也[②]。见义不为，无勇也[③]。"

注释 ① 鬼：古代人死称“鬼”，一般多指已死的祖先。这里泛指鬼神。

② 谄：谄媚。祭祀的目的是为了求福，为了求福，去祭不该祭的鬼神，就是谄媚。

③ 见义不为，无勇也：这一句和上一句的意义是互相关联的，谄媚鬼神者，必不能见义勇为；不能按义行事者，必然会妄祭而谄媚。

译文 孔子说：“不是你应该祭祀的鬼神，却要去祭祀，这是谄媚。看到应该做的事情却不去做，这是没有勇气。”

八佾第三

（凡二十六章）

原文 3·1 孔子谓季氏①，“八佾舞于庭②，是可忍也③，孰不可忍也？”

注释 ① 季氏：鲁大夫季孙氏，这里指季平子。

② 八佾（yì）：古代的奏乐舞蹈。佾是行列的意思。一佾八人，八佾共六十四人。周礼规定，天子用八佾，诸侯用六佾，大夫用四佾，士用二佾。季氏是大夫，按规定只能用四佾，而他越级用八佾，所以孔子认为这是一种不能容忍的僭礼行为。

③ 忍：容忍。

译文 孔子谈到季氏，说：“他在庭院中奏乐舞蹈用了六十四人，如果这件事是可以容忍的话，那还有什么事不可以容忍呢？”

原文 3·2 三家者以《雍》彻①。子曰：“‘相维辟公，天子穆穆②’，奚取于三家之堂？”

注释 ① 三家者以《雍》彻：三家，鲁大夫孟孙氏、叔孙氏、季孙氏。《雍》,《诗经》中《周颂》的一篇。这首诗是古代天子在祭宗庙完毕后撤除祭品时专门唱的。彻，同“撤”，撤除。这里指撤除祭品。

② 相维辟公，天子穆穆：见《诗经·周颂·雍》。相，助祭的人。维，语助词，无实际意义。辟公，诸侯。穆穆，严肃静穆。

译文 孟孙、叔孙、季孙三家，在祭祀完祖先后，唱着《雍》这首诗歌来撤除祭品。孔子说：“《雍》诗中说：‘助祭的是诸侯，天子严肃静穆地在那里主祭。’这样两行诗，用在三家大夫祭祖的厅堂上，取它哪一点意义呢？”

原文 3·3 子曰：“人而不仁，如礼何[①]？人而不仁，如乐何？”

注释 ① 如礼何：虽想用礼，但礼对他来说是不合适的。

译文 孔子说：“作为一个人，却不仁不义，那怎么能用礼呢？作为一个人，却不仁不义，那怎么能用乐呢？

原文 3·4 林放问礼之本[①]。子曰："大哉问！礼，与其奢也，宁俭；丧，与其易也[②]，宁戚。"

注释 ① 林放：鲁国人。

② 易：治，把事情办得很周全。这里指把丧葬的礼仪办得尽善尽美。

译文 林放问礼的根本。孔子说："你问的问题真大啊！一般的礼仪，与其奢侈，不如节俭些；丧葬仪式，与其办得尽善尽美，不如在心里真诚悲哀。"

原文 3·5 子曰："夷狄之有君[①]，不如诸夏之亡也[②]。"

注释 ① 夷狄：古代对东方和北方少数民族的诬称，这里泛指当时边境地区的兄弟民族。

② 诸夏之亡：诸夏，华夏族各诸侯国。亡，同"无"。

译文 孔子说："边远地区的落后民族有个君主，还比不上中原华夏族各诸侯国没有君主哩。"

原文 3·6 季氏旅于泰山[①]。子谓冉有曰[②]："女弗能救与[③]？”对曰：“不能。”子曰：“呜呼！曾谓泰山不如林放乎[④]？”

注释 ① 旅于泰山：旅，祭山。按当时规定，只有天子才有资格祭祀“名山大川”。季氏是鲁大夫，他竟然也要去祭泰山，因此，孔子认为这是一种越礼行为。泰山，在今山东省泰安县境内。

② 冉有：孔子学生，姓冉名求，字子有，当时是季氏的家臣。

③ 女弗能救与：女，同“汝”，即你。弗，不。救，劝阻。与，同“欤”，语气词。

④ 曾谓泰山不如林放乎：意思是说，季氏如此越礼去祭祀泰山，泰山之神难道不如林放那样知礼吗？竟能接受季氏不合乎礼的祭祀吗？

译文 季氏要去祭祀泰山。孔子对冉有说：“你不能劝阻他吗？”冉有回答说：“不能够。”孔子说：“哎呀！难道说泰山之神还比不上林放吗？”

原文 3·7 子曰：“君子无所争。必也射乎[①]！揖让而升[②]，下而饮[③]。其争也君子。”

注释 ① 射：箭射。这里指射箭比赛。

② 揖（yī）让而升：揖，拱手作揖，古代的一种礼节。揖让而升，是说在比赛射箭时也很有礼貌，一定先互相作揖行礼，彼此谦让，然后登堂比赛。

③ 下而饮：饮，饮酒。这句是说赛完箭后，走下堂来，共同饮酒互相祝贺。

译文 孔子说："君子没有什么可争的事情。如果有所争，那一定是射箭比赛的时候吧！〔就是比赛射箭时，也一定〕互相作揖行礼而后登堂比赛；〔比赛完毕〕走下堂来，饮酒互相祝贺。这是一种君子之争。"

原文 3·8 子夏问曰："'巧笑倩兮，美目盼兮①，素以为绚兮②。'何谓也？"子曰："绘事后素③。"曰："礼后乎？"子曰："起予者商也④！始可与言《诗》已矣。"

注释 ① 巧笑倩（qiàn）兮，美目盼（pàn）兮：这两句诗见《诗经·卫风·硕人》。倩，形容笑时面带酒窝蛮好看的样子。兮，助词，相当于"啊"。盼，眼儿黑白分明。

② 素以为绚（xuàn）兮：这句诗《诗经》中没有，可能是逸句。绚，有文采。

③ 绘事后素：绘，画画。素，白底。

④ 起予者商也：起，启发。予，我。商，卜商，即子夏。

译文 子夏问孔子说："'带酒窝的笑脸真好看呀，黑白分明的眼儿不住转呀。'这几句诗是什么意思？"孔子说："先有白底子然后画花。"子夏又问："那么，是不是礼乐的产生在仁之后呢？"孔子说："商呀，你真是启发我的人。现在可以与你讨论《诗经》了。"

原文 3·9 子曰："夏礼，吾能言之，杞不足征也[①]；殷礼，吾能言之，宋[②]不足征也。文献[③]不足故也。足，则吾能征之矣。"

注释 ① 杞（qǐ）不足征也：杞，古代国名，故城在今河南杞县。相传是夏禹的后代的封国。征，证明。

② 宋：古国名，故城在今河南商丘市一带。商朝的后代的封国。

③ 文献：文，历史典籍。献，指当时的贤者。

译文 孔子说："夏朝的礼，我能说出来，但它的后代杞国不足以作证。殷朝的礼，我能说出来，但它的后代宋国不足以作证。这是由于他们的历史文献和贤者不够的缘故，如果文件和贤者充足，我就可以用来作证。”

原文 3·10 子曰：“禘自既灌而往者①，吾不欲观之矣②。”

注释 ① 禘（dì）自既灌而往者：禘，古代一种很隆重的祭礼，只有天子才有资格用这种礼。灌，祭祀开始时第一次献酒。

② 不欲观：不想看。周公旦死后，周成王因他的功勋卓著，特许他的后代用禘礼祭祀他。此后，鲁国的君主竟沿用禘礼，孔子认为这是一种越礼行为，所以说他不想看。

译文 孔子说：“禘祭的礼仪，从第一次献酒以后，我就不想看了。”

原文 3·11 或问禘之说。子曰：“不知也①。知其说者之于天下也，其如示诸斯乎②！”指其掌。

注释 ① 不知也：不知道。孔子因对鲁国君主僭用禘礼不满，故意说“不知也”。

② 其如示诸斯乎：示，“置”的假借字，摆，放的意思。诸，于。斯，这里。

译文 有人问孔子关于禘礼的理论。孔子说："我不知道。知道这种理论的人对于治理天下，就像把东西放在这里一样容易吧！"一面说，一面指着手掌。

原文 3·12 祭如在，祭神如神在。子曰："吾不与祭[①]，如不祭。"

注释 ① 与（yù）：参予。

译文 孔子祭祀祖先的时候，就好像祖先真在面前。孔子说："我如果不能亲自参加祭祀，〔由别人代祭〕那就和不祭是一样的。"

原文 3·13 王孙贾问曰[①]："'与其媚于奥，宁媚于灶[②]。'何谓也？"子曰："不然，获罪于天，无所祷也。"

注释 ① 王孙贾：卫国大夫。

② 与其媚于奥，宁媚于灶：这两句话可能是当时的俗语，在这里用来作比喻。奥，指屋内西南角的神。灶，指灶神。古代认为奥神比灶神的地位尊贵。

译文 王孙贾问道："'与其巴结奥神，不如巴结灶神。'这句话是什么意思？"孔子说："不对，如果得罪了天，那就没有地方可以祈祷了。"

原文 3·14 子曰："周监于二代[①]，郁郁乎文哉！吾从周。"

注释 ① 周监（jiàn）于二代：监，视，这里有根据、借鉴的意思。二代，指夏、商两代。

译文 孔子说："周朝的礼制是依据夏、商两代的礼制制定的，多么丰富多彩呀！我拥护周朝的〔礼制〕。"

原文 3·15 子入太庙[①]，每事问。或曰："孰谓鄹人之子知礼乎[②]？入太庙，每事问。"子闻之曰："是礼也。"

注释 ① 太庙：古代开国君主的庙。这里指鲁国最初受封的君主周公旦的庙。

② 鄹（zōu）人之子：鄹，一作"郰"，鲁国地名，在今山东曲阜县一带。鄹人，指孔子的父亲叔梁纥（hé）。

译文 孔子进了鲁国的太庙，对每件事都要问一问。有人就说:“谁说叔梁纥的儿子知道礼呢?他到了太庙,每件事都要问一问。”孔子听到这话后说:“〔不懂就问,〕这就是礼呀!”

原文 3·16 子曰:“射不主皮[①],为力不同科[②],古之道也。”

注释 ① 射不主皮:皮,革,这里代表箭靶子。箭靶子在古代称侯,用布或兽皮做成,箭靶的中心称鹄。射不主皮,指比赛射箭以中靶为主,而不以是否射穿箭靶为主。这里所说的是古代演习礼乐时的射箭,不是军中的武射,所谓“以射观德”,只要中的即可,不一定非贯革不可。

② 为(wèi)力不同科:为,因为。科,等。

译文 孔子说:“比赛射箭,不一定要求穿透靶子,〔只要中靶就可以,〕因为各人的力气大小不等,这是古代行射礼时的规矩。”

原文 3·17 子贡欲去告朔之饩羊[①]。子曰:“赐也!尔爱[②]其羊,我爱其礼。”

注释 ① 去（qǔ）告朔（shuò）之饩（xì）羊：朔，农历每月初一。饩羊，祭祀时用的活羊。告朔饩羊，古代秋冬之时，周天子向诸侯颁发第二年的历书，诸侯接受历书后，把它藏于祖庙。每月初一，杀一只活羊到祖庙祭祀，然后回朝廷听政。这种仪式称"告朔"，举行这种仪式时所用的羊称作"饩羊"。当时，鲁国君主既不亲自去告朔，也不听政，只是让有关部门杀一只活羊应付了事。子贡想要去掉这种有名无实的形式，想连杀羊一事也免了。孔子则认为，尽管如此，保留这种形式还是比去掉好。

② 爱：可惜。

译文 子贡想把每月初一祭祀祖庙的那只活羊去掉不用。孔子说："赐呀！你可惜那只羊，我可惜那个礼。"

原文 3·18 子曰："事君尽礼，人以为谄也。"

译文 孔子说："侍奉君主，我是完全按照做臣的礼节去做的，别人却以为是谄媚哩。"

原文 3·19 定公问[①]："君使臣，臣事君，如之何？"孔子对曰："君使臣以礼，臣事君以忠。"

注释 ① 定公：鲁国君主，姓姬，名宋，“定”是谥号。前509—前495在位。

译文 定公问：“君主使用臣下，臣下侍奉君主，怎么样才好？”孔子回答说：“君主要按照礼来使用臣下，臣下要忠心侍奉君主。”

原文 3·20 子曰：“《关雎》，乐而不淫[①]，哀而不伤。”

注释 ①《关雎》，乐而不淫：《关雎》，《诗经》的首篇。淫，过分而不适当叫淫。

译文 孔子说：“《关雎》一诗，快乐而适当，悲哀而不过分伤感。”

原文 3·21 哀公问社于宰我[①]。宰我对曰：“夏后氏以松[②]，殷人以柏，周人以栗，曰，使民战栗[③]。”子闻之曰：“成事不说，遂事不谏[④]，既往不咎[⑤]。”

注释 ① 哀公问社于宰我：社，土地神。宰我，孔子学生，名予，字宰我。

② 夏后氏以松：夏后氏，指夏代。以松，是说用松木做社主。所谓社主，就是替土地神做的木制牌位。古代人认为替神立了牌位，神便凭依在牌位上，享受人的祭祀。

③ 战栗：发抖，害怕。

④ 遂（suì）事不谏（jiàn）：遂，已经完成。谏，劝勉。

⑥ 咎（jiù）：追究。

译文 鲁哀公问宰我，社主用什么木头做。宰我回答说："夏代用松木，殷代用柏木，周代用栗木，意思是让人民害怕得发抖。"孔子听到这话后〔责备宰我〕说："已经做过的事就不必再解释了，已经完成的事就不必再挽救了，已经过去的事就不必再追究了。"

原文 3·22 子曰："管仲之器小哉①！"或曰："管仲俭乎？"曰："管氏有三归②，官事不摄③，焉得俭？"然则管仲知理乎？"曰"邦君树塞门④，管氏亦树塞门。邦君为两君之好⑤，有反坫⑥，管氏亦有反坫。管氏而知礼，孰不知礼？"

注释 ① 管仲（？—前645）：姓管，名夷吾，春秋时齐国人。曾任齐桓公的宰相，在政治经济方面实行了一些改革，使齐国强大起来，成为春秋五霸之一。

② 三归：旧注的解释很多，说法不一。杨伯峻先生解释为“市租”，很有道理。

③ 摄：兼职。

④ 树塞门：树，树立。塞，蔽。塞门，在门前设屏，间隔内外视线，同今天的照壁相类似。

⑤ 好（hào）：友好。

⑥ 反坫（diàn）：古代君主接待他国君主宴饮时，放置饮完酒后的空杯子的土台。

译文 孔子说：“管仲的器量真小呀！”有人便问：“管仲节俭吗？”孔子说：“管仲家里有收来的大量的市租，家里管事的人员〔很多〕，都不兼职，怎么能说节俭呢？”“那么管仲懂得礼吗？”孔子说：“国君的门前设立一个照壁，管仲门前也和国君一样，设立一个照壁。国君接待他国君主宴饮时，在堂上设有放置空酒杯的台子，管仲也这样做。如果说管仲懂得礼，那还有谁不懂得礼呢？”

原文 3·23 子语鲁大师乐①，曰：“乐其可知也：始作，翕如也②；从之③，纯如也④，皦如也⑤，绎如也⑥，以成。"

注释 ① 子语（yù）鲁大师乐：语，告诉。大，同"太"。大师，掌管音乐的长官。

② 翕（xì）：合聚。

③ 从（zòng）：放，展开。

④ 纯：合谐。

⑤ 皦（jiǎo）：音节清晰、分明。

⑥ 绎（yì）：连续不绝。

译文 孔子把演奏音乐的道理讲给鲁国的乐官，说："音乐是可以知道的：开始演奏时，音律相合；待继续展开，纯熟合谐，节奏分明清晰，连绵不绝，然后完成。"

原文 3·24 仪封人请见[①]，曰："君子之至于斯也，吾未尝不得见也。"从者见之。出曰："二三子何患于丧乎[②]？天下之无道也久矣，天将以夫子为木铎[③]。"

注释 ① 仪封人：仪，地名，今在何地不详。封人，官名，其职责是防守边疆。

② 丧（sàng）：失去。

③ 木铎（duó）：木舌铜铃，古代宣布政令时摇木铎召集众人来听。

译文 仪这个地方的长官请求孔子接见他，说："凡是君子到我这个地方来，我没有不和他见面的。"跟随孔子的学生请求孔子接见了他。他出来后对孔子的学生们说："你们何必忧虑没有官职呢？天下无道的时间太长久了，上天将用孔老夫子做个唤醒人民的木铎。"

原文 3·25 子谓《韶》①："尽美矣②，又尽善也③。"谓《武》④："尽美矣，未尽善也。"

注释 ①《韶》：相传为舜时的乐曲名。

② 美：可能是指声音说的。

③ 善：可能是指内容说的。

④《武》：相传是周武王时的乐曲名。孔子对《韶》乐和《武》乐的评价有同有异，这是因为舜有天下，是尧禅让的，周武王有天下，是征诛而来的，所以，两种乐曲虽都"尽美"，然而内容不同，故一"尽善"，一"未尽善"。

译文 孔子谈到《韶》时说："音律美极了，内容也很好。"

谈到《武》时说："音律美极了，内容却差一些。"

原文 3·26 子曰："居上不宽，为礼不敬，临丧不哀，吾何以观之哉？"

译文 孔子说："在上位的人对人民不宽厚，执行礼仪时不严肃认真，举行丧礼时也不悲哀，这叫我怎么看得下去呢？"

里仁第四

（凡二十六章）

原文　4·1 子曰："里仁为美[1]。择不处仁[2]，焉得知[3]？"

注释　① 里：动词，居住。

② 处（chù）：居住。

③ 知：同"智"。

译文　孔子说："居住在有仁德的地方才是好的。选择住处，却不住在有仁德的地方，那怎么能说是聪明智慧呢？"

原文　4·2 子曰："不仁者不可以久处约[1]，不可以长处乐。仁者安仁，知者利仁[2]。"

注释　① 不仁者不可以久处约：约，在《论语》中有时当"穷困"讲，有时当"约束"讲，这里是"穷困"的意思。这句是说，没有仁德的人是不能长久地处于穷困的环境中的，时间长了他就会变。同样，他也不能长久处于安乐的环境中，时间长了他也会变。所以下文又说"不可以长处乐"。

② 仁者安仁，知者利仁：利，贪，欲。这句意思是说，有仁德的人，能够安于仁，无论何时何地何事都能自觉地按仁德行事；聪明人由于深知仁德对自己的巨大好处，因而想要实行仁德。“仁者”与“知者”的区别就在这里。但是，无论是“仁者”还是“知者”，都不因客观环境的影响而动摇实行仁德的信念，这一点与不仁者有根本区别。

译文 孔子说：“没有仁德的人，不能长久地处于穷困的环境中，也不能长久地处于安乐的环境中。有仁德的人安于仁，聪明的人非常想得到仁。”

原文 **4·3 子曰：“唯仁者能好人①，能恶人②。”**

注释 ① 唯仁者能好（hào）人：好，喜爱。孔子认为具有仁德的仁者，他的一举一动都是自然而然符合仁德的，其所喜爱和厌恶的标准也必然就是正确的，所以，只有这种人才能够喜爱某个人或厌恶某个人。

② 恶（wù）：厌恶。

译文 孔子说：“只有有仁德的人，才能喜爱某个人，厌恶某个人。”

原文 4·4 子曰："苟志于仁矣①，无恶也。"

注释 ① 苟志于仁矣：苟，诚，如果。志，志向。

译文 孔子说："如果立志实行仁德，就不会做坏事了。"

原文 4·5 子曰："富与贵，是人之所欲也，不以其道得之，不处也。贫与贱，是人之所恶也，不以其道得之①，不去也。君子去仁，恶乎成名②？君子无终食之间违仁③，造次必于是，颠沛必于是。"

注释 ① 贫与贱……不以其道得之："富与贵"可以说"得之"，"贫与贱"说"不以其道得之"似不合理，因此历来都有人怀疑此处的"得之"应为"去之"之误。其实，"得之"也可讲通，如以信而见疑，以忠而被谤，致遭斥逐，正是以道得贫贱。这样得来的贫贱，虽然是不应该的，但君子守道安贫，是不会以不合乎道的方法去掉的。

② 恶（wù）：何处。

③ 违：离开。

译文 孔子说："发财和做官，这是每个人所喜欢的，如果不用合乎道的方法得到它，君子是不会妄居的。穷困和卑贱，这是每个人所厌恶的，如果不用合乎道的方法得到它，〔虽然是不应该的，〕君子也是不轻去的。君子离开了仁德，怎样成就他的名声呢？君子没有吃一顿饭的时间离开仁德的，就是在最急迫的时候也一定和仁德在一起，在颠沛流离的时候也一定和仁德在一起。”

原文 4·6 子曰：“我未见好仁者①，恶不仁者。好仁者，无以尚之②；恶不仁者，其为仁矣，不使不仁者加乎其身。有能一日用其力于仁矣乎？我未见力不足者。盖有之矣③，我未之见也。”

注释 ① 好（hào）：喜欢。

② 尚：加，超过。

③ 盖：大概。

译文 孔子说：“我没有见过爱好仁德的人，也不曾见过厌恶不仁德的人。爱好仁德的人，那是再好不过的了；厌恶不仁德的人，他在实践仁德的时候，不受不仁德的人的影响。有没有人果然能够一日使用他的力量在仁德上呢？我没有看见力量不够的。这样的人大概是有的，但我没有看见过。”

原文 4·7 子曰：“人之过也，各于其党[1]。观过，斯知仁矣。”

注释 ① 党：类别。

译文 孔子说：“人们所犯的错误，跟各人属哪一类人有关，什么类型的人，犯的错误就是什么类型的。看一个人所犯的错误，就知道这个人有没有仁德了。”

原文 4·8 子曰：“朝闻道，夕死可矣。”

译文 孔子说：“早晨知道真理，就是晚上死了也是可以的。”

原文 4·9 子曰：“士志于道，而耻恶衣恶食者，未足与议也。”

译文 孔子说：“一个知识分子立志于真理，却又以穿粗衣吃粗饭为耻辱，这种人是不值得和他谈论道的。”

原文 4·10 子曰：“君子之于天下也，无适也，无莫也①，义之与比②。”

注释 ① 无适（dí）也，无莫也：适，固定不变的意思。莫，不肯的意思。

② 比（bì）：比邻，靠拢。

译文 孔子说：“君子对于世上的事情，没有一定要怎样做，也没有一定不要怎样做，而是怎样合于义就怎样做。”

原文 4·11 子曰：“君子怀德，小人怀土①；君子怀刑②，小人怀惠③。”

注释 ① 小人怀土：怀，思念。土，田宅。小人怀土，是说小人不重视道德，所想皆在田宅。

② 君子怀刑：刑，刑法，法度。怀刑，指畏惧刑法。这句意思是说，君子爱其身名，遵法守纪，凡事皆畏刑法。

③ 小人怀惠：怀惠，指贪图财利。这句是说，小人动念只在营利。

译文 孔子说："君子怀念道德，小人怀念田宅；君子怀念法度，小人怀念恩惠。"

原文 4·12 子曰："放于利而行①，多怨。"

注释 ① 放（fǎng）于利而行：放，依照，根据。这里指只考虑自己。利，利益。这里指个人利益。

译文 孔子说："只根据自己的利益行事，就会招来很多的怨恨。"

原文 4·13 子曰："能以礼让为国乎①？何有②？不能以礼让为国，如礼何③？"

注释 ① 能以礼让为国乎：让，不争。为，治理。

② 何有：有何困难。

③ 如礼何：怎样对待礼呢？意思是说，如不用礼治国，讲礼不就成了空话了吗？

译文 孔子说："能够用礼让来治理国家吗？〔如能用礼让来治理国家，〕那治理国家还有什么困难呢？如果不能用礼让来治理国家，那将如何对待礼呢？”

原文 4·14 子曰：“不患无位，患所以立[1]。不患莫己知，求为可知也。”

注释 ① 所以立：即所以立其位。

译文 孔子说：“不发愁没有官职，只发愁自己做了官而没有做官的本领。不怕别人不知道自己，要去追求可以让别人知道的本领。”

原文 4·15 子曰：“参乎！吾道一以贯之[1]。”曾子曰：“唯[2]。”子出，门人问曰：“何谓也？”曾子曰：“夫子之道，忠恕而已矣。”

注释 ① 贯：通，贯穿。

② 唯：是。这里表示曾参对孔子的话能够准确无误地理解，故只简要、迅速地用一个“唯”来回答。

译文 孔子说：“参啊！我的学说用一个根本的观点贯穿着。”曾子答应说：“是的。”孔子出去以后，别的学生便问曾子说："老师的话是什么意思?"曾子说："老师的学说，概括起来就是'忠恕'两个字罢了。"

原文 4·16 子曰："君子喻于义，小人喻于利。"

译文 孔子说："君子只晓得义，小人只晓得利。"

原文 4·17 子曰："见贤思齐焉①，见不贤而内自省也②。"

注释 ① 思齐：希望和贤者相等，即向贤者看齐，做贤者所为的好事。

② 自省：自我反省。意思是说，检查自己，看看有无不贤者的坏毛病。

译文 孔子说："看见贤人便想要向他看齐，看见不贤的人便要检查自己。"

原文 4·18 子曰："事父母几谏①。见志不从，又敬不违，劳而不怨。"

注释 ① 几（jī）谏：几，轻微，委婉。谏，这里指向父母提意见。

译文 孔子说："侍奉父母，〔如果他们有不当的地方，〕要轻声委婉地劝说。如果看到他们不愿听从，要仍然恭敬地不违背他们的意愿，为他们操劳而无怨恨。"

原文 4·19 子曰："父母在，不远游，游必有方。"

译文 孔子说："父母在世，不要离家到远处去游历，如果一定要去，也必须有个一定的地方。"

原文 4·20 子曰："三年无改于父之道，可谓孝矣①。"

注释 ① 已见《学而》篇。

原文 4·21 子曰："父母之年，不可不知也①。一则以喜，一则以惧。"

注释 ① 知：记忆。

译文 孔子说："父母的年龄，不可不时刻记在心里。一方面因他们长寿而高兴，一方面为他们年高而担心。"

原文 4·22 子曰:"古者言之不出，耻躬之不逮也[①]。"

注释 ① 耻躬之不逮（dài）也：耻，以为可耻。逮，及，赶上。不逮，赶不上，这里是做不到的意思。

译文 孔子说:"古时候的人言语不轻易说出，以不能实践自己的言语为可耻。"

原文 4·23 子曰:"以约失之者鲜矣。"

译文 孔子说:"由于约束自己而犯过失的人是很少有的。"

原文 4·24 子曰:"君子欲讷于言而敏于行[①]。"

注释 ① 讷（nà）：口钝。这里指不轻易说话。

译文 孔子说:"君子说话时要谨慎，而做事时要闻风而动。"

原文 4·25 子曰:"德不孤，必有邻。"

译文

孔子说:“有道德的人是不会孤单的,一定会有志向相同的人和他在一起。”

原文

4·26 子游曰:“事君数,斯辱矣①;朋友数,斯疏矣。”

注释

① 事君数(shuò),斯辱矣:数,次数频繁。这句话的意思是说,侍奉君主,向君主进谏,不听,就当止,不要反复进谏,否则就会招来侮辱。下句指与朋友交往,向朋友提意见,不听,则当止,不必反复地说,否则就会导致和朋友疏远。

译文

子游说:“侍奉君主,如果反复向其进谏,就会招来侮辱;对待朋友,如果反复向其提意见,就会和朋友疏远。”

公冶长第五

（凡二十八章）

原文 5·1 子谓公冶长①，“可妻也②。虽在缧绁之中③，非其罪也。”以其子④妻之。

注释 ① 公冶长：孔子学生，齐人，姓公冶，名长。

② 妻（qì）：这里作动词用。“嫁”的意思。

③ 缧（léi）绁（xiè）：捆绑罪犯的绳子，这里指监狱。

④ 子：儿女，这里指女儿。

译文 孔子说公冶长这个人，“可以把女儿嫁给他。虽然他曾坐过监狱，但那不是他自取的罪过。”于是就把自己的女儿嫁给了他。

原文 5·2 子谓南容①，“邦有道，不废；邦无道，免于刑戮。”以其兄之子妻之。

注释 ① 南容：孔子学生，居南宫，名适（kuò），字子容。孟僖子之子，孟懿子之兄。

译文 孔子说南容这个人,“国家太平时，他不会被废弃不用；国家无道混乱时，他也不致受刑罚。”于是就把自己的侄女嫁给他做妻子。

原文 **5·3 子谓子贱[①],“君子哉若人！鲁无君子者，斯焉取斯[②]?”**

注释 ① 子贱：孔子学生，姓宓（fú），名不齐，字子贱。

② 斯焉取斯：第一个“斯”，指这个人。第二个“斯”，指这种品德。

译文 孔子评论子贱说：“他真是个君子呀！如果鲁国没有君子，这个人从哪里取得这种好品德呢?”

原文 **5·4 子贡问曰：“赐也何如?”子曰：“女，器也。”曰：“何器也?”曰：“瑚琏也[①]。”**

注释 ① 瑚琏：古代宗庙祭祀时盛黍稷的器皿，上面装饰有玉，十分贵重华美。

译文 子贡问孔子说：“我这个人是个怎样的人?”孔子说：

“你呀，好比一个器具。”子贡说是个什么器具呢?”孔子说是个瑚琏。”

原文 5·5 或曰:“雍也仁而不佞[①]。”子曰:“焉用佞?御人以口给[②]，屡憎于人。不知其仁[③]，焉用佞?”

注释 ① 雍也仁而不佞：雍，孔子学生，姓冉，名雍，字仲弓。佞（nìng），有口才。

② 御人以口给（jǐ）：御，挡住，这里是辩驳的意思。给，足。口给，嘴快。

③ 不知其仁：这是一种委婉表示否定的方式，不是真的不知道。

译文 有人说:“冉雍这个人有仁德而缺少口才。”孔子说:“要那口才有什么用呢?快嘴利舌地跟人辩驳，每每惹人讨厌。冉雍是否是仁人，我不清楚，但要那口才有什么用呢?”

原文 5·6 子使漆雕开仕[①]。对曰:“吾斯之未能信。”子说[②]。

注释 ① 漆雕开：孔子学生，姓漆雕，名开，字子开。

② 说（yuè）：同“悦”。

译文 孔子叫漆雕开去做官。他回答说：“我对这〔做官〕还没有信心。”孔子听了很高兴。

原文 5·7 子曰：“道不行，乘桴浮于海[①]。从我者，其由与！”子路闻之喜。子曰：“由也好勇过我，无所取材[②]。”

注释 ① 桴（fú）：过河用的木筏。

② 材：同“哉”。

译文 孔子说：“我的主张如果不能实行，就想乘木筏到海外去，跟随我的人，大概只有仲由吧！”子路听到这话非常高兴。孔子说：“仲由啊，好勇的精神胜过了我，这就没有什么可取的了。”

原文 5·8 孟武伯问：“子路仁乎？”子曰：“不知也。”又问。子曰：“由也，千乘之国，可使治其赋也[①]，不知其仁也。”“求也何如？”子曰：“求也，千室之邑[②]，百乘之家③，可使为之宰也④，不知其仁也。”“赤也何如⑤？”子曰：“赤也，束带立于朝，可使与宾客言也，不知其仁也。”

注释

① 赋：兵赋，古代以田赋出兵，故称兵为赋。这里指军事工作。

② 千室之邑：邑，古代居民聚居的地方，包括周围的土地。千室之邑，指有一千户人家的大邑。

③ 家：古代国家封给卿大夫的采邑。

④ 宰：古代的宰，一指一邑之长；一指大夫的家臣。

⑤ 赤：孔子学生，姓公西，字子华。

译文

孟武伯问：“子路是个有仁德的人吗？”孔子说：“不知道。”他又问。孔子说：“仲由这个人，在一个有一千辆兵车的国家里，他可以主管军事，至于他是不是个仁德的人，我不知道。”孟武伯又问：“冉求这个人怎么样？”孔子说：“冉求这个人，千户人口的私邑，可以让他当县长，百辆兵车的大夫封地，可以让他担任总管，但他有无仁德，我也不知道。”又问：“公西赤怎么样？”孔子说：“公西赤呀，穿上礼服，站立在朝廷上，可以让他负责接待外宾的工作，他有没有仁德，我也不知道。”

原文 5·9 子谓子贡曰：“女与回也。孰愈[①]？”对曰：“赐也何敢望回。回也闻一以知十，赐也闻一以知二。”子曰：“弗如也。吾与女弗如也[②]。”

注释 ① 愈：胜。

② 与：赞许、赞同。

译文 孔子对子贡说：“你和颜回两个人比较起来，谁好一些？”子贡回答说：“我哪里敢和颜回相比呢？颜回听到一件事，可以推论而知道十件事。我听到一件事，只能推论而知道两件事。”孔子说：“不如他呀。我同意你的话，是不如他。”

原文 5·10 宰予昼寝。子曰：“朽木不可雕也，粪土之墙不可杇也[①]。于予与何诛[②]？”子曰：“始吾于人也，听其言而信其行；今吾于人也，听其言而观其行。于予与改是。”

注释 ① 杇（wū）：同“圬”，泥瓦抹墙的抹子，这里是涂抹、粉刷的意思。

② 诛：这里是责备的意思。

译文 宰予白天睡觉。孔子说："朽腐的木头是无法雕刻的，粪土一样的墙壁是无法粉刷的。对于宰予这个人，我何必去责备呢？"孔子又说："起初，我对于人，听了他说的话，就相信他做的事；今天，我对于人，听了他的话，还要观察他做的事。从宰予这件事后我改变了态度。"

原文 5·11 子曰："吾未见刚者。"或对曰："申枨[1]。"子曰："枨也欲，焉得刚？"

注释 ① 申枨（chéng）：孔子学生，姓申，名枨，字周。

译文 孔子说："我没有看见过坚强不屈的人。"有人回答说："申枨就是这样的人。"孔子说："申枨这个人欲望过多，怎么能算坚强不屈的人呢？"

原文 5·12 子贡曰："我不欲人之加诸我也，吾亦欲无加诸人。"子曰："赐也，非尔所及也。"

译文 子贡说："我不想别人把不好的事加在我身上，我也不想把不好的事加在别人身上。"孔子说："赐呀，这不是你能够做到的。"

原文 5·13 子贡曰："夫子之文章①，可得而闻也；夫子之言性与天道②，不可得而闻也。"

注释 ① 文章：指孔子经常论述的有关古代的《诗》《书》等文献的学问。

② 夫子之言性与天道：性，指人的本性。孔子曾说过"性相近也，习相远也"的话。天道，指自然与人类社会凶吉祸福的关系。孔子很少谈论"性与天道"的问题，所以子贡说"不可得而闻也"。

译文 子贡说："老师关于古代文献方面的见解，我们经常听得到；老师关于人性和天道方面的论述，我们听不到。"

原文 5·14 子路有闻，未之能行，唯恐有闻①。

注释 ① 唯恐有闻：有，同"又"。唯恐有闻，只恐怕再有所闻。

子路是好勇的人，他听到一件事，就要马上去做，如果这件事还没有做到，就怕再听到另一件事。

译文 子路听到一件事，如果还没有去做，唯恐再听到另一件事。

原文 5·15 子贡问曰："孔文子何以谓之'文'也[①]？"子曰："敏而好学，不耻下问，是以谓之'文'也。"

注释 ① 孔文子何以谓之"文"也：孔文子，卫国大夫孔圉（yǔ）。"文"，是他的谥号。

译文 子贡问道："孔文子这个人因为什么缘故谥他为'文'呢？"孔子说："他聪明好学，不以问在下的人为耻辱，所以给他'文'的谥号。"

原文 5·16 子谓子产[①]，"有君子之道四焉：其行己也恭，其事上也敬，其养民也惠，其使民也义。"

注释 ① 子产：姓公孙，名侨，字子产，郑国的大夫，郑穆公的孙子。他是春秋时郑国著名的贤相，在郑简公、郑定公时执政二十二年，于内政外交方面都有成就，是我国古代一位杰出的政治家和外交家。

译文 孔子评论子产，说："他有四种行为合于君子的道德：他自己的态度谦恭庄重，他侍奉君主谨慎尽职，他抚养百姓给他们很多恩惠，他役使百姓合于情理。"

原文 5·17 子曰："晏平仲善与人交①，久而敬之。"

注释 ① 晏平仲：齐国大夫，姓晏名婴，字平仲。世传《晏子春秋》是战国时人收集他的言行编辑而成。

译文 孔子说："晏平仲善于和别人交朋友，相交日久，仍旧尊敬别人。"

原文 5·18 子曰："臧文仲居蔡①，山节藻棁②，何如其知也③？"

注释 ① 臧文仲居蔡：臧文仲，鲁国大夫臧孙辰。居，动词，使动用法，使居住的意思。蔡，大乌龟。居蔡，使大乌龟住在房子里。

② 山节藻棁（zhuō）：节，柱上的斗拱。棁，梁上的短柱。

③ 知：同“智”。

译文 孔子说：“臧文仲替大乌龟盖了房子，房子的斗拱上雕刻着山的形状，梁上画着藻草，这种人怎么能算得聪明呢？”

原文 5·19 子张问曰：“令尹子文三仕为令尹[①]，无喜色；三已之，无愠色。旧令尹之政，必以告新令尹。何如？”子曰：“忠矣。”曰：“仁矣乎？”曰：“未知[②]，焉得仁？”“崔子弑齐君[③]，陈文子有马十乘[④]，弃而违之。至于他邦，则曰：‘犹吾大夫崔子也。’违之。之一邦，则又曰：‘犹吾大夫崔子也。’违之。何如？”子曰：“清矣。”曰：“仁矣乎？”曰：“未知，焉得仁？”

注释 ① 令尹子文三仕为令尹：令尹，楚官名，相当宰相。子文，姓鬬（dòu）名穀於菟（gòu wū tú），字子文。三仕，三，多次；仕，做官。

② 未知：委婉表示否定的一种形式，不是真的不知。

③ 崔子弑齐君：崔子，齐国大夫崔杼（zhù）。弑（shì），古代统治阶级称子杀父，臣杀君为弑。齐君，指齐庄公，名光。

④ 陈文子有马十乘：陈文子，齐国大夫，名须无。乘，四匹马为一乘。

译文 子张问道："令尹子文多次做楚国的令尹，没有表现出高兴的样子；多次被罢官，也没有表现出怨恨的样子。每次交接时，一定把自己任内的一切政务全部告知新接替的人。这个人怎么样?"孔子说："可算是忠于国家的忠臣了。"子张说："可算得上个仁人吗?"孔子说："不知道，这怎么能算得上仁人呢?"子张又问："崔杼杀了齐庄公，陈文子有四十匹马，舍弃不要，离开齐国。到了另一个国家，说：'这里执政的人和我们的大夫崔子一样。'又离开了。到了另一个国家，又说：'这里的执政者和我们的大夫崔子也一样。'于是又离开了。这个人怎么样?"孔子说："干净得很。"子张说："可算得上个仁人吗?"孔子说："不知道，这又怎么能算得上仁人呢?"

原文 5·20 季文子三思而后行①。子闻之，曰："再②，斯可矣。"

注释 ① 季文子：鲁国大夫季孙行父。

② 再：这里当副词用，后边省去了动词“思”字。

译文 季文子每做一件事都要反复考虑多次才去做。孔子听到了，说：“考虑两次也就行了。”

原文 5·21 子曰：“宁武子[1]，邦有道则知，邦无道则愚[2]。其知可及也，其愚不可及也。”

注释 ① 宁武子：卫国大夫，姓宁名俞。

② 愚：这里是佯愚的意思。

译文 孔子说：“宁武子，在国家太平时便显得很聪明；在国家无道混乱时便装愚作傻。他那种聪明别人赶得上；那种装愚作傻别人是无法赶上的。”

原文 5·22 子在陈曰[1]：“归与！归与！吾党之小子狂简[2]，斐然成章，不知所以裁之[3]。”

注释 ① 陈：周代诸侯国，故都在今淮阳县。

② 吾党之小子狂简：党，这里指鲁国。狂简，志向高远而做事粗略。

③ 不知所以裁之：这一句前面省去了主语“吾”。裁，割裁使正的意思。

译文 孔子在陈国时说：“回去吧！回去吧！我们家乡那些学生志向高远而做事粗略，文学都有可观的成就，我不知怎么指导他们。”

原文 5·23 子曰：“伯夷、叔齐不念旧恶①，怨是用希。”

注释 ① 伯夷、叔齐：殷朝末年孤竹君的两个儿子，父亲死后，两人互让帝位，都逃到周文王那里。周武王起兵讨伐商纣，他们曾经反对。周有天下后，他们拒食周粟，终于饿死在首阳山上。

译文 孔子说：“伯夷、叔齐这两个人不记以往的仇恨，怨恨他们的人也就很少。”

原文 5·24 子曰：“孰谓微生高直①？或乞醯焉②，乞诸其邻而与之③。”

注释 ① 微生高：鲁国人。

② 醯（xī）：醋。

③ 乞诸邻而与之：这句是说微生高不肯直说自己没有醋。

译文 孔子说：“谁说微生高这个人爽直？有人跟他要点醋，他家没有，不直说没有，却到邻居那里讨来一点给那个人。”

原文 5·25 子曰：“巧言、令色、足恭，左丘明耻之[①]，丘亦耻之。匿怨而友其人，左丘明耻之，丘亦耻之。”

注释 ① 左丘明：春秋时鲁国人，曾任鲁太史。相传他是《左传》的作者，又传《国语》也是他作的。

译文 孔子说：“花言巧语，装出一副谄媚的容貌，过分恭敬，这种人左丘明认为是可耻的，我也认为是可耻的。把怨恨隐藏在心里，外表上却装出和人很友好，这种人左丘明认为是可耻的，我也认为是可耻的。”

原文 5·26 颜渊，季路侍[①]，子曰：“盍各言尔志[②]？”子路曰：“愿车马衣轻裘与朋友共，敝之而无憾[③]。”颜渊曰：“愿无伐善，无施劳。”子路曰：“愿闻子之志。”

子曰："老者安之，朋友信之，少者怀之。"

注释 ① 侍：侍立。

② 盍（hé）："何不"的合音。

③ 愿车马衣轻裘与朋友共，敝之而无憾：这一句中的"轻"字可能是后人误加的，应该删去。这句话还有另一种断句："愿车马衣裘与朋友共敝之而无憾。""共"字作副词，修饰"敝"字。也可通。

译文 颜渊、子路侍立在孔子的身旁。孔子说："何不各人说说自己的志向。"子路说："我愿把我的车马、皮袍和朋友共用，就是用坏了也无怨恨。"颜渊说："我愿意不夸耀自己的长处，不表白自己的功劳。"子路转而问孔子说："我们愿意也听听老师您的志向。"孔子说："我的志向是，让老人有所养而得到安逸，让朋友得到信任，让青年人得到关怀。"

原文 5·27 子曰："已矣乎！吾未见能见其过而内自讼者也①。"

注释 ① 内自讼：嘴里不说而内心自咎。

译文 孔子说："完了，我不曾看到能够发现自己的错误而在内心自我检讨的人。"

原文 5·28 子曰："十室之邑，必有忠信如丘者焉，不如丘之好学也。"

译文 孔子说："就是十户人家的小村子，也一定会有像我这样具有忠信品德的人，只是不像我那样好学罢了。"

雍也第六

（凡三十章）

原文 6·1 子曰："雍也可使南面①。"

注释 ① 南面：南面而坐的意思。古代以坐北朝南的方向最尊贵，所以，有地位的人出现时，都是南面而坐。使南面，这里指可以做大官。

译文 孔子说："冉雍这个人可以让他做大官。"

原文 6·2 仲弓问子桑伯子①。子曰："可也简②。"仲弓曰："居敬而行简③，以临其民④，不亦可乎？居简而行简，无乃大简乎⑤？"子曰："雍之言然。"

注释 ① 子桑伯子：人名。或认为是庄子所说的子桑户。

② 简：简约，不烦琐。

③ 居敬：居心恭敬，这里指做事时心里是严肃认真的。

④ 临：面对，这里是对付、治理的意思。

⑤ 无乃大简乎：无乃，相当于"不是"，只在反问句用。大，

同“太”。

译文 仲弓问子桑伯子这个人怎么样？孔子说：“可以吧，他做事还算简约。”仲弓说：“如果心里是严肃认真的，做事简约不烦琐，这样来治理百姓，不也是可以的吗？如果心里只图简便，又以简便的方法做事，那不是太简单了吗？”孔子说：“你的话是对的。”

原文 6·3 哀公问：“弟子孰为好学？”孔子对曰：“有颜回者好学，不迁怒，不贰过①。不幸短命死矣，今也则亡②，未闻好学者也。”

注释 ① 贰：重复。

② 亡：同“无”。

译文 鲁哀公问：“你的学生中谁是喜欢学问的？”孔子回答说：“有个名叫颜回的喜欢学问，他不迁怒于人，犯过的错误不再重犯。不幸他短命死了，现在没有这样的人了，再也没有听到过有喜欢学问的人了。”

原文 6·4 子华使于齐①，冉子为其母请粟②。子曰：“与之釜[③]。”请益。曰：“与之庾[④]。”冉子与之粟五秉[⑤]。子曰：“赤之适齐也，乘肥马[⑥]，衣轻裘[⑦]。吾闻之也：君子周急不继富[⑧]。”

注释

① 子华使（shì）于齐：子华，孔子学生，姓公西，名赤，字子华。使，出使。

② 冉子为其母请粟：冉子，冉有。粟，小米。

③ 釜：古量名，当时一釜是六斗四升。

④ 庾（yǔ）：古量名，当时是二斗四升。

⑤ 秉：古量名，当时一秉是十六斛（hú）。一斛是十斗。

⑥ 乘：马架车叫“乘”。

⑦ 衣（yì）：穿。

⑧ 继：接济，增益。

译文

子华出使齐国，冉有向孔子替他母亲要些小米。孔子说：“给她六斗四升。”冉有请求再添一点。孔子说：“再给她二斗四升。”冉有却给了她八十斛。孔子说：“公西赤到齐国去，坐着肥马驾的车子，穿着轻而暖的皮袍。我听说过：君子只周济贫穷的人，而不接济富有的人。”

原文 6·5 原思为之宰①，与之粟九百②，辞。子曰："毋！以与尔邻里乡党乎③！"

注释 ① 原思为之宰：原思，孔子学生，姓原名宪，字子思。之，指孔子。宰，总管。

② 九百："九百"后省去了量名，今不可知。

③ 邻里乡党：古代以五家为邻，二十五家为党。

译文 原思做孔子家的总管，孔子给他俸禄小米九百，原思辞谢不受。孔子说："不要推辞！拿去给你乡邻中的穷人吧！"

原文 6·6 子谓仲弓，曰："犁牛之子骍且角①，虽欲勿用，山川其舍诸②？

注释 ① 犁牛之子骍且角：犁牛，杂色的牛。骍，赤色。角，两角端正的意思。古代崇尚赤色，祭祀时一定要用赤色的牛。犁牛，这里用以比喻仲弓（冉雍）的父亲，犁牛之子，用以比喻仲弓。意思是说仲弓的父亲虽然"下贱"，然而他的儿子却是个"可使南面"之才。

② 山川：山川之神。

译文 孔子谈到仲弓时说："杂色牛的儿子长着赤色的毛、端正的双角，虽然不想用他做祭品，山川之神难道会舍弃它吗？"

原文 6·7 子曰："回也，其心三月不违仁①，其余则日月至焉而已矣②。"

注释 ① 三月：指较长的时间。

② 日月：指短时间。

译文 孔子说："颜回呀，他的心能够长时间不离开仁德，其他学生则做不到，只是偶尔记起罢了。"

原文 6·8 季康子问："仲由可使从政也与①？"子曰："由也果，于从政乎何有？"曰："赐也可使从政也与？"曰："赐也达，于从政乎何有？"曰："求也可使从政也与？"曰："求也艺，于从政乎何有？"

注释 ① 从政：指做大夫，管理政事。

译文 季康子问孔子说："仲由这个人，可以让他做官管理政事吗？”孔子说：“仲由做事果断，对于管理政事有什么困难呢？”又问：“端木赐这个人，可以让他做官管理政事吗？”孔子说：“端木赐通晓事理，对于管理政事有什么困难呢？”又问：“冉求这个人，可以让他做官管理政事吗？”孔子说：“冉求多才多艺，让他管理政事有什么困难呢？”

原文 6·9 季氏使闵子骞为费宰[①]。闵子骞曰：“善为我辞焉！如有复我者，则吾必在汶上矣[②]。”

注释 ① 闵子骞为费（mì）宰：闵子骞，孔子学生，姓闵，名损，字子骞，鲁国人。费，季氏封邑，故城在今山东费县西北。宰，邑宰。

② 汶（wèn）上：汶，水名，即今山东大汶河。汶上，汶水北面。汶水在齐国南面、鲁国北面，闵子骞说‘吾必在汶上”，暗指要逃到齐国去，表示他不愿做季氏的邑宰。

译文 季氏让闵子骞做他的费地的县长。闵子骞对来人说：“请好好替我辞去吧！倘若再有人来请我做官，那我一定要逃到汶水以北去了。”

原文 6·10 伯牛有疾[①]，子问之，自牖执其手，曰："亡之，命矣夫！斯人也而有斯疾也！斯人也而有斯疾也！"

注释 ① 伯牛：孔子学生，姓冉，名耕，字伯牛。

译文 伯牛病了，孔子去看望他，从窗户里伸手进去握着他的手，说："活不成了，这是命呀！这样好的人竟生了这样的病，这样好的人竟生了这样的病！"

原文 6·11 子曰："贤哉，回也！一箪食[①]，一瓢饮，在陋巷，人不堪其忧[②]，回也不改其乐[③]。贤哉，回也！"

注释 ① 箪（dān）：古代盛饭用的圆形竹器。

② 忧：忧愁。这里指一般人以过这种清贫生活为忧。

③ 乐：快乐。这里指颜回认为过清贫生活自有其快乐。

译文 孔子说："颜回多么有贤德呀！一竹篮子饭，一葫芦瓢水，住在小巷子里，别人都忍受不了这种忧愁，颜回却不改变他自认为的快乐。颜回是多么有贤德呀！"

原文 6·12 冉求曰："非不说子之道，力不足也。"子曰："力不足者，中道而废。今女画[1]。"

注释 ① 画：画地自限，不愿前进。

译文 冉求说："不是我不喜欢您的学说，是我的力量不够。"孔子说："倘若力量不够的话，那会走到半路上而放弃前进。现在你是画地自限，根本没有迈步。"

原文 6·13 子谓子夏曰："女为君子儒，无为小人儒。"

译文 孔子对子夏说："你要做君子一类的读书人，而不要做小人般的读书人。"

原文 6·14 子游为武城宰[1]。子曰："女得人焉尔乎[2]？"曰："有澹台灭明者[3]，行不由径，非公事，未尝至于偃之室也。"

注释 ① 武城：鲁国城邑，在今山东费县。

② 尔：一作"耳"。

③ 澹（dàn）台灭明：姓澹台，名灭明，字子羽。《史记·仲

尼弟子列传》将他列为孔子的学生。

译文 子游做武城县的县宰。孔子说："你在这个地方发现什么人才了吗？"子游说："有个叫澹台灭明的人，走路从不抄小道，不是公事，从不到我住的地方来。"

原文 6·15 子曰："孟之反不伐①，奔而殿②，将入门，策其马，曰：'非敢后也，马不进也。'"

注释 ① 孟之反不伐：孟之反，鲁国大夫，姓孟名侧，字之反。伐，夸功。

② 奔而殿：奔，败走。殿，军队败退时留在后面掩护。这件事发生在鲁哀公十一年（前484），当时鲁与齐战，鲁国右路军败退时，孟之反殿后，抵挡齐的追兵。

译文 孔子说："孟之反不喜欢夸功，军队败退的时候，他留在末尾断后，将进城门时，用鞭子打着自己的马，说：'不是我敢留在后面，是马匹不肯往前走。'"

原文 6·16 子曰："不有祝鮀之佞①，而有宋朝之美②，难乎免于今之世矣③。"

注释 ① 祝鮀（tuó）：卫国大夫，字子鱼，善于外交辞令。

② 而有宋朝之美：而，这里同“与”。宋朝，宋国的公子朝，以貌美闻名于当时。

③ 难乎免于今之世矣：这是孔子对当时社会不尚德而好谀好色现象所表示的不满。

译文 孔子说：“如果没有祝鮀的口才，和宋朝的美丽，在今天的世界上是难于避免憎恶的。”

原文 6·17 子曰：“谁能出不由户？何莫由斯道也①？”

注释 ① 斯道：这条路。这里指孔子主张的仁义之道。

译文 孔子说：“谁能够不经过屋门走出屋外去呢？为什么没有人走这条道呢？”

原文 6·18 子曰：“质胜文则野①，文胜质则史②。文质彬彬③，然后君子。”

注释 ① 质胜文则野：质，质朴。文，文采。孔子认为仁义是质，礼乐是文，质与文，是内容与形式的关系，必须恰当配合，不得有所偏废。野，粗野。

② 史：这里是虚浮无诚意的意思。“史”是古代掌管文书的人，多用铺陈之词，客观地记事，自己心里并无诚意。

③ 彬彬：这里指文与质的关系处理适当。

译文 孔子说：“质朴超过文采，就有点粗野；文采超过质朴，就有点虚浮。只有文和质比例均称，才是个君子。”

原文 6·19 子曰：“人之生也直，罔之生也幸而免①。”

注释 ① 罔（wǎng）：指不正直的人。

译文 孔子说：“一个人能够活着是由于正直，不正直的人虽然也活着，但那只是侥幸免于灾祸。”

原文 6·20 子曰：“知之者不如好之者①，好之者不如乐之者②。”

注释 ① 好（hào）：喜好。

② 乐之者：指为从事这种学问而感到快乐的人。

译文 孔子说："〔对于学问，〕懂得它的人不如喜好它的人，喜好它的人不如以从事它而快乐的人。"

原文 6·21 子曰："中人以上，可以语上也；中人以下，不可以语上也。"

译文 孔子说："具有中等以上智力的人，可以教给他高深的学问；中等以下智力的人，不可以教给他高深的学问。"

原文 6·22 樊迟问知。子曰："务民之义①，敬鬼神而远之②，可谓知矣。"问仁。曰："仁者先难而后获③，可谓仁矣。"

注释 ① 务民之义：务，专力。民，人民。义，应该做的事。

② 远（yuàn）之：远，动词，离开的意思。

③ 先难而后获：指先要付出一定的艰苦劳动而后才有所收获。

译文 樊迟问怎样才算是智。孔子说："专心致力于为人民应该做的事情上，尊敬鬼神却要远离它，这样就算是智了。"樊迟又问怎样才算有仁德的人。孔子说："有仁德的人先要付出一定的艰苦劳动，而后才获得果实，这样才算是有仁德。”

原文 6·23 子曰：“知者乐水，仁者乐山。知者动，仁者静。知者乐，仁者寿。”

译文 孔子说：“聪明人喜好水，仁人喜好山。聪明人活动，仁人沉静。聪明人快乐，仁人长寿。”

原文 6·24 子曰：“齐一变，至于鲁[①]；鲁一变，至于道。”

注释 ① 齐一变，至于鲁：当时的齐国离道太远，太公的遗法变易已尽，而鲁国重礼教，周公的法治犹存，故孔子认为，把齐国改变一下，就会像现在的鲁一样。

译文 孔子说：“把齐国的〔政教〕改变一下，便能像现在的鲁国一样；如果把鲁国的政教再改变一下，便可达到先王的大道了。”

原文 6·25 子曰：“觚不觚[①]，觚哉！觚哉！”

注释 ① 觚（gū）：古代酒器。觚本来有四条棱角，但到孔子时已成圆形的了，因此他感慨地说，觚不像个觚。孔子的真意是借这件生活中的小事，表示自己对当时“君不君，臣不臣，父不父，子不子”等现象的不满。

译文 孔子说：“觚不像个觚，这也是觚！这也是觚！”

原文 6·26 宰我问曰：“仁者，虽告之曰‘井有仁焉①’，其从之也？”子曰：“何为其然也？君子可逝也②，不可陷也；可欺也，不可罔也③。”

注释 ① 有仁：仁，人，有仁德者谓人。

② 逝：使之往救。

③ 罔：蒙蔽，陷害。

译文 宰我问孔子说“有仁德的人，就是告诉他说‘井里掉下一个人啦’，他会跟着跳下去救他吗？”孔子说：“你为什么要这样做呢？君子可以让他去设法救人，却不可以让他跳下去陷入井里；君子可以被欺骗，却不能被无理陷害。”

原文 6·27 子曰："君子博学于文，约之以礼，亦可以弗畔矣夫[①]！"

注释 ① 畔：同"叛"。

译文 孔子说："君子广泛地学习古代的文献，再用礼来约束他，也就不会离经叛道了。"

原文 6·28 子见南子[①]，子路不说。夫子矢之曰："予所否者[②]，天厌之！天厌之！"

注释 ① 南子：卫灵公的夫人，当时卫国的实权实际掌握在她手中。这个人名声不好，孔子去见她，子路心中大不高兴，孔子就对天行誓，向子路解释。

② 所：这里是假若的意思。这种用法只在誓词中用。

译文 孔子去见南子，子路不高兴。孔子发誓说："我假若做了不好的事，老天爷厌弃我吧！老天爷厌弃我吧！"

原文 6·29 子曰："中庸之为德也[①]，其至矣乎！民鲜久矣。"

注释 ① 中庸：孔子认为它是一种最高的道德标准。“中”就是无过无不及，即不偏不倚的意思，“庸”是平常、不变的意思。

译文 孔子说：“中庸这种道德，该是极好的了！人民缺乏这种道德已经很久了。”

原文 6·30 子贡曰：“如有博施于民而能济众，何如？可谓仁乎？”子曰：“何事于仁！必也圣乎！尧舜其犹病诸[①]！夫仁者[②]，己欲立而立人，己欲达而达人。能近取譬，可谓仁之方也已。”

注释 ① 尧舜其犹病诸：尧舜，上古传说中的两个帝王，孔子心目中的圣人。病，心有所不足。诸，于此。这句话是说，像尧舜那样的圣人，对“博施于民而能济众”这件事，其心犹有所不足。

② 夫（fú）：发语词。

译文 子贡说：“假若有一个人，给予老百姓多方面的好处，又能帮助大家过上好日子，怎么样？可以算作仁德吗？”孔子说：“岂止于仁德，那简直是圣人了！尧舜大概都难以做到哩！那有仁德的人，自己要想站得住，同时也要让别人站得住；自己要想通达，同时也要让别人通达。凡事都要以自身为例而想到别人，可以说是实行仁德的方法了。”

述而第七

（凡三十八章）

原文 7·1 子曰："述而不作①，信而好古，窃比于我老彭②。"

注释 ① 述而不作：述，阐述。阐述什么，没有说明。按照孔子的实践来看，当指古代旧有的文化典籍。作，是创作、创造的意思。

② 我老彭：老彭，人名。历来说法不一，有人认为指老子和彭祖两人，也有说是殷商时的贤大夫彭祖，孔子以其自比，那么这个人当也是一位信古而传述的人。老彭前加"我"，是表示孔子对这个人的亲切感。

译文 孔子说："只阐述而不创作，相信而又喜好古代的文化，我私下把自己比作老彭。"

原文 7·1 子曰："默而识之①，学而不厌，诲人不倦，何有于我哉②？"

注释 ① 识（zhì）：记。

② 何有：有什么的意思。表示自谦之词。

译文 孔子说："把所学的知识默默地记住，坚持学习而不厌烦，教导别人从不疲倦，这三件事我做到了哪一件呢？"

原文 7·3 子曰："德之不修，学之不讲，闻义不能徙[①]，不善不能改，是吾忧也。"

注释 ① 徙（xǐ）：迁移，这里指向"义"靠拢，使自己的所作所为符合"义"。

译文 孔子说："德行没有修养，学问没有讲习，听到义却不能实行，有了不好的地方却不能改正，这些都是我所忧虑的。"

原文 7·4 子之燕居[①]，申申如也，夭夭如也。

注释 ① 燕居：闲居。这里指孔子闲暇无事住在家里的时候。

译文 孔子在家闲住的时候，形态舒展自如，脸上显出和悦的颜色。

原文 7·5 子曰："甚矣吾衰也！久矣吾不复梦见周公[①]。"

注释 ① 周公：姓姬，名旦，周文王的儿子，周武王的弟弟，周成王的叔叔，鲁国的始祖。他辅助周成王而有德政，是孔子尊崇的古代圣人之一。

译文 孔子说："我衰老得多么厉害呀！我很长时间不再梦见周公了！"

原文 7·6 子曰："志于道，据于德，依于仁，游于艺[①]。"

注释 ① 艺：六艺，即礼、乐、射、御、书、数。这是孔子教育学生的内容之一。

译文 孔子说："立志于道，坚守着德，不违背仁，游憩于六艺之中。"

原文 7·7 子曰："自行束脩以上[①]，吾未尝无诲焉。"

注释 ① 束脩：脩，脯，干肉。十脡（tǐng）为一束。一脡就是一条。

译文 孔子说："只要愿意送给我十条这么一点干肉做见面礼，我从来没有不愿意收他为学生教诲他的。"

原文 7·8 子曰："不愤不启①，不悱不发②，举一隅而不以三隅反③，则不复④也。"

注释 ① 不愤不启：愤，想要搞通而还没有搞通的意思。启，开导。

② 不悱（fěi）不发：悱，想要说出而又不能说出的意思。发，启发。

③ 举一隅而不以三隅反：隅，角。反，反转过来证明。这句是说，一件东西有四个角，教给他一个角，他却不能由此推知其他三个角。

④ 复（fù）：再告。

译文 孔子说："教导学生，不到他想要把问题搞通而还没搞通的时候不去开导他，不到他想要说出而又说不出来的时候不去启发他。告诉他一个角，他却不能由此推知其他三个角，就不再教他了。"

原文 7·9 子食于有丧者之侧，未尝饱也。

译文 孔子在有丧事的人旁边吃饭，从来没有吃饱过。

原文 7·10 子于是日哭①，则不歌。

注释 ① 哭：吊哭。

译文 孔子在这一天吊丧时哭过，则不再唱歌了。

原文 7·11 子谓颜渊曰："用之则行，舍之则藏，惟我与尔有是夫！"子路曰："子行三军，则谁与①？"子曰："暴虎冯河②，死而无悔者，吾不与也。必也临事而惧，好谋而成者也。"

注释 ① 子行三军，则谁与：行三军，统帅军队。与，动词。谁与，同谁在一起。

② 暴虎冯河：暴虎，空手和虎搏斗。冯，同"凭"。冯河，不用船光着脚过河。

译文 孔子告诉颜回说："用我的话，就干起来，不用的话，就隐藏起来，只有我和你能做到这一点吧！”子路说：“如果你统帅军队作战，愿和谁同去？”孔子说：“空着两手和老虎搏斗，不用船光着脚过河，死了都不知后悔的人，我不同他在一起。〔同我在一起的人，〕一定是面对要做的事便严肃谨慎，仔细谋划而务必完成的人。”

原文 7·12 子曰：“富而可求也，虽执鞭之士①，吾亦为之。如不可求，从吾所好。”

注释 ① 执鞭之士：古代手拿皮鞭在市场守门的人，这里指干下贱差事的人。

译文 孔子说：“如果富有是可求得的话，就是干下贱的差事我也干。如果求不到，我还是干我所喜欢的事吧。”

原文 7·13 子之所慎：齐①，战，疾。

注释 ① 齐：同“斋”，即斋戒。

译文 孔子所慎重对待的三件事是：斋戒，战争，疾病。

原文 7·14 子在齐闻《韶》①，三月②不知肉味，曰："不图为乐之至于斯也。"

注释 ①《韶》：见3·25注①。

② 三月：三，这里不是实指。三月表示时间很长。

译文 孔子在齐国听到演奏《韶》乐，以后很长时间吃肉时尝不出肉味，于是就说："不料舜时的音乐竟达到这样美妙的地步。"

原文 7·16 冉有曰："夫子为卫君乎①？"子贡曰："诺，吾将问之。"入，曰："伯夷、叔齐何人也？"曰："古之贤人也。"曰："怨乎②？"曰："求仁而得仁，又何怨？"出，曰："夫子不为也。"

注释 ① 为（wèi）卫君：为，帮助。卫君，卫出公，名辄，卫灵公的孙子，蒯聩的儿子。蒯聩得罪了卫灵公的夫人南子，逃往晋国。灵公死后，辄被立为国君，这时，蒯聩又回国与辄争夺帝位。蒯聩与辄父子争位和伯夷、叔齐兄弟让位的事恰成对照。因此，下文子贡以孔子对伯夷、叔齐的态度推知他对出公辄是不会帮助的。

② 怨：怨悔。这里是指伯夷、叔齐互相让位而逃的事说的。

译文

冉有说："老师帮助卫君吗？"子贡说："好的，我去问老师。"子贡到孔子那里，问道："伯夷、叔齐是什么样的人？"孔子说："古代的贤人。"子贡又说："他们怨悔吗？"孔子说："他们追求仁德而得到仁德，又有什么怨恨的呢？"子贡出来以后说："老师是不赞成卫君的。"

原文

7·16 子曰："饭疏食饮水①，曲肱而枕之②，乐亦在其中矣。不义而富且贵，于我如浮云。"

注释

① 疏食：粗粮。

② 曲肱（gōng）而枕（zhèn）：肱，由肩至肘的部位，这里指胳膊。枕，动词，枕着。

译文

孔子说："吃粗粮喝凉水，睡觉时弯着胳膊当枕头，这里边也是有乐趣的。用不正当的方法得到的富足和尊贵，在我看来犹如浮云一般。"

原文

7·17 子曰："加我数年，五十以学《易》①，可以无大过矣。”

注释 ①《易》：即《周易》，或称《易经》，古代占卜用书。其中《卦辞》《爻辞》是孔子以前的人所作,《十翼》相传为孔子所作。

译文 孔子说：“让我再多活几年，到五十岁时去学习《周易》，就可以没有大的过错了。”

原文 7·18 子所雅言[①],《诗》《书》，执礼，皆雅言也。

注释 ① 雅言：当时通行的语言，与方言相对而言。

译文 孔子有时候用雅言，读《诗经》《尚书》、行礼，都用雅言。

原文 7·19 叶公问孔子于子路[①]，子路不对。子曰：“女奚不曰，其为人也，发愤忘食，乐以忘忧，不知老之将至云尔。”

注释 ① 叶（shè）公：姓沈，名诸梁，字子高，曾在楚国叶城（今河南叶县南）做官，故称叶公。

译文 叶公问子路、孔子为人怎么样？子路不回答。孔子对子路说："你为什么不这样说，他的为人，发愤起来便忘了吃饭，快乐时便忘记忧愁，连老年将会到来都不知道，如此罢了。"

原文 7·20 子曰："我非生而知之者，好古，敏以求之者也。"

译文 孔子说："我不是生来就有知识的人，而是喜欢古代的文化，勤奋敏捷求得的人。"

原文 7·21 子不语怪、力、乱、神。

译文 孔子不谈论怪异、勇力、违法、鬼神一类事情。

原文 7·22 子曰："三人行，必有我师焉①。择其善者而从之，其不善者而改之。"

注释 ① 三人行，必有我师焉：孔子是主张学无常师的。这句是说，三个人一同走路，一个是自己，其他的两个人中，必定有值得学习当我老师的。

译文 孔子说：“三个人一同走路，其他两个人中，必定有值得学习当我老师的。我选择那好的地方来学习，看到那不好的地方便改正。”

原文 7·23 子曰：“天生德于予，桓魋其如予何[①]？”

注释 ① 桓魋（tuí）：宋国的司马向魋，因是宋桓公的后代，又称桓魋。孔子周游列国，经过宋国时和弟子在大树下习礼，桓魋想杀孔子，将大树砍掉。孔子离开时，在途中向弟子讲了这几句话。

译文 孔子说：“上天赋予我这样的品德，桓魋能把我怎么样呢？”

原文 7·24 子曰：“二三子以我为隐乎？吾无隐乎尔。吾无行不与二三子者，是丘也。”

译文 孔子说：“你们这些学生们以为我对你们有什么隐瞒

的吗？我是没有什么隐瞒的。我没有一点事不让你们知道，我孔丘就是这样的人。”

原文 7·25 子以四教：文、行、忠、信[①]。

注释 ① 文、行（xìng）、忠、信：文，指历史文献。行，指按照儒家的准则行事。忠，忠诚老实。信，言行一致。

译文 孔子教育学生的内容有四方面：文、行、忠、信。

原文 7·26 子曰：“圣人，吾不得而见之矣；得见君子者，斯可矣。”子曰：“善人[①]，吾不得而见之矣；得见有恒者[②]，斯可矣。亡而为有[③]，虚而为盈，约而为泰[④]，难乎有恒矣。”

注释 ① 善人：指立志行仁，不做不仁之事的人。

② 恒者：恒，恒心。这里指坚持一定的操守，不因客观环境的影响而改变的人。

③ 亡：同“无”。

④ 泰：宽裕。

译文 孔子说："圣人，我是不能够看得见了；能够看见君子，也就可以了。"又说："善人，我是不能够看得见了；能够看见守恒不变心的人，也就可以了。如果没有却装作有，空虚却装作充足，穷困却装作富有，这样的人是难以有守恒不变之心的。"

原文 7·27 子钓而不纲①，弋不射宿②。

注释 ① 纲：这里作动词用。在一根大绳上系很多鱼钩，把它横在河流上钓鱼，叫"纲"。

② 弋（yì）：用带生丝绳子的箭射。

译文 孔子钓鱼，不用系有很多鱼钩的大绳横绝在河流上钓；用带生丝绳的箭射飞鸟，不射已经回巢歇宿的鸟。

原文 7·28 子曰："盖有不知而作之者①，我无是也。多闻，择其善者而从之；多见而识之②，知之次也③。"

注释 ① 作：创作，造作。

② 识（zhì）：记。

③ 次：差一等。这是与"生而知之者"相对而言。

译文 孔子说："大概有一种什么都不知道却妄自造作的人，我不是这样的人。多方面地听，选择那合理的去照着做；多方面地看，牢记心中。这样的知，〔比生而知之〕是差一等的。"

原文 7·29 互乡难于言[①]，童子见，门人惑。子曰："与其进也[②]，不与其退也，唯何甚？人洁己以进，与其洁也，不保其往也。"

注释 ① 互乡：地名。今在何地，已不可考。

② 与：肯定，赞成。

译文 互乡这个地方的人难于交谈，但孔子却接见了那里的一个童子，学生们感到迷惑不解。孔子说："我赞成他的进步，不赞成他的退步，何必做得太过分呢？人家洁身而来，就应该赞成他的自洁，不要老追究他过去的事。"

原文 7·30 子曰："仁远乎哉？我欲仁，斯仁至矣。"

译文 孔子说："仁德难道离我们很远吗？我想要达到仁，仁就会到来。"

原文 7·31 陈司败问昭公知礼乎①？孔子曰："知礼。"孔子退，揖巫马期而进之②，曰："吾闻君子不党，君子亦党乎？君取于吴③，为同姓，谓之吴孟子④。君而知礼，孰不知礼？"巫马期以告。子曰："丘也幸，苟有过，人必知之。"

注释 ① 陈司败问昭公知礼乎：陈司败，人名。有人说陈是国名，司败是官名，也有人说陈是姓，司败是名。今无可辨考。昭公，鲁昭公，名裯（chóu）。

② 巫马期：孔子学生，姓巫马，名施，字子期。

③ 君取于吴：取同"娶"。吴，当时的国名，后为越所灭。

④ 吴孟子：鲁昭公夫人。按照当时的惯例，国君夫人的称号应是出生国名加上他的姓，这位夫人出生于姬姓的吴国，应该称吴姬。但周代有同姓不婚的规定，鲁与吴同为姬姓，互相通婚违背这一规定，故不称吴姬，而称吴孟子。孟子是鲁昭公夫人的名字。

译文 陈司败问孔子，鲁昭公懂得礼节吗？孔子说："懂得礼节。"孔子出来后，陈司败向巫马期行了个作揖礼，请他走上前来，说道："我听说君子无所偏袒，难道像孔子这样的君子也竟然有所偏袒吗？鲁君娶了吴国的女子做夫人，吴国和鲁国是同姓，便把她叫作吴孟子。鲁君如果懂得礼节，那还有谁不懂得礼节呢？”巫马期把陈司败的话告诉了孔子，孔子说：“我真幸运，假若有错误，人家一定会知道的。”

原文 7·32 子与人歌而善，必使反之[①]，而后和之[②]。

注释 ① 反：反复，这里是重唱一次的意思。

② 和（hè）：跟着唱。

译文 孔子和别人一道唱歌，如果发现唱得好，一定请他再唱一遍，然后自己又跟着和一遍。

原文 7·33 子曰：“文，莫吾犹人也[①]。躬行君子，则吾未之有得。”

注释 ① 莫：或者。

译文 孔子说：“关于文化知识，或者我同别人差不多。如做个亲身实践的君子，那我还没有做到。”

原文 7·34 子曰："若圣与仁，则吾岂敢？抑为之不厌，诲人不倦，则可谓云尔已矣。"公西华曰："正唯弟子不能学也。"

译文 孔子说："圣和仁两个字，那我是不敢当的！不过在实践圣和仁方面却是从不知厌烦的，教导别人也从不知疲倦，只是这样去说去做罢了。"公西华说："这正是我们学生学不到的。"

原文 7·35 子疾病①，子路请祷。子曰："有诸？"子路对曰："有之。《诔》曰②：'祷尔于上下神祇③。'"子曰："丘之祷久矣④。"

注释 ① 疾病：重病。

② 诔（lěi）：这里指向鬼神求福的祷文。

③ 神祇（qí）：神，天神。祇，地神。

④ 丘之祷久矣：这是一种婉言谢绝的方式，意思是说，我早就祈祷过了，不必再祈祷了。子路一提祈祷的事，孔子就表示怀疑，说"有诸？"这和孔子平时对鬼神是否存在所持的怀疑态度是一致的。

译文 孔子得了重病，子路请求向鬼神祈祷。孔子说："有这样的事吗？"子路回答说："有的，《诔》文上说：'为你向天神地神祈祷。'"孔子说："我早就祈祷过了。"

原文 **7·36 子曰："奢则不孙[①]，俭则固[②]。与其不孙也，宁固。"**

注释 ① 孙：同"逊"，这里是恭顺的意思。

② 固：鄙陋。

译文 孔子说："奢侈就显得不恭顺，俭朴就显得鄙陋。与其不恭顺，宁可鄙陋。"

原文 **7·37 子曰："君子坦荡荡，小人长戚戚。"**

译文 孔子说："君子的心平坦宽广，小人经常忧愁。"

原文 **7·38 子温而厉，威而不猛，恭而安。**

译文 孔子温和而严肃，有威仪而不凶猛，庄敬而安详。

泰伯第八

（凡二十一章）

原文 8·1 子曰："泰伯[①]，其可谓至德也已矣。三以天下让，民无得而称焉。"

注释 ① 泰伯：亦作"大伯"，周朝祖先古公亶（dǎn）父的长子。古公亶父有三个儿子，泰伯、仲雍、季历。季历的儿子即姬昌（周文王）。传说古公亶父欲破例将君位不传给长子泰伯，而要传于幼子季历，进而传给昌，泰伯知道此事后，便偕同仲雍逃避至勾吴，终于实现了他父亲的传位于季历及昌的愿望。

译文 孔子说："泰伯，那可以说道德高到极点了。多次把天下让给季历，老百姓简直找不到合适的话来称赞他。"

原文 8·2 子曰："恭而无礼则劳，慎而无礼则葸[①]，勇而无礼则乱，直而无礼则绞[②]。君子笃于亲，则民兴于仁；故旧不遗，则民不偷[③]。"

注释 ① 葸（xǐ）：畏惧、胆怯的样子。

② 绞：尖刻。

③ 偷：薄。

译文 孔子说："只是注意态度恭敬而不知礼，就会有劳倦的弊病；只是谨慎而不知礼，就会有畏惧的弊病；只是敢作敢为而不知礼，就会有闹出乱子的弊病；只是直率而不知礼，就会有尖刻的弊病。君子对待自己的亲族如果厚道，那百姓就会因此而按仁德要求自己；君子如果不遗弃旧时相好的人，那老百姓就不会对人刻薄了。"

原文 8·3 曾子有疾①，召门弟子曰："启予足②！启予手！《诗》云③：'战战兢兢，如临深渊，如履薄冰。'而今而后，吾知免夫④！小子！"

注释 ① 有疾：有病。从下文看，这里的"有疾"是病很重将要死了。

② 启：视，看看的意思。曾子从儒家孝道的观念出发，认为自己的身体受之父母，平时一点不敢毁伤，现在快要死了，叫学生们看看，以证明自己是做到了孝的。

③《诗》云：这里所引三句诗见《诗经·小雅·小旻（mír）》。

④ 免：指身体免于毁伤。意思是说，自己活着的时候，身体没有毁伤，现在将要死了，身体就再不会毁伤了。

译文 曾子有病〔快要死了〕，把他的学生召集来说："看看我的脚！看看我的手！《诗经》上说：'又恐惧，又谨慎，好像站在深渊旁边，好像站在薄冰上边。'从今以后，我知道我的身体不再会受毁伤！学生们！"

原文 8·4 曾子有疾，孟敬子问之①。曾子言曰："鸟之将死，其鸣也哀；人之将死，其言也善。君子所贵乎道者三：动容貌②，斯远暴慢③矣；正颜色，斯近信矣④；出辞气⑤，斯远鄙倍矣⑥。笾豆之事⑦，则有司存⑧。"

注释 ① 孟敬子问之：孟敬子，即孟孙捷，鲁国大夫。问之，问候曾子的病。

② 动容貌：使自己容貌从容、恭敬，合于礼。

③ 暴慢：粗暴无礼，怠慢放肆。

④ 信：诚实。

⑤ 辞：言语。

⑥ 倍：同"背"。

⑦ 笾豆之事：笾，竹制器皿。豆，木制器皿。笾和豆都是古代祭祀时盛祭品的用具。笾豆之事，指祭祀或礼仪一类事。

⑧ 则有司存：有司，这里指主管祭祀或礼仪一类事的官。曾子认为修己为治政之本，君子只要做到以上关于修己的三件事就可以了，至于笾豆之事，自有有司去管，不必过问。

译文 曾子病重将死，孟敬子去问候他。曾子对他说道："鸟快要死的时候，鸣叫的声音是悲哀的；人快要死的时候，说的话是和善的。君子所重视的道理有三个方面：让自己的容貌从容、恭敬，这样就会远离粗暴和放肆；让自己的脸色端庄起来，这就近于诚实守信；说话时注意用词和语气，这就可以避免粗鄙和悖理了。至于祭礼和礼仪一类事情，自有主管这方面事情的官吏在那里管理。"

原文 8·5 曾子曰："以能问于不能，以多问于寡；有若无，实若虚，犯而不校[①]。昔者吾友尝从事于斯矣[②]。"

注释 ① 校（jiào）：计较。

② 吾友：历来多认为是指颜回。

译文 曾子说："自己能做的事却向不能做这事的人去请教，自己知识多却去请教知识少的人；有才学却像没有才学一样，知识充实却像空虚一样；别人触犯自己也不计较。从前我的朋友就曾这样做了。"

原文 8·6 曾子曰："可以托六尺之孤①，可以寄百里之命②，临大节而不可夺也。君子人与③？君子人也。"

注释 ① 托六尺之孤：托，托付。六尺之孤，指死去父亲待继位的幼小君主。古代尺短，六尺，形容幼主尚未成人，身体矮小。

② 百里：指诸侯国。

③ 与（yū）：同"欤"，语气词。

译文 曾子说："可以托孤给他，可以把国家的命运托付给他，在生死存亡的紧要关头，他能够保持大节不变。这种人是君子吗？是君子啊！"

原文 8·7 曾子曰："士不可以不弘毅①，任重而道远。仁以为己任，不亦重乎？死而后已，不亦远乎？"

注释 ① 弘毅：宽宏大量，刚强坚忍。

译文 曾子说："读书的人不可以不心胸宽广大度，意志刚强坚忍，因为他重任在身而路程遥远。把实现仁当作自己的责任，负担不也是很沉重的吗？死了以后才停止，路程不也是遥远的吗？"

原文 8·8 子曰："兴于《诗》，立于礼，成于乐。"

译文 孔子说："《诗》可以激发我的善恶感，礼可以使我立身于社会，音乐可以使我完成修养。"

原文 8·9 子曰："民可使由之，不可使知之。"

译文 孔子说："老百姓，可以让他们照着我们的道路走，而不能让他们知道为什么要这样。"

原文 8·10 子曰："好勇疾贫①，乱也。人而不仁，疾之已甚②，乱也。"

注释 ① 疾：恨。

② 已甚：太甚，太过分。

译文 孔子说："喜欢勇敢却厌恨自己贫穷的人，就会犯上作乱。对于不仁的人，如果过分厌恨他，也会激出乱子来的。"

原文 8·11 子曰："如有周公之才之美，使骄且吝，其余不足观也已。"

译文 孔子说："假如有一个人，他有周公那样的智能和技艺，但只要他既骄傲又吝啬，那其他方面也是不可取的了。"

原文 8·12 子曰："三年学，不至于谷[①]，不易得也。"

注释 ① 谷：俸禄。古代以谷为俸禄。

译文 孔子说："读书三年，却从不想到俸禄的事，这就是不可多得的了。"

原文 8·13 子曰："笃信好学[①]，守死善道。危邦不入，乱邦不居[②]。天下有道则见，无道则隐[③]。邦有道，贫且贱焉，耻也；邦无道，富且贵焉，耻也。"

注释 ① 笃信：指坚信自己所行的道。

② 危邦不入，乱邦不居：一个国家发生臣弑君、子弑父的现象叫乱，有将乱的征兆叫危。

③ 见、隐：见，同“现”，指出来做官。隐，隐去，指不出来做官。

译文 孔子说．“坚信道，又喜欢学业，用生命来保护道的完善。不进入有危险的国家，不在发生祸乱的国家居住。天下太平就出来做官，天下不太平就隐居。国家太平，自己贫贱，这是耻辱；国家不太平，自己富贵，这也是耻辱。”

原文 8·14 子曰：“不在其位，不谋其政。”

译文 孔子说：“不在某一职位上，就不要考虑某方面的政事。”

原文 8·15 子曰：“师挚之始[①]，《关雎》之乱[②]，洋洋乎盈耳哉！”

注释 ① 师挚（zhì）之始：师挚，鲁国名叫挚的乐师。“始”，乐曲的开端。

②《关雎》之乱："乱"是乐曲的结尾。这句话的意思是说在乐曲结束时演奏《关雎》的乐章。

译文 孔子说："在太师挚开始演奏的时候，在结尾演奏《关雎》乐曲的时候，耳里充满了丰富优美的音乐呀！"

原文 8·16 子曰："狂而不直，侗而不愿①，悾悾而不信②，吾不知之矣。"

注释 ① 侗（tóng）而不愿：侗，无知。愿，谨慎老实。

② 悾悾：无能。

译文 孔子说："狂妄而不直率，愚昧无知而又不谨慎老实，无能而又不讲信用，我不知道这种人怎么会这样？"

原文 8·17 子曰："学如不及①，犹恐失之②。"

注释 ① 不及：赶不上。这里把学习比作像追逐什么一样，唯恐赶不上。

② 失之：丢掉。这里是说唯恐把好不容易学到的学问又丢

失掉。

译文 孔子说:“学习知识时〔好像追赶什么一样〕,唯恐赶不上,〔赶上了,〕还唯恐丢失掉。”

原文 8·18 子曰:“巍巍乎[①],舜禹之有天下也,而不与焉[②]。”

注释 ① 巍巍:崇高的样子。

② 不与(yù):不相关。这里是说舜和禹不以有天下为乐,得了天下就好像和他们不相关似的。

译文 孔子说:“崇高呀!舜和禹得到了天下,而他们却觉得这好像和自己不相关似的。”

原文 8·19 子曰:“大哉尧之为君也!巍巍乎!唯天为大,唯尧则之。荡荡乎民无能名焉,巍巍乎其有成功也,焕乎其有文章!”

译文 孔子说:“尧这样的君主,真是太伟大了!太崇高了!只有天最为高大,而只有尧能以天为准则。他的德行浩大无际，老百姓想要称颂他都不知道如何称颂才好。他的功业真是太大了，他的礼乐制度是多么光焰四射呀！”

原文 8·20 舜有臣五人而天下治①。武王曰：“予有乱臣十人②。”孔子曰：“才难，不其然乎？唐虞之际，于斯为盛。有妇人焉，九人而已。三分天下有其二，以服事殷。周之德，其可谓至德也已矣。”

注释 ① 臣五人：相传为禹、稷、契（xiè）、皋陶（gāo yáɔ）、伯益五人。

② 乱臣：乱，治也。乱臣，即能治理国家的大臣。

译文 舜有贤臣五人而天下得以治理。周武王曾说过：“我有十个治理国家的大臣。”孔子说：“人才难得呀，难道不是这样吗？唐尧和虞舜以后，就数周武王那个时期人才最盛。可是，周武王十位治国大臣中还有一位妇女，实际上只有九人罢了。周文王得了三分之二的天下，仍然恪守臣节，服事殷朝。周朝的德，可以说是最高的了。”

原文 8·21 子曰："禹，吾无间然矣①。菲饮食②，而致孝乎鬼神，恶衣服而致美乎黻冕③，卑宫室，而尽力乎沟洫④。禹，吾无间然矣。"

注释 ① 间然：找空子，这里是批评的意思。

② 菲（fěi）：薄也。

③ 黻（fǔ）冕：黻，祭祀时穿的礼服。冕，这里指祭祀时戴的帽子。

④ 沟洫（xù）：即沟渠，这里指农田水利。

译文 孔子说："对于禹，我没有什么可说的了。他的饮食很菲薄，而祭祀鬼神的祭品却很丰盛；他平日衣着简朴，而祭祀时穿着却很华美；他住的宫室很卑陋，而却尽全力去办农田水利。对于禹，我是没有什么可说的了。"

子罕第九

（凡三十一章）

原文　9·1 子罕言利与命与仁[①]。

注释　① 罕：少。

译文　孔子不轻易谈论利益、命运和仁德。

原文　9·2 达乡党人曰[①]："大哉孔子！博学而无所成名。"子闻之，谓门弟子曰："吾何执？执御乎？执射乎？吾执御矣。"

注释　① 达乡党：党名。党，见前文6·5注③。

译文　达乡地方的一个人说："孔子真伟大！学识渊博，可惜没有成名的专长。"孔子听到这话，便对学生们说："我干什么呢？驾车呢？射箭呢？我驾车好了。"

原文　9·3 子曰："麻冕[①]，礼也；今也纯[②]，俭[③]，吾从众。

拜下[4]，礼也；今拜乎上，泰也[5]。虽违众，吾从下。"

注释

① 麻冕：一种麻布礼帽。

② 纯：丝。

③ 俭：俭省。绩麻做礼帽，按规定要用经线二千四百根，细密难成，不如用丝俭省。

④ 拜下：古时候臣见君时的一种礼节。臣见君时需先跪拜于堂下，待升堂后再跪拜。

⑤ 泰：骄慢。

译文

孔子说："用麻布做礼帽，这是合于古礼的；如今大家都用丝来做，这样俭省一些，我同意大家这样做。臣见君时，先在堂下跪拜，然后升堂再跪拜，这是合于古礼的。如今大家都直接升堂行跪拜礼，这是一种骄傲轻慢的表现。虽然违反大家的做法，我仍然要从古礼，在堂下跪拜。"

原文

9·4 子绝四[1]：毋意[2]，毋必，毋固，毋我。

注释

① 绝：绝对没有的意思。

② 毋：同"无"。下同。

译文 孔子一点也没有四种毛病：不凭空猜想，不事先做肯定判断，不固执，不自以为是。

原文 9·5 子畏于匡[①]，曰："文王既没[②]，文不在兹乎？天之将丧斯文也，后死者不得与于斯文也[③]；天之未丧斯文也，匡人其如予何？"

注释 ① 子畏于匡：畏，有戒心。匡，地名，在今河南省长垣县西南。据《史记·孔子世家》载，孔子离卫去陈，路经匡地，匡人误以孔子为阳货，把孔子围困起来。这里的"子畏于匡"就是说孔子在匡地被围困后，心怀戒惧。下面的一段话，就是孔子在这种情况下讲的。

② 文王：周文王，姓姬，名昌，周武王的父亲。文王是孔子心目中的圣人之一，孔子在这里把他视为周代文化的代表。

③ 后死者：孔子自谓。

译文 孔子在匡地被人围困时，便说："周文王死了以后，一切礼乐文化不都在我这里吗？上天要丧失这种文化，那我就不会掌握这些文化了；上天如果不要丧失这种文化，那匡人能把我怎么样呢？"

原文 9·6 太宰问于子贡曰[①]："夫子圣者与？何其多能也？"子贡曰："固天纵之将圣，又多能也。"子闻之，曰："太宰知我乎？吾少也贱，故多能鄙事[②]。君子多乎哉？不多也。"

注释 ① 太宰：官名，负责管理宫廷事务。这位太宰是哪国人，姓甚名何，已不可考。

② 鄙事：指一般老百姓所从事的事。

译文 太宰向子贡问道："孔夫子是位圣人吧？为什么这样多才多艺呢？"子贡说："这本是上天让他成为圣人，而且使他多才多艺。"孔子听到了，说："太宰怎么会了解我呢？我小时候由于贫穷，所以学会了许多平常的技艺。真正的君子会有这样多的技艺吗？是不会多的。"

原文 9·7 牢曰[①]："子云：'吾不试[②]，故艺'。"

注释 ① 牢：一说是孔子的学生，姓琴，名牢，字子开，一字子张。一般多认为此说不确。

② 试：用。

译文 牢说：“孔子说过，‘我因为没有被国家任用，所以学会一些技艺’。”

原文 9·8 子曰：“吾有知乎哉？无知也。有鄙夫问于我，空空如也。我扣其两端而竭焉。”

译文 孔子说：“我有知识吗？没有知识。有个乡下的农民问我，对他的所问我本来一点也不知道，但我把那个问题的正反两面仔细盘问后，尽力向他说明白。”

原文 9·9 子曰：“凤鸟不至①，河不出图②，吾已矣夫！”

注释 ① 凤鸟：凤凰，古代传说中的神鸟，据说只有在天下太平时才出现。

② 河不出图：相传在伏羲时黄河中有龙马负图而出。据说圣王出世时才有此祥瑞之兆。

译文 孔子说：“凤鸟不飞来了，黄河中也没有图出现，我这一生可能是完了。”

原文 9·10 子见齐衰者①、冕衣裳者与瞽者②。见之，虽少，必作[3]；过之，必趋[4]。

注释 ① 齐衰（zī cuī）：丧服。

② 冕衣裳者：冕，帽。衣，上服。裳，下服。这里均指做官的穿的礼服而言。“冕衣裳者”，这里指做官的。

③ 作：站起来。表示敬意。

④ 趋：快步走。表示敬意。

译文 孔子看见穿丧服的人、戴礼帽穿礼服的人和盲人。相见时，他们虽然年轻，但孔子也一定站起来；走过这些人面前时，也一定要快步走。

原文 9·11 颜回喟然叹曰[1]：“仰之弥高[2]，钻之弥坚；瞻之在前，忽焉在后。夫子循循然善诱人[3]，博我以文，约我以礼，欲罢不能。既竭吾才，如有所立卓尔[4]。虽欲从之，末由也已[5]。”

注释 ① 喟（kuì）然：叹息的样子。

② 仰之弥高：仰，仰望。弥，更加。这句是说孔子的学问高不可及。“仰之弥高，钻之弥坚；瞻之在前，忽焉在后。”这几句都是形容孔子学问的高深和不可捉摸。

③ 循循：有次序。

④ 卓尔：直立的样子。

⑤ 末由：不知从什么地方的意思。这里是说，学习越深入，进步就越难。

译文 颜渊感叹道："老师的学识，抬头仰望，越觉得高；越努力钻研，越觉得深。看着好像在前面，忽然又好像在后面。老师善于有次序地诱导我，用各种文献来丰富我的知识，又用一定的礼节来约束我的行为，使我想停止学习都不可能。我已经用尽了我的才力，似乎这学识就立在我的面前。到了这个地步，虽然想再前进一步，却不知怎么办了。"

原文 9·12 子疾病，子路使门人为臣①。病间②，曰："久矣哉，由之行诈也！无臣而为有臣。吾谁欺？欺天乎！且予与其死于臣之手也，无宁死于二三子之手乎③！且予纵不得大葬④，予死于道路乎？"

注释 ① 为臣：臣，这里指家臣。孔子当时已去职，没有家臣。子路为了尊敬孔子，让他的门人充当家臣，负责料理丧事。孔子认为子路的所为是欺骗，故在下文责备了他。

② 病间（jiàn）：间，少差。“病间”，即病略好一些。

③ 无宁：“无”是发语词，无义。“无宁”即宁可。

④ 大葬：古代君臣的葬礼。这里指大夫的葬礼。

译文 孔子病重，子路让孔子的门徒做孔子的家臣，负责料理后事。后来孔子的病渐渐好转，便说：“仲由干这种弄虚作假的事太长久了呀！我本无家臣，却硬要装作有家臣。我欺骗谁呢？欺骗上天吗？而且我与其在家臣的料理下死去，宁肯在你们这些学生的照料下死去，不是好些吗？我即使不能用隆重的葬礼来安葬，难道会死在道路上吗？”

原文 9·13 子贡曰：“有美玉于斯，韫椟而藏诸[①]？求善贾而沽诸[②]？”子曰：“沽之哉！沽之哉！我待贾者也。”

注释 ① 韫椟（yùn dú）：韫，收藏。椟，柜子。韫椟，收藏在柜子里。

② 求善贾（gǔ）而沽诸：贾，商人。沽，卖。

译文 子贡说：“这里有块美玉，是把它收藏在柜子里呢，还是找个识货的商人卖掉呢？”孔子说：“卖掉，卖掉！我正等待识货的人来买呢！”

原文 9·14 子欲居九夷[①]。或曰：“陋，如之何？”子曰：“君子居之，何陋之有？”

注释 ① 九夷（yí）：夷，古代对东方一些后进部族的称呼。“九夷”是对这些部族的总称。

译文 孔子想搬到九夷的地方去住。有人说：“那里太落后，怎么好住呢？”孔子说：“有君子住在那里，还有什么落后的呢？”

原文 9·15 子曰：“吾自卫反鲁[①]，然后乐正，《雅》《颂》各得其所[②]。”

注释 ① 自卫反鲁：孔子周游各国，于鲁哀公十一年冬返回鲁国。反，通“返”。

②《雅》《颂》：这里指《雅》乐和《颂》乐。

译文 孔子说：“我从卫国回到鲁国后，才把《诗》的乐曲进行了整理，使《雅》乐和《颂》乐各得其适当的位置。”

原文 9·16 子曰：“出则事公卿，入则事父兄，丧事不敢不勉，不为酒困，何有于我哉？”

译文 孔子说：“如果在朝廷，就能服事公卿，在家里就能服事父兄，遇到丧事，不敢不尽力去做，喝酒有节制，不为酒所醉，这些事我有哪些做到了呢？”

原文 9·17 子在川上，曰：“逝者如斯夫！不舍昼夜。”

译文 孔子在河边说道：“消失的时光像这河水一样吧！日夜不停地流去。”

原文 9·18 子曰：“吾未见好德如好色者也。”

译文 孔子说：“我没有看见过像喜好美色那样喜好道德的人。”

原文 9·19 子曰：“譬如为山，未成一篑[①]，止，吾止也。譬如平地，虽覆一篑，进，吾往也。”

注释 ① 蒉（kuì）：土筐。

译文 孔子说："譬如用土来堆山，再加一筐土便成山了，却突然停止，不加上去，那是我自己要停止的。又譬如在平地上堆山，即使刚倒下一筐土，如果前进了，那是我自己要前进的。"

原文 9·20 子曰："语之不惰者，其回也与！"

译文 孔子说："告诉了他，就能照我说的去做而从不懈怠的人，大概只有颜回一个人吧！"

原文 9·21 子谓颜渊，曰："惜乎！吾见其进也，未见其止也。"

译文 孔子谈到颜回时，说道："可惜这个人死了！我只看见他不断前进，从没有见过他停止的时候。"

原文 9·22 子曰："苗而不秀者有矣夫！秀而不实者有矣夫！"

译文 孔子说："庄稼发苗不吐穗扬花的，有过吧！吐穗扬花而不结果实的，有过吧！"

原文 9·23 子曰："后生可畏，焉知来者之不如今也？四十、五十而无闻焉，斯亦不足畏也已。"

译文 孔子说："年轻人是可怕的，怎么能够知道他们的将来不如今天的人呢？一个人到了四五十岁还不能闻名于世，这就没有什么可怕的了。"

原文 9·24 子曰："法语之言①，能无从乎？改之为贵。巽与之言②，能无说乎③？绎之为贵④。说而不绎，从而不改，吾末如之何也已矣。"

注释 ① 法语之言：正正经经说的话。

② 巽（xùn）与之言：巽，恭顺。与，称许。巽与之言，指顺从自己意思的话。

③ 说：同"悦"。

④ 绎（yì）：这里当分析讲。

译文 孔子说："〔别人〕正正经经说的话，能不接受吗？

〔光接受还不够,〕只有改正错误才是可贵的。〔别人〕顺从自己意思的话,〔听了〕能不高兴吗?〔不要只管高兴,〕分析一下才是可贵的。只是高兴而不加分析,口头接受而实际不改,这种人我拿他实在没有办法。"

原文 9·25 子曰:"主忠信,毋友不如己者,过则勿惮改①。"

注释 ① 参见前文1·8章注释和译文。

原文 9·26 子曰:"三军可夺帅也,匹夫不可夺志也。"

译文 孔子说:"一国军队的将帅是可以夺取的,一个老百姓的志向却不能强迫他改变。"

原文 9·27 子曰:"衣敝缊袍①,与衣狐貉者立,而不耻者,其由也与?'不忮不求,何用不臧②?'"子路终身诵之。子曰:"是道也,何足以臧?"

注释 ① 衣敝缊(yùn)袍:衣,动词,穿。敝,坏。缊,旧丝棉絮。衣敝缊袍,穿着破旧的丝棉袍。

② 不忮(zhì)不求,何用不臧(zāng):语见《诗经·邶

风·雄雉》。忮，嫉妒。求，贪求。臧，善，好。

译文 孔子说："穿着破旧粗糙衣服，和穿着华贵狐貉皮衣的人站在一起，却不感到惭愧的，大概只有仲由一个人吧？正如《诗经》中说：'不嫉妒，不贪求，哪有不好的呢？'"子路听到后，便得意地老是背诵这两句诗。孔子又说："只这样，怎么能算实足的好呢？"

原文 9·28 子曰："岁寒，然后知松柏之后彫也[1]。"

注释 ① 彫：同"凋"，凋落。

译文 孔子说："到了天气寒冷时，才知道松柏树是最后凋落的。"

原文 9·29 子曰："知者不惑，仁者不忧，勇者不惧。"

译文 孔子说："聪明的人没有疑惑，有仁德的人没有忧虑，勇敢的人没有畏惧。"

原文 9·30 子曰："可与共学，未可与适道[1]；可与适道，未可与立②；可与立，未可与权③。”

注释 ① 适道：适，往。适道，达到道。

② 立：志向坚定不变。

③ 权：秤锤。秤锤能够权衡物的轻重，“可与权”，这里是说能够辨别轻重好坏。

译文 孔子说：“可以和他一道学习的人，不一定能够和他一道达到道；可以一道和他达到道的人，不一定能够和他做到坚定不变；可以和他一道做到坚定不变的人，不一定能够和他一道做到通权达变。”

原文 9·31 “唐棣之华①，偏其反而。岂不尔思？室是远而。”子曰：“未之思也，夫何远之有？”

注释 ① 唐棣之华：唐棣，一种树。华，花。

译文 古代有这样几句诗：“唐棣树的花，翩翩地摇摆着，先开后合。难道我不想念你？只因你住得太远了。”孔子说：“他是不肯想念你罢了，如果想念，那还有什么远的呢？”

乡党第十

（凡一章分为二十七节）

原文 10·1 孔子于乡党，恂恂如也，似不能言者。其在宗庙朝廷，便便言，唯谨尔。

译文 孔子在自己家乡显得很恭顺，好像不会说话一样。而在宗庙和朝廷的时候，却把要说的话都明白地说出来，只是比较谨慎罢了。

原文 10·2 朝，与下大夫言，侃侃如也①；与上大夫言，訚訚如也②。君在，踧踖如也③，与与如也④。

注释 ① 侃侃（kǎn）：刚毅正直，这里指说话时理直气壮，从容不迫。

② 訚訚（yín）：和悦的意思。

③ 踧踖（cù jí）：恭敬不安的意思。

④ 与与：行步安舒。

译文 孔子在朝廷上，当君主还没有来时，和同级的官吏说话，刚毅正直的样子；和上大夫说话，委婉和乐的样子。君主来了，恭敬不安的样子，而又威仪适度。

原文 10·3 君召使摈，色勃如也，足躩如也[①]。揖所与立，左右手，衣前后，襜如也[②]。趋进[③]，翼如也[④]。宾退，必复命曰：“宾不顾矣。”

注释 ① 躩（jué）如：足步盘旋的样子。之所以如此，是为了表示对君命的尊重。

② 襜（chān）：摇动而整齐。

③ 趋进：快步前进。这是一种表示敬意的行为。

④ 翼如也：如鸟展翅一样。

译文 鲁君召孔子去接待宾客，他的脸色便马上现出庄重的样子，走起路来，脚步盘旋，现出郑重的样子。向和他站在一起的人作揖，向左拱拱手，向右拱拱手，礼服前后仰俯，不住摇动，却显得很整齐的样子。当快步前进时，姿态犹如鸟儿展翅一样。贵宾辞退后，一定要去回报君主说：“贵宾已经远去不回头了。”

原文 10·4 入公门，鞠躬如也，如不容。立不中门，行不履阈[①]。过位，色勃如也，足躩如也，其言似不足者。摄齐升堂[②]，鞠躬如也，屏气似不息者。出，降一等，逞颜色，怡怡如也。没阶趋[③]，翼如也。复其位，踧踖如也。

注释

① 阈（yù）：门坎。

② 摄齐（shè zī）：摄，抠。齐，衣服的下缝。摄齐，指用手指抠住衣服的下缝往上提，使衣下襟离开地面，以免被绊倒而失礼。

③ 没阶趋：有的本子在“趋”之后有“进”字。断句为“没阶，趋进，翼如也。”

译文

孔子走进朝廷的大门，恭敬地弯着身子，好像无容身之地一样。站立时不敢站在门中间，行走时不敢踩门坎。经过国君的座位时，脸色立即庄重起来，脚步也快了起来，说话时声音低微，好像说不出来一样。两手提起衣襟走上朝堂时，恭敬地弯着腰，憋住气好像停止呼吸一样。出来时，下一级台阶，脸色便放松起来，显出和悦的样子。下完台阶，便快步走，像鸟儿舒展翅膀一样。回到堂下自己的位置上，心里还表现出恭敬不安的样子。

原文 10·5 执圭[①]，鞠躬如也，如不胜[②]。上如揖，下如授。勃如战色，足蹜蹜如有循[③]。享礼[④]，有容色。私觌[⑤]，愉愉如也。

注释 ① 圭（guī）：一种尖头长方形的玉器。大夫受命出使别的诸侯国时拿着圭。

② 胜（shēng）：能够负担。

③ 蹜蹜（sù）：举步小而频促的样子。

④ 享礼：享，献。享礼，指使臣向主人进献礼物的仪式。

⑤ 觌（dí）：相见。

译文 孔子出使别的诸侯国，举行典礼时，拿着圭，恭敬地弯着腰，好像力量不够，举不起来一样。拿高一点好像在作揖，拿低一点好像递给人东西。脸上显出战栗惧怕的颜色，脚步小而频促，好像沿着什么东西走一样。献礼的时候，满脸和悦之色。私下相会时，便显得很轻松愉快的样子。

原文 10·6 君子不以绀緅饰[①]，红紫不以为亵服[②]。当暑，袗絺绤[③]，必表而出之。缁衣[④]，羔裘[⑤]；素衣，麑裘[⑥]；黄衣，狐裘。亵裘长，短右袂[⑦]。必有寝衣，长一身有半。狐貉之厚以居。去丧，无所不佩。非帷裳[8]，必杀之[9]。羔裘玄冠不以吊[10]。吉月[11]，必朝服而朝。

注释

① 绀（gān）緅（zōu）饰：绀，深青中带红的颜色，通常称天青色。緅，黑中带红的颜色，通常称红青色。饰，镶边。

② 亵（xiè）服：平时在家穿的衣服。

③ 袗（zhēn）絺（chī）绤（xì）：袗，单衣。絺，细葛布。绤，粗葛布。

④ 缁（zī）：黑色。

⑤ 羔裘：这里指黑羊羔皮袍。

⑥ 麑（ní）：这里指白色小鹿皮袍。

⑦ 短右袂（mèi）：袂，袖子。右袖短，为了做事时方便。

⑧ 帷裳：上朝和祭祀时穿的礼服，用整幅布做成，不剪裁，多余的布打成褶子。

⑨ 必杀之：一定要裁剪掉多余的布。

⑩ 玄冠：一种黑色礼帽。

⑪ 吉月：每月初一。

译文

君子不用天青色或红青色的布做镶边，不用红色和紫色的布做平常在家里穿的衣服。夏天，穿粗的或细的葛布单衣，但一定要先穿上衬衣，把葛布单衣套在外边。天冷时，穿黑色羊羔皮袍，外加黑色罩衣；穿白色鹿皮袍，外加白色罩衣；穿黄色狐皮袍，外加黄色罩衣。平时在家里穿的皮袍比礼服要做得长一些，右边的袖子要短一些。睡觉一定要有睡衣，睡衣要有一身半长。狐貉的皮毛深而温厚，做平时在家穿的皮袍最合适。服丧期满，脱去丧服后，什么饰物都可佩带。如果不是上朝或祭祀时穿的礼服，一定要裁剪掉多余的部分。不穿黑羊羔皮袍和戴着黑色礼帽去吊丧。每月初一,一定要穿着朝服去朝贺。

原文

10·7 齐①，必有明衣②，布。齐必变食③，居必迁坐④。

注释

① 齐：同“斋”，斋戒。

② 明衣：浴衣。洗完澡后，穿上明衣，明洁其体。

③ 变食：改变平时的饮食。指不饮酒，不茹荤，不吃葱蒜等具有浓厚气味的蔬菜。

④ 迁坐：改换平常的住处。指斋戒时要和妻妾分居另住。

译文 斋戒沐浴时，一定要备有用布做的浴衣。斋戒的时候，一定要改变平日吃的饮食，居住的地方也必须更换〔不能住在平日住的地方〕。

原文 10·8 食不厌精，脍不厌细。食饐而餲[①]，鱼馁而肉败[②]，不食。色恶，不食。臭恶，不食。失饪，不食。不时[③]，不食。割不正[④]，不食。不得其酱不食。肉虽多，不使胜食气[⑤]。唯酒无量，不及乱[⑥]。沽酒市脯不食。不撤姜食，不多食。

注释 ① 饐（yì）而餲（ài）：食物经久而发臭，食物经久而变味。

② 鱼馁（něi）而肉败：鱼腐烂叫“馁”，肉腐烂叫“败”。

③ 不时：指五谷不成，水果未熟。以上这些东西吃了容易伤人，所以说“不食”。

④ 割不正：指肉割得不方正。

⑤ 食气：气同“饩（xì）”，食气，食料。

⑥ 乱：神志昏乱，指酒醉。

译文 粮食不嫌舂得精，肉不嫌切得细。粮食日久变味了，鱼和肉腐烂变质了，都不吃。食物变得颜色难看了，不吃。食物变得气味难闻了，不吃。煮得生熟失度，不吃。不当季的谷物、水果，不吃。不按规定切割的肉，不吃 。烧肉时酱用得不当，不吃。席上的肉虽多，但吃时不能超过所吃饭的数量。酒不限量，但不要喝醉。买来的酒和肉干不吃。每顿饭必吃姜，但也要适可而止。

原文 10 · 9 祭于公，不宿肉[①]。祭肉不出三日[②]。出三日，不食之矣。

注释 ① 不宿肉：不把肉留到第二天。古代大夫或士参加助君祭祀之礼，所分祭肉，带回后，必须立即颁赐，不等经宿，以示不留神惠。

② 祭肉：指家祭时用过的肉。

译文 参加国家祭祀时分到的祭肉，不留到第二天。家祭用过的肉存留的时间不超过三天。超过三天，就不吃它了。

原文 10 · 10 食不语，寝不言。

译文 吃饭的时候不和别人讲话，睡觉的时候自己也不讲话。

原文 10·1 虽疏食菜羹，必祭[①]，必齐如也[②]。

注释 ① 必祭：有的版本作“瓜祭”，疑误。古人吃饭时，将所吃的东西各拿出一点，放于食具之间，以祭最初发明饮食的人，表示不忘本。

② 齐：同“斋”。

译文 虽然吃的粗米饭蔬菜汤，也要各拿出一点来祭一祭，而且一定要像斋戒那样诚心敬意。

原文 10·12 席不正[①]，不坐。

注释 ① 席：席子。古代没有椅凳，都是在地上铺上席子，席地而坐。

译文 席子铺得不正，不坐。

原文 10·13 乡人饮酒，杖者出[①]，斯出矣。

注释 ① 杖者：持拐杖的人，这里指老人。

译文 和本乡的人一起饮酒，饮完酒后，要等老年人出去了，自己才出去。

原文 10·14 乡人傩[①]，朝服而立于阼阶[②]。

注释 ① 傩（nuó）：古时一种迎神驱逐疫鬼的风俗。

② 阼（zuò）阶：东面的台阶，主人站立的地方。

译文 本乡人迎驱神鬼，便穿上朝服立在东面的台阶上。

原文 10·15 问人于他邦，再拜而送之。

译文 托人向在其他国家的朋友问好时，要向受托的人拜两次送别。

原文 10·16 康子馈药[①]，拜而受之。曰："丘未达，不敢尝。"

注释 ① 馈（kuì）：赠送。

译文 季康子赠药给孔子，孔子拜谢后接受了。说："我对这药性不了解，不敢尝。"

原文 10·17 厩焚[1]。子退朝，曰："伤人乎？"不问马。

注释 ① 厩（jiù）：马棚。

译文 马棚失火，孔子从朝廷回来，说："伤人了吗？"没有问到马。

原文 10·18 君赐食，必正席先尝之。君赐腥，必熟而荐之[1]。君赐生，必畜之。侍食于君，君祭，先饭。

注释 ① 荐：上供。

译文 君主赐给熟食，孔子一定铺正了座席先尝一尝。君主赐给生肉，一定煮熟了先给祖宗上供。君主赐给活物，一定养着它。陪君主一道吃饭，在君主举行饭前的祭礼时，抢先替君主尝饭。

原文 10·19 疾，君视之，东首[1]，加朝服[2]，拖绅[3]。

注释 ① 东首：头朝东。

② 加朝服：把上朝时穿的朝服加盖在身上。孔子病卧在床上，君主来看他，他无法起来穿上朝服迎接君立，为了不失礼于君，就把朝服加盖在身上。

③ 拖绅：绅，腰间大带。拖绅，指腰带向下拖着。

译文 孔子病在家里，君主来看视他时，他便头朝东，把朝服盖在身上，拖着大带。

原文 10·20 君命召，不俟驾行矣[①]。

注释 ① 俟（sì）：等待。

译文 君主召见，孔子不等驾好车，便先步行走了。

原文 10·21 入太庙，每事问[①]。

注释 ① 参见前文3·15条注释和译文。

原文 10·22 朋友死，无所归，曰："于我殡。"

译文 朋友死了，没有亲属负责敛埋，孔子说："丧葬的事由我来负责。"

原文 10·23 朋友之馈，虽车马，非祭肉，不拜。

译文 朋友赠送的礼品，虽然是车马这样的重礼，但只要不是祭肉，孔子在接受的时候便不行拜礼。

原文 10·24 寝不尸[①]，居不容[②]。

注释 ① 尸：这里指仰卧着像死尸一样。

② 居不容：居，居家，即在家里的时候。容，容仪。这里指祭祀或接见宾客时那种严肃有礼貌的样子。

译文 孔子睡觉不像死尸一样直挺着，平时在家闲住不讲究那么多礼仪。

原文 10·25 见齐衰者[①]，虽狎[②]，必变。见冕者与瞽者，虽亵[③]，必以貌。凶服者式之[④]。式负版者[⑤]。有盛馔，必变色而作。迅雷风烈必变[⑥]。

注释 ① 齐衰（zī cuī）：丧服名，五服之一。

② 狎（xiá）：亲近，亲热。

③ 亵（xiè）：燕见，平常的会见，这种会见不用君臣之礼。

④ 式：同“轼”，车前横木，供扶手用。这里作动词用。古人在车上表示敬意时就将身子向前俯，用手扶住轼。

⑤ 版：国家图籍。

⑥ 风烈：烈，猛烈。风烈，猛烈的大风。

译文 孔子看见穿齐衰这种丧服的人，虽然是关系亲近的，也一定改变态度。看见戴礼帽的人和盲人，虽然是一般性的见面，也一定礼貌相待。如果坐着车在路上遇到穿丧服的人，就把身子微向前俯，用手扶住车前的横木。遇见背负着国家图籍的人，也是这样。做客时如果有丰盛的饭菜，也一定改变态度，站立起来表示谢意。遇见迅雷和大风，也一定改变态度。

原文 10·26 升车，必正立，执绥[①]。车中，不内顾，不疾言，不亲指。

注释 ① 绥（suí）：车上绳索，上车时用手拉着它。

译文 孔子上车时，一定先端端正正地站好，然后拉着车上的绳索上车。在车上，不回头看，不马上就说话，不亲手指划。

原文 10·27 色斯举矣[①]，翔而后集。曰："山梁雌雉，时哉时哉！"子路共之，三嗅而作。

注释 ① 色斯举矣：色，脸色。举，鸟儿飞起来。这段文字，自古以来很多人都怀疑有错误，我们也有同感，现只能选取前人注释较合理者译出。

译文 〔孔子和子路走在山谷中，看见几只野鸡。〕孔子脸色动了一下，野鸡便飞向天空，盘旋了一阵，便落在一处。孔子说："这些山梁上的母野鸡，得其时呀！得其时呀！"子路向它们拱拱手，〔它们受了惊，〕便叫了几声飞走了。

先进第十一

（凡二十章）

原文 11·1 子曰："先进于礼乐①，野人也②；后进于礼乐③，君子也④。如用之，则吾从先进。"

注释 ① 先进：前辈。

② 野人：郊外之民，即鄙陋的人。

③ 后进：后辈。先进、后进皆指仕进的先后而言。

④ 君子：贤士大夫。

译文 孔子说："前辈仕进的人，对于礼乐文质相配适宜，现在反而讥笑他们是鄙陋的野人；后辈仕进的人，对于礼乐重文轻质，现在反而说他们是君子。如果用起礼乐来，我情愿依从前辈仕进的人。"

原文 11·2 子曰："从我于陈、蔡者①，皆不及门也②。"

注释 ① 从我于陈、蔡者：指孔子在陈、蔡间绝粮时跟随他的那些弟子。

② 不及门：指不在孔子的门下。孔子周游列国返鲁后，原来跟随他在陈、蔡间一块受难的弟子，死的死，做官的做官，回家的回家，都离开了他的门下。

译文 孔子说："跟随我在陈、蔡间受绝粮之苦的那些人，现在都不在我这里了。"

原文 **11·3 德行：颜渊、闵子骞、冉伯牛、仲弓。言语：宰我、子贡。政事：冉有、季路。文学：子游、子夏。**

译文 德行好的：颜渊、闵子骞、冉伯牛、仲弓。会说话的：宰我、子贡。善于办理政事的：冉有、季路。了解古代文献的：子游、子夏。

原文 **11·4 子曰："回也非助我者也，于吾言无所不说。"**

译文 孔子说："颜回不是个能帮助我的人，他对我的话没有一句不喜欢的。"

原文 **11·5 子曰："孝哉闵子骞！人不间于其父母昆弟之言。"**

译文 孔子说："闵子骞真孝顺呀！别人对他的称赞竟然和他父母兄弟对他的称赞没有什么不同。"

原文 11·6 南容三复白圭[①]，孔子以其兄之子妻之。

注释 ① 白圭：一种玉器。这里指《诗经·大雅·抑》篇中关于白圭的四句诗，"白圭之玷，尚可磨也；斯言之玷，不可为也。"大意是说，白圭的污点尚可磨掉，我们言语中的污点便无法去掉。

译文 南容反复诵读关于白圭的几句诗，孔子便把自己的侄女嫁给了他。

原文 11·7 季康子问："弟子孰为好学？"孔子对曰："有颜回者好学，不幸短命死矣，今也则亡。"

译文 季康子问："你的学生中谁是好学的？"孔子回答说："有个叫颜回的好学，不幸短命死了，现在再也没有这样的人了。"

原文 11·8 颜渊死，颜路请子之车以为椁[①]。子曰："才不才，亦各言其子也。鲤也死②，有棺而无椁。吾不徒行以为之椁。以吾从大夫之后③，不可徒行也。”

注释 ① 颜路请子之车以为椁：颜路，名无繇（yóu），字路，颜回的父亲，也是孔子的学生。椁（guǒ），一作“槨”。棺外的套棺。

② 鲤也死：鲤，孔子的儿子，字伯鱼。死时五十岁，当时孔子七十岁。

③ 从大夫之后：这是一种自谦的说法。意思是说，我也曾经是大夫。孔子曾经做过鲁国的司寇，是大夫之位。

译文 颜渊死了，颜路请求孔子卖掉车子替颜渊买个外椁。孔子说：“儿子虽然有有才能与无才能之分，但总都是自己的儿子。鲤死了，也只有棺而没有椁。我不能卖掉车子步行来替他买椁。因为我曾经做过大夫，是不可以步行的。”

原文 11·9 颜渊死。子曰：“噫！天丧予①！天丧予！”

注释 ① 天丧予：颜渊是孔子最得意的学生，孔子把他视为自己学说的继承人，现在他先于自己而死，孔子极为悲痛，故有“天丧予!”之叹。

译文 颜渊死了，孔子说：“哎呀！老天爷要我的命呀！老天爷要我的命呀！”

原文 11·10 颜渊死，子哭之恸[1]。从者曰：“子恸矣!”曰：“有恸乎[2]？非夫人之为恸而谁为[3]?”

注释 ① 恸（tòng）：非常悲哀。

② 有恸乎：孔子由于过分哀伤，已不自知，故问。

③ 夫（fú）人：这个人，指颜渊。

译文 颜渊死了，孔子哭得很悲哀。跟随孔子的人说：“您太悲哀了!”孔子说：“是太悲哀了吗？我不为这个人悲哀，还为谁悲哀呢?”

原文 11·11 颜渊死，门人欲厚葬之。子曰：“不可。”门人厚葬之。子曰：“回也视予犹父也，予不得视犹子也[1]。非我也，夫二三子也。”

注释 ① 予不得视犹子也：孔子在这里是说，不能像安葬自己的儿子那样安葬颜回。

译文 颜渊死了，孔子的学生想要用厚礼安葬他。孔子说："不能这样做。"学生们还是用厚礼安葬了颜渊。孔子说："颜回把我像父亲一样看待，我却不能像对儿子那样看待他。这不是我的过失，是那些学生这样做的呀。"

原文 11·12 季路问事鬼神。子曰："未能事人，焉能事鬼？"曰："敢问死。"曰："未知生，焉知死？"

译文 子路问祭祀鬼神的事。孔子说："不能服事人，怎么能服事鬼？"子路又说："我大胆地问问死的道理。"孔子回答说："不知道生的道理，怎么能够知道死的道理？"

原文 11·13 闵子侍侧，訚訚如也；子路，行行如也①；冉有、子贡，侃侃如也。子乐。"若由也，不得其死然②。"

注释 ① 行行：刚强的样子。

② 然：语气词。

译文 闵子骞侍立在孔子旁边，和颜悦色的样子；子路呢，显得刚强的样子；冉有、子贡呢，有一种理直气壮而又从容不迫的样子。孔子很快乐。随后又说："像子路这样，怕不得好死吧！"

原文 11·14 鲁人为长府[①]。闵子骞曰："仍旧贯[②]，如之何？何必改作？"子曰："夫人不言，言必有中。"

注释 ① 鲁人为长府：鲁人，这里指鲁国执政的人。为，改修。府，藏货财的仓库。长府，鲁国的仓库名。为长府，改修旧有的长府库。

② 仍旧贯：仍，因，照着。贯，事。仍旧贯，依照原有的样子，即不用改修的意思。

译文 鲁国的执政者要改修长府库。闵子骞说："保持原有的样子，怎么样？何必要改修呢？"孔子说："闵子骞这个人不轻易说话，一说话一定言中要害。"

原文 11·15 子曰："由之瑟奚为于丘之门[①]？"门人不敬子

路。子曰："由也升堂矣，未入于室也[②]。"

注释 ① 瑟（sè）：古代一种拨弦的乐器，一般有二十五弦，每弦有一柱。孔子并不是不喜欢子路弹瑟，而是不喜欢子路所弹的曲调，所以说为什么要在我这里弹瑟呢！

② 升堂、入室：堂，正厅。室，内室。入门、升堂、入室，比喻做学问时所达到的几个阶段。

译文 孔子说："仲由弹瑟，为什么要在我这里弹呢！"孔子的学生因此就不敬重子路。孔子说："仲由嘛，学问已经达到了一定的程度，只是还不够高深罢了。"

原文 11·16 子贡问："师与商也孰贤？"子曰："师也过，商也不及。"曰："然则师愈与？"子曰："过犹不及。"

译文 子贡问："子张和子夏谁强一些？"孔子说："子张过分了些，子夏似乎有些赶不上。"子贡说："那么子张强一些吗？"孔子说："过分和赶不上是一样的。"

原文 11·17 季氏富于周公[①]，而求也为之聚敛而附益之[②]。子曰："非吾徒也。小子鸣鼓而攻之，可也。"

注释 ① 周公：指周公旦。

② 聚敛而附益之：冉求为季氏家臣，实行田赋制度，为季氏增加了财富，孔子对此表示反对。敛，赋税。附益，增加。

译文 季氏比周公还富有，冉求却又帮他实行田赋制度，替他增加更多的财富。孔子说："冉求不是我的学生了，你们学生可以公开攻击他。"

原文 11·18 柴也愚[①]，参也鲁，师也辟[②]，由也喭[③]。

注释 ① 柴：高柴，字子羔，孔子的学生，

② 辟：虚浮，偏颇。

③ 喭（yàn）：粗俗。

译文 高柴愚笨，曾参迟钝，颛孙师偏颇，仲由粗俗。

原文 11·19 子曰："回也其庶乎[①]，屡空[②]。赐不受命[③]，而货殖焉，亿则屡中[④]。"

注释 ① 庶：庶几，差不多。

② 空（kòng）：贫穷。

③ 命：天命。

④ 亿则屡中（zhòng）：亿，同“臆”，揣度，猜测。

译文 孔子说：“颜回的道德学问差不多了吧，可是他常常很贫穷。端木赐不安于命，去做买卖，猜测行情，竟常常猜中。”

原文 11·20 子张问善人之道。子曰：“不践迹，亦不入于室。”

译文 子张问怎样才能做善人。孔子说：“善人不踩着别人的足迹走，但他的学问也达不到完善的地步。”

原文 11·21 子曰：“论笃是与[①]，君子者乎？色庄者乎？”

注释 ① 论笃是与：笃，诚恳。与，赞许。

译文 孔子说：“〔我〕称赞言论诚实的人，〔但要考查一下，这种人〕是真正的君子呢，还是伪装庄重的人呢。”

原文 11·22 子路问：“闻斯行诸？”子曰：“有父兄在，如之何其闻斯行之?”冉有问:“闻斯行诸?”子曰:“闻斯行之。”公西华曰:“由也问‘闻斯行诸’,子曰‘有父兄在’;求也问‘闻斯行诸’,子曰‘闻斯行之’。赤也惑,敢问。”子曰:“求也退,故进之;由也兼人[①],故退之。”

注释 ① 兼人:胜人,胜过人,一人抵几个人。

译文 子路问:“听到了就实行起来吗?”孔子说:“有父兄在,怎么能够随便听到了就实行起来?”冉有问:“听到了就实行起来吗?”孔子说:“听到了就实行起来。”公西华说:“仲由问‘听到了就实行起来吗’,您说‘有父兄在’;冉求问‘听到了就实行起来吗’,您说‘听到了就实行起来’。我有些不明白,大胆来问问您。”孔子说:“冉有做事往往畏缩不前,因此我鼓励他;仲由的勇气一人抵几人,敢于作为,所以我让他慎重。”

原文 11·23 子畏于匡,颜渊后。子曰:“吾以女为死矣。”曰:“子在,回何敢死?”

译文 孔子在匡地被人围困，颜渊失落于后，最后才逃出来。孔子说："我以为你死了。"颜渊说："您还活着，我怎么敢先死呢？"

原文 11·24 季子然问[1]："仲由、冉求可谓大臣与？"子曰："吾以子为异之问，曾由与求之问。所谓大臣者，以道事君，不可则止。今由与求也，可谓具臣矣。"曰："然则从之者与？"子曰："弑父与君，亦不从也。"

注释 ① 季子然：季氏的同族人。

译文 季子然问："仲由和冉求可以说是大臣吗？"孔子说："我以为你问的是别人，原来问的是由和求呀。称作大臣的人，能够用先王之道来侍奉君主，如果不能这样做，宁可辞职不做官。现在由和求两个人，可以算是个一般的大臣罢了。"季子然又说："那么，他们一切都会顺从季氏吗？"孔子说："杀父亲和杀君主的事，他们也不肯顺从的。"

原文 11·25 子路使子羔为费宰。子曰："贼夫人之子[1]。"子路曰："有民人焉，有社稷焉，何必读书，然后为学[2]?”子曰:“是故恶夫佞者。”

注释 ① 贼夫人之子:子路为季氏家臣,任命子羔做费县的县宰,孔子认为子羔虽然本质很好,但未曾学习就让他做官治民,这是害了他。

②“有民人焉”四句:这是说治民事神也是学习。这句话不是子路的本意,但他被孔子问得理屈词穷,故意用此话辩解,所以孔子才说“是故恶夫佞者”。

译文 子路让子羔去做费县的县长。孔子说:“你这是害人子弟。”子路说:“费县有老百姓,有祭土地神的社,有祭五谷神的稷,为什么一定要读书才算是学问呢?”孔子说:“所以我讨厌那种花言巧语的人。”

原文 11·26 子路、曾皙[1]、冉有、公西华侍坐。子曰:“以吾一日长乎尔,毋吾以也[2]。居则曰[3]:‘不吾知也!’如或知尔,则何以哉?”子路率尔而对曰:“千乘之国,摄乎大国之间,加之以师旅,因之以饥馑;由也为之,比及三年[4],可使有勇,且知方也[5]。”夫子哂之。“求!尔何如?”对曰:“方六七十[6],如五六十[7]。求也为之,比及三年,可使足民。如其礼乐，以俟君子。”“赤！尔何如？”对曰：“非曰能之，愿学焉。宗庙之事，如会同，端章甫⑧，愿为小相焉⑨。”“点！尔何如？”鼓瑟希⑩，铿尔⑪，舍瑟而作⑫，对曰：“异乎三子者之撰⑬。”子曰：“何伤乎？亦各言其志也。”曰：“莫春者⑭，春服既成⑮，冠者五六人⑯，童子六七人，浴乎沂⑰，风乎舞雩⑱，咏而归。”夫子喟然叹曰：吾与点也⑲！”三子者出，曾皙后。曾皙曰：“夫三子者之言何如？”子曰：“亦各言其志也已矣。”曰：“夫子何哂由也？”曰：“为国以礼，其言不让，是故哂之。”“唯求则非邦也与？”“安见方六七十如五六十而非邦也者？”“唯赤则非邦也与⑳？”“宗庙会同，非诸侯而何？赤也为之小，孰能为之大？”

注释

① 曾皙：名点，曾参的父亲，也是孔子的学生。

② 毋吾以也：毋，不要。以，同“已”，止。这句话是说，不要因为我年长而不敢发言。

③ 居：闲居，在家。

④ 比（bì）及：等到。

⑤ 方：方向。知方，明白道理。

⑥ 方六七十：每边长六七十里的地方。

⑦ 如：或者。

⑧ 端章甫：端，古代礼服的名称；章甫，古代礼帽的名称。

⑨ 相（xiàng）：赞礼人，即祭祀、会盟时当司仪的人。小相，这里是自谦的意思。

⑩ 鼓瑟希：鼓，弹；希，同“稀”，指弹瑟的节奏逐渐稀疏。

⑪ 铿（kēng）尔：象声词，指弹瑟结束时最后的声音。

⑫ 舍瑟而作：舍，放下。作，站起来。

⑬ 撰：具有，指所具有的本领。

⑭ 莫：同“暮”。

⑮ 春服既成：春天的服装已经穿定了。

⑯ 冠者：成年人。古代男子二十岁行冠礼，表示已经成人。

⑰ 沂（yí）：水名。在今山东曲阜县南。此水有温泉流入，所以暮春即可沐浴。

⑱ 舞雩（yú）：地名。在今山东曲阜县南，原是鲁国祭天求雨的地方，那里有祭坛和树木，凉快宜人。

⑲ 与：赞许，同意。

⑳ 唯：语首词，没有意义。

译文

子路、曾皙、冉有、公西华陪孔子坐着。孔子说：“我比你们年纪大几岁，不要〔因为我比你们年长，〕就不敢发表意见。平日你们闲居时老说：‘没有人知道我呀！’假若有人知道你们，〔要任用你们，〕那你们要怎么样呢?”子路急忙答道:“具有一千辆兵车的国家,夹在大国的中间,外有别国军队侵犯,国内又有灾荒,这样的国家让我去治理,只要三年,就可以使人民勇敢,而且明白一些道理。”孔子听了,微微地一笑。〔孔子又问:〕“冉求!你怎么样?”冉求回答说:“一个六七十里见方,或者五六十里见方的国家,让我去治理,只要三年,可以使人民吃饱穿暖,至于礼乐教化的事情,那只有等贤人君子了。”〔孔子又问:〕“公西华!你怎么样?”公西华回答说:“不敢说我能胜任,只是说我愿意学习学习。宗庙祭祀的事,或者与别国会盟的事,我愿穿上礼服,戴上礼帽,担任一个小小的司仪。”〔孔子又问:〕“曾点!你怎么样?”正在弹瑟的曾点弹瑟渐近尾声,铿的一声,放下瑟,站起来回答说:“我的想法和他们三位有些不同。”孔子说:“那有什么妨碍呢?不过各自谈谈自己的志向罢了!”曾点说:“暮春三月,春天的服装已经穿定了,相约上五六个成年人,六七个小孩,在沂水里洗洗澡,在舞雩台上吹吹风,一路唱着歌走回来。”孔子长叹一声说:“我赞同曾点的想法呀!”子路、冉有、公西华三人退了出来,曾皙后走。曾皙问道:“他们三人的话怎么样?”孔子说:“也不过各自谈谈自己的志向罢了。”曾皙又说：“您为什么要笑仲由呢？”孔子说：“治理国家要讲求礼让，可是他的话一点也不谦虚，所以我笑他。”〔曾皙又问：〕“难道冉求所讲的不是国家吗？”〔孔子说：〕“哪里见得六七十里见方或者五六十里见方的地方就不是国家呢？”〔曾皙又问：〕“公西赤所讲的不是国家吗？”〔孔子说：〕“有宗庙和同别国的会盟，不是国家是什么？如果公西赤只能做个司仪那样的小相，那谁还能做大事呢？”

颜渊第十二

（凡二十四章）

原文 12·1 颜渊问仁。子曰："克己复礼为仁。一日克己复礼，天下归仁焉[1]。为仁由己，而由人乎哉?"颜渊曰："请问其目[2]。"子曰："非礼勿视，非礼勿听，非礼勿言，非礼勿动。"颜渊曰："回虽不敏，请事斯语矣。"

注释 ① 归仁：归，与，称赞。仁，仁人。

② 目：条目，纲目。

译文 颜渊问怎样实践仁德。孔子说："克制自己的私欲，使言行合于礼，这就是仁，一旦这样做了，天下的人就会称赞你是个仁人。实践仁德完全在自己，难道还靠别人吗?"颜渊说："请问实践仁德的要领。"孔子说："不合于礼的事不看，不合于礼的事不听，不合于礼的事不说，不合于礼的事不做。"颜渊说："我虽然愚笨，但也一定要按照你的话去做。"

原文 12·2 仲弓问仁。子曰："出门如见大宾，使民如承大祭。己所不欲，勿施于人。在邦无怨[①]，在家无怨。"仲弓曰："雍虽不敏，请事斯语矣。"

注释 ① 在邦：在诸侯之邦做官。下文"在家"，指在卿大夫之家做官。

译文 仲弓问怎样实践仁德。孔子说："出门做事如同接待贵宾一样，使唤老百姓就如同承奉重大祭祀一样。自己不喜欢的事，不要强加在别人身上，在邦、家做事，都要让人家没有怨恨。"仲弓说："我虽然愚笨，但也一定要按您的话去做。"

原文 12·3 司马牛问仁[①]。子曰："仁者，其言也讱[②]。"曰："其言也讱，斯谓之仁已乎？"子曰："为之难，言之得无讱乎？"

注释 ① 司马牛：孔子学生，姓司马，名耕，字子牛。司马牛多言而躁，孔子针对他这一缺点说了下面的话。

② 讱（rèn）：难的意思，说话不流畅。这里是说不要轻易说话。

译文 司马牛问怎样实践仁德。孔子说："仁人，不轻易说话。"司马牛说："不轻易说话，这就叫作仁了吗？"孔子说："做起来很困难，话能够轻易说吗？"

原文 12·4 司马牛问君子。子曰："君子不忧不惧。"曰："不忧不惧，斯谓之君子已乎？"子曰："内省不疚，夫何忧何惧？"

译文 司马牛问怎样做才算君子。孔子说："君子不忧愁，不恐惧。"司马牛说："不忧愁，不恐惧，这样就算君子了吗？"孔子说："自我反省，内心无愧，那还有什么可忧愁和恐惧的呢？"

原文 12·5 司马牛忧曰："人皆有兄弟，我独亡①。"子夏曰："商闻之矣：死生有命，富贵在天。君子敬而无失，与人恭而有礼，四海之内，皆兄弟也。君子何患乎无兄弟也？"

注释 ① 人皆有兄弟，我独亡：司马牛的兄长就是宋国的桓魋。桓魋谋反，司马牛很不赞同，屡次苦劝，不听，心里料到他不久就会死去，故忧愁地说了这句话。亡，无。

译文 司马牛忧愁地说："别人都有兄弟，唯独我没有。"子夏说："我听说过：死生听凭命运，富贵由上天决定。君子只要做事严肃认真，待人谦恭有礼，那么，四海之内的人都是兄弟了。君子又何愁没有兄弟呢？"

原文 12·6 子张问明。子曰："浸润之谮[①]，肤受之愬[②]，不行焉，可谓明也已矣。浸润之谮，肤受之愬，不行焉，可谓远也已矣。"

注释 ① 浸润之谮（zèn）：谮，诬诌，毁谤。浸润之谮，像水浸灌滋润慢慢渗透进来的毁谤。意思是说这种毁谤不是骤然直接说出，而是慢慢地日积月累说出，使人不知不觉地接受。

② 肤受之愬（sù）：愬，诬告。肤受之愬，肌肤能够感觉到疼痛那样的诬告。意思是说这种诬告急迫而来，有切肤之感，使人骤不急防，不知所措。

译文 子张问怎样才算遇事明白。孔子说："日积月累、像水那样慢慢渗透进来的毁谤和急迫而来、有切肤之痛那样的诬告在你那里都行不通，那你可算是遇事明白的了。日积月累，像水那样慢慢渗透进来的毁谤，和急迫而来，有切肤之痛那样的诬告在你那里都行不通，那你可算看得远的了。”

原文 12·7 子贡问政。子曰：“足食，足兵[①]，民信之矣。”子贡曰：“必不得已而去，于斯三者何先？”曰：“去兵。”子贡曰：“必不得已而去，于斯二者何先？”曰：“去食。自古皆有死，民无信不立。”

注释 ① 兵：这里指武器。

译文 子贡问怎样治理国家的政事。孔子说：“粮食充足，武备修整，老百姓对国家信任。”子贡说：“如果迫不得已要去掉一项，那么在这三项中先去掉哪一项呢？”孔子说：“去掉武备。”子贡说：“如果迫不得已要再去掉一项，那么在其余的两项中先去掉哪一项呢？”孔子说：“去掉粮食。自古以来人都免不了要死，如果老百姓不信任国家，国家就站不起来。”

原文 12·8 棘子成曰[①]：“君子质而已矣，何以文为？”子贡曰：“惜乎，夫子之说君子也[②]，驷不及舌[③]。文犹质也，质犹文也。虎豹之鞟犹犬羊之鞟[④]。”

注释 ① 棘（jí）子成：卫国大夫。

② 夫子：古代对大夫的一种尊称。这里指棘子成。

③ 驷（sì）不及舌：驷，驾四匹马的车。这句是说，话一说出就难以追回。

④ 鞟（kuò）：去毛的兽皮。

译文 棘子成说："君子只要有好的本质就可以了，何必要那些文采呢？"子贡说："先生这样谈论君子，可惜说得不对，一言既出，驷马难追。文采像本质一样重要，本质也像文采一样重要。如果去掉了有文采的毛，虎豹的皮和犬羊的皮便难以区别了。"

原文 12·9 哀公问于有若曰："年饥，用不足，如之何？"有若对曰："盍彻乎①？"曰："二②，吾犹不足，如之何其彻也？"对曰："百姓足，君孰与不足？百姓不足，君孰与足？"

注释 ① 彻：相传为周代一种税赋制度。《孟子·滕文公上》"周人百亩而彻。"这种彻法实行十分抽一的税率。

② 二：抽取十分之二的税。

译文 鲁哀公问有若说："年成不好，国家用度不够，怎么办？"有若回答说："为什么不实行原来的十分抽一的彻法呢？"鲁哀公说："十分抽二，我仍然用度不够，怎么能实行彻法呢？"有若说："如果百姓的用度够，您怎么会不够？如果百姓的用度不够，您又怎么会够？"

原文 12·10 子张问崇德、辨惑。子曰："主忠信，徙义①，崇德也。爱之欲其生，恶之欲其死，既欲其生，又欲其死，是惑也。'诚不以富，亦祇以异'②。"

注释 ① 徙（xǐ）义：徙，迁移。徙义，向义迁移，即按照义去做。

② 诚不以富，亦祇（qí）以异：这是《诗经·小雅·我行其野》篇的最末两句。这首诗是写一个远嫁而被遗弃的女子对她丈夫喜新厌旧的愤怒。这两句诗的意思是说，诚不因为她富足，因你厌旧变了心。孔子引用这两句诗要说明什么，不好理解。也有人认为是别章的文句，误置于此。

译文 子张问如何提高品德，辨别迷惑。孔子说："以忠诚信实为主，尽力做到义，这样就能提高品德。爱这个人，就希望他活，厌恶这个人，就希望他死，既希望他活，又希望他死，这便是迷惑。《诗经》上说：‘诚不以富，亦祇以异’。”

原文 12·11 齐景公问政于孔子[①]。孔子对曰：“君君，臣臣，父父，子子。”公曰：“善哉！信如君不君，臣不臣，父不父，子不子，虽有粟[②]，吾得而食诸？”

注释 ① 齐景公：名杵臼（chǔ jiù）。鲁昭公末年，孔子适齐，针对齐国当时政治上的混乱情况，说了这段话。

② 粟：这里指官禄。

译文 齐景公问如何处理国家政事。孔子答道：“做君的要像个君，做臣的要像个臣，做父亲的要像个父亲，做儿子的要像个儿子。”齐景公说：“这话讲得好啊！如果君不像君，臣不像臣，父亲不像父亲，儿子不像儿子，虽然有米谷，我能吃得着吗？”

原文 12·12 子曰：“片言可以折狱者[①]，其由也与？”子路无宿诺[②]。

注释 ① 片言可以折狱：片，只。片言，简单几句话。折狱，断案。

这里是说子路忠信明决，能够得到别人的信任，所以不待诉讼双方把话说完，就能用简单几句话断案。

② 宿诺：宿，留。诺，诺言。宿诺，是说子路急于践言，不拖延。

译文 孔子说：“可以用简单几句话判断案件的，大概只有仲由吧！”子路许下诺言，一定如期履行。

原文 12·13 子曰：“听讼，吾犹人也。必也使无讼乎[①]！”

注释 ① 必也使无讼：孔子这句话的意思是说，只能审理案件是不够的，必须使百姓有德知礼，消除诉讼发生的根源。

译文 孔子说：“审理案件，我同别人一样。重要的是一定要使诉讼事件根本不会发生。”

原文 12·14 子张问政。子曰：“居之无倦，行之以忠。”

译文 子张问如何治理政事。孔子说：“做官要始终如一，不肯怠慢，执行政令要表里如一，忠心不二。”

原文 12·15 子曰:“博学于文,约之以礼,亦可以弗畔矣夫[①]!”

注释 ① 参见前文6·27章注释和译文。

原文 12·16 子曰:“君子成人之美,不成人之恶。小人反是。”

译文 孔子说:“君子成全别人的好事,而不助长别人做坏事。小人则和这相反。”

原文 12·17 季康子问政于孔子。孔子对曰:“政者,正也。子帅以正,孰敢不正?”

译文 季康子问孔子如何治理政事。孔子回答说:“政就是端正的意思。您带头使自己端正起来,那谁还敢不端正呢?”

原文 12·18 季康子患盗,问于孔子。孔子对曰:“苟子之不欲,虽赏之不窃。”

译文 鲁国多盗贼，季康子为此而忧虑，问孔子有什么办法。孔子回答说："假使您不贪，就是奖赏偷盗，他们也不会去偷窃。"

原文 12·19 季康子问政于孔子曰："如杀无道，以就有道，何如？"孔子对曰："子为政，焉用杀？子欲善，而民善矣。君子之德风，小人之德草，草上之风，必偃[①]。"

注释 ① 偃（yǎn）：仆倒。

译文 季康子问孔子如何治理政事，说："如果杀掉无道的人，接近有道的人，怎么样？"孔子回答说："您治理政事，哪里用得着杀人？您想要把国家治理好，老百姓自然就会好起来。君子的德行好比风，小人的德行好比草，草上风吹，草定会随风而倒。"

原文 12·20 子张问："士何如斯可谓之达矣？"子曰："何哉，尔所谓达者？"子张对曰："在邦必闻，在家必闻。"子曰："是闻也，非达也。夫达也者，质直而好义，察言而观色，虑以下人。在邦必达，在家必达。夫闻也者，色取仁而行违，居之不疑。在邦必闻，在家必闻。"

译文 子张问："读书人怎样才可以叫作达？"孔子说："你所说的达是什么意思？"子张回答说："在朝廷做官时一定有名声，居家时也一定有名声。"孔子说："这叫作闻，不是达。所谓达，就是品质正直，按义办事，善于分析别人的话，观察别人的脸色，待人谦虚退让，这种人在朝廷做官时一定通达，居家时也一定通达。所谓闻，表面上好像爱好仁德，行动上却是另一回事，而自己却以仁人自居，深信不疑。这种人，在朝廷做官时一定会有名声，居家时也一定会有名声。〔但这都是骗取来的假名声。〕"

原文 12・21 樊迟从游于舞雩之下，曰："敢问崇德，修慝[①]，辨惑。"子曰："善哉问！先事后得，非崇德与？攻其恶，无攻人之恶，非修慝与？一朝之忿，忘其身，以及其亲[②]，非惑与？"

注释 ① 修慝（tè）：修，治好。慝，隐藏在心里的邪念。

② 亲：父母。

译文 樊迟陪着孔子在舞雩台下闲游，说："请问怎样提高品德，怎样消除心中的邪念，怎样辨别迷惑。"孔子说："问得好！先做事，后讲收获，这不就是提高品德的方法吗？批判自己的坏处，不去指责别人的坏处，这不就是消除自己邪念的方法吗？因为一时的忿怒，忘记自己，甚至忘记父母，这不是迷惑吗？"

原文 12·22 樊迟问仁。子曰："爱人。"问知。子曰："知人。"樊迟未达。子曰："举直错诸枉，能使枉者直。"樊迟退，见子夏曰："乡也吾见于夫子而问知①，子曰'举直错诸枉，能使枉者直'，何谓也？"子夏曰："富哉言乎！舜有天下，选于众，举皋陶②，不仁者远矣③。汤有天下④，选于众，举伊尹⑤，不仁者远矣。"

注释

① 乡（xiàng）：同"向"，过去，方才。

② 皋陶（gāo yáo）：舜的大臣。

③ 远：离开。

④ 汤：商代开国的君主。

⑤ 伊尹：汤的宰相。

译文 樊迟问怎样叫仁。孔子说："爱人。"又问什么叫智。孔子说："善于识别人。"樊迟还不怎么明白。孔子说："把正直的人提拔到邪恶的人的上面，就能使邪恶的人变正直。”樊迟从孔子那里退了出来，见着子夏，说：“方才，我见到老师，问什么叫智，他说‘把正直的人提拔到邪恶的人的上面，就能使邪恶的人变正直’，这是什么意思？”子夏说：“这话的内容多么丰富啊！舜得了天下，在众人中选拔人才，选拔出皋陶来，不仁的人就慢慢没有了。汤得了天下，在众人中选拔人才，选拔出伊尹来，不仁的人就慢慢没有了。”

原文 12·23 子贡问友。子曰：“忠告而善道之[1]，不可则止，毋自辱焉。”

注释 ① 道：同“导”，开导。

译文 子贡问怎样对待朋友。孔子说：“诚心诚意地劝告他，耐心地开导他，他不听也就算了，不要自讨侮辱。”

原文 12·24 曾子曰：“君子以文会友，以友辅仁。”

译文 曾子说：“君子用文章学问来聚会朋友，用朋友的帮助来培养仁德。”

子路第十三

（凡三十章）

原文 13·1 子路问政。子曰：“先之劳之[①]。”请益。曰：“无倦。”

注释 ① 先之：以身作则给老百姓带头。

译文 子路问怎样治理政事。孔子说：“自己给百姓带头，然后让他们勤劳地干活。”子路请孔子再多讲些。孔子说：“不要懒惰。”

原文 13·2 仲弓为季氏宰，问政。子曰：“先有司，赦小过，举贤才。”曰：“焉知贤才而举之？”曰：“举尔所知，尔所不知，人其舍诸？”

译文 仲弓做季氏的总管，问怎样治理政事。孔子说：“给手下各部门管事的人带头，对他们的小过错不加追究，选拔有德的人才。”仲弓说：“怎么识别有德的人才而把他们选拔出来呢？”孔子说：“选拔你所知道的，那些你所不知道的，别人难道会把他们埋没吗？”

原文 13·3 子路曰：“卫君待子而为政[①]，子将奚先？”子曰：“必也正名乎[②]！”子路曰：“有是哉，子之迂也！奚其正？”子曰：“野哉由也！君子于其所不知，盖阙如也[③]。名不正，则言不顺；言不顺，则事不成；事不成，则礼乐不兴，礼乐不兴，则刑罚不中；刑罚不中，则民无所措手足。故君子名之必可言也，言之必可行也。君子于其言，无所苟而已矣[④]。”

注释 ① 卫君：卫出公。

② 正名：即正名分，纠正有关古代礼制名分上的用词不当。

③ 阙：空着。

④ 苟：苟且，随便。

译文 子路说：“如果卫国的君主等待您去治理国家，您准备先从什么事情做起？”孔子说：“那一定是正名分吧！”子路说：“您的迂阔竟达到这样的地步，这有什么可正的呢？”孔子说：“仲由，你怎么这样粗野啊！君子对于自己所不懂的事，大概不随便发表意见。名分不正，说出话来就不顺；话不顺，事情就办不成；

事情办不成，礼乐就失去了秩序；礼乐失去了秩序，刑罚就不会得当；刑罚不得当，就会使老百姓无所适从。所以君子有了名分，就会名实相符，可以说话算话，说出来的话也一定行得通。君子对于自己说的话，是从不马虎的。”

原文 13·4 樊迟请学稼[①]。子曰：“吾不如老农。”请学为圃[②]。曰：“吾不如老圃。”樊迟出。子曰：“小人哉，樊须也！上好礼，则民莫敢不敬；上好义，则民莫敢不服；上好信，则民莫敢不用情。夫如是，则四方之民襁负其子而至矣[③]，焉用稼？”

注释 ① 稼：种五谷叫稼。

② 圃：种菜蔬叫圃。

③ 襁（qiǎng）：背小孩的带子。

译文 樊迟请教学种庄稼。孔子说：“我不如农民。”又请教学种菜。孔子说：“我不如种菜的。”樊迟从孔子那里退了出来。孔子说：“樊迟真是个小人啊！在上位的人重视礼节，老百姓就没有人敢怠慢；在上位的人做事以义为重，老百姓就没有人敢不服从；在上位的人讲求信实，老百姓就没有人敢说假话。要是这样，四方的老百姓就会背负着小孩来投奔，哪里用得着自己去种庄稼呢？”

原文 13·5 子曰：“诵《诗》三百，授之以政①，不达；使于四方②，不能专对③；虽多，亦奚以为④？”

注释 ① 授：交付，交给。

② 使：出使。

③ 专对：专，独。对，对答。专对，指在外交场合能够根据具体情况独立对答。

④ 以：用。

译文 孔子说：“熟读《诗经》三百篇，把处理政事的任务交给他，却干不了；派他出使外国，却不能独立地应对；读得虽多，有什么用呢？”

原文 13·6 子曰：“其身正，不令而行；其身不正，虽令不从。”

译文 孔子说：“在上位的人自己行为正当，就是不下命令，下面的人也会各自履行其事；自己行为不正当，虽有严令，但下面的人也不会服从的。”

原文 13·7 子曰：“鲁、卫之政，兄弟也。”

译文 孔子说：“鲁、卫两国的政令法度差不多，像兄弟一样。”

原文 13·8 子谓卫公子荆[1]：“善居室。始有，曰：‘苟合矣[2]。’少有，曰：‘苟完矣。’富有，曰：‘苟美矣。’”

注释 ① 公子荆：卫国大夫。

② 合：足。

译文 孔子谈论到卫公子荆，说：“他善于料理居家的事。刚略有一些，就说：‘将就够了。’再增加一些，又说：‘差不多完备了。’当富足一些时，又说：‘几乎美好无缺了。’”

原文 13·9 子适卫，冉有仆。子曰：“庶矣哉！”冉有曰：“既庶矣，又何加焉？”曰：“富之。”曰：“既富矣，又何加焉？”曰：“教之。”

译文 孔子到卫国去，冉有给他驾车。孔子说：“人口真多呀！”冉有说：“人多了，又该怎么办呢？”孔子说：“让他们富裕起来。”冉有又问：“如果富裕起来，又该怎么办呢？”孔子说：“教育他们。”

原文 13·10 子曰：“苟有用我者，期月而已可也①，三年有成。”

注释 ① 期（jī）月：整年。

译文 孔子说：“如果有人任用我管理国家，一年就差不多了，三年就会很有成就。”

原文 13·11 子曰：“善人为邦百年，亦可以胜残去杀矣①。诚哉是言也！”

注释 ① 胜残去（qǔ）杀：胜残，教化残暴的人，使其不再作恶。去杀，化民于善，可以不再用刑杀。

译文 孔子说："善人治理国家，百年之后，就可以免除残暴，不必用刑杀了。这句话讲得真不错啊！"

原文 13·12 子曰："如有王者，必世①而后仁。"

注释 ① 世：一世是三十年。

译文 孔子说："如果有圣人受命兴起为王，也必须经过三十年才能实现仁政。"

原文 13·13 子曰："苟正其身矣，于从政乎何有？不能正其身，如正人何？"

译文 孔子说："假如能够端正自身的行为，那么治理国家还有什么困难呢？不能端正自身的行为，如何端正别人呢？"

原文 13·14 冉子退朝。子曰："何晏也①？"对曰："有政。"子曰："其事也。如有政，虽不吾以②，吾其与闻之③。"

注释 ① 晏：晚。

② 以：用。

③ 与：参与。

译文 冉有退朝回来。孔子说："今天为什么回来得这么晚呢？"冉有回答说："有政事。"孔子说："是季氏家一般的事务罢了。如果是政务，虽然现在我不做大夫了，我也会知道的。"

原文 13·15 定公问："一言而可以兴邦，有诸？"孔子对曰："言不可以若是其几也[①]，人之言曰：'为君难，为臣不易。'如知为君之难也，不几乎一言而兴邦乎？"曰："一言而丧邦，有诸？"孔子对曰："言不可以若是其几也，人之言曰：'予无乐乎为君，唯其言而莫予违也。'如其善而莫之违也，不亦善乎？如不善而莫之违也，不几乎一言而丧邦乎？"

注释 ① 几（jī）：期，期望。

译文 鲁定公问："一句话就可以使国家兴盛，有这样的话吗？"孔子回答说："话不能这样讲，不可期望一句话有这样大的效果。不过有人说过,'做君主很难,做臣子也不容易。'如果知道做君主很难,这不也近于一句话可以使国家兴盛吗?"鲁定公又说:"一句话就可以使国家衰亡,有这样的话吗?"孔子回答说:"话不能这样讲,不可期望一句话有这样大的效果。不过有人说过:'我做君主没有别的快乐,所快乐的只是我说的话没有人敢违抗。'如果说的话正确而没有人违抗,不也是很好的吗?如果说的话不正确而又没有人敢违抗,不也接近于一句话就可以使国家衰亡吗?"

原文 13·16 叶公问政。子曰:"近者说,远者来。"

译文 叶公问怎样治理政事。孔子说:"使国内的百姓高兴,使国外的百姓前来归附。"

原文 13·17 子夏为莒父宰[①],问政。子曰:"毋欲速,毋见小利。欲速,则不达;见小利,则大事不成。"

注释 ① 莒(jǔ)父:鲁国地名,在今山东省。

译文 子夏做了莒父的县长,问怎样治理政事。孔子说:

"不要图快，不要贪求小利。图快反而达不到目的；贪小利，就办不成大事。"

原文 13·18 叶公语孔子曰："吾党有直躬者①，其父攘羊，而子证之②。"孔子曰："吾党之直者异于是，父为子隐，子为父隐，直在其中矣。"

注释 ① 直躬者：直率行事的人。

② 攘（rǎng）羊，而子证之：攘，偷。证，告发。

译文 叶公对孔子说："我的家乡有个直爽的人，他的父亲偷了羊，他便前去告发。"孔子说："我们家乡直爽的人和你说的是不一样的，父亲替儿子隐瞒，儿子替父亲隐瞒，这样做，直爽就在里边了。"

原文 13·19 樊迟问仁。子曰："居处恭，执事敬，与人忠。虽之夷狄，不可弃也。"

译文 樊迟问怎样做才是仁。孔子说："平常在家时容貌态度端庄，办事严肃认真，替人做事要有忠心。就是到了夷狄那里，这些品德也是不可丢弃的。"

原文 13·20 子贡问曰："何如斯可谓之士矣？"子曰："行己有耻，使于四方，不辱君命，可谓士矣。"曰："敢问其次。"曰："宗族称孝焉，乡党称弟焉。"曰："敢问其次。"曰："言必信，行必果，硁硁然小人哉[①]！抑亦可以为次矣。"曰："今之从政者何如？"子曰："噫！斗筲之人[②]，何足算也。"

注释 ① 硁硁（kēng）：气量狭小而固执的样子。

② 斗筲（shāo）之人：斗，量名。筲，竹器。斗、筲都是容量小的器具。斗筲之人，指气量和见识都小的人。

译文 子贡问道："怎样才可以称为士？"孔子说："以自己的行为不端正为耻辱，出使其他国家，不辜负君主的重托，这样的人便可以称为士了。"子贡说："请问差一等的。"孔子说："宗族中的人称赞他有孝行，同乡的人称赞他有悌德。"子贡又说："请问再差一等的。"孔子说："说话一定信实，行为一定果断坚决，这是不问是非曲直只管固执己见的小人呀！不过也可以算是再差一等的士了。"子贡又说："现在在位执政的人怎么样？"孔子说："哎！这些气量狭小的人算得了什么！"

原文 13·21 子曰："不得中行而与之①，必也狂狷乎②！狂者进取，狷者有所不为也。"

注释 ① 中行：中道，指言行合乎中庸，不过激，也不保守。

② 狂狷（juān）：志向高而不一定能实践。狷，洁身自好，安分守己，不敢作为。

译文 孔子说："得不到奉行中庸的人和他相交，只好和狂者、狷者相交了！狂者有进取精神，狷者洁身自好，不肯做不义的事。"

原文 13·22 子曰："南人有言曰：'人而无恒，不可以作巫医①。'善夫！'不恒其德，或承之羞。'②"子曰："不占而已矣。"

注释 ① 巫医：古代以占卜方法为人治病的人。

② 不恒其德，或承之羞：引自《易经·恒卦·爻辞》。

译文 孔子说："南方人有句话说：'人要是没有恒心，连巫医也不能做。'这句话讲得好呀！'人要是不能持久地保持德行，就会招来耻辱。'"孔子又说："这句话的意思是说，没有恒心的人就用不着去占卜了。”

原文 13·23 子曰：“君子和而不同，小人同而不和。”

译文 孔子说：“君子讲调和而不盲从附和，小人盲从附和而不讲调和。”

原文 13·24 子贡问曰：“乡人皆好之，何如？”子曰：“未可也。”“乡人皆恶之，何如？”子曰：“未可也。不如乡人之善者好之，其不善者恶之。”

译文 子贡问道：“一乡的人都称赞他，这个人怎么样？”孔子说：“还不行。”子贡又说：“一乡的人都讨厌他，这个人怎么样？”孔子说：“也还不行。最好是一乡的好人称赞他，一乡的坏人都讨厌他。”

原文 13·25 子曰：“君子易事而难说也[①]。说之不以道，不说也；及其使人也，器之[②]。小人难事而易说也。说之虽不以道，说也；及其使人也，求备焉。”

注释 ① 易事：容易事奉。

② 器之：量才而用。

译文 孔子说："在君子手下做事容易，要想博得他喜欢却不容易。不用正当的方法去博取他喜欢，他是不会喜欢的；待到他使用人的时候，却能量才录用。在小人手下做事是很困难的，博得他喜欢却是很容易的。博取他喜欢，虽然用的不是正当的方法，但他还是喜欢的；待到他使用人时，不是量才录用，而是求全责备。"

原文 13·26 子曰："君子泰而不骄，小人骄而不泰。"

译文 孔子说："君子安详舒泰，却不傲慢放肆，小人傲慢放肆，却不安详舒泰。"

原文 13·27 子曰："刚、毅、木、讷，近仁。"

译文 孔子说："刚强、果断、朴实、言语谨慎，具有这四种品德的人离仁不远了。"

原文 13·28 子路问曰："何如斯可谓之士矣？"子曰："切

切偲偲[①]，怡怡如也，可谓士矣。朋友切切偲偲，兄弟怡怡[②]。”

注释 ① 切切偲偲（sī）：形容相互督促、勉励，情意恳挚。

② 怡怡：和悦的样子。

译文 子路问道：“怎样才可以叫作士呢？”孔子说：“相互督促，和颜悦色，可以叫作了。朋友之间，相互督促，兄弟之间，和颜悦色。”

原文 13·29 子曰：“善人教民七年，亦可以即戎矣[①]。”

注释 ① 即戎（róng）：当兵。即，就。戎，兵。

译文 孔子说：“善人教养人民七年，就可以叫他们去入伍当兵。”

原文 13·30 子曰：“以不教民战，是谓弃之。”

译文 孔子说：“用没有受过军事训练的人民去作战，这就等于让他们白白去送死。”

宪问第十四

（凡四十四章）

原文 14·1 宪问耻。子曰："邦有道，谷；邦无道，谷，耻也。""克、伐、怨、欲不行焉，可以为仁矣？"子曰："可以为难矣，仁则吾不知也。"

译文 原宪问什么是耻辱。孔子说："国家政治清明，做官拿俸禄，却没有作为；国家政治昏暗，做官拿俸禄，却不能独善其身，这就是耻辱。"原宪又说："好胜、自夸、怨恨、贪欲四种毛病都不曾有过的人，可以算作仁了吗？"孔子说："这可以说是难能可贵的了，若说是否可以算作仁人，那我就不知道了。"

原文 14·2 子曰："士而怀居①，不足以为士矣。"

注释 ① 怀居：怀，怀思，留恋；居，安居。怀居，留恋安逸的家庭生活。

译文 孔子说："读书的人，只图安逸，留恋家庭，便不足以做读书人了”。

原文 14·3 子曰：“邦有道，危言危行[①]；邦无道，危行言孙[②]。”

注释 ① 危：直。

② 孙：同“逊”，卑顺的意思。

译文 孔子说：“国家政治清明时，便直言直行；国家政治昏暗时，便行为正直，而说话要卑顺些，不要太直率。”

原文 14·4 子曰：“有德者必有言，有言者不必有德。仁者必有勇，勇者不必有仁。”

译文 孔子说：“有道德的人一定能说出有道理的话，但是能说出有道理的话的人，不一定就有道德。仁人必定勇敢，但是勇敢的人，不一定就有仁德。”

原文 14·5 南宫适问于孔子曰[①]：“羿善射[②]，奡荡舟[③]，俱不得其死然。禹、稷躬稼而有天下[④]。”夫子不答。

南宫适出，子曰："君子哉若人！尚德哉若人！"

注释 ① 南宫适（kuò）：人名，即南容。

② 羿（yì）：相传是夏代有穷国的君主。

③ 奡（ào）：相传是夏代寒浞（zhuó）的儿子，善于水战，后为夏后太康所杀。

④ 禹、稷（jì）：禹，夏代第一个君主，善治水，重视农业。稷，相传是周民族的祖先。

译文 南宫适向孔子问道："羿善于射箭，奡善于水战，最后都不得好死。禹和稷亲自下田种地，却得到了天下。"孔子没有回答。南宫适出去后，孔子说："这个人真是个君子呀！这个人多崇尚道德呀！"

原文 14·6 子曰："君子而不仁者有矣夫，未有小人而仁者也。"

译文 孔子说："君子偶尔做出不仁的事来是会有的吧，却没有小人偶尔会做出有仁德的事来的。"

原文 14·7 子曰："爱之，能勿劳乎？忠焉，能勿诲乎？"

译文 孔子说："爱他，能不让他劳苦吗？忠于他，能不给他教诲吗？"

原文 14·8 子曰："为命①，裨谌草创之②，世叔讨论之③，行人子羽修饰之④，东里子产润色之⑤。"

注释 ① 命：外交辞令。

② 裨谌（bì chén）：郑国大夫。

③ 世叔讨论：即子太叔，名游吉。郑国大夫。讨论，研究讲议，和今天"讨论"一词意义不同。

④ 行人子羽：行人，外交官。子羽，郑大夫公孙挥的字。

⑤ 东里：地名，郑大夫子产居住的地方。

译文 孔子说："郑国外交辞令的制定，先由裨谌起草，经世叔研究后提出意见，再由外交官子羽修改，最后由东里子产再做文辞上的加工。"

原文 14·9 或问子产。子曰："惠人也。"问子西①。曰："彼哉！彼哉②！"问管仲。曰："人也。夺伯氏骈邑三百③，饭疏食，没齿无怨言④。"

注释 ① 子西：楚大夫公子申。

② 彼哉！彼哉：古代表示轻视的词。意思是说不值得称道。

③ 夺伯氏骈邑三百：伯氏，齐大夫。骈邑，齐国地名。

④ 没齿：齿，年。没齿，没齿之年，即终身。

译文 有人问孔子子产是怎样的人。孔子说："他是个宽厚的专一爱人的人。"又问到子西，孔子说："他呀，他呀！"又问到管仲，孔子说："这个人呀。他夺走伯氏骈邑三百户采地，使伯氏穷得只能吃粗粮，可是伯氏终身没有怨恨的话。"

原文 14·10 子曰："贫而无怨难，富而无骄易。"

译文 孔子说："贫穷却没有怨恨是困难的，富裕却不骄傲是容易做到的。"

原文 14·11 子曰："孟公绰为赵、魏老则优①，不可以为滕、薛大夫②。"

注释 ① 孟公绰为赵、魏老则优：孟公绰，鲁国大夫。老，古代大夫家臣的称呼。优，有余。

② 滕、薛：古代鲁国附近的两个小诸侯国。

译文 孔子说："孟公绰要是做晋国赵氏、魏氏的家臣，他的才能是有余裕的；但却没有能力做滕、薛这样小国的大夫。"

原文 14·12 子路问成人。子曰："若臧武仲之知①，公绰之不欲，卞庄子之勇②，冉求之艺，文之以礼乐，亦可以为成人矣。"曰："今之成人者何必然？见利思义，见危授命，久要不忘生平之言③，亦可以为成人矣。"

注释 ① 臧武仲：鲁大夫臧孙纥。他逃到齐国后，预料到齐庄公不会长久，设法没有接受齐庄公给他的封地。后来，齐庄公果然被杀，他没有因此而受牵连，被人誉为聪明人。

② 卞庄子：鲁国卞邑的大夫。据说他是鲁国著名的勇士，曾只身打虎。

③ 要（yāo）：通"约"，这里作"穷困"解。

译文 子路问怎样才是个完全的人。孔子说："如果具有臧武仲的聪明，孟公绰的廉洁，卞庄子的勇敢，冉求的多才多艺，节礼和乐，德存于内而文现于外，这也就可以说是个完人了。”过了一会儿，又说：“现在要成为一个完人哪里一定要这样呢？只要看见财利便先想到义，遇到危难肯于舍出生命，长期贫困也不会忘记平日的诺言，这也就可以说是个完人了。”

原文 14·13 子问公叔文子于公明贾曰[①]：“信乎，夫子不言[②]，不笑，不取乎？”公明贾对曰：“以告者过也[③]。夫子时然后言，人不厌其言；乐然后笑，人不厌其笑；义然后取，人不厌其取。”子曰：“其然？岂其然乎？”

注释 ① 子问公叔文子于公明贾：公叔文子，卫国大夫，名拔。文是他的谥号。公明贾，卫国人，姓公明，名贾。

② 夫子：指公叔文子。

③ 以：这里作“这个”讲。

译文 孔子向公明贾问到公叔文子，说：“听说他老先生不说话，不笑，不取财，这可信吗？”公明贾回答说：“这是传话的人传错了。他老先生该说时才说，别人不厌恶他的话；高兴时才笑，别人不厌恶他的笑；该取财时才取，别人不厌恶他取。”孔子说：“是这样吗？难道真的是这样吗？”

原文 14·14 子曰：“臧武仲以防求为后于鲁①，虽曰不要君②，吾不信也。”

注释 ① 臧武仲以防求为后于鲁：防，地名，臧武仲的封地，在今山东费县东北，靠近齐国的边境。前550（鲁襄公二十三年）臧武仲获罪逃往邻国，不久回到他的封地防城，要挟鲁君为臧氏立后，目的达到后，便流亡齐国。

② 要（yāo）：要挟。

译文 孔子说：“臧武仲凭借他的封地防城请求鲁君为他立后，虽然有人说他不是要挟君主，但我是不肯相信的。”

原文 14·15 子曰：“晋文公谲而不正①，齐桓公正而不谲②。”

注释 ① 晋文公谲（jué）：晋文公，名重耳，春秋五霸著名霸主之一。谲，诡诈，这里指阴谋手段。

② 齐桓公：名小白，春秋五霸著名霸主之一。

译文 孔子说："晋文公诡诈，不正派；齐桓公正派，不诡诈。"

原文 14·16 子路曰："桓公杀公子纠，召忽死之，管仲不死[①]。"曰："未仁乎？"子曰："桓公九合诸侯，不以兵车，管仲之力也。如其仁[②]，如其仁。"

注释 ① 管仲不死：齐桓公和公子纠都是齐襄公的弟弟。襄公无道，鲍叔牙侍奉桓公逃往莒国，管仲和召忽侍奉公子纠逃往鲁国。后来襄公被杀，桓公先入齐为君，兴兵伐鲁，迫使鲁国杀了公子纠，召忽因此而自杀，管仲却归附桓公，做了宰相。

② 如：乃。

译文 子路说："齐桓公杀了他哥哥公子纠，召忽因此而自杀，但管仲却没有自杀。"接着又说："管仲不能算是有仁德的人吧？"孔子说："齐桓公多次召集各国诸侯合盟，不使用武力，这都是管仲的力量。这就是管仲的仁德，这就是管仲的仁德。"

原文 14·17 子贡曰："管仲非仁者与？桓公杀公子纠，不能死，又相之。"子曰："管仲相桓公，霸诸侯，一匡天下，民到于今受其赐。微管仲[①]，吾其被发左衽矣[②]。岂若匹夫匹妇之为谅也[③]，自经于沟渎而莫之知也[④]？”

注释

① 微：假若没有。

② 被发左衽（rèn）：被，同“披”。左衽，衣襟向左开。“被发左衽”是当时少数民族的打扮。当时统治阶级视少数民族为没有开化的野蛮人。

③ 谅：遵守信用，这里指小信。

④ 自经于沟渎（dú）：自缢在小沟渠中。

译文

子贡说：“管仲不是仁人吧？齐桓公杀了公子纠，他不但没有以身殉主，还去为相辅佐齐桓公。”孔子说：“管仲辅佐桓公，称霸诸侯，匡正了混乱的天下，老百姓直到今天还享受到他的好处。如果没有管仲，恐怕我们都会披散着头发，衣襟向左开了。他难道像老百姓那样遵守小信，在山沟里自杀，也没有人知道的吗？”

原文

14·18 公叔文子之臣大夫僎与文子同升诸公[①]，子闻之，曰：“可以为‘文’矣。”

注释 ① 僎（zhuàn）：人名。卫国大夫。原公叔文子的家臣，由于他贤能，被公叔文子推荐做了卫国的大夫。

译文 公叔文子的家臣大夫僎，和文子一道做了国家大臣。孔子知道这件事后，说："这个人可以给他'文'的谥号了。"

原文 14·19 子言卫灵公之无道也，康子曰："夫如是，奚而不丧[①]？"孔子曰："仲叔圉治宾客[②]，祝鮀治宗庙，王孙贾治军旅。夫如是，奚其丧？"

注释 ① 奚而不丧：奚而，为何。丧，失位。

② 仲叔圉（yǔ）：即孔文子。他和祝鮀（tuó）、王孙贾都是卫国的大夫。他们三人都是有才能的人，卫灵公虽然无道，但能用三人之才，故不会败亡。

译文 孔子说到卫灵公的无道，季康子说："既然这样，他的国家为什么不败亡呢？"孔子说："因为他有仲叔圉应对宾客，祝鮀管理宗庙祭祀，王孙贾统率军队。像这样，怎么会败亡呢？"

原文 14·20 子曰："其言之不怍①，则为之也难。"

注释 ① 怍（zuò）：惭愧。

译文 孔子说："如果一个人大言不惭，那么，要实践他的话一定是很困难的。"

原文 14·21 陈成子弑简公①。孔子沐浴而朝②，告于哀公曰："陈恒弑其君，请讨之。"公曰："告夫三子③！"孔子曰："以吾从大夫之后，不敢不告也。君曰'告夫三子'者！"之三子告，不可。孔子曰："以吾从大夫之后，不敢不告也。"

注释 ① 陈成子弑简公：陈成子，齐大夫，名恒，又名田成子。简公，齐简公，姓姜名壬。

② 孔子沐浴而朝：这时孔子已告退在家，便特为这件事去朝见鲁哀公。沐浴而朝，说明孔子对这件事很重视。

③ 三子：指鲁国的季孙、仲孙、孟孙三人。

译文 陈成子杀了齐简公。孔子洗澡斋戒后去见鲁哀公，报告说："陈恒杀了他的君主，请出兵讨伐他。"哀公说：

“你去向三位大夫报告吧！”孔子退出来后说：“因为我曾做过大夫，所以知道了这件事不敢不来报告，而君主却说，‘你去向三位大夫报告吧！’”孔子去向三位大夫报告，而他们都不愿出兵。孔子说：“因为我曾经做过大夫，所以知道了这件事不敢不来报告。”

原文 14·22 子路问事君。子曰：“勿欺也①，而犯之②。”

注释 ① 欺：欺骗。这句是说对君主要忠诚，不可欺骗。

② 犯：触犯。这句是说对君主要忠诚，发现他有过错，要敢于直言进谏，不怕触犯他。

译文 子路问怎样侍奉君主。孔子说：“不要欺骗他，但是，为了进谏，可以触犯他。”

原文 14·23 子曰：“君子上达，小人下达①。”

注释 ① 上达、下达：上和下是用来区别君子和小人所通达的不同，君子通达仁义，谓之上，小人通达财利，谓之下。此章所论，与前文4·16章意思相近。

译文 孔子说："君子通达仁义，小人通达财利。"

原文 14·24 子曰："古之学者为己，今之学者为人。"

译文 孔子说："古代求学的人是为了提高自己的学问道德，现在的人求学是为了沽名钓誉，给人看。"

原文 14·25 蘧伯玉使人于孔子[①]。孔子与之坐而问焉，曰："夫子何为？"对曰："夫子欲寡其过而未能也。"使者出。子曰："使乎[②]！使乎！"

注释 ① 蘧（qú）伯玉：名瑗，卫国大夫。孔子到卫国时曾在他家住过。

② 使乎：是孔子对使者的称赞。

译文 蘧伯玉派了一位使者去问候孔子。孔子让他坐下，然后问道："他老先生在干什么？"使者回答说："老先生很想减少自己的过错，却没有能够做到。"使者告辞而出。孔子称赞说："好一位使者！好一位使者！"

原文 14·26 子曰："不在其位，不谋其政[①]。"曾子曰："君子思不出其位。”

注释 ① 此句已见前文8·14章注释、译文。

译文 曾子说：“君子思考问题不超出自己的职务范围。”

原文 14·27 子曰：“君子耻其言而过其行①。”

注释 ① 耻其言而过其行：以说得多做得少为耻。意思是说，君子要言行相符。

译文 孔子说：“君子认为说得多而做得少是可耻的。”

原文 14·28 子曰：“君子道者三，我无能焉：仁者不忧，知者不惑，勇者不惧。”子贡曰：“夫子自道也①。”

注释 ① 自道：自谦。

译文 孔子说：“君子之道包括三个方面，我都没有做到：仁德的人不忧虑，智慧的人不迷惑，勇敢的人不惧怕。”子贡说：“这几句话正是老师的自谦罢了！”

原文 14·29 子贡方人[1]。子曰:"赐也贤乎哉?夫我则不暇。"

注释 ① 方:比方,议论别人的短长。

译文 子贡平时喜欢议论别人的短长。孔子说:"赐呀!你就那么贤良吗?我却没有这闲功夫。"

原文 14·30 子曰:"不患人之不己知,患其不能也。"

译文 孔子说:"不忧虑别人不知道自己,只忧虑自己没有本领。"

原文 14·31 子曰:"不逆诈,不亿不信,抑亦先觉者,是贤乎!"

译文 孔子说:"不预先怀疑别人欺诈,也不随便猜测别人怀疑自己,却能极早发觉,这可是个贤人吧!"

原文 14·32 微生亩谓孔子曰[1]:"丘何为是栖栖者与[2]?无乃为佞乎?"孔子曰:"非敢为佞也,疾固也[3]。"

注释 ① 微生亩：姓微生，名亩，鲁国的隐士。

② 栖栖（xī）：栖栖遑遑，忙碌不安的样子。

③ 疾固：疾，痛恨。固，固执。

译文 微生亩对孔子说："孔丘，你为什么这样到处栖栖遑遑的呢？不是为了卖弄你的口才吗？"孔子说："不是敢来卖弄口才，而是痛恨那些固执不通的人。"

原文 14·33 子曰："骥不称其力，称其德也。"

译文 孔子说："不称赞千里马的力气，而称赞它的品德。"

原文 14·34 或曰："以德报怨，何如？"子曰："何以报德？以直报怨①，以德报德。"

注释 ① 以直报怨：直，公而无私。这句话是说，对待怨恨和恩德都要从原则出发，该怎样对待就怎样对待，不以别人对自己的恩和怨为转移。

译文 有人对孔子说："用恩德来报答怨恨，怎么样？"孔子说："那用什么来报答恩德呢？应该用直道来报答怨恨，用恩德来报答恩德。”

原文 14·35 子曰：“莫我知也夫！”子贡曰：“何为其莫知子也？”子曰：“不怨天，不尤人，下学而上达。知我者其天乎！”

译文 孔子说：“没有人知道我呀！”子贡说：“怎么没有人知道您呢？”孔子说：“我不埋怨天，也不责备人，下学人事而上达天理，知道我的大概只有天吧。”

原文 14·36 公伯寮愬子路于季孙①。子服景伯以告②，曰：“夫子故有惑志于公伯寮，吾力犹能肆诸市朝③。”子曰：“道之将行也与，命也；道之将废也与，命也。公伯寮其如命何！”

注释 ① 公伯寮愬子路：公伯寮，字子周，孔子学生，鲁国人。愬，同“诉”，诬谤。

② 子服景伯：名何，鲁国大夫。

③ 肆诸市朝：肆，陈列尸体。市，市场。朝，朝廷。市朝，这里只指市场。

译文 公伯寮在季孙那里说子路的坏话。子服景伯把这件事告诉孔子，说："季孙氏已经被公孙伯寮迷惑了，我的力量还能够杀掉公伯寮，把他的尸体放在街市上示众。"孔子说："我的主张能够实行，由天命决定；我的主张没法实行，也由天命决定。公伯寮能把天命怎么样？"

原文 14·37 子曰："贤者辟世[①]，其次辟地，其次辟色，其次辟言。"子曰："作者七人矣[②]。"

注释 ① 辟：同"避"。

② 作：起。这里指起身隐去。

译文 孔子说："有些贤者逃避混乱的社会而隐居，次一等的逃避到别的地方去，再次一等的不愿看某些人脸色而躲开，再次一等的不愿听某些人的恶言而躲开。"孔子又说："这样的人已经有七位了。"

原文 14·38 子路宿于石门[①]。晨门曰[②]："奚自？"子路曰："自孔氏。"曰："是知其不可而为之者与？"

注释 ① 石门：鲁国都城的外门。

② 晨门：早晨看守城门的人。

译文 子路在石门歇了一夜。〔第二天早晨进城时，〕看守城门的人说："你从哪里来？"子路回答说："从孔子那里来。"看守城门的人说："就是那个知道〔自己主张〕行不通偏要去推行的人吗？"

原文 14·39 子击磬于卫，有荷蒉而过孔氏之门者[①]，曰："有心哉，击磬乎！"既而曰："鄙哉，硁硁乎[②]！莫己知也，斯己而已矣。深则厉、浅则揭[③]。子曰："果哉！末之难矣[④]。"

注释 ① 荷蒉（kuì）：荷，担。蒉，草筐。

② 硁硁（kēng）：击磬声。

③ 深则厉，浅则揭：见《诗经·邶风·匏有苦叶》。

④ 果哉！末之难矣：果，果断。末，无。

译文 孔子在卫国，有一天正在敲磬，有个挑着草筐子的人从孔子门口经过，说："〔听这个磬声，知道〕这个敲磬的人心里有事呀！"过一会又说："这硁硁的声音多么可鄙呀!〔它好像是说，没有人知道我呀!〕没有人知道自己，就算了吧。水深了就干脆连衣服蹚过去，水浅了就撩起衣服蹚过去。”孔子说:“〔说得〕好果敢呀!〔照他这样考虑问题〕那就没有什么难的了。”

原文 14·40 子张曰:“《书》云:‘高宗谅阴①，三年不言。’何谓也?”子曰:“何必高宗，古之人皆然。君薨②，百官总己以听于冢宰三年③。”

注释 ① 高宗谅阴:高宗，商王武丁。谅阴，古代天子守孝的名称。

② 薨(hōng):古代诸侯死称薨。

③ 总己以听于冢宰:总己，总理自己的职事。冢宰，太宰。

译文 子张说:“《尚书》上说:‘殷高宗守孝，三年不谈论政事。’这是什么意思?”孔子说:“不仅高宗这样，古人都是这样。君主死了,〔继位的君主三年不问政事,〕在这期间，各部的官员都要听命于宰相。”

原文 14·41 子曰:“上好礼，则民易使也。”

译文 孔子说:“在上位的人喜欢礼,〔一切按礼办事,〕老百姓就容易使唤了。”

原文 14·42 子路问君子。子曰：“修己以敬。”曰：“如斯而已乎？”曰：“修己以安人[①]。”曰：“如斯而已乎？”曰：“修己以安百姓。修己以安百姓，尧舜其犹病诸！”

注释 ① 人：参见前文1·5章注③。

译文 子路问怎样才算君子。孔子说：“以严肃认真的态度修养自己。”子路又问：“这样就够了吗？”孔子说：“修养自己，使别人安乐。”子路又问：“这样就够了吗？”孔子说：“修养自己，使所有的老百姓都得到安乐。修养自己，使所有的老百姓都得到安乐，尧舜大概还没有做到呢？”

原文 14·43 原壤夷俟[①]。子曰：“幼而不孙弟[②]，长而无述焉，老而不死，是为贼[③]。”以杖叩其胫[④]。

注释 ① 原壤夷俟：原壤，孔子旧时的朋友。《礼记》上有关于他母死而歌的记载，可能类似庄子一类的人。夷，蹲踞，这是一种待人不礼貌的行为。俟，等待。

② 孙：同“逊”。

③ 贼：害。

④ 叩其胫：叩，击，胫，小腿。叩其胫，是孔子让原壤不要那样没有礼貌地蹲着。

译文 原壤伸长两腿坐在地上等待孔子。孔子〔看见他这种傲慢不恭的样子就骂〕道：“你小时候不知兄弟间的礼节，长大了毫无作为，老了还不去死，真是个害人的家伙。”说完就用拐杖敲他的小腿。

原文 14·44 阙党童子将命①。或问之曰：“益者与？”子曰：“吾见其居于位也②，见其与先生并行也③。非求益者也，欲速成者也。”

注释 ① 阙党：党名，孔子居住的地方。

② 居于位：古代的礼节，小孩隅坐无位，成人才有位。这个小孩坐在成人的位子上，是一种无礼行为。

③ 与先生并行：古代礼节，小孩与长辈在一起只能随行，不能并行。

译文 阙党的一个童子来向孔子传话。有人问孔子说："这个童子是要求上进的吗?"孔子说："我见他坐在成年人的位子上，又看见他与年长的人并行。这不是个要求上进的人，是个急于求成的人。"

卫灵公第十五

（凡四十二章）

原文 15·1 卫灵公问陈于孔子[①]。孔子对曰："俎豆之事[②]，则尝闻之矣；军旅之事，未之学也。"明日遂行。

注释 ① 陈：同"阵"。

② 俎（zǔ）豆之事：俎和豆都是古代的一种器皿，举行礼仪时用。这里用以表示礼仪。

译文 卫灵公向孔子问行军布阵的方法。孔子回答说："礼仪方面的事，我是知道的；军队打仗一类事情，我不曾学过。"第二天孔子便离开卫国。

原文 15·2 在陈绝粮，从者病，莫能兴。子路愠见曰："君子亦有穷乎？"子曰："君子固穷，小人穷斯滥矣。"

译文 孔子在陈国时断绝了粮食，跟随他的学生都饿病了，爬不起来。子路满脸的不高兴来见孔子说："君子也有穷困的时候吗？"孔子说："君子能安守穷困，小人穷困时就会胡作非为。”

原文 15·3 子曰：“赐也，女以予为多学而识之者与？”对曰：“然，非与？”曰：“非也，予一以贯之。”

译文 孔子说：“赐呀！你以为我是多学多记的人吗？”子贡回答说：“对呀，难道不是这样吗？”孔子说：“不是的，我是用一个基本观点把它们贯穿起来的。”

原文 15·4 子曰：“由！知德者鲜矣。”

译文 孔子说：“仲由！懂得德的人太少了。”

原文 15·5 子曰：“无为而治者其舜也与[①]？夫何为哉？恭己正南面而已矣[②]。”

注释 ① 无为而治者其舜也与：指舜继尧之后，由于任人适当，故看不见他有所作为。

② 恭己正南面而已矣：由于舜无为而治，人们看到他好像只是庄严端正地坐在帝王的位子上罢了。

译文 孔子说："能够没有作为天下自然太平的人大概只有舜吧？他干了些什么呢？只见他庄严端正地坐在朝廷上罢了。"

原文 **15·6 子张问行。子曰："言忠信，行笃敬，虽蛮貊之邦[①]，行矣。言不忠信，行不笃敬，虽州里，行乎哉？立则见其参于前也[②]，在舆则见其倚于衡也[③]，夫然后行。"子张书诸绅[④]。**

注释 ① 蛮貊：蛮，古称南蛮。貊，古称北狄。蛮、貊都是古代对边远地区后进民族的称呼。

② 参：并立。

③ 倚于衡：倚，倚靠。这里可译为刻。衡，轭，车前横木，驾马时用。

④ 书诸绅：书，写。绅，下垂的大带子。这句话是说，子张把孔子的话写在腰间的带子上，免得忘记。

译文 子张问一个人怎样才能做到畅通无阻。孔子说："说话要讲求忠信，行为要谨慎，即使到了文化不发达的蛮貊那样的国家，也是行得通的。说话不讲忠信，行为不谨慎，即使在自家的本乡本土，难道就能行得通吗？立着的时候，忠信笃敬几个字就好像在面前；乘车时，就好像看见这几个字刻在车前的横木上。这样才使自己能畅通无阻。”子张把这些话写在自己腰间的大带子上。

原文 15·7 子曰：“直哉史鱼[①]！邦有道，如矢；邦无道，如矢。君子哉蘧伯玉！邦有道，则仕；邦无道，则可卷而怀之[②]。”

注释 ① 史鱼：名鳍（qiū），字子鱼，卫国大夫。他曾用尸谏的办法劝告卫灵公要任用蘧伯玉。

② 卷而怀之：卷，收。怀，藏。卷而怀之，即收藏起来的意思，故翻译为隐居。

译文 孔子说：“正直啊，史鱼！国家太平的时候，像箭一样直；国家危乱的时候，也像箭一样直。蘧伯玉真是一个君子啊！国家太平的时候，就出来做官；国家危乱的时候，就隐居起来。”

原文 15·8 子曰：“可与言而不与之言，失人；不可与言而与之言，失言。知者不失人，亦不失言。”

译文 孔子说："可以和他谈话，却不谈，这叫作错过人才；不可以和他谈话，却要和他谈，这就叫作说错了话。聪明人不错过人才，也不说错话。"

原文 15·9 子曰："志士仁人，无求生以害仁，有杀身以成仁。"

译文 孔子说："志士仁人，不肯苟全生命而损害仁义，而宁肯牺牲生命成全仁义。"

原文 15·10 子贡问为仁。子曰："工欲善其事，必先利其器。居是邦也，事其大夫之贤者，友其士之仁者。"

译文 子贡问怎样实行仁德。孔子说："做工的人要想做出高质量的物品，必须先把工具搞好。住在一个国家，就要尊敬那大夫中有贤德的人，和士中有仁德的人交朋友。"

原文 15·11 颜渊问为邦。子曰："行夏之时①，乘殷之辂②，服周之冕，乐则《韶》《舞》③。放郑声，远佞人。郑声淫，佞人殆。"

注释 ① 行夏之时：实行夏代的历法。夏历方便于农业生产，所以在当时仍受到欢迎。

② 辂（lù）：车子。

③《韶》《舞》:《韶》见3·25注①。《舞》，同“武”，见3·25注④。

译文 颜渊问怎样治理国家。孔子说:“用夏代的历法，坐殷代的车子，戴周代的帽子，音乐就演奏《韶》乐和《舞》乐。禁绝郑国的乐曲，让小人离开。郑国的乐曲淫秽，小人危险。”

原文 15·12 子曰:“人无远虑，必有近忧。”

译文 孔子说:“人如果没有长远的考虑，一定会有近在眼前的忧患。”

原文 15·13 子曰:“已矣乎！吾未见好德如好色者也。”

译文 孔子说:“完了，我从来没有看见过像喜欢美色那样喜欢美德的人。”

原文 15·14 子曰："臧文仲其窃位者与[①]！知柳下惠之贤而不与立也[②]。"

注释 ① 臧文仲：见5·18注①。

② 柳下惠：名展获，字禽，鲁国大夫。柳下是他住的地方，惠是他的谥号，故称柳下惠。

译文 孔子说："臧文仲大概是个白占据着官位的人，他明明知道柳下惠是个贤人，却不给他个官做。"

原文 15·15 子曰："躬自厚而薄责于人，则远怨矣。"

译文 孔子说："多责备自己，少责备别人，〔这样做〕就不会招人怨恨了。"

原文 15·16 子曰："不曰'如之何，如之何'者[①]，吾末如之何也已矣。"

注释 ① 不曰"如之何，如之何"：不说"怎么办，怎么办"。这里指遇事不愿多思考。

译文 孔子说："〔一个人处世〕不常想想'怎么办，怎么办'，对这种人，我不知该怎么办了。"

原文 15·17 子曰："群居终日，言不及义，好行小慧，难矣哉！"

译文 孔子说："整天和大家在一起，说的话却没有一句合乎道理的正经话，只喜欢耍小聪明，这种人实在难于造就了。"

原文 15·18 子曰："君子义以为质，礼以行之，孙以出之，信以成之。君子哉！"

译文 孔子说："君子做事把义作为根本，以礼来实行它，用谦逊的话说出来，用诚实的态度来完成它。这真是个君子啊！"

原文 15·19 子曰："君子病无能焉，不病人之不己知也。"

译文 孔子说："君子只怕自己没有本领，不怕别人不知道自己。"

原文 15·20 子曰:“君子疾没世而名不称焉。”

译文 孔子说:“君子以终身不被人称颂而引以为恨。”

原文 15·21 子曰:“君人求诸己,小人求诸人。”

译文 孔子说:“君子一切靠自己,小人要求别人。”

原文 15·22 子曰:“君子矜而不争,群而不党。”

译文 孔子说:“君子庄矜而不和人争执,合群而不和人勾结。”

原文 15·23 子曰:“君子不以言举人,不以人废言。”

译文 孔子说:“君子不因为有些人讲一两句好话就提拔他,也不因为有些人不好就不采纳他的好话。”

原文 15·24 子贡问曰:“有一言而可以终身行之者乎?”子曰:“其恕乎!己所不欲,勿施于人。”

译文 子贡问孔子说："有没有一句话可以终身奉行的呢？"孔子说："那大概是'恕'吧！自己不愿做的事，就不要强加给别人。"

原文 15·25 子曰："吾之于人也，谁毁谁誉？如有所誉者，其有所试矣。斯民也，三代之所以直道而行也。"

译文 孔子说："我对于别人，毁谤谁？赞誉谁？如果我有所赞誉，必定是经过考虑的。夏商周三代的老百姓都是这样的，所以三代能够直道而行。"

原文 15·26 子曰："吾犹及史之阙文也。有马者借人乘之，今亡矣夫①！"

注释 ① 这段文字很不好理解，前后两句话有何联系，也不太清楚，姑且按所理解的翻译。

译文 孔子说："我还能够看到史书存疑的地方。有马的人，借给别人骑，今天没有这种人了。"

原文 15·27 子曰："巧言乱德。小不忍，则乱大谋。"

译文 孔子说："花言巧语会败坏道德。在小事情上不能忍耐，就会败坏大事情。"

原文 15·28 子曰："众恶之，必察焉；众好之，必察焉。"

译文 孔子说："大家都厌恶他，一定要考察一下；大家都喜欢他，也一定要考察一下。"

原文 15·29 子曰："人能弘道，非道弘人。"

译文 孔子说："人能够使道扩大充实，不是用道来扩大人。"

原文 15·30 子曰："过而不改，是谓过矣。"

译文 孔子说："有了过错不能改正，那这个过错就是真的过错了。"

原文 15·31 子曰："吾尝终日不食，终夜不寝，以思，无益，不如学也。"

译文 孔子说："我曾经整日不吃饭，整夜不睡觉，去思考，结果没有什么好处，还不如去学习。"

原文 15·32 子曰："君子谋道不谋食。耕也，馁在其中矣；学也，禄在其中矣。君子忧道不忧贫。"

译文 孔子说："君子用心来求道，而不去求吃的东西。去耕田吧，也免不了常常饿肚子；去学习吧，就常常会做官领取俸禄。君子只担心道不能得，而不担心贫穷。"

原文 15·33 子曰："知及之，仁不能守之；虽得之，必失之。知及之，仁能守之。不庄以莅之①，则民不敬。知及之，仁能守之，庄以莅之，动之不以礼，未善也。"

注释 ① 莅（lì）：同"涖"，到，临。

译文 孔子说："用聪明智慧可以获得官位，如果不能用仁德保持它，就是得到了，也一定会丧失掉。用聪明智慧获得官位，并能用仁德保持它，如果不能用严肃认真的态度来行使自己的职责，那老百姓也不会听使唤的。用聪明智慧可以得到官位，能用仁德保持它，又能用严肃认真的态度来行使自己的职责，如果不能用合乎礼仪的方法来鼓舞动员老百姓，也是不够完善的。”

原文 15・34 子曰：“君子不可小知而可大受也，小人不可大受而可小知也。”

译文 孔子说：“不可用小事情来考验君子，却可让他担任重大的任务，不可让小人担任重大的任务，却可以用小事情来考验他。”

原文 15・35 子曰：“民之于仁也，甚于水火。水火，吾见蹈而死者矣，未见蹈仁而死者也。”

译文 孔子说：“老百姓需要仁德比需要水火更迫切。我看见过因蹈水火而淹死烧死的，却没有看见过实践仁德而死的。”

原文 15・36 子曰：“当仁，不让于师。”

译文 孔子说："面对合乎仁义的事时，就是老师，也不必谦让。"

原文 15·37 子曰："君子贞而不谅[①]。"

注释 ①贞而不谅：贞，正。谅，小信。

译文 孔子说："君子坚守正道，而不必讲小信。"

原文 15·38 子曰："事君，敬其事而后其食。"

译文 孔子说："做臣侍奉君主，要尽心竭力地做好自己的职事，把领取俸禄的事放在后头。"

原文 15·39 子曰："有教无类。"

译文 孔子说："无论哪一类人，我都可以给他以教育。"

原文 15·40 子曰："道不同，不相为谋。"

译文 孔子说："道不相同的人，就不必在一块商量事。"

原文 15·41 子曰："辞达而已矣。"

译文 孔子说："言语足以表达意思就可以了。"

原文 15·42 师冕见①，及阶，子曰："阶也。"及席，子曰："席也。"皆坐，子告之曰："某在斯，某在斯。"师冕出。子张问曰："与师言之道与？"子曰："然，固相师之道也。"

注释 ① 师冕：名叫冕的乐师。古代乐师一般都由盲人充当。

译文 师冕来见孔子，走到阶前，孔子〔告诉他〕说："这是台阶。"走到坐席前，孔子又说："这是坐席了。"等大家都坐定了，孔子向他介绍说："某人在这里，某人在这里。"师冕出去后，子张问道："这是和盲人讲话的方式吗？"孔子说："是的，这本来就是帮助盲人的方式。"

季氏第十六

（凡十四章）

原文 16·1 季氏将伐颛臾[①]。冉有、季路见于孔子曰："季氏将有事于颛臾。"孔子曰："求！无乃尔是过与？夫颛臾，昔者先王以为东蒙主[②]，且在邦域之中矣，是社稷之臣也。何以伐为？"冉有曰："夫子欲之[③]，吾二臣者皆不欲也。"孔子曰："求！周任有言曰[④]：'陈力就列[⑤]，不能者止。'危而不持，颠而不扶，则将焉用彼相矣[⑥]？且尔言过矣，虎兕出于柙[⑦]，龟玉毁椟中[⑧]，是谁之过与？"冉有曰："今夫颛臾，固而近于费。今不取，后世必为子孙忧。"孔子曰："求！君子疾夫舍曰欲之而必为之辞。丘也闻有国有家者，不患寡而患不均，不患贫而患不安[⑨]。盖均无贫，和无寡，安无倾。夫如是，故远人不服，则修文德以来之。既来之，则安之。今由与求也，相夫子，远人不服，而不能来也；邦分崩离析，而不能守也；而谋动干戈于邦内。吾恐季孙之忧，不在颛臾，而在萧墙之内也[⑩]。"

注释

① 颛臾（zhuān yú）：鲁国的附属国，在今山东费县西。

② 东蒙：即蒙山，在今山东蒙阴县南。

③ 夫子：指季康子。

④ 周任：古代著名史官。

⑤ 陈力就列：陈力，贡献出力量。列，位。就列，到职位上，即担任职务。

⑥ 相：扶助盲人的人称相。这里作助手讲。

⑦ 虎兕（sì）出于柙（xiá）：兕，犀牛。柙，槛，关野兽的笼子。

⑧ 椟（dú）：匣子。

⑨ 不患寡而患不均，不患贫而患不安：第一句的“寡”当为“贫”，第二句的“贫”当为“寡”，这样讲起来才与下文相符合。

⑩ 萧墙之内：萧墙，屏风。萧墙之内，指鲁国当权者的内部。

译文

季氏准备讨伐颛臾。冉有、子路去见孔子说：“季氏准备讨伐颛臾。”孔子说：“冉求！这难道不是你的过错吗？颛臾，从前的周天子曾授命它主持东蒙山的祭祀，而且它已在鲁国的疆域之内，是国家的臣属。为什么要攻打它呢？”冉有说：“这是季孙想攻打它，我们两人都是不愿意的。”孔子说：“冉求！周任曾经说过，‘能够尽为臣的力量，这才担任为臣的职务，如果不能尽力，就应该辞职。’如果一个瞎子遇到危险，〔作为助手的人〕不去扶持他，要跌倒时,〔作为助手的人〕不去搀扶他，那么要这样的助手有什么用呢？况且你的话错了。老虎犀牛从笼子里逃了出来，龟甲宝玉毁坏在匣子里，这是谁的过错呢？”冉有说：“颛臾的城墙坚固，而且离季氏的采邑费城很近。今天不夺取它，定会成为后代子孙的祸患。”孔子说：“冉求！君子就讨厌那种不说出自己的贪欲，而要另找借口的人。我听说过，有国有家的诸侯和大夫，不愁贫穷，而愁财富分配不均；不愁人民太少，而愁境内不安定。如果财富分配均匀，就没有贫穷；境内和平了，就不会感到人少；境内平安了，就没有倾覆的危险。能够像这样，远方的人还不归服，再修励文德招致他们来。他们已经来了，就要想办法安置他们。现在仲由和冉求辅助季孙，远方的人不肯归服，却不能招致他们来；国家分崩离析，却不能保全；反而想在国内大动干戈。我怕季氏的忧患不在颛臾，而在自己的内部呢。”

原文 16·2 孔子曰：“天下有道，则礼乐征伐自天子出；天下无道，则礼乐征伐自诸侯出。自诸侯出，盖十世希不失矣；自大夫出，五世希不失矣；陪臣执国命，三世希不失矣。天下有道，则政不在大夫。天下有道，则庶人不议。”

译文 孔子说：“天下太平，礼乐的制作和出兵作战的决定权都在天子手里；天下危乱，礼乐的制作和出兵作战的决定权就在诸侯手里。由诸侯做出决定，不过传到十代，很少有能保持的；由大夫做出决定，传到五代，很少有能继续保持的；如果由大夫的家臣执掌国家政权，传到三代，很少有能继续保持的。天下太平，国家的政权就不会落到大夫手中。天下太平，老百姓私下就不会议论纷纷了。”

原文 **16 · 3 孔子曰：“禄之去公室五世矣①。政逮于大夫四世矣②，故夫三桓之子孙微矣③。”**

注释 ① 禄之去公室五世矣：禄，爵禄。这里指国家政权。五世，五代，指鲁宣公失去政治权力到孔子说这段话时，经历了五代：宣公、成公、襄公、昭公、定公。

② 政逮于大夫四世矣：逮，及，到。四世，指从季氏掌握国家权力到孔子说这段话时，已经历了文子、武子、平子、桓

子四代。

③ 三桓：指仲孙、叔孙、季孙三家，因他们都是鲁桓公的后代，故称三桓。

译文 孔子说："国家政权离开鲁君已经五代了，政权到了大夫手里，〔从季氏夺取权力算起〕已经四代了，所以桓公的子孙们现在也衰微了。"

原文 16·4 孔子曰："益者三友，损者三友。友直，友谅①，友多闻，益矣。友便辟②，友善柔③，友便佞④，损矣。"

注释 ① 谅：信，诚实。

② 便（pián）辟：善于逢迎谄媚。

③ 善柔：当面一套，背后一套。

④ 便（pián）佞：善以言辞取媚于人。

译文 孔子说："有益的朋友有三种，有害的朋友有三种。同为人正直的人交朋友，同诚实的人交朋友，同博闻广见的人交朋友，是有益处的。同善于逢迎谄媚的人交朋友，同两面三刀的人交朋友，同惯于花言巧语的人交朋友，是有害处的。”

原文 16·5 孔子曰：“益者三乐，损者三乐。乐节礼乐，乐道人之善[1]，乐多贤友，益矣。乐骄乐，乐佚游[2]，乐宴乐，损矣。”

注释 ① 道：说。

② 佚：闲逸。

译文 孔子说：“有益的喜好有三种，有害的喜好也有三种。喜好调节适度的礼乐，喜好讲说别人的优点，喜好广交良友，是有益处的。喜好骄傲，喜好闲游，喜好过度的宴饮，是有害处的。”

原文 16·6 孔子曰：“侍于君子有三愆[1]：言未及之而言谓之躁，言及之而不言谓之隐，未见颜色而言谓之瞽[2]。”

注释 ① 愆（qiān）：过失。

② 瞽（gǔ）：瞎子。这里当不能察言观色讲，即没有眼色。

译文 孔子说："陪侍君子说话容易犯三种毛病：不到该说话的时候，自己却抢先说了，这叫作急躁；到该说话的时候，自己却不说，这叫作隐瞒；不看君子的脸色，不管该说不该说，就妄说一气，这叫作没有眼色。"

原文 16·7 孔子曰："君子有三戒：少之时，气血未定，戒之在色；及其壮也，血气方刚，戒之在斗；及其老也，血气既衰，戒之在得。"

译文 孔子说："君子有三件事情应当警戒：年轻的时候，血气还没有固定，要切忌贪恋女色；等到壮年时期，血气正旺盛，要警戒斗殴惹祸；等到年老的时候，要警戒贪得无厌。"

原文 16·8 子曰："君子有三畏：畏天命，畏大人①，畏圣人之言。小人不知天命而不畏也，狎大人②，侮圣人之言。"

注释 ① 大人：地位高的人。

② 狎（xiá）：轻慢。

译文 孔子说："君子有三怕：怕天命，怕爵位高的人，怕圣人的话。小人不懂得天命，因而不知道怕，轻慢爵位高的人，轻慢圣人的话。"

原文 **16·9 孔子曰："生而知之者上也；学而知之者次也；困而学之，又其次也；困而不学，民斯为下矣。"**

译文 孔子说："生来就知道的是上等；通过学习而知道的是次一等；困惑不通然后学习的是再次一等；困惑不通而又不学习的，这是最下等的人了。"

原文 **16·10 孔子曰："君子有九思：视思明，听思聪，色思温，貌思恭，言思忠，事思敬，疑思问，忿思难，见得思义。"**

译文 孔子说："君子有九种考虑：看的时候，要考虑看明白了没有；听的时候，要考虑听清楚没有；〔待人的〕脸色，要考虑到温和没有；〔待人的〕态度，要考虑做到恭敬没有；说话，要考虑做到忠诚没有；做事，要考虑做到严肃认真没有；有疑问，要考虑虚心向别人请教；要发怒时，要考虑引起的后患；看见可得的，要考虑得了合不合义。”

原文　16·11 孔子曰：“见善如不及，见不善如探汤。吾见其人矣，吾闻其语矣。隐居以求其志，行义以达其道。吾闻其语矣，未见其人也。”

译文　孔子说：“看见好事，〔便想快点去做，〕好像赶不上的样子，看见不好的事，〔便急忙躲开，〕好像把手伸到开水里一样。我看见过这样的人，也听到过这样的话。隐居起来是为保全自己的志向，出来做官是为了施行自己的主张。我听到过这样的话，却没有看见过这样的人。”

原文　16·12 齐景公有马千驷，死之日，民无得而称焉。伯夷、叔齐饿于首阳之下①，民到于今称之。“诚不以富，亦祇以异②”，其斯之谓与？

注释　① 伯夷、叔齐饿于首阳之下：首阳，首阳山。伯夷、叔齐拒食周粟，饿死在首阳山。这里说他们至穷，与齐景公的富相对而言。

② 引句是《诗经》上的话。异，指品德高尚，与众不同。

译文 齐景公有四千匹马，到死的时候，老百姓却不觉得他有什么好的德行可以称颂。伯夷、叔齐饿死在首阳山上，老百姓到今天还在称颂他们。《诗经》说："实在不是因为他富，而是因为他的品德高于常人。"那就是这个意思吧？

原文 16·13 陈亢问于伯鱼曰[①]："子亦有异闻乎？"对曰："未也。尝独立，鲤趋而过庭。曰：'学《诗》乎？'对曰：'未也。''不学《诗》，无以言。'鲤退而学《诗》。他日，又独立，鲤趋而过庭。曰：'学礼乎？'对曰：'未也。''不学礼，无以立。'鲤退而学礼。闻斯二者。"陈亢退而喜曰："问一得三，闻《诗》，闻礼，又闻君子之远其子也。"

注释 ① 陈亢（gāng）：陈子禽。

译文 陈亢问〔孔子的儿子〕伯鱼说："你在老师那里听到过不同于对一般学生的教导吗？"伯鱼回答说："没有。他曾经一个人站在那里，我恭敬地轻步从庭院中走过。他对我说：'学过《诗》没有？'我回答说：'没有。'他说：'不学《诗》，就不会说话。'我回去后就去学《诗》。又有一天，他又一个人站在那里，我又恭敬地轻步从院庭走过。他说：‘学过礼没有？’我回答说：‘没有。’他说：‘不学礼，就无法在社会上立脚。’我回去后就去学礼。我听到的就这两件事。”陈亢回去后高兴地说：“我问了一件事，却知道了三件事。知道了学《诗》和学礼的重要意义，又知道了君子对自已儿子并不特别亲近。”

原文 16·14 邦君之妻，君称之曰夫人，夫人自称曰小童；邦人称之曰君夫人，称诸异邦曰寡小君；异邦人称之亦曰君夫人。

译文 国君的妻子，国君称她为夫人，她自称为小童；国内的人称她为君夫人，在别的国家的人那里便称她为寡小君；别的国家的人也称她为君夫人。

阳货第十七

（凡二十六章）

原文 17·1 阳货欲见孔子[①]，孔子不见，归孔子豚[②]。孔子时其亡也[③]，而往拜之。遇诸涂[④]。谓孔子曰："来！予与尔言。"曰："怀其宝而迷其邦，可谓仁乎？"曰："不可。""好从事而亟失时[⑤]，可谓知乎？"曰："不可。""日月逝矣，岁不我与。"孔子曰："诺，吾将仕矣。"

注释 ① 阳货：又叫阳虎。季氏家臣。季氏曾几代掌握鲁国朝政，而这时阳货又掌握着季氏的家政。后来他与公山弗扰共谋杀害季桓子，失败后逃往晋国。

② 归孔子豚（tún）：归，同"馈（kuì）"，赠送，豚，小猪。这里指蒸熟的小猪。古礼规定，凡大夫赠东西给士，士如果不是在家当面接受，就必须亲往大夫家拜谢。阳货掌握着季氏家政，想请孔子出来做他的助手，孔子不愿意，阳货就利用当时的礼俗，趁孔子不在家时，去送一只蒸熟的小猪给他。孔子不愿见阳货，而又不好违礼，也趁阳货不在家时登门拜谢。

③ 时其亡也：时，趁。亡，出，不在家。

④ 涂：同“途”。

⑤ 亟（qì）：屡次。

译文 阳货想让孔子来拜见他，孔子不去，他就送给孔子一只蒸熟的小猪。孔子趁他不在家时，前去拜谢他。不料两个人正好在半路上碰见了。阳货叫着孔子说：“来！我有话跟你说。”〔孔子走了过去。〕阳货说：“自己有本领，却听任国家迷乱，这能叫作仁吗？”孔子说：“不可以。”阳货又说：“喜欢做官，却多次错过机会，这能叫作聪明吗？”孔子说：“不能够。”阳货说：“时光去而不复返，岁月是不等人的。”孔子说：“好吧，我要出去做官了。”

原文 17·2 子曰：“性相近也，习相远也。”

译文 孔子说：“人的性情本来是相近的。只因为受不同习气的沾染，便相距得远了。”

原文 17·3 子曰：“唯上知与下愚不移。”

译文 孔子说："只有聪明的上等人和愚笨的下等人是不可改变的。"

原文 17·4 子之武城[①]，闻弦歌之声。夫子莞尔而笑，曰："割鸡焉用牛刀[②]？"子游对曰："昔者偃也闻诸夫子曰：'君子学道则爱人，小人学道则易使也'。"子曰："二三子！偃之言是也。前言戏之耳。"

注释 ① 子之武城：之，往。武城，鲁国的一个小邑，子游当时在这里做官。

② 割鸡焉用牛刀：这是一种比喻，意思是说治理这样一个小地方，哪里用得着施行礼乐教育。

译文 孔子到了武城，听到了弹琴唱歌的声音。孔子微笑着说杀鸡何必用宰牛的刀呢？"子游回答说："从前我听到老师说过，'君子学习了礼乐，就会爱人，小人学习了礼乐，就好使唤了。'"孔子便说："学生们，言偃的话是对的。我刚才的话只是和他开个玩笑罢了。"

原文 17·5 公山弗扰以费畔[①]，召，子欲往。子路不说，曰："末之也已[②]，何必公山氏之之也[③]？"子曰："夫召我者，而岂徒哉？如有用我者，吾其为东周乎？”

注释 ① 公山弗扰：又叫公山不狃，季氏家臣。他曾与阳货共谋反叛季氏，失败后逃往齐国。

② 末之也已：末，没有。之，往。已，止，算了。

③ 何必公山氏之之也：即“何必之公山氏也”。第一个“之”字起帮助倒装的作用，第二个“之”字是“往”的意思。

译文 公山弗扰占据费邑发动叛乱，叫孔子去，孔子准备前往。子路不高兴，说：“没有地方去就算了，何必要到公山氏那里去呢？”孔子说：“那叫我去的人，难道会让我白去吗？”〔一定是要用我才让我去，〕如果有人要用我，我就要让周文王、周武王的道复兴于东方。”

原文 17·6 子张问仁于孔子。孔子曰：“能行五者于天下为仁矣。”请问之。曰：“恭、宽、信、敏、惠。恭则不侮，宽则得众，信则人任焉，敏则有功，惠则足以使人。”

译文 子张问孔子怎样做才叫仁。孔子说：“能够在天下实行五种品德便是仁了。”请问是哪五种品德。孔子说：“恭、宽、信、敏、惠。庄重就不会受到侮辱，待人宽厚就会得到众人的拥护，诚实讲信用就能够得到别人的任用，敏捷勤快就能够提高办事的功效，施行恩惠就能使唤动人。”

原文 17·7 佛肸召①，子欲往。子路曰：“昔者由也闻诸夫子曰：‘亲于其身为不善者，君子不入也。’佛肸以中牟畔②，子之往也，如之何？”子曰：“然，有是言也。不曰坚乎，磨而不磷③；不曰白乎，涅而不缁④。吾岂匏瓜也哉？焉能系而不食⑤？”

注释 ① 佛肸（bì xī）：晋大夫范中行的家臣，任中牟县县宰。晋国的赵简子进攻范氏，佛肸依据中牟来进行抵抗。

② 中牟：晋国地名，故地在今河北邢台与邯郸之间。

③ 磷（lìn）：薄。

④ 涅（niè）而不缁：涅，一种黑色染料。这里是染黑的意思。缁，黑色。

⑤ 系（jì）：结。

译文 佛肸召孔子去，孔子准备前往。子路说：“过去我曾听老师说过，‘亲身做过坏事的人那里，君子是不去的。’佛肸占据中牟，发动叛乱，你却要去，这是怎么搞的呢？”孔子说：“是的，我讲过这样的话。但不是说极坚硬的东西是磨也磨不薄的；极洁白的东西是染也染不黑的。我难道是个葫芦吗？哪里能光挂着不让人吃呢？”

原文 17·8 子曰：“由也！女闻六言六蔽矣乎①？”对曰：“未也。”“居！吾语女。好仁不好学，其蔽也愚②；好知不好学，其蔽也荡；好信不好学，其蔽也贼③；好直不好学，其蔽也绞；好勇不好学，其蔽也乱；好刚不好学；其蔽也狂。”

注释 ① 六言六蔽：六言，六个字。指仁、知、信、直、勇、刚六个字。蔽，弊病。

② 好仁不好学，其蔽也愚：不好学，不喜欢学习。好学，才能明理，不好学就不能明理。愚，这里是愚弄的意思。

③ 贼：贼害。孔子曾说过，“言必信，行必果，硁硁然小人哉！”显然，他对不问是非曲直盲目讲信的做法是持否定态度的。所以，这一句的意思是说，如果盲目讲信，不通过学习加以辨别，就会害了自己。

译文 孔子说："仲由，你听说过六种品德便有六种弊病吗？"子路回答说："没有。"孔子说："坐下！我告诉你。喜好仁德却不喜好学问，它的弊病便是容易受人愚弄；喜好聪明却不喜好学问，它的弊病便是行为放荡；喜好诚实却不喜欢学问，它的弊病便是贼害了自己；喜好直率却不喜好学问，它的弊病便是说话尖刻；喜好勇敢却不喜好学问，它的弊病便是犯上作乱；喜好刚强却不喜好学问，它的弊病便是轻率狂妄。"

原文 17·9 子曰："小子何莫学夫《诗》?《诗》，可以兴，可以观，可以群，可以怨。迩之事父[①]，远之事君；多识于鸟兽草木之名。"

注释 ① 迩（ěr）：近。

译文 孔子说："学生们为什么不学习《诗》呢?《诗》可以启发想象力，可以提高观察力，可以培养合群性，可以学会正当的怨恨。近，可以学到侍奉父母的道理；远，可以用来侍奉君主；还可以多认识一些鸟兽草木的名称。"

原文 17·10 子谓伯鱼曰："女为《周南》《召南》矣乎[①]？人而不为《周南》《召南》，其犹正墙面而立也与？"

注释 ①《周南》《召（shào）南》：《诗经·国风》中第一、二部分的篇名。这两部分所收的诗歌，是周南和召南两地区的民歌。周南和召南在江汉流域一带。孔子重视《周南》《召南》，并不是他看重其中的民歌，而是他对这些民歌的内容按照他的观点另有解释。

译文 孔子告诉伯鱼说："你学过《周南》《召南》了吗？人要是不学习《周南》《召南》，那就好像面对墙壁站着吧！"

原文 17·11 子曰："礼云礼云，玉帛云乎哉？乐云乐云，钟鼓云乎哉？"

译文 孔子说："礼，〔有它深刻的内容，〕只是指玉帛等礼物而说的吗？乐，〔也有它的具体内容，〕只是指钟鼓一类乐器而说的吗？"

原文 17·12 子曰："色厉而内荏[①]，譬诸小人，其犹穿窬之盗也与[2]?”

注释 ① 色厉而内荏(rěn):色,颜色,脸上的神色。这里指外表。厉,威严。荏,虚弱。色厉内荏,指外表显得刚正无私,而内怀私欲,极为虚弱。

② 穿窬(yú):挖洞。

译文 孔子说:“有一种人,表面上显得很威严,而内心里却很虚弱,若用小人做比方,大概就像个挖洞爬墙的小偷吧!”

原文 17·13 子曰:“乡原[1],德之贼也。”

注释 ① 乡原:原,同“愿”。乡原,指言行不符、欺世盗名的人。

译文 孔子说:“不辨是非随处讨好的人,是道德的大害。”

原文 17·14 子曰:“道听而涂说[1],德之弃也。”

注释 ① 道听而涂说:涂,同“途”。道听而涂说,在道路上听见一些传言,便四处传说。

译文 孔子说："道听途说，这是自甘抛弃道德的行为。"

原文 17·15 子曰："鄙夫可与事君也与哉？其未得之也，患得之[①]；既得之，患失之。苟患失之，无所不至矣。"

注释 ① 患得之：根据上下文的内容来看，"患得之"应为"患不得之"。

译文 孔子说："卑鄙陋劣的人，难道可以和他一块侍奉君主吗？当他没有得到官职的时候，唯恐得不到。既然得到了，又唯恐丢失掉。假若害怕丢失掉，他就会什么事都干得出来。"

原文 17·16 子曰："古者民有三疾，今也或是之亡也[①]。古之狂也肆，今之狂也荡；古之矜也廉[②]，今之矜也忿戾；古之愚也直，今之愚也诈而已矣。"

注释 ① 古者民有三疾，今也或是之亡也：孔子认为，当时世风日下，就连人们的缺点也无法与古人的缺点相比。古代一般人的缺点中，尚包含着某种好的东西，今天则没有。

② 廉：原指器物的棱角，这里是厉害的意思。

译文 孔子说："古代的老百姓有三种毛病，现在呢，或许连这样的三种毛病都没有了。古代狂妄的人只是不拘小节，现在狂妄的人则放荡越礼；古代矜持的人只是有点厉害，现在矜持的人则有点蛮横无礼，拼命相争；古代愚蠢的人还有直率的一面，现在愚蠢的人却只有欺诈罢了。"

原文 17·17 子曰："巧言令色，鲜矣仁[①]。"

注释 ① 此条已见1·3。

原文 17·18 子曰："恶紫之夺朱也[①]，恶郑声之乱雅乐也，恶利口之覆邦家者。"

注释 ① 紫之夺朱：紫，紫色，蓝色和红色合成的颜色。古代认为紫色是不正的颜色。朱，朱色，大红色。古代认为朱色是正色。紫之夺朱，是说紫色代替（夺取）了朱色的地位，充任正色。

译文 孔子说："颠倒紫色和大红色的地位，这是可厌恶的；

用郑国的淫乐破坏宫廷正统的雅乐，这也是可厌恶的；花言巧语，颠倒是非，致使国家倾覆，这更是可厌恶的。”

原文 17·19 子曰：“予欲无言。”子贡曰：“子如不言，则小子何述焉？”子曰：“天何言哉？四时行焉，百物生焉，天何言哉？”

译文 孔子说：“我想不再说话了。”子贡说：“您如果不说话，那么我们学生还传述什么呢？”孔子说：“天说了什么呢？一年四季照样运行，百物照样生长，天说了什么呢？”

原文 17·20 孺悲欲见孔子[①]，孔子辞以疾。将命者出户，取瑟而歌。使之闻之。

注释 ① 孺悲：鲁国人，曾向孔子学习士丧礼。

译文 孺悲想要孔子接见他，孔子假托有病，辞而不见。当传话的人走出房门，孔子便取过琴来弹唱，故意让孺悲听到。〔表示不是有病，而是不愿意见他。〕

原文 17·21 宰我问："三年之丧，期已久矣。君子三年不为礼，礼必坏；三年不为乐，乐必崩。旧谷既没，新谷既升，钻燧改火，期可已矣[①]。"子曰："食夫稻[②]，衣夫锦，于女安乎？"曰："安。""女安，则为之！夫君子之居丧，食旨不甘[③]，闻乐不乐，居处不安[④]，故不为也。今女安，则为之！"宰我出。子曰："予之不仁也！子生三年，然后免于父母之怀。夫三年之丧，天下之通丧也。予也有三年之爱于其父母乎！"

注释 ① 钻燧（suì）改火，期可已矣：古代钻木取火所用的木头，四季各异，一个季节换一种，一年轮一遍。期，同"朞（jī）"，一周年。

② 食夫稻：吃稻米。古代北方，水稻是难以得到的珍贵食品。

③ 旨：美。

④ 居处不安：居处，指住在平日住的房子里。古代居丧，住在临时搭的棚子里。

译文 宰我问道："父母死后，子女要守三年孝，时间太长了。君子三年不习礼仪，礼仪一定会废弃；三年不演习音乐，音乐一定会被忘记。陈谷已经吃完，新谷已经登场，取火用的木头已经轮过一遍，守孝一年也就可以了。”孔子说：“〔在父母三年的丧期里，〕你吃稻米，穿锦缎衣服，心安吗？”宰我说：“心安。”孔子说：“你心安，就那么去做吧！君子守孝时，吃美味的东西也不香甜，听音乐也不快乐，住在家里也不觉得舒服，所以不那么做。如今你心安，就去那么做吧！”宰我退了出来。孔子说：“宰我真是不仁呀！儿女出生三年，才能够脱离父母的怀抱。〔父母死后，〕守孝三年，天下都是这样做的。宰我难道没有从他父母那里获得三年的爱吗？”

原文 **17·22 子曰：“饱食终日，无所用心，难矣哉！不有博弈者乎[①]？为之，犹贤乎已[②]。”**

注释 ① 博弈（yì）：博，局戏。弈，围棋。

② 犹贤乎已：贤，超过。已，止，什么都不干。

译文 孔子说：“整天吃得饱饱的，没有一件事肯用心，这种人真是太难了！不是有掷骰子下围棋的游戏吗？干干这些事，也比什么都不干好。”

原文 **17·23 子路曰：“君子尚勇乎[①]？”子曰：“君子义以**

为上。君子有勇而无义为乱，小人有勇而无义为盗。”

注释 ① 尚：同下文的“上”，这里作动词用。

译文 子路说：“君子崇尚勇敢吗？”孔子说：“君子认为义是最为重要的，如果君子有勇而无义，就会犯上作乱；小人有勇而无义，就会成为强盗。”

原文 17·24 子贡曰：“君子亦有恶乎[①]？”子曰：“有恶：恶称人之恶者，恶居下流而讪上者[②]，恶勇而无礼者，恶果敢而窒者[③]。”曰：“赐也亦有恶乎？”“恶徼以为知者[④]，恶不孙以为勇者，恶讦以为直者[⑤]。”

注释 ① 恶（wù）：憎恶。下文的“恶”，除“称人之恶”中“恶”以外，都与此同。

② 讪（shàn）：毁谤。

③ 窒（zhì）：不通。

④ 徼（jiāo）：抄袭。

⑤ 讦（jié）：攻击、揭发别人的阴私。

译文 子贡说：“君子也有所憎恶吗？”孔子说：“有憎恶：憎

恶散播别人坏处的人，憎恶身居下位而毁谤在上位者的人，憎恶勇敢而不知礼的人，憎恶那种自以为是、果敢蛮干到底的人。”孔子又说：“赐，你也有憎恶吗？”子贡回答说：“我憎恶抄袭别人成果却自认为聪明的人，憎恶不谦逊而自认为勇敢的人，憎恶揭发别人的阴私而自认为直率的人。”

原文 17·25 子曰：“唯女子与小人为难养也，近之则不孙，远之则怨。”

译文 孔子说：“只有女人和小人最难相处，亲近了，他们就会放肆无礼；疏远了，他们就会怨恨。”

原文 17·26 子曰：“年四十而见恶焉，其终也已。”

译文 孔子说：“活到四十岁还被人厌恶，他这一生也就没有希望了。”

微子第十八

（凡十一章）

原文　18·1 微子去之①。箕子为之奴②。比干谏而死③。孔子曰："殷有三仁焉。"

注释　① 微子去之：微子，名启，殷纣王的庶兄。去之，离去。

② 箕（jī）子为之奴：箕子，名胥余，殷纣王的叔父他向殷纣王进谏，纣王不听，于是披发装疯，被降为奴隶。

③ 比干谏而死：比干，殷纣王的叔父。他也因向纣王进谏，被剖心而死。

译文　〔殷纣王无道，不听劝谏，〕微子便弃官而去，箕子被降而为奴隶，比干进谏而被处死。孔子说："殷朝有三个仁人。"

原文　18·2 柳下惠为士师①，三黜②。人曰："子未可以去乎？"曰："直道而事人，焉往而不三黜？枉道而事人，何必去父母之邦。"

注释 ① 士师：狱官。

② 三黜（chù）：多次被罢官。

译文 柳下惠做狱官，多次被革职。有人说："您不可以离开鲁国吗?"他说："如果我按照正直的道理侍奉君主，到哪里去不会被多次革职呢？如果不按照正直的道理侍奉君主，又何必一定要离开父母所在的国家呢?"

原文 18·3 齐景公待孔子曰："若季氏，则吾不能；以季孟之间待之。"曰："吾老矣，不能用也。"孔子行。

译文 齐景公讲到接待孔子的礼节时说："如果要像鲁君对待季氏那样，我是不能够的；我只能用低于季氏而高于孟氏的适中礼节来对待他。"后来又说："我老了，不能任用他了。"孔子便离开了齐国。

原文 18·4 齐人归女乐①，季桓子受之②，三日不朝，孔子行。

注释 ① 归：同"馈（kuì）"，赠送。

② 季桓子：名斯，鲁国大夫。

译文 齐国送给鲁国许多唱歌跳舞的美女，季桓子接受了，多日不上朝理事，孔子便离开了鲁国。

原文 18·5 楚狂接舆歌而过孔子曰[①]：“凤兮！凤兮！何德之衰[②]？往者不可谏，来者犹可追[③]。已而，已而！今之从政者殆而！”孔子下，欲与之言。趋而辟之[④]，不得与之言。

注释 ① 接舆：当时的隐士，不是真实姓名。《论语》中的隐士多以事命名，如看门的称“晨门”，执杖的称“丈人”，接孔子舆的称“接舆”。

② 何德之衰：古代人认为，天下有道时凤凰才出现，天下无道时就隐去。接舆以凤凰喻孔子，讽刺他在天下无道时却不隐去，是一种德行衰败的表现。

③ 犹可追：还来得及的意思。

④ 辟：同“避”。

译文 楚国的狂人接舆从孔子的车前经过，唱道：“凤凰呀，凤凰呀！你的德行为什么衰败了呢？过去的是无法挽回了，未来的还是可以补救的。算了吧，算了吧！现在当政的那些人危险极了！”孔子下了车，想和他谈谈。他却连忙避开了，孔子没能够和他谈。

原文 18·6 长沮、桀溺耦而耕[①]，孔子过之，使子路问津焉。长沮曰："夫执舆者为谁？"子路曰："为孔丘。"曰："是鲁孔丘与？"曰："是也。"曰："是知津矣[②]。"问于桀溺。桀溺曰："子为谁？"曰："为仲由。"曰："是鲁孔丘之徒与？"对曰："然。"曰："滔滔者天下皆是也，而谁以易之？且而与其从辟人之士也，岂若从辟世之士哉[③]？"耰而不辍[④]。子路行以告。夫子怃然曰[⑤]："鸟兽不可与同群，吾非斯人之徒与而谁与[⑥]？天下有道，丘不与易也。"

注释 ① 长沮（jǔ）、桀溺耦（ǒu）而耕：长沮、桀溺，当时两个不知真实姓名的隐士。耦耕，两个人各执一耜（sì）耕一块地。

② 是知津矣：意思是说，孔子周游列国，应该知道渡口在哪里。

③"且而"二句：而，同"尔"，你。辟人之士，指孔子。辟世之士，指长沮和桀溺。

④ 耰（yōu）而不辍（chuò）：耰，下种以后用土盖平。辍，停止。

⑤ 怃然：怅惘失意的样子。

⑥“鸟兽”二句：与，相与，在一起。这一句中的三个“与”用法相同。孔子这句话的意思是说他不愿避世而隐居。山林多鸟兽，隐居山林就会和鸟兽同群，而孔子是愿意和天下人在一起，不愿隐居和鸟兽同群。

译文 长沮、桀溺两个人一块耕田，孔子从旁边经过，让子路去询问渡口。长沮问子路说：“驾车子的那个人是谁?”子路说：“是孔丘。”长沮说：“是鲁国的孔丘吗?”子路说；“是的。”长沮说：“他早该知道渡口在哪儿了。”子路又去问桀溺。桀溺说：“你是谁?”子路说：“是仲由。”桀溺说：“你是鲁国孔丘的学生吗?”子路回答说：“是的。”桀溺说：“〔天下已乱，〕好像滔滔的洪水，到处都是这样，谁能改变得了呢？你与其跟着〔孔丘那种〕躲避坏人的人，还不如跟着〔我们这些〕避世隐居的人呢?”说完，就不停地往种子上盖土。子路回来〔把这些〕告诉孔子。孔子失望地叹息说：“我们既然无法跟鸟兽待在一起，若不跟天下人待在一起又跟谁在一起呢？天下如果太平，我就不会和你们一起来从事改变现实的工作了。”

原文 18·7 子路从而后，遇丈人①，以杖荷蓧②。子路问曰："子见夫子乎？"丈人曰："四体不勤，五谷不分[③]，孰为夫子？"植其杖而芸。子路拱而立。止子路宿，杀鸡为黍而食之[④]，见其二子焉。明日，子路行以告。子曰："隐者也。"使子路反见之。至则行矣。子路曰："不仕无义。长幼之节不可废也[⑤]；君臣之义，如之何其废之？欲洁其身，而乱大伦。君子之仕也，行其义也。道之不行，已知之矣。"

注释

① 丈人：老人。当时的一位隐士。

② 以杖荷蓧（diào）：杖，拐杖。蓧，锄草的工具。

③ 四体不勤，五谷不分：四肢不劳动，五谷也不能分辨。这是老人责备子路不参加农业生产，随着孔子远游。

④ 杀鸡为黍而食（sì）之：黍，即黍子，去皮后称黄米，煮熟后有粘性。食，给人吃。杀鸡为黍是老人对子路的款待。

⑤ 长幼之节不可废也：丈人曾让他的两个儿子出来和子路相见，这是他重视长幼之间礼节的表现。子路这句话是指丈人上述行为而说。

译文

子路跟随着孔子，落在了后面，碰见一个老人，用拐杖挑着锄草的工具。子路问道："您看见我的老师了吗？"老人说："四体不勤，五谷不分，我知道你的老师是谁?”说完，就把拐杖插在一旁锄草。子路拱着手恭敬地站在那里。老人留子路在他家住宿，杀鸡做饭给子路吃，并让他的两个儿子出来和子路相见。第二天子路赶上了孔子，把这件事告诉了他。孔子说：“这是个隐士。”叫子路再回去看看他。子路到了那里，老人却已经走了。子路说：“不出来做官是不合乎义的。长幼之间的礼节尚且是不可废弃的，君臣之间的大义又怎么能够废弃呢？你只想隐居求得自身的洁白，却不知道这样做便是乱了君臣之间大的伦理关系。君子出来做官，是为了实行君臣之义。至于我们的主张行不通，则是早已知道的了。”

原文 18·8 逸民：伯夷、叔齐、虞仲、夷逸、朱张、柳下惠、少连[①]。子曰：“不降其志，不辱其身，伯夷、叔齐与！”谓：“柳下惠、少连，降志辱身矣，言中伦，行中虑，其斯而已矣。”谓：“虞仲、夷逸，隐居放言，身中清，废中权。我则异于是，无可无不可[②]。”

注释 ① 虞仲、夷逸、朱张、少连：这几个人的身世已不可知。

② 无可无不可：不一定非要怎样才可以，即可进可退怎么都行的意思。

译文 隐逸不曾做官的人有：伯夷、叔齐、虞仲、夷逸、朱张、柳下惠、少连。孔子说："不肯屈降自己的意志，不肯屈身受辱，这就是伯夷、叔齐吧！"又说："柳下惠、少连虽降志辱身，但说话合乎义理次序，行为经过思虑，合乎众人的愿望，他们不过如此罢了。"又说："虞仲、夷逸虽然避世隐居，说话放纵不拘，但却保持了自己的清白。放弃官位，全身自保，合乎权变的道理。我却和这些人不同，没有什么可以，也没有什么不可以。"

原文 **18·9 大师挚适齐[①]，亚饭干适楚[②]，三饭缭适蔡，四饭缺适秦，鼓方叔入于河，播鼗武入于汉[③]，少师阳、击磬襄入于海。**

注释 ① 大师挚：可能就是《泰伯》篇所说的师挚。

② 亚饭干：古代天子和诸侯吃饭时均需奏乐侑食，亚饭干和下文的三饭缭，四饭缺都是以乐侑食的乐官。

③ 播鼗（táo）武：武，摇鼓乐师的名字。播，摇。鼗，两边系有小槌的小鼓，下面有把，持把而摇，槌还自击。

译文 太师挚逃到齐国去了，二饭乐师干逃到楚国去了，三饭乐师缭逃到蔡国去了，四饭乐师缺逃到秦国去了，打鼓的乐师方叔到黄河一带地方去了，摇小鼓的乐师武到汉水一带地方去了，少师阳、击磬的襄到海滨去了。

原文 18·10 周公谓鲁公曰[①]：“君子不施其亲[②]，不使大臣怨乎不以[③]，故旧无大故，则不弃也。无求备于一人。”

注释 ① 周公谓鲁公：周公，周公旦。鲁公，周公的儿子，名伯禽。

② 施：同“弛”，松弛，这里是放松的意思。有的本子即作“弛”。

③ 以：用。

译文 周公对鲁公说：“君子不该怠慢自己的亲族，不叫大臣怨恨自己不重用他们，老臣如果没有大的过失，就不要抛弃他们。不要对某一个人求全责备。”

原文 18·11 周有八士：伯达、伯适、仲突、仲忽、叔夜、叔夏、季随、季騧[①]。

注释 ①伯达、伯适（kuò）……季騧（guā）八人：这八人的身世已不可知。

译文 周朝有八个贤士：伯达、伯适、仲突、仲忽、叔夜、叔夏、季随、季騧。

子张第十九

（凡二十五章）

原文 19 · 1 子张曰："士见危致命，见得思义，祭思敬，丧思哀，其可已矣。"

译文 子张说："读书人遇见危难时便肯献出生命，有利可得时，便首先考虑是否应该得，祭祀时便考虑是否恭敬，居丧时便考虑是否悲哀，这样也就可以了。"

原文 19 · 2 子张曰："执德不弘，信道不笃，焉能为有？焉能为亡？"

译文 子张说："对于道德，能遵守却不能发扬光大，信仰却不坚定。（这样的人）有他不能算有，没有他也不能算无。"

原文 19 · 3 子夏之门人问交于子张。子张曰："子夏云何？"对曰："子夏曰：'可者与之，其不可者拒之'。"子张曰："异乎吾所闻：君子尊贤而容众，嘉善而矜不能。我之大贤与，于人何所不容？我之不贤与，人将拒我，如之何其拒人也？”

译文 子夏的学生向子张请教怎样交朋友。子张问道：“子夏是怎么说的？”子夏的学生回答说：“子夏说：‘可交的就和他相交，不可交的就拒绝他。’”子张说：“我所听到的和这不同：君子尊重贤人，也能够容纳普通人，赞美善人，又能怜惜能力差的人。我如果是个大贤，对别人有什么不能容纳的呢？我如果不贤，别人就会拒绝我，我又怎么能去拒绝别人呢？”

原文 19·4 子夏曰：“虽小道，必有可观者焉；致远恐泥[①]，是以君子不为也。”

注释 ① 泥（nì）：不通，妨碍。

译文 子夏说：“就是小技艺，也一定会有可取的地方，但对于从事远大的事业恐怕有所妨碍，所以君子不从事这些小技。”

原文 19·5 子夏曰：“日知其所亡，月无忘其所能，可谓好学也已矣。”

译文 子夏说：“每天懂得一些以前所不知道的，经常复习已经学到的，经时累月也不忘记，这就可称得上是好学了。”

原文 19·6 子夏曰：“博学而笃志①，切问而近思②，仁在其中矣。”

注释 ① 笃志：笃，厚。志，识。

② 切问而近思：切问，指问一些自己学习而又没有弄懂的问题，不要泛问。近思，指考虑一些自己当前要办而没有办到的事，不要不切实际的远思。

译文 子夏说：“广泛地学习，专心钻研，恳切地提问题，多思考一些自己当前需要解决的事，仁德就在其中了。”

原文 19·7 子夏曰：“百工居肆以成其事，君子学以致其道。”

译文 子夏说："各行各业的工匠居住在制作场所来完成他们的工作，君子则通过学习来获得道。"

原文 19·8 子夏曰："小人之过也必文。"

译文 子夏说："小人对于过错必定加以文饰。"

原文 19·9 子夏曰："君子有三变：望之俨然，即之也温，听其言也厉。"

译文 子夏说："君子有三变：远望他，端庄的样子；接近他，温和可亲；听他的话，义正词严。"

原文 19·10 子夏曰："君子信而后劳其民；未信，则以为厉己也。信而后谏；未信，则以为谤己也。"

译文 子夏说："君子要先取得老百姓的信任，然后再使唤他们；没有取得信任，那老百姓就会以为你是坑害他们。必须先取得信任而后才去进谏；没有取得信任，〔就去进谏，〕那君主就会以为你是诽谤他。"

原文 19·11 子夏曰："大德不逾闲[①]，小德出入可也。"

注释 ① 闲：阑，界限。

译文 子夏说："大节上不要超越界限，小节上有点出入则是可以的。"

原文 19·12 子游曰："子夏之门人小子，当洒扫应对进退，则可矣，抑末也。本之则无，如之何？"子夏闻之，曰："噫！言游过矣！君子之道，孰先传焉？孰后倦焉？譬诸草木，区以别矣。君子之道，焉可诬也？有始有卒者，其惟圣人乎！"

译文 子游说："子夏的那些学生，让他们做些打扫卫生和迎送宾客的事，还是可以的，但这不过是些末务小事。根本的学问却没有学到，怎么可以呢？"子夏听到这话后，说："咳！子游错了！君子的学问，哪一些先传授，哪一些又应该后传授？譬如草木，是有大小区别的。君子的学问，怎么能随便歪曲呢？能够有始有终由小到大按照次序教授学生的，大概只有圣人吧！"

原文 19·13 子夏曰："仕而优则学，学而优则仕。"

译文 子夏说："出去做官，办完公事还有余力，就去学习；在家学习，完成了学业还有余力，就去做官。"

原文 19·14 子游曰："丧致乎哀而止。"

译文 子游说："儿女在居丧时，内心表现出十足的悲哀也就可以了。"

原文 19·15 子游曰："吾友张也为难能也，然而未仁。"

译文 子游说："我的朋友子张真是难能可贵的了，然而还没有能做到仁。"

原文 19·16 曾子曰："堂堂乎张也①，难与并为仁矣。"

注释 ① 堂堂：外表美盛有气派。这里是说子张为学只讲外表，不重视内心的道德修养，所以下文说难以和他一起达到仁。

译文 曾子说："子张的学问表面上很堂皇，因而难以和他一起达到仁。”

原文 19 · 17 曾子曰：“吾闻诸夫子：人未有自致者也，必也亲丧乎！”

译文 曾子说：“我听老师说过，一个人平时的感情不会自动地充分表露出来，只有在遇到父母的丧事时才能这样吧！”

原文 19 · 18 曾子曰：“吾闻诸夫子：孟庄子之孝也[①]，其他可能也；其不改父之臣与父之政，是难能也。”

注释 ① 孟庄子：名速。鲁大夫仲孙蔑（孟献子）的儿子。

译文 曾子说：“我听老师说过：孟庄子的孝行，其他方面别人都可以做得到，而他不变更父亲的旧臣和政治措施，则是别人难以做到的。”

原文 19 · 19 孟氏使阳肤为士师[①]，问于曾子。曾子曰：“上失其道，民散久矣。如得其情，则哀矜而勿喜！”

注释 ① 阳肤：据说是孔子的学生。

译文 孟孙氏任命阳肤做法官，阳肤去向曾子请教。曾子说："如今执政的人不按制度办事，民心离散已经很久了。你如果能了解到百姓犯罪的真实情况，就应该哀怜他们，而不要〔以为对他们做到了按法治罪，〕就沾沾自喜！"

原文 19·20 子贡曰："纣之不善[①]，不如是之甚也。是以君子恶居下流，天下之恶皆归焉。"

注释 ① 纣：殷商的末代君主，名辛，"纣"是他的谥号。历来认为他是个大暴君。

译文 子贡说："殷纣王的坏，不像传说的那么厉害。所以君子对于自己处于下流地位是很厌恶的，因为一处于下流地位，天下的一切坏事都会加到你的身上。"

原文 19·21 子贡曰："君子之过也，如日月之食焉：过也，人皆见之；更也，人皆仰之。"

译文 子贡说："君子的过错，犹如日食和月食一样：有了过错时，人人都能看得到；改正过错后，人人都仰望着他。"

原文 19·22 卫公孙朝问于子贡曰[①]："仲尼焉学？"子贡曰："文武之道，未坠于地，在人。贤者识其大者，不贤者识其小者，莫不有文武之道焉。夫子焉不学？而亦何常师之有？"

注释 ① 公孙朝：卫国大夫。

译文 卫国大夫公孙朝问子贡说："孔仲尼的学问是从哪里学来的？"子贡说："周文王和周武王的道，没有坠入地下，仍旧留在人间。贤能的人能够认识它的重要方面，不贤的人只能认识它的次要方面。周文王和周武王的道是无处不在的。我的老师是无处不学习的，又何必要有个固定的老师呢？"

原文 19·23 叔孙武叔语大夫于朝曰[①]："子贡贤于仲尼。"子服景伯以告子贡。子贡曰："譬之宫墙，赐之墙也及肩，窥见室家之好。夫子之墙数仞[②]，不得其门而入，不见宗庙之美，百官之富。得其门者或寡矣。夫子之云，不亦宜乎！”

注释 ① 叔孙武叔：名州仇，鲁大夫。

② 仞（rèn）：古代八尺为一仞。

译文 叔孙武叔在朝廷中对大夫们说：“子贡胜过了他老师仲尼。”子服景伯把这话告诉了子贡。子贡说：“以围墙做个比喻，我家的围墙只有肩膀那么高，谁都可以从外边探视到我家房屋的美好。我老师的围墙有几丈高，如果找不到门走进去，就看不见宗庙的威严壮丽，房舍建筑的多样。能够找到门的人是很少的吧。武叔老先生这样说，不也是很自然的吗？”

原文 19·24 叔孙武叔毁仲尼。子贡曰：“无以为也！仲尼不可毁也。他人之贤者，丘陵也，犹可逾也；仲尼，日月也，无得而逾焉。人虽欲自绝，其何伤于日月乎？多见其不知量也[①]。”

注释 ① 多见其不知量也：多，只，适，恰好。不知量，指不知其分量。

译文 叔孙武叔毁谤仲尼。子贡说："不要这样做！仲尼是毁谤不了的。别人的贤能，好比丘陵，还可以超越过去；而仲尼呢，就好比天上的日月，是没有人能够超越过去的。一个人要想自绝于圣人，那对日月有什么损害呢？这只能表明他不自量力罢了。"

原文 19·25 陈子禽谓子贡曰："子为恭也，仲尼岂贤于子乎？"子贡曰："君子一言以为知，一言以为不知，言不可不慎也，夫子之不可及也，犹天之不可阶而升也。夫子之得邦家者，所谓立之斯立，道之斯行，绥之斯来，动之斯和。其生也荣，其死也哀，如之何其可及也。"

译文 陈子禽对子贡说："你对仲尼太恭敬谦逊了吧，难道他真的比你强吗？"子贡说："君子说一句话可以表现他的聪明，也可以表现他的愚笨，所以说话必须谨慎。我老师的不可及就好像天不能用梯子爬上去一样。我的老师如果能得到邦家而去治理它们，那正像我所说的让百姓以礼而立，百姓就自会以礼而立；要引导百姓，百姓自会跟着走；要安抚百姓，百姓就会前来归顺；要鼓动百姓，百姓就同心协力。老师他活得光荣，死了人们都感到悲哀。我怎么能赶得上他呢?”

尧曰第二十

（凡三章）

原文 20·1 尧曰："咨①！尔舜！天之历数在尔躬②，允执其中③。四海困穷，天禄永终。"

注释 ① 咨（zī）：感叹词。这里是表示叹赏。

② 历数：帝王传承的次序。天之历数，是说这种帝王传承的次序是由上天决定的。

③ 允执其中：允，信，诚实。执，执守。中，无过无不及，恰到好处。

译文 尧让位给舜时说："啧啧！舜呀！依照上天决定的帝位相传承的次序，帝位落到你的身上了。你要诚实地执守着那正确的道理。四海的百姓如果困苦贫穷，上天赐予你的禄位就会永远终止了。"

原文 舜亦以命禹。

译文 舜让位给禹时，也是这样说的。

原文 曰："予小子履，敢用玄牡[①]，敢昭告于皇皇后帝：有罪不敢赦。帝臣不蔽，简在帝心[②]。朕躬有罪[③]，无以万方；万方有罪，罪在朕躬。"

注释 ① 予小子履，敢用玄牡（mǔ）：履，商汤的名字。予小子是商汤自称之词。玄牡，黑色公牛。

② 简：阅，知道。

③ 朕（zhèn）：古人自称之词。秦始皇以后专用为皇帝的自称。

译文 商汤说："我小子履，大胆地用黑色的公牛来祭祀，明明白白向伟大的上帝祷告：有罪的我不敢随便赦免他（夏桀）。你的臣仆的罪过我也不敢隐瞒掩盖，因为您心里是早已明白的。我自己如果有罪，不要牵涉天下万方的百姓；天下万方的百姓有罪，罪都在我一人身上。"

原文 周有大赉[①]，善人是富。"虽有周亲，不如仁人。百姓有过，在予一人。"

注释 ① 赉（lài）：予，这里是封赏的意思。

译文 周朝广泛封赏诸侯，使善人都富贵起来。〔周武王〕说："我虽有至亲，但却不如有仁德的人。百姓如果有罪，那罪过都在我一人身上。"

原文 谨权量，审法度①，修废官，四方之政行焉。兴灭国，继绝世，举逸民，天下之民归心焉。

注释 ① 谨权量，审法度：权，衡量。量，容量。法度，指长度。这句话的意思是说，要使度量衡统一。整个这一章文风不一，前后内容也不联贯，或以为其中文字必有脱落。"谨权量"以前的文字是古文献的引文，这一句以后则是孔子的话，故有的版本在"谨权量"之前有"孔子曰"。

译文 谨慎地审定度量衡，修整已废弛的官职，政令就会在全国通行无阻。恢复被灭亡的国家，接续已断绝的后代，举用被遗落了的贤士，天下的老百姓就会诚心地归服了。

原文 所重：民、食、丧、祭。

译文 所重视的是：人民、粮食、丧事、祭祀。

原文 宽则得众，信则民任焉[①]，敏则有功，公则说。

注释 ① 信则民任焉：或认为这一句为衍文，故有的版本将这一句删去。《阳货》篇有“信则人任焉的”话，这里则以“人”作“民”，似不合孔子的思想，很不好讲。这里仅参考有关注释翻译出来，以备参阅。

译文 宽厚就会得到众人的拥护，诚实无欺百姓就会依靠你，勤敏工作就会取得成绩，公平就会使百姓高兴。

原文 20·2 子张问于孔子曰：“何如斯可以从政矣？”子曰：“尊五美，屏四恶[①]，斯可以从政矣。”子张曰：“何为五美？”子曰：“君子惠而不费，劳而不怨，欲而不贪，泰而不骄，威而不猛。”子张曰：“何谓惠而不费？”子曰：“因民之所利而利之，斯不亦惠而不费乎？择可劳而劳之，又谁怨？欲仁而得仁，又焉贪？君子无众寡，无小大，无敢慢，斯不亦泰而不骄乎？君子正其衣冠，尊其瞻视，俨然人望而畏之，斯不亦威而不猛乎？”子张曰：“何谓四恶？”子曰：“不教而杀谓之虐；不戒视成谓之暴；慢令致期为之贼，犹之与人也，出纳之吝谓之有司[②]。”

注释 ① 屏（bǐng）：除。

② 出纳之吝谓之有司：出纳，这里是支出的意思。有司，管理某一具体事情的官称有司，这里指管理财务的小官。

译文 子张问孔子说："怎样才可以做官管理政事？"孔子说："尊崇五种美德，屏除四种恶政，这样就可以做官管理政事了。"子张说："什么是五种美德？"孔子说："给老百姓以恩惠，自己却没有什么耗费；劳动老百姓，老百姓却不怨恨；爱好仁义，不贪图财利，庄重却不骄傲，威严却不凶猛。"子张又问："什么叫作给老百姓以恩惠，自己却没有什么耗费呢？"孔子说："顺着老百姓可以得利方面引导他们去做能得利的事，使他们得到利益，这不就是给他们以恩惠，自己却没有什么耗费吗？选择合适的时间让老百姓去劳动，那还有谁会怨恨呢？自己想要得到仁德就得到了仁德，这怎么能叫贪财贪利呢？君子处事，无论人多人少，事情大小，都不敢怠慢，这不也就是庄重却不骄傲吗？君子衣冠整齐端正，目光严肃尊重，使人望而生畏，这也不就是威严而不凶猛吗？"子张又说："什么是四种恶政？"孔子说："不事先进行教育，犯了罪就杀叫作虐杀；不先申诫马上便要成果叫作暴；随便下命令却要求限期内完成叫作贼；同样是给人赏赐，当到给与的时候却很吝惜，这样叫作有点像管理财务那种小官的作风。”

原文 20·3 孔子曰：“不知命，无以为君子也；不知礼，无以立也；不知言，无以知人也。”

译文 孔子说：“不知命运，就不能做君子；不知礼，就无法在社会上自立；不知道辨别言语的是非，就不能分清人的好坏。”

孟子

引 言

◎《孟子》是记载孟轲言行的书。

◎ 孟轲（约前372—前289），字子舆，战国中期邹国（今山东省邹县东南）人。著名的思想家、政治家、教育家，孔子学说的继承者，是儒家的重要代表人物。

◎ 他的出生，距孔子（前551—前479）之死大约百年左右。相传他曾受业于孔子之孙孔伋（子思）的门人，他自己曾声称“乃所愿，则学孔子也”，并常以“孔尼之徒”自居。

◎ 他曾游历齐、宋、滕、魏、鲁等国，一度担任齐宣王客卿。因为他的主张多不被采纳，便退而与门徒万章、公孙丑等著书立说。《孟子》七篇，正是这一类著述，也有人认为是在孟轲死后，它才被门徒整理成书。另有《外书》四篇，早已失传。

◎《孟子》鼓吹“仁政”，主张“省刑罚，薄税敛”，使民有“恒产”，做到“养生送死无憾”；希望人们能安居乐业，使“五亩之宅，树之以桑”“百亩之田，勿夺其时”，在此基础上施以儒家的教化；提出“民贵君轻”之说，甚至认为残暴君主是独夫民贼，推翻它也不能叫“弑君”。尽管这些主张的出发点都是为统治阶级着想，但也含有一定的进步因素。当然，由于阶级偏见和时代局限，他的不少言论相当荒谬，例如“劳心者治人，劳力者治于人”的观点，把劳心和劳力截然对立，强分贵贱高低；又如“万物皆备于我”的断言，过分夸大人的主观精神作用，等等，对后世有极不良的影响。

◎《孟子》跟《论语》一样，同属于以记言为主的语录体散文，但它比《论语》有明显的发展。《论语》往往以简约含蓄取胜，文字提炼概括而语焉不详,《孟子》却以详中细述著称，展开议论而淋漓尽致。其中很多辩论，气势充沛，笔带锋芒，很有鼓动性；常用比喻或寓言故事陈说事理，尖刻锐利；争辩中善设机巧，引人入彀，以退为进，先纵后擒，层层穷追，步步紧逼，不容置辩；语言上生动明快，从容自如，畅达明晰。这些，对于后代散文有广泛深远的影响。

◎ 我们译注《孟子》所依据的蓝本，以朱熹所撰《四书章句集注》为主，并参照《十三经注疏》本所辑汉赵岐注、宋孙奭疏之《孟子注疏》。今译和注释，参考并汲取了近人今人的一些研究成果。对某些存在异说的疑难语句，一般说来，多选择与前后文情理协调、语势贯通之说作为今译依据，必要时则在注释中摘附他说，以供参考。

◎《孟子》中多引《诗经》《尚书》，断章截句，难窥全豹，因此，注释中多详注其篇名章序，使有兴趣探寻之读者有所依循。鉴于《诗经》本是韵体，今译亦尽可能押韵，以想见原作风貌。

◎ 无论是今译或注释，谬误必多，欢迎批评指正。

林松

梁惠王上

（凡七章）

原文 1·1 孟子见梁惠王[1]。王曰："叟！不远千里而来，亦将有以利吾国乎？"

注释 ① 梁惠王（前400—前319）：战国时魏国国君，名字叫罃，前369至前319在位。即位后八年（前362），从安邑（今山西夏县北）迁都大梁（今河南开封西北），所以叫梁惠王。惠是他的谥号。亦称为魏惠王。

译文 孟子拜见梁惠王。惠王说："老人家！您不辞千里劳累而来，将会把利益带给我们的国家吧？"

原文 孟子对曰："王！何必曰利？亦有仁义而已矣[1]。王曰'何以利吾国？'大夫曰[2]'何以利吾家？'士庶人曰'何以利吾身[3]？'上下交征利而国危矣[4]。万乘之国，弑其君者[5]，必千乘之家；千乘之国，弑其君者，必百乘之家[6]。万取千焉，千取百焉，不为不多矣。苟为后义而先利[7]，不夺不餍[8]。未有仁而遗其亲者也[10]，未有义而后其君者也。王亦曰仁义而已矣，何必曰利？"

注释

① 亦：这里是"只"的意思。

② 大夫：我国奴隶制时代诸侯国中的官职称呼之一，国君之下，有卿、大夫和士三级，后来成为一般担任官职者的统称。

③ 士庶人：士，我国商、西周、春秋时期最低级的贵族阶层。庶，西周时对奴隶的称呼，后来用以泛指平民百姓。

④ 交征：互相争夺、夺取。

⑤ 弑（shì）：下杀上，卑杀尊，臣杀君叫弑。

⑥ 万乘、千乘、百乘：乘（shèng），古代用四匹马拉的一辆兵车叫一乘。诸侯国的大小根据兵车的多少来衡量，据刘向《战国策·序》说，战国末期的万乘之国有韩、赵、魏（梁）、燕、齐、楚和秦七国，千乘之国有宋、卫、中山以及东周、西周。至于千乘、百乘之家的"家"，是指拥有封邑（也叫采地）的公卿大夫，公卿封邑大，有兵车千乘；大夫封邑小，有兵车百乘。

⑦ 苟：假若；如果。

⑧ 餍（yàn）：满足。

⑨ 遗：遗弃；抛弃。

译文 孟子回答说："大王！为什么一定要谈到利益呢！只要讲求仁义就够了。〔如果〕大王说'怎样才能对我的国家有利？'大夫说'怎样才能对我的家族有利？'士子、平民说'怎样才能对我们本身有利？'〔那就会导致〕上上下下谋夺私利，国家就会遭到危难。在有万辆兵车的国家，杀它的国君者，肯定是有千辆兵车的大夫；在有千辆兵车的国家，杀它的国君者，肯定是有百辆兵车的大夫。〔这些大夫〕在万辆兵车之国中拥有千辆，在千辆兵车之国中拥有百辆，〔取十分之一〕这数量可真不少啊！如果把义放在后而把利摆在先，〔大夫〕不去夺取〔国君的产业〕是决不会满足的。〔从来〕不存在讲'仁'而遗弃父母的人，也不存在讲'义'而怠慢国君的人。大王只要讲仁义就够了，为什么一定要讲求利益呢？"

原文 **1·2 孟子见梁惠王。王立于沼上，顾鸿雁麋鹿，曰："贤者亦乐此乎？"**

译文 孟子拜见梁惠王。王正站在池塘边，观赏着鸿雁麋鹿等飞禽走兽，说："有修养的人也对这个有乐趣吗？"

原文

孟子对曰："贤者而后乐此，不贤者虽有此，不乐也。《诗》云①：'经始灵台，经之营之，庶民攻之，不日成之。经始勿亟②，庶民子来③。王在灵囿，麀鹿攸伏④，麀鹿濯濯⑤，白鸟鹤鹤⑥。王在灵沼，於牣鱼跃⑦。'文王以民力为台为沼，而民欢乐之，谓其台曰灵台，谓其沼曰灵沼，乐其有麋鹿鱼鳖。古之人与民偕乐，故能乐也。《汤誓》曰⑧：'时日害丧⑨，予及女偕亡⑩。'民欲与之偕亡，虽有台池鸟兽，岂能独乐哉？"

注释

①《诗》云：《诗经》中说。下文所引诗句见《诗经·大雅·灵台》，全诗共四章，文中所引的是前两章。

② 亟（jí）：着急。

③ 庶民子来：据朱熹《诗集传》注，"民心乐之，如子趣父事，不召自来也。"意思是百姓像儿子促成父业一样自觉自愿地来。

④ 麀鹿攸伏：麀（yōu），母鹿。攸，同"所"。伏，安其所处，含有驯服的意思。

⑤ 濯濯（zhuó）：肥胖而光滑的样子。

⑥ 鹤鹤：羽毛洁白的样子。

⑦ 於牣：於（wū），用在句首，赞叹词。牣（rèn），满。

⑧《汤誓》：《尚书》中的一篇，记载商汤伐夏桀的誓师词。

⑨ 时日害丧：时，这。日，太阳。害，何；何时。丧，毁灭。意思是这太阳什么时候毁灭？"

⑩ 予及女：我和你。女，同"汝"，你。

译文 孟子回答说："有修养的人才会对这个产生乐趣，缺乏修养的人即便享有这些东西，也不会有乐趣。《诗经》中说得好：'刚刚开始创设灵台，又是建筑又是兴盖。平民百姓全力以赴，当天落成进展很快。不要过急以免劳累，百姓更是热情澎湃。文王来到灵囿巡游，但见母鹿乖觉驯顺。母鹿长得膘肥光润，白鸟长得羽丰毛纯。文王来到灵沼光赏，满池的鱼活跃翻滚。'（译者按，《孟子》所引《诗经》原句，前六句是第一章，后六句是第二章。今译多采用意译方式，力求保持原诗章法结构。下同。）周文王〔就这样〕动用百姓的劳力来筑高台、修深池，而百姓却很高兴，把那深池称为'灵沼'，还为其中有麋鹿鱼鳖一类动物高兴。古代的君主能跟百姓一起欢乐，所以能尝到真正的乐趣。〔相反的例子是〕《汤誓》记载：'太阳啊！你什么时候坠毁？我们宁愿跟你一起崩溃！'（这是古代奴隶抱怨夏桀暴虐统治的歌谣，因为夏桀曾狂妄地把自己比作太阳说：'吾有天下，如天之有日。日亡，吾乃亡耳。’因此，人们希望太阳快快毁灭，宁愿跟太阳同归于尽，以表达对夏桀的诅咒怨恨。——译注者)〔像夏桀这样的暴君〕百姓竟巴望一道死亡，即便有高台、池沼，珍禽、异兽，怎能够独自享受欢乐呢?”

原文 1·3 梁惠王曰:“寡人之于国也，尽心焉耳矣。河内凶，则移其民于河东①，移其粟于河内。河东凶亦然。察邻国之政，无如寡人之用心者。邻国之民不加少②，寡人之民不加多，何也?”

注释 ① 河内、河东：这里所指的河内，是黄河北岸，今河南济源县一带；魏国的河东，是今山西省安邑县一带。

② 加少：减少。后文“加多”是增多。

译文 梁惠王说:“我对于国家大事，总算尽心竭力了。河内遭遇灾荒，我就让一部分百姓迁移到河东，而把河东的粮食调拨一部分到河内。河东遭遇灾荒，也同样处理。我曾经考察过邻国的政务，没有哪个国家像我这样操心的。〔然而〕邻国的百姓并没减少，我的百姓也没见增添，到底是为什么?”

原文 孟子对曰："王好战，请以战喻。填然鼓之，兵刃既接[①]，弃甲曳兵而走[②]。或百步而后止，或五十步而后止。以五十步笑百步，则何如？"

注释 ① 兵：指兵器。

② 走：快跑叫走，这里是指逃跑。

译文 孟子回答说："大王喜欢战争，请允许我用战争来比喻吧！咚咚的战鼓敲响了，双方的兵器刀锋相拼了，就扔掉盔甲拖着兵器逃跑。有的人连续跑了一百步才停止，有的人跑了五十步就歇脚。跑了五十步的人讥笑那逃跑一百步的人〔胆小怯懦〕，说得通吗？"

原文 曰："不可；直不百步耳[①]，是亦走也。"

注释 ① 直：不过；只是。

译文 〔王〕说："说不通！他只不过没跑百步远罢了，但也同样是逃跑啊！"

原文 曰："王如知此，则无望民之多于邻国也。

译文 〔孟子〕说："大王既然懂得这个道理，那就请不要奢望你的百姓会比邻国多了吧！

原文 "不违农时，谷不可胜食也[1]；数罟不入洿池[2]，鱼鳖不可胜食也；斧斤以时入山林[3]，材木不可胜用也。谷与鱼鳖不可胜食，材木不可胜用，是使民养生丧死无憾也[4]。养生丧死无憾，王道之始也。

注释 ① 胜（shēng）：尽；完。不可胜食，就是吃不完。

② 数罟不入洿池：数（sù），细密。罟（gǔ），鱼网。古代规定鱼网网眼细密度不得小于四寸（约相当于今天的9.2厘米），这一措施主要是为了保留江河湖泊中的鱼种。洿（wū），指低凹之地、池塘等，这里用以修饰"池"，引申为大而深的意思。

③ 斧斤以时入山林：斤，斧中的一种。进山林用斧斤砍伐木材要按一定的时间。古代对伐木时间有规定，如夏禹禁止春三月伐木（《逸周书·大聚解》）；《周礼·山虞》记载："仲冬斩阳木，仲夏斩阴木"；《礼记·王制》说："草木零落，然后入山林。"

④ 憾（hàn）：怨恨；不满。

译文 “如果不去妨碍耕作收获的农时，那么，粮食就吃不完；如果不把细密的鱼网撒向大湖深池，鱼类水产就吃不尽；如果上山伐木砍树能遵守规定的季节，木材便可无穷无尽地享用。谷物和鱼类吃不了，木材用不完，这样，便能使百姓生活有保障、死亡得安葬而无所怨恨。生有保障，死得安葬而无怨恨，这才是实行王道的开端。

原文 “五亩之宅，树之以桑，五十者可以衣帛矣①。鸡豚狗彘之畜②，无失其时，七十者可以食肉矣。百亩之田，勿夺其时，数口之家可以无饥矣。谨庠序之教③，申之以孝悌之义，颁白者不负戴于道路矣④。七十者衣帛食肉，黎民不饥不寒⑤，然而不王者⑥，未之有也。

注释 ① 衣（yì）：动词，穿。

② 鸡豚狗彘之畜：豚（tún），小猪。彘（zhì），猪。全句泛指家禽、家畜。

③ 谨庠序之教：认真地办好地方上各学校的教育工作。庠（xiáng）序，古代对学校的称呼。《汉书·儒林传序》：“乡里有教，夏曰校，殷曰庠，周曰序。”说明在夏、商、周三个朝

代对学校有不同称谓。

④ 颁白者：须发花白的老人。颁，同“斑”。

⑤ 黎民：老百姓。黎，众。黎民即“众民”（见《诗经·大雅·云汉》郑玄《笺》），一说是因黑发而得名。

⑥ 王（wàng）：以仁政治理天下。

译文 “在面积五亩的宅园中，种上桑树，年满五十的人便可以穿上丝棉衣服。鸡、狗、猪一类的饲养，不要错过繁殖的时机，那么，七十岁的老人便能吃到肉食。百亩的土地，不要耽误它的农时，几口人的家庭便不致饿肚皮。郑重地办好学校教育，反复向他们宣传孝父母、敬兄长的道理，须发斑白的老人就用不着在大路上背负、头顶东西奔波劳累了。七十岁的人能穿丝棉衣服并吃到肉，一般平民百姓不挨饿受冻，做到这样而不能使王道实现，简直是不可能的事。

原文 “狗彘食人食而不知检[①]，涂有饿莩而不知发[②]；人死，则曰‘非我也，岁也。’是何异于刺人而杀之，曰‘非我也，兵也。’王无罪岁[③]，斯天下之民至焉[④]。”

注释 ① 狗彘食人食而不知检：这句话，存在多种解释。如汉代赵岐注:“检，制也…… 惠王不能制民之产，又使狗彘得食人之食，则与先王制度品节之意异矣。”认为狗彘食人食，违背先王之旨。唐代颜师古注:“言岁丰熟，菽粟饶多，狗彘食人之食，此时可敛之也。”意思是丰收之年粮食增产，为了防止粮贱伤农，不把谷物喂猪狗，当政者应该平价收购粮食。清代阎若璩注:“古虽丰稔，未有以人食予狗彘者。‘狗彘食人食’，即下章‘庖有肥肉’意，谓厚敛于民以养禽兽者耳。”认为这是剥削统治者用百姓种的粮食饲养禽兽。近人杨伯峻从阎氏之说。句中之“检”字，有检查、约制之意；又，亦通“敛”(liǎn)，收集、聚拢之意。

② 涂有饿莩而不知发：路上有饿死的人而不知打开仓廪救济。涂，通“途”。莩(piǎo)，饿死者。发，打开。

③ 无罪岁：不要归罪于年岁(丰歉)。无，通“毋”。

④ 斯：这，像这样。

译文 “〔而今，阔人的〕狗和猪去吃百姓人家的粮食而不去制止，路上有饿死的饥民而不知开仓赈济。人死了，却说‘不能怪我啊！只怪年成不好。’这跟亲手用刀子把人杀死了，却说‘不能怪我啊，只能怪刀子’，又有什么区别呢?〔看来如果〕大王不归罪于年岁，这才会让天下的百姓纷纷投奔你。”

原文 1·4 梁惠王曰："寡人愿安承教。"

译文 梁惠王说："我愿意高兴地听您指教！"

原文 孟子对曰："杀人以梃与刃，有以异乎？。"

译文 孟子说："用棍棒和刀子杀死人，有什么区别吗？"

原文 曰："无以异也。"

译文 〔惠王〕说："没有什么差别。"

原文 "以刃与政，有以异乎？"

译文 〔孟子又问：〕"用刀子杀死人和用政治手腕害死人，有什么区别吗？"

原文 曰："无以异也。"

译文 〔惠王〕说："也没有什么差别。"

原文 曰："庖有肥肉，厩有肥马①，民有饥色，野有饿莩，此率兽而食人也。兽相食，且人恶之；为民父母，行政，不免于率兽而食人，恶在其为民父母也②？仲尼曰：'始作俑者③，其无后乎！'为其象人而用之也。如之何其使斯民饥而死也？"

注释 ① 厩（jiù）：马栏。

② 恶（wū）：疑问词，何；怎。

③ 始作俑者：开始发起制造土木偶用以殉葬的人。俑（yǒng），古代用以陪葬的木制或陶制的偶人，在以俑陪葬之前，最初是用活人殉葬，后来才逐渐以俑取代活人。据赵歧注，"古之葬者，束草为人，以为从卫，谓之刍灵，略似人形而已。中古易之以俑，则有面目机发，而太似人矣。故孔子恶其不仁，而言其必无后也。孟子言此作俑者，似用像人以葬，孔子犹恶之，况实使民饥而死乎？"大意是说，孔子反对把俑制作得太像真人，深恶痛绝地骂斥制作者会断子绝孙。

译文 〔孟子又说：〕"厨房里有肥嫩的肉，栏里有健壮的马，〔而〕百姓面带饥色，郊野横陈着饿死的尸体，这就〔等于〕率领着野兽一道吃人啊！野兽自相残杀吞噬，人们尚且厌恶它，身为百姓父母官，管理政事，却不免也率领兽类一道吃人，哪里配当百姓的父母官呢？孔仲尼说过，‘第一个制作土偶陶俑来殉葬的人，恐怕理该断子绝孙吧？’正是因为土偶陶俑酷似真人而用它殉葬的缘故，〔试想连用俑殉葬都不能允许，〕又怎能让这些百姓活活地饿死呢？”

原文 1·5 梁惠王曰：“晋国①，天下莫强焉②，叟之所知也。及寡人之身，东败于齐，长子死焉③；西丧地于秦七百里④；南辱于楚⑤。寡人耻之，愿比死者壹洒之⑥，如之何则可？”

注释 ① 晋国：这里指的是魏国。这是梁惠王自称本国。

② 莫强：没有比它更强；没有强过它的。

③ 东败于齐，长子死焉：指前341（周显王二十八年）的马陵（在今河北大名东南，一说在今山东莘县西南）之战。魏攻伐韩，韩向齐求救，齐以田忌为大将，孙膑为军师，起兵伐魏救韩。齐用孙膑计，以逐日减灶的策略，制造齐军大量逃亡的假象迷惑敌人，诱敌追击。待魏军追到马陵险要地区，齐军包围魏军，万弩齐发，歼灭魏军十万，擒魏将庞涓（一说庞涓是在桂陵之役被俘），并俘虏魏太子申。从此魏国国势渐衰。

④ 西丧地于秦七百里：在马陵之战以后，秦屡败魏国，迫使魏国献出河西之地与上郡十五个县，约七百里之地。

⑤ 南辱于楚：指前324（魏惠王后元十一年）被楚将昭阳击败于襄陵（今河南睢阳县西），魏国又失去八邑。

⑥ 愿比死者壹洒之：希望替全体死难者报仇雪恨。比（bì），替；为。壹，都；全。洒，洗刷。

译文 梁惠王说："〔想当年，我们〕魏国，天下没有比它更强的国家，这是您老所深知的。而今到了我当政，东边被齐国打败，连我的大儿子也阵亡了；西边又丧失了河西之地七百里，割让给秦国；南边又〔以失掉八个城邑〕被楚国所欺侮。我为此感到羞耻，希望能替全体死难者雪耻复仇，您说我该怎么办才好？"

原文 孟子对曰："地，方百里而可以王①。王如施仁政于民，省刑罚，薄税敛，深耕易耨②；壮者以暇日修其孝悌忠信，入以事其父兄，出以事其长上，可使制梃以挞秦楚之坚甲利兵矣。

注释 ① 地，方百里：方圆百里的国土。"地"字后断句，与后文"方百里"隔开（用近人杨伯峻说）。

② 易耨（nòu）：及时锄草。易，疾，速，快。耨，锄草。

译文 孟子回答道："在任何方圆百里的小国家，都可以在自己的国土上推行王道，大王如果肯对百姓施行仁政，减免刑罚，少收赋税，提倡精耕细作，及时锄草，使健壮的青年利用闲暇时间加强孝亲、敬兄、忠诚、守信的道德修养，做到在家能侍奉父兄，外出能尊长敬上，这样，即使是手里拿着木制的棍棒，也可以跟拥有坚实盔甲和锋利武器的秦、楚军队相对抗了。

原文 "彼夺其民时，使不得耕耨以养其父母。父母冻饿，兄弟妻子离散。彼陷溺其民，王往而征之，夫谁与王敌？故曰：'仁者无敌'。王请勿疑！"

译文 "〔因为〕他们（指秦、楚）侵占了百姓的农时，使他们无法耕种来赡养父母。父母受冻挨饿，兄弟妻子各自逃散。他们坑害得百姓好苦，大王如果兴师前往讨伐它，有谁能跟王较量呢？有道是：'实行仁政者无敌于天下。'请大王不要再犹豫徘徊！"

原文 1·6 孟子见梁襄王[①]，出，语人曰[②]：“望之不似人君，就之而不见所畏焉。卒然问曰[③]：‘天下恶乎定？’

注释 ① 梁襄王：名嗣，梁惠王的儿子。前318至前296在位。

② 语（yù）：动词，告诉。

③ 卒然：卒，同“猝”（cù），突然。

译文 孟子拜会梁襄王，退出后，告诉人说：“远看不像个国君，到他跟前也看不出威严的样子。他忽然开口问道：‘怎样才能使天下安定？’

原文 “吾对曰：‘定于一。’

译文 “我回答说：‘天下一统，才能安定。’

原文 “‘孰能一之？’

译文 “〔他问：〕‘谁能统一天下？’

原文 “对曰：‘不嗜杀人者能一之。’

译文 “我回答说：‘不喜好杀人的国君，就能统一天下。’

原文 “‘孰能与之[1]？’

注释 ① 与：跟；从。

译文 “〔他又问：〕‘有谁能随从他呢？’

原文 “对曰：‘天下莫不与也。王知夫苗乎？七八月之间旱[1]，则苗槁矣。天油然作云，沛然下雨，则苗浡然兴之矣[2]。其如是，孰能御之？今夫天下之人牧[3]，未有不嗜杀人者也。如有不嗜杀人者，则天下之民皆引领而望之矣。诚如是也，民归之，由水之就下[4]，沛然谁能御之？’”

注释 ① 七八月：指的是周代历法，约相当于夏历五六月。

② 浡然兴之：浡（bó），振作。蓬勃地兴起。

③ 人牧：百姓的治理者，指国君。

④ 由：音、义同“犹”，好像；仿佛。

译文 “我回答说：‘天下的人没有不随从的。大王研究过禾苗吗？七八月间遇干旱，禾苗就枯萎。如果天空聚集浓云，落下充足的雨，禾苗就会猛然地蓬勃生长。像这样，谁能抵挡得了？现在天下的国君，没有不喜欢杀人的。如果有不喜好杀人的君王，那么，天下的百姓都会伸长脖子寄希望于他。果真如此，百姓就会归顺他，好像水自然要向下奔流那样，蓬勃兴旺的局面谁能抵挡得住呢？'"

原文 1·7 齐宣王问曰①："齐桓、晋文之事可得闻乎②？"

注释 ① 齐宣王：姓田，名辟疆。齐威王之子，湣王之父，约前319至前301在位。

② 齐桓、晋文：齐桓公，春秋时齐国国君，姓姜，名小白。前685至前643在位，是春秋时第一个霸主。晋文公，春秋时晋国国君，姓姬，名重耳，前636至前628在位。是春秋五霸之一。

译文 齐宣王问道："齐桓公、晋文公〔称霸〕的事情，可以讲给我听听吗？"

原文 孟子对曰："仲尼之徒无道桓、文之事者，是以后世无传焉，臣未之闻也。无以则王乎①？”

注释 ① 无以：以，同“已”，止。连接后文“则王乎”，意思是说，你要不肯止住而必须往下讲的话，那就谈谈王道，可以吗？

译文 孟子回答说：“孔仲尼的门徒弟子，没有谈论齐桓、晋文之事的，所以在后代中没有流传，我没有听说过。如果一定要讲下去而不愿停止的话，就谈论一下〔用仁政〕统一天下的王道，好吗？”

原文 曰：“德何如则可以王矣？”

译文 〔宣王〕说：“要具备什么样的道德修养，才能统一天下实行王道呢？”

原文 曰：“保民而王，莫之能御也。”

译文 〔孟子〕答：“抚爱百姓而统一天下，就没有任何力量可以阻挡！”

原文 曰：“若寡人者，可以保民乎哉？”

译文 〔宣王〕问："像我这样的国君，能够安抚得了百姓吗？"

原文 曰："可。"

译文 〔孟子〕答："能！"

原文 曰："何由知吾可也？"

译文 〔宣王〕问："你根据什么说我能办到呢？"

原文 曰："臣闻之胡龁曰[1]，王坐于堂上，有牵牛而过堂下者，王见之，曰：'牛何之？'对曰：'将以衅钟[2]。'王曰：'舍之！吾不忍其觳觫[3]，若无罪而就死地。'对曰：'然则废衅钟与？'曰：'何可废也？以羊易之！'——不识有诸[4]？"

注释 ① 胡龁（hé）：人名，齐王左右的近臣。

② 衅（xìn）钟：新钟铸成，杀牲取血涂抹钟的孔隙，用以祭祀，叫"衅钟"。按古代礼仪，当国家某件新器物以及宗庙开始使用时，都要宰牲取血祭它。

③ 觳觫（hú sù）：因恐惧而战栗的样子。

④ 不识有诸：不知有这件事吗？诸，“之乎”的合音。

译文 答：“我曾经听到胡龁讲过，〔有一次〕大王坐在殿堂上，有人牵着牛从堂下穿过，王看到了便问：‘把牛牵到哪里去？’回答是：‘将要宰了去祭钟。’王便下令说：‘放了它吧！我不忍心它那惊惧哆嗦的样子，〔难道〕可以这样毫无罪过而置之死地。’对话人说：‘那么，是不是要废除祭钟的仪式呢？’王回答说：‘怎么能废除呢？改用一只羊顶替它吧！’不知道真有这件事吗？”

原文 曰：“有之。”

译文 〔宣王〕说：“有！”

原文 曰：“是心足以王矣。百姓皆以王为爱也①。臣固知王之不忍也。”

注释 ① 爱：吝啬。

译文 〔孟子〕道："凭这样一种好心肠，就足够统一天下实行王道了。可百姓都以为王〔那样处理〕是吝啬，我倒很理解王是不忍心。"

原文 王曰："然；诚有百姓者。齐国虽褊小[①]，吾何爱一牛？即不忍其觳觫，若无罪而就死地，故以羊易之也。"

注释 ① 褊（biǎn）：狭小。

译文 〔宣王〕说："对啊！确实有这样的老百姓。齐国虽然狭小，我怎么会吝惜一头牛呢？正是不忍心它那惊惧哆嗦的样子，毫无罪过而置之死地，所以才用羊顶替它。"

原文 曰："王无异于百姓之以王为爱也[①]。以小易大，彼恶知之？王若隐其无罪而就死地[②]，则牛羊何择焉？"

注释 ① 无异：莫怪；不要责怪。

② 隐：疼爱；可怜。

译文 〔孟子〕说："王也不要责怪老百姓怀疑你吝啬，〔分明是〕用小羊去顶替大牛，他们怎能理解王的本心呢？王如果真是可怜它无罪过而被送往死地，那么，牛死和羊死〔本是一个道理〕，为什么偏偏选择比牛小得多的羊呢？"

原文 王笑曰："是诚何心哉？我非爱其财而易之以羊也。宜乎百姓之谓我爱也。"

译文 齐宣王〔苦〕笑着说："这个——究竟是一种什么样的心理呢？我不是吝惜钱财啊！但用羊去代替牛，也难怪百姓要误会我是吝惜钱财……"

原文 曰："无伤也①，是乃仁术也，见牛未见羊也。君子之于禽兽也，见其生，不忍见其死；闻其声，不忍食其肉。是以君子远庖厨也。"

注释 ① 无伤：不要紧；没有什么关系。

译文 〔孟子〕说："没什么关系嘛！这正是一种仁慈的心术啊！〔因为王〕只见到牛没见到羊啊！君子对于飞禽

走兽，往往因为看到它们活着，就不忍心见到它们死去；听到它们〔临死前〕的悲鸣声，就不忍心再吃它们的肉。所以，君子总是把厨房设置在较远的地方。”

原文 王说曰①：“《诗》云：‘他人有心，予忖度之②。’夫子之谓也。夫我乃行之，反而求之，不得吾心。夫子言之，于我心有戚戚焉③。此心之所以合于王者，何也？”

注释 ① 说（yuè）：同“悦”，高兴；喜悦。

② 忖度（cǔn duó）：猜测、揣想。“他人有心，予忖度之”，引自《诗经·小雅·巧言》篇第四章（全篇共六章）。

③ 戚戚：内心激动的样子。

译文 宣王高兴地说：“《诗经》上说：‘别人有什么心思，我凭揣测便能知。’就是指您这样的老夫子啊！我虽然那样处理了，回过头来再寻思，总不能把心中的认识概括出来。听您老这一讲，我内心感触很深。——这种心理竟然跟实行王道吻合，是什么道理呢？”

原文 曰：“有复于王者曰：‘吾力足以举百钧①，而不足以举一羽；明足以察秋毫之末②，而不见舆薪。’则王许之乎③？”

注释 ① 钧：古代重量词。一钧为三十斤，百钧约三千斤。

② 秋毫之末：指细微难见之物。原意是像秋天的细毛（有鸟尾毛、兽毛以至禾穗上的白毛等解释）一样细微的东西。

③ 许：赞许；赞成。

译文 〔孟子〕说：“〔如果〕有人报告您说：‘我的力气能够举起三千斤，却举不起一根羽毛；我的视力能够清晰地看到秋毫那样细微的东西，却看不见车上满载的柴禾。’那么，王会相信他的话吗？”

原文 曰：“否。”

译文 〔宣王〕说：“不相信！”

原文 “今恩足以及禽兽，而功不至于百姓者，独何与？然则一羽之不举，为不用力焉；舆薪之不见，为不用明焉；百姓之不见保，为不用恩焉。故王之不王，不为也，非不能也。”

译文 〔孟子趁势说：〕“如今王的恩惠足能达到鸟兽的身上，而功德却达不到百姓身上，究竟是什么道理呢？这样说来，连一根羽毛都举不动，是因为不肯用力气；连满载的一车柴禾都瞧不见，是因为不肯用眼睛观察；百姓没有被爱护安抚，是因为不肯施恩。所以，王没有实行仁政王道，只是不肯干，不是不能干啊！”

原文 曰：“不为者与不能者之形何以异[①]？”

注释 ① 形：状况。

译文 〔宣王〕问：“不肯干与不能干的具体表现，有什么不同呢？”

原文 曰：“挟太山以超北海[①]，语人曰：‘我不能。’是诚不能也。为长者折枝[②]，语人曰：‘我不能。’是不为也，非不能也。故王之不王，非挟太山以超北海之类也；王之不王？是折枝之类也。

注释 ① 挟太山以超北海：挟着太山而跳越北海。太山，即泰山，在山东省。北海，即渤海。

② 为长者折枝：存在多种解释，如奉年长者之命而攀折草木之花枝；对长者致敬意而弯腰折肢；替年长者按摩筋骨四肢等等。后两种解释是以“肢”通“枝”，各种解释都是指轻而易举的事，都讲得通而不致损害原意。

译文 〔孟子〕说：“腋下挟着泰山而要跳过渤海去，告诉别人说：‘我不能办到！’这是真的不能；为年长的人揉摩肢体，告诉别人说：‘我不能办到！’这就是不肯干，决不是不能干。所以我觉得王没有施行仁政王道，不属于挟着泰山跳过渤海这种类型，王没有施行仁政王道，这是属于揉摩肢体的类型。

原文 “老吾老，以及人之老；幼吾幼，以及人之幼[1]，天下可运于掌[2]。《诗》云：‘刑于寡妻，至于兄弟，以御于家邦[3]。’言举斯心加诸彼而已。故推恩足以保四海，不推恩无以保妻子。古之人所以大过人者，无他焉，善推其所为而已矣。今恩足以及禽兽，而功不至于百姓者，独何与？

注释 ① 老吾老以及人之老；幼无幼，以及人之幼：两句中的第一个“老”字和第一个“幼”，都是动词。老，敬爱。幼，抚爱。

② 运于掌：在手心里运转，比喻治理天下很容易。

③ 刑于寡妻，至于兄弟，以御于家邦：刑，同“型”，指立榜样，以身作则。寡妻，国君的正妻。御，治理。家邦，国家。全句大意是说，首先给妻子做榜样，进而推广到兄弟，进而才能够治理好自己的国家。这是《诗经·大雅·思齐》篇中第二章（全篇共五章）里的诗句。

译文 “敬爱自己的长辈，进而推广到敬爱别人的长辈；疼爱自己的子女，进而扩大到疼爱别人的子女——〔这样，〕要治理天下就像东西在自己手掌中运转一样〔容易〕。《诗经》上说得好：‘以身作则先感染自己的妻子，再进一步熏陶自己的兄弟，更扩大影响把国家治理。’讲的就是要把这样一种好心善意推广到各方面以扩大影响面。因此，要把恩惠由近及远推广，足以安定四海；恩惠不推广，连妻子都无法保全。古代的贤明君主之所以能超凡出众，没有别的奥秘，只不过善于推广他们的好行为罢了。而今，您施恩可以达到禽兽身上，功德却达不到百姓身上，究竟是为什么呢？

原文 “权，然后知轻重；度，然后知长短。物皆然，心为甚。王请度之！抑王兴甲兵，危士臣，构怨[1]于诸侯，然后快于心与？"

注释 ① 构怨：结成仇恨。

译文 "称一称，才知道轻重；量一量，才知道长短。连物体都是这样，人心更应该如此。请王考虑深思！——或许，您是要动员军队作战，让将士冒险，跟邻国诸侯结仇作对，而后您心里才感到痛快吗？"

原文 王曰："否！吾何快于是？将以求吾所大欲也。"

译文 宣王说："不！我哪能对此感到痛快，我将要追求远大的抱负。"

原文 曰："王之所大欲，可得闻与？"

译文 〔孟子〕说："王的远大抱负，可以讲给我听听吗？"

原文 王笑而不言。

译文 宣王只是含笑，一声不吭。

原文 曰："为肥甘不足于口与，轻暖不足于体与？抑为采色不足视于目与？声音不足听于耳与？便嬖不足使令于前与[①]？王之诸臣，皆足以供之，而王岂为是哉？"

注释 ① 便嬖（pián bì）：国君左右被亲近宠幸的人。

译文 〔孟子〕说："是为了肥美可口的食物满足不了您的胃口吗？是为了轻柔暖和的衣服满足不了您的身躯吗？还是为了艳丽斑斓的色彩满足不了您的视野吗？是为了美妙动听的声音满足不了您的耳朵吗？是为了殷勤温顺的侍从不够您使唤吗？——您手下的臣子都能充分满足您的需求，难道王就是为了追求这些吗？"

原文 曰："否！吾不为是也。"

译文 〔宣王〕说："不！我并不为这些。"

原文 曰："然则王之所大欲可知已，欲辟土地[①]，朝秦楚[②]，莅中国而抚四夷也[③]。以若所为，求若所欲[④]，犹缘木而求鱼也。”

注释 ① 辟：开辟。

② 朝秦楚：使秦、楚等国来朝贡。

③ 莅（lì）：临。莅中国，指齐王想君临诸侯国之上。

④ 以若所为，求若所欲：凭你的所做所为，去追求你的欲望。若，人称代词，你。

译文 〔孟子〕说：“那么，王的远大抱负便可以知道了。您是要扩张领土，使秦、楚等国来朝贡，君临中原诸侯之上而安抚周围的边疆民族。以您的所作所为，去追求您的欲望，就好比爬到树上去捕鱼一样。”

原文 王曰：“若是其甚与？”

译文 宣王说：“会像这样严重吗？”

原文 曰：“殆有甚焉[①]。缘木求鱼，虽不得鱼，无后灾；以若所为，求若所欲，尽心力而为之，后必有灾。”

注释 ① 殆（dài）：恐怕；可能；或许。

译文 〔孟子〕说："恐怕比这还严重。爬上树捕鱼，虽捕不到鱼，还不致有祸患；以您的所作所为，去追求您的欲望，尽心竭力地去干，必有祸患在后头。"

原文 曰："可得闻与？"

译文 〔宣王〕问："可以讲给我听听吗？"

原文 曰："邹人与楚人战[1]，则王以为孰胜？"

注释 ① 邹：指当时的邾国，国土很小，首都在今山东邹县东南的邾城。楚：春秋和战国时期的大国。

译文 〔孟子〕说："如果邹国跟楚国交战，那么，王认为哪一国能取胜？"

原文 曰："楚人胜。"

译文 〔宣王〕说："楚国胜。"

原文 曰："然则小固不可以敌大，寡固不可以敌众，弱固不可以敌强。海内之地方千里者九，齐集有其一。以一服八，何以异于邹敌楚哉？盍亦反其本矣[①]。

注释 ① 盍亦反其本：为何不回过头来寻求根本的办法。盍：同“盍”，何不；为什么不？

译文 〔孟子〕说：“这么说来，小国本来就敌不过大国，人少的就敌不过人多的，弱国本来就敌不过强国。中国的土地，千里见方的有九处之多，齐国的土地总计不过其中九分之一，想用这九分之一去征服那九分之八，这跟邹国同楚国敌对有什么区别呢？为什么不回过头来探求根本的办法呢？”

原文 “今王发政施仁，使天下仕者皆欲立于王之朝，耕者皆欲耕于王之野，商贾皆欲藏于王之市，行旅皆欲出于王之涂，天下之欲疾其君者皆欲赴愬于王[①]。其若是，孰能御之？”

注释 ① 愬（sù）：通“诉”，控告。

译文 “当前，您应该发布政令施行仁政，使天下的士大夫都想到您的朝廷做官，务农者都想到您的田野里耕种，行商坐贾都想到您的市场上经营，来往的旅客都想通过您的道路，天下痛恨其本国君主的人们，都想奔赴您这里来控诉。如果出现这样的局面，谁又能抵挡得住呢？”

原文 王曰：“吾惛[①]，不能进于是矣。愿夫子辅吾志，明以教我。我虽不敏，请尝试之”

注释 ① 惛（hūn）：昏乱；糊涂。

译文 〔宣王〕说：“我脑子很乱，不一定能达到你所设想的地步，希望你多辅佐我实现理想，明白地开导我，我虽然不聪明，也请不妨试试看。”

原文 曰：“无恒产而有恒心者[①]，惟士为能。若民，则无恒产，因无恒心。苟无恒心，放辟邪侈无不为已[②]。及陷于罪，然后从而刑之，是罔民也[③]，焉有仁人在位罔民而可为也？是故明君制民之产，必使仰足以事父母，俯足以畜妻子，乐岁终身饱，凶年免于死亡；然后驱而之善，故民之从之也轻[④]。

注释 ① 无恒产而有恒心：恒，长；久。恒产，可赖以维持生活的固定产业，如土地、田园、牲畜、林木之类。恒心，安分守己的善心。

② 放辟邪侈：放，放荡。辟，同“僻”，与“邪”同义，指歪门邪道。侈（chǐ），放纵挥霍。不守法度、越出常轨的行为叫“放辟邪侈”。

③ 罔民：坑害百姓，罔，同“网”，作动词用，含有张开网罗捕捉之意。

④ 轻：容易、轻易。

译文 〔孟子〕说：“没有固定的产业而有安分守己的善心，只有士才能做到。像一般平民百姓，既没有固定的产业，也就没有安分守己的善心。如果缺乏安分之心，便胡行妄为，越出常轨，什么事都干得出来。等到他们犯了罪，然后处以刑罚，就是坑害了百姓。哪有行仁政的国君执政，害了百姓而被认可的呢？因此，明智的君主规定百姓的产业，一定要保证他们上足以赡养父母，下足以抚养妻子儿女；好年成丰衣足食，坏年成不致死亡，然后督促他们学好行善，百姓就很容易服从。

原文 “今也制民之产，仰不足以事父母，俯不足以畜妻子，乐岁终身苦，凶年不免于死亡。此惟救死而恐不赡①，奚暇治礼义哉②？

注释 ① 赡（shàn）：足够；充足。不赡，不足；不及。

② 奚（xī）：疑问词，何；哪有；怎么。

译文 “如今规定百姓的产业，上不足以养父母，下不足以育妻室儿女，丰年艰难困苦，灾年简直活不成，这样，连自身生命都难保全，哪有闲暇讲求礼义呢？

原文 “王欲行之，则盍反其本矣①：五亩之宅，树之以桑，五十者可以衣帛矣。鸡豚狗彘之畜，无失其时，七十者可以食肉矣。百亩之田，勿夺其时，八口之家可以无饥矣。谨庠序之教，申之以孝悌之义，颁白者不负戴于道路矣。老者衣帛食肉，黎民不饥不寒，然而不王者，未之有也。”

注释 ① 盍：何不。

译文 “王想施行仁政，为什么不回过头来探求根本途径呢？在面积五亩的宅园中，种上桑树，年纪半百的人便可以穿上丝棉服。鸡、狗、猪一类家畜，不错过繁殖饲养的时机，七十岁的老人便可吃到肉食。百亩的土地，不要妨碍它的农时，八口之家就可以不饿肚皮；郑重地办好学校教育，反复地灌输孝父母敬兄长的道理，须发花白的老年人，便可免去在路上背负、头顶东西的劳累奔波。老年人穿丝棉服，吃到肉食，一般百姓不挨饿受冻。做到这些〔如果说〕还没有施行仁政王道，那简直是不可能的事。”

梁惠王下

（凡十六章）

原文 2·1 庄暴见孟子[①]，曰："暴见于王，王语暴以好乐[②]，暴未有以对也。"曰[③]："好乐何如？"

注释 ① 庄暴：齐国的臣子。

② 乐（yuè）：名词，音乐。

③ 曰：说。这里仍然是庄暴说的话。

译文 庄暴会见孟子，说："我被王召见，王告诉我说他喜欢音乐，我不知该怎么回答好。"〔庄暴接着〕说："喜欢音乐，到底怎么样？"

原文 孟子曰："王之好乐甚，则齐国其庶几乎[①]！"

注释 ① 庶几：差不多；还不错。

译文 孟子说："王如果非常喜欢音乐，那么齐国想来很不错吧！"

原文 他日，见于王曰："王尝语庄子以好乐，有诸？"

译文 另外一天，孟子被〔齐〕王召见时问道："王曾经告诉庄暴说您喜欢音乐，有这么回事吗？"

原文 王变乎色，曰："寡人非能好先王之乐也，直好世俗之乐耳。"

译文 齐王脸色一变，说："寡人并不是喜欢古代先王的音乐，只是喜欢一般世俗的音乐而已。"

原文 曰："王之好乐甚，则齐国其庶几乎！今之乐由古之乐也。"

译文 〔孟子〕说："王既然非常喜欢音乐，那齐国想必是很不错了，现在的音乐也是由古代音乐〔发展〕而来的呀！"

原文 曰："可得闻与？"

译文 〔王〕说："可以讲给我听听吗？"

原文 曰："独乐乐，与人乐乐，孰乐[①]？"

注释 ① 独乐乐，与人乐乐，孰乐：这三句中的最后一个"乐"字，读为lè，快乐的意思。一、二两句中的头一个"乐"字，仍为yuè，指音乐。

译文 孟子说："个人单独欣赏音乐感到快乐，跟别人一起欣赏音乐也感到快乐，到底哪一种更快乐？"

原文 曰："不若与人。"

译文 〔王〕说："不如跟人一起欣赏更快乐。"

原文 曰："与少乐乐，与众乐乐，孰乐？"

译文 〔孟子〕说："跟少数人一道欣赏音乐感到快乐，跟多数人共同欣赏音乐也感到快乐，到底哪一种更快乐？"

原文 曰："不若与众。"

译文 〔王〕说："不如跟多数人共同欣赏更快乐。"

原文 “臣请为王言乐。今王鼓乐于此，百姓闻王钟鼓之声，管籥之音[①]，举疾首蹙额而相告曰[②]：‘吾王之好鼓乐，夫何使我至于此极也？父子不相见，兄弟妻子离散。’今王田猎于此，百姓闻王车马之音，见羽旄之美[③]，举疾首蹙额而相告曰：‘吾王之好田猎，夫何使我至于此极也？父子不相见，兄弟妻子离散。’此无他，不与民同乐也。

注释 ① 管籥：籥（yuè），古代的吹奏乐器。

② 举：全，都。疾首蹙额：蹙（cù）。疾首，头痛。蹙颌，皱着额头。

③ 羽旄：旗帜，旄（máo），古代用旄牛尾装饰的旗子。

译文 〔孟子趁势接着说：〕“请允许我为王谈谈关于音乐欣赏的问题。如果王现在在这里奏乐，百姓听到王钟鸣鼓响的声音，管吹籥奏的声音，全都感到头疼脑胀，皱着前额互相议论说：‘我们的君王这样喜欢音乐，为什么让我们苦到极点呢？父子不能相见，兄弟妻子东奔西走。’如果王眼下在这里打猎？百姓听到王的车马声，看到旗帜仪仗的华丽，全都会头疼脑胀、皱紧前额互相议论说：‘我们的君王这样喜欢打猎，为什么让我们苦到了极点呢？父子不能相见，兄弟妻子东奔西散。’这没有别的原因，就因为王不跟百姓一起同享欢乐啊！

原文 “今王鼓乐于此，百姓闻王钟鼓之声，管籥之音，举欣欣然有喜色而相告曰：‘吾王庶几无疾病与，何以能鼓乐也？’今王田猎于此，百姓闻王车马之音，见羽旄之美，举欣欣然有喜色而相告曰：‘吾王庶几无疾病与，何以能田猎也？’此无他，与民同乐也。今王与百姓同乐，则王矣。”

译文 “如果王现在在这里奏乐，百姓听到钟鸣鼓响的声音，管吹籥奏的声音，全都感到欢欣鼓舞而面带笑容地彼此议论道：‘我们的君王大概无疾无痛吧！要不，怎么能够欣赏奏乐呢？’如果王眼下在这里打猎，百姓听到王的车马声，看到旗帜仪仗的华丽，全都兴高采烈、喜笑颜开地彼此议论道：‘我们的君王大概身体健康、无疾无痛吧？要不，怎么能外出打猎呢？’这没有别的原因，就因为王跟百姓共同欢乐啊！当前，如果王能够做到与百姓同欢乐，那就可以实行王道〔天下归服〕了。”

原文 2·2 齐宣王问曰："文王之囿方七十里[①]，有诸？"

注释 ① 囿（yòu）：古代饲养禽兽、培植草木的园林，有围墙的叫"苑"（yuàn），没有围墙的叫"囿"。

译文 齐宣王问道："〔听说〕周文王有一个七十里见方的捕猎场，真有这回事吗？"

原文 孟子对曰："于传有之[①]。"

注释 ① 传（zhuàn）：指史籍的记载。

译文 孟子回答："史书上有这样的记载。"

原文 曰："若是其大乎？"

译文 〔宣王〕问："真有那么大吗？"

原文 曰："民犹以为小也。"

译文 〔孟子〕说："可百姓还嫌它太小呢！"

原文 曰:“寡人之囿方四十里,民犹以为大,何也?”

译文 〔宣王〕说:“我的捕猎场才四十里见方,可百姓还觉得太大,这是为什么呢?”

原文 曰:“文王之囿方七十里,刍荛者往焉①,雉兔者往焉②,与民同之。民以为小,不亦宜乎?臣始至于境。问国之大禁,然后敢入。臣闻郊关之内有囿方四十里,杀其麋鹿者如杀人之罪,则是方四十里为阱于国中③,民以为大,不亦宜乎?”

注释 ① 刍荛者:割草砍柴的人。刍(chú),喂牲畜的草。荛(ráo),柴草。

② 雉兔者:捕禽猎兽的人。雉(zhì),野鸡。这里是以雉泛指禽类,以兔泛指兽类。

③ 阱(jǐng):陷阱,为捕捉野兽而设置的深坑。

译文 〔孟子〕说:“文王的捕猎场七十里见方,割草砍柴的人可以随便去;捕禽猎兽的人也可以随便去,是与百姓共享的公用猎物。百姓嫌它小,不是很合理吗?我刚到达〔齐国的〕边境时,问清国家的重大禁令以后,才敢入境。我听说在国都的郊野有四十里见方的捕猎场，〔如果有谁〕杀死了场地里的麋鹿，就跟杀死了人同等判刑，那么，这四十里见方的捕猎场所，简直成了国家设置的陷阱。百姓觉得它太大，不也同样合乎情理吗？”

原文 2·3 齐宣王问曰：“交邻国有道乎？”

译文 齐宣王问道：“跟邻国交往有什么准则吗？”

原文 孟子曰：“有。惟仁者为能以大事小，是故汤事葛①，文王事昆夷②。惟智者为能以小事大，故太王事獯鬻③，勾践事吴④。以大事小者，乐天者也；以小事大者，畏天者也。乐天者保天下，畏天者保其国。《诗》云：‘畏天之威，于时保之⑤。’”

注释 ① 汤事葛：汤，商汤，商朝（前1711—前1066）的创建人。葛，葛伯，与商是邻国。葛，古国名，嬴姓，故城在今河南宁陵县北十五里处。关于“汤事葛”，参见《孟子·滕文公下》（本书《孟子》部分6·5）。

② 文王事昆夷：文王，周文王姬发。昆夷，亦作“混夷”，

周朝初期西戎国名。

③ 太王事獯鬻：太王，周太王古公亶（dǎn）父，周文王的祖父。獯鬻（xūn yù），又称猃狁（xiǎn yǔn），我国古代北方少数民族。"太王事獯鬻"，参见本篇第十五章（2·15）。

④ 勾践事吴：勾践，春秋时越王勾践（前497—前465在位）。吴，指春秋末年吴国君夫差，阖闾的儿子。勾践曾被夫差打败，屈辱求和，替夫差当马前卒，卧薪尝胆，刻苦图强，任用范蠡、文种等整顿国政，十年生聚，十年教训，终于转弱为强，灭掉吴国，报仇雪恨。

⑤ 畏天之威，于时保之：引自《诗经·周颂·我将》篇的最后两句（全篇共十句）。

译文

孟子回答说："有！只有仁爱的君主才能以大国身份侍奉小国，因此〔历史上有〕商汤侍奉葛伯、周文王侍奉昆夷。只有明智的君主才能以小国身份侍奉大国，因此周太王侍奉獯鬻，越王勾践侍奉吴王夫差。以大国侍奉小国，是安于天命而自乐的人；以小国侍奉大国，是畏惧天命而识时务的人。安于天命而自乐者，可以安定天下，畏惧天命而识时务者，可以保全自己的国家。《诗经》上说：'畏惧上天的威灵，因此才能够安宁。'"

原文 王曰："大哉言矣！寡人有疾，寡人好勇。"

译文 〔宣王〕说："这番话真了不起！但我有个毛病，我就是逞强好勇〔怎能侍奉他人〕。"

原文 对曰："王请无好小勇。夫抚剑疾视曰：'彼恶敢当我哉①！'此匹夫之勇，敌一人者也。王请大之！

注释 ① 恶（wū）：哪；怎。

译文 〔孟子〕说："请王不要喜欢小勇。〔有的人〕按着宝剑瞪着两眼〔示威〕说：'他哪敢抵抗我？'这只是普通人的勇敢，只能跟个把人较量。希望王能变小勇为大勇！

原文 "《诗》云：'王赫斯怒，爰整其旅，以遏徂莒，以笃周祜，以对于天下①。'此文王之勇也。文王一怒而安天下之民。

注释 ①"王赫斯怒"五句：引自《诗经·大雅·皇矣》篇中的第五章（全篇共八章）。赫斯，发怒时的样子。遏（è），阻止。

徂（cú），往；到。莒（jǔ），古国名，在今山东莒县，前431为楚所灭。笃（dǔ），厚；增。祜（hù），福。

译文 “《诗经》上说：‘周文王义愤激昂，发号令调兵遣将，把侵莒的敌军阻挡，增添了周室的吉祥，满足天下百姓的愿望。’这是〔称赞〕文王的英勇，文王愤然一怒便使天下的百姓得到安定。

原文 “《书》曰：‘天降下民，作之君，作之师，惟曰其助上帝宠之。四方有罪无罪惟我在，天下曷敢有越厥志①？’一人衡行乎天下②，武王耻之。此武王之勇也。而武王亦一怒而安天下之民。今王亦一怒而安天下之民，民惟恐王之不好勇也。”

注释 ①“天降下民”六句：引自《尚书·周书·泰誓》篇之上篇（共三篇）。其中“其助上帝宠之，四方有罪无罪惟我在”一句，朱熹《集注》句读为“其助上帝，宠之四方，有罪无罪，惟我在”。今采用杨伯峻断句。

② 衡行：横行。

译文 “《书》上说：‘苍天降生了百姓，替他们降生了君主，替他们降生师表，只是要他们辅助上天去爱百姓。四方的人，造孽者、无辜者都由我处理，普天之下，谁敢越矩出轨?'〔当时〕有人（指商朝末代君主纣王）在天下横行霸道，周武王为他感到羞耻。这是武王的英勇。武王也是愤然一怒而使天下百姓得到安定，当前〔如果〕王也能愤然一怒而使天下百姓得到安定，那么，百姓就会产生唯恐王不喜欢勇敢的心理。"

原文 2·4 齐宣王见孟子于雪宫[①]。王曰:"贤者亦有此乐乎?"

注释 ① 雪宫：齐宣王的离宫（古代帝王在正宫以外临时居住的宫室，相当于别墅之类）。

译文 齐宣王在他的雪宫接见孟子。王说:"有修养的贤者也有这种乐趣吗?"

原文 孟子对曰:"有。人不得，则非其上矣[①]。不得而非其上者，非也；为民上而不与民同乐者，亦非也。乐民之乐者，民亦乐其乐；忧民之忧者，民亦忧其忧。乐以天下，忧以天下，然而不王者，未之有也。

注释 ① 非：动词，非难；埋怨。

译文 孟子回答说："有！人们要得不到这种乐趣，就会埋怨君主。得不到乐趣就怨君主，固然不对；但作为百姓的君主而不能与百姓一起欢乐，也同样不对。以百姓之乐为乐的，百姓也会以君主之乐为乐；以百姓之忧为忧的，百姓也会以君主之忧为忧。能跟天下同乐，跟天下同忧，做到这步而不能施行王道仁政的，简直不可能。

原文 "昔者齐景公问于晏子曰[①]：'吾欲观于转附、朝儛[②]，遵海而南，放于琅邪[③]，吾何修而可以比于先王观也？'

注释 ① 齐景公：春秋时齐国君主，姓姜，名杵臼。前547至前490在位。晏子：名晏婴（？—前500），春秋时齐国著名的贤臣。

② 观于转附、朝儛：观，观光；游历。转附、朝儛，山名。宋翔凤《孟子赵岐注补正》认为是水名。近人杨伯峻注为，转附，疑为今芝罘山（即芝罘岛）。朝儛，疑为今山东荣城县东之召石山。

③ 琅邪：山名，在山东省胶南县南境。

译文 “从前齐景公向晏子求教说：‘我准备到转附、朝儛两处去游览，再顺着海滨南行，直到琅邪，我该怎样加强修养才能跟古代圣君的巡游相比呢？’

原文 “晏子对曰：‘善哉问也！天子适诸侯曰巡狩。巡狩者，巡所守也。诸侯朝于天子曰述职。述职者，述所职也。无非事者。春省耕而补不足，秋省敛而助不给。夏谚曰：“吾王不游，吾何以休？吾王不豫[①]，吾何以助？一游一豫；为诸侯度。”今也不然：师行而粮食，饥者弗食，劳者弗息。睊睊胥谗[②]，民乃作慝[③]。方命虐民[④]，饮食若流。流连荒亡，为诸侯忧。从流下而忘反谓之流，从流上而忘反谓之连，从兽无厌谓之荒，乐酒无厌谓之亡。先王无流连之乐，荒亡之行。惟君所行也。’

注释 ① 豫（yù）：意思同上文中的“游”。赵岐注为，“豫，乐也”，释为欢乐。

② 睊睊胥谗：睊睊（juàn），侧目相视的样子。胥（xū），皆。谗（chán），毁谤；说坏话。

③ 慝（tè）：邪恶。

④ 方命：违反命令（指违背上天意旨）。方，反；违反。

译文 “晏子回答说：‘问题提得多好啊！天子到诸侯国视察叫作巡狩。所谓巡狩，就是巡视诸侯守卫的疆土。诸侯去朝拜天子叫作述职。所谓述职，就是报告他所承担的职责。没有跟事情不相关联的。春季巡察农耕而补助贫困的农户，秋季巡察收获而帮助歉收的缺粮户。夏朝的谚语说：“我王不来游历，我怎能得休息？我王不来巡视，我怎能受赏赐？巡游又考察，诸侯应效法。”如今就不是这样，国君出游兴师动众索取粮食，饥民吃不到食物，劳苦者不得喘息。人们怒目而视，怨声不绝，百姓〔被迫〕做恶。〔这种巡游〕背逆天意，欺虐百姓，吃喝挥霍如流水。真是‘流连荒亡’，诸侯们都为此担忧。从上流往下游乐而忘返叫作‘流’，从下游往上游乐而忘返叫作‘连’，无节制地打猎叫作‘荒’，无休止地酗酒叫作‘亡’。古代的圣君，既没有这种‘流连’的癖好，也没有这种‘荒亡’的表现。这就只有看王的选择决定了。’

原文 “景公悦，大戒于国①，出舍于郊。于是始兴发补不足。召大师曰[②]：'为我作君臣相说之乐[③]！'盖《徵招》《角招》是也[④]。其诗曰：'畜君何尤[⑤]？'畜君者，好君也。"

注释

① 大戒：充分的准备。

② 大师：古代乐官，大，同"太"，读为"太师"。

③ 相说之乐：彼此同乐的歌曲。说，同"悦"（yuè）。

④《徵招》《角招》：徵（zhǐ）与角是古代五音（宫、商、角、徵、羽）中的两个。招，同"韶"（sháo），古代乐曲名。

⑤ 尤：错误；过失。

译文

"景公很高兴，在都城做了充分的准备，再驻扎郊野。于是打开仓廪，赈济贫困。又召集乐官说：'给我创作出君臣同乐的乐曲来！'这就是《徵招》《角招》之曲。歌词中有'爱护国君究竟有什么过错'的字样，即'畜君何尤'，所谓'畜君'，就是爱护君主的意思。"

原文

2·5 齐宣王问曰："人皆谓我毁明堂[①]，毁诸？已乎[②]？"

注释 ① 明堂：据赵岐注，指泰山明堂，是周天子东巡时供诸侯朝见而设的，至汉代尚有遗址。

② 已：止；不。

译文 齐宣王问道："人们都让我拆毁明堂，究竟是毁掉好呢？还是不去动它好？"

原文 孟子对曰："夫明堂者，王者之堂也。王欲行王政，则勿毁之矣。"

译文 孟子回答说："明堂，是施行王政者的殿堂。您如果准备实行王政，就不必拆毁它。"

原文 王曰："王政可得闻与？"

译文 宣王说："您可以把王政的含义讲给我听听吗？"

原文 对曰："昔者文王之治岐也①，耕者九一②，仕者世禄，关市讥而不征③，泽梁无禁④，罪人不孥⑤。老而无妻曰鳏，老而无夫曰寡，老而无子曰独，幼而无父曰孤。此四者，天下之穷民而无告者。文王发政施仁，必先斯四者。《诗》云：'哿矣富人，哀此茕独[6]'。"

注释

① 岐：地名，在今陕西省岐山县一带。

② 耕者九一：指井田制，成井字形，每井九百亩，周围八家各一百亩，是私田，中间一百亩，是公田，由八家共同耕种。税率是九分抽一。

③ 关市讥而不征：关，道路上的关卡。市，城内的集市。讥，稽查。征，征税。

④ 泽梁：在流水中拦鱼的设备。

⑤ 罪人不孥：处治罪人不牵连他的妻室儿女。孥（nú），妻子儿女的统称。这里是把名词当作动词用。

⑥ 哿（gě）矣富人，哀此茕（qióng）独：出自《诗经·小雅·正月》篇第十三章（全篇共十三章）。哿，可以。茕，孤单；单独。

译文

〔孟子〕说："从前文王治理岐周，对耕者收税是九抽一，对官员给以世袭的俸禄，在关卡和集市只稽查不征税，到湖泽捕鱼不予禁止，对罪人判刑不株连妻室儿女。丧失妻子的老头叫鳏夫，失掉丈夫的老太婆叫寡妇，老年人没有儿子叫独老，幼童死了父亲叫孤儿。这四种人是世界上穷苦而无依靠的贫民。周文王施政讲仁义，首先必定〔重视安置〕这四种人。《诗经》上说：‘有钱人已经很富足，要哀怜那些鳏寡孤独！’”

原文 王曰：“善哉言乎！”

译文 宣王说：“这话说得多好啊！”

原文 曰：“王如善之，则何为不行？”

译文 孟子说：“您如果觉得这话讲得对，那为什么不照着它去做呢？”

原文 王曰：“寡人有疾，寡人好货。”

译文 宣王说：“我有个毛病，我喜欢财富。”

原文 对曰：“昔者公刘好货[①]，《诗》云：‘乃积乃仓，乃裹餱粮，于橐于囊。思戢用光。弓矢斯张，干戈戚扬，爰方启行[②]。’故居者有积仓，行者有裹囊也，然后可以爰方启行。王如好货，与百姓同之，于王何有？”

注释

① 公刘：人名，后稷的曾孙，周朝创业的始祖。

②“乃积乃仓”七句：是《诗经·大雅·公刘》篇第一章（全篇共六章）中的诗句。积，露天堆积粮食的地方。仓，积谷的仓库。餱（hóu），干粮。橐（tuó），有底的口袋。囊，无底的口袋，装东西时用绳子把两端扎好。思，语气词，《诗经》中常用于句首（如“思戢用光”）、句中（如“旨酒思柔”）和句尾（如“今我来思”），无实在意义。戢（jí），同“辑”，和睦的意思。用，因而。光，发扬光大。干、戈、戚、扬，四种古代兵器的名称，按次序即盾、平头戟、斧、钺（大斧）。启行，动身。

译文

〔孟子〕答道：“从前公刘也喜欢财富，《诗经》上说：‘堆满露天的囤，贮满严实的仓。准备好充足的干粮，装进深袋和大囊。齐心协力士气高昂。箭在手，弓弩张，还有那盾、戟、斧、钺，这才离开故土去开发新的家乡。’所以，留守故土的人仓里有谷。奔赴远方的人袋里有粮，这样，才能够〔放心地〕启程出发。王如喜欢财富，能跟百姓一起，要施行王道仁政又有什么困难呢？”

原文

王曰：“寡人有疾，寡人好色。”

译文 宣王说我："还有个毛病，我喜欢女色。"

原文 对曰："昔者太王好色，爱厥妃①。《诗》云：'古公亶父，来朝走马，率西水浒，至于岐下，爰及姜女，聿来胥宇②。'当是时也，内无怨女，外无旷夫③。王如好色，与百姓同之，于王何有④？"

注释 ① 厥（jué）：代词，他的；那个。

② "古公亶父"六句：是《诗经·大雅·緜》篇中的第二章（全篇共九章）。古公亶父，即周文王的祖父周太王。走马，驱马疾驰。浒（hǔ），水边。姜女，太王之妃，姓姜，一称太姜。胥，相；视。胥宇，考察地形、选择建筑宫室的地基，相当于"相宅"。

③ 内无怨女，外无旷夫：怨女，未出嫁的老处女。旷夫，未娶妻的单身汉。古代女子居内，男子居外，所以有内外的说法。

④ 何有：又有什么呢；算不了什么。

译文 〔孟子〕回答说："从前周太王也喜欢女色，他宠爱他的妃子。《诗经》上记载：'古公亶父清晨驱驰快马，从那邠西的漆水之涯，到达岐山之下。带着他的妃子太姜女，为建筑宫室把基地来勘察。’在这个时候，内无嫁不出去的老处女，外无娶不了妻子的单身汉。王如果喜欢女色，能跟百姓一起，要施行王道仁政又有什么困难呢？”

原文 2·6 孟子谓齐宣王曰：“王之臣有托其妻子于其友而之楚游者，比其反也[①]，则冻馁其妻子，则如之何？”

注释 ① 比其反也：比（bì），及；等。反，同“返。”

译文 孟子告诉齐宣王说：“您有一个臣子把妻室儿女托请朋友照料，他本人到楚国去游历，等到他归来时，妻室儿女却受冻挨饿，对这件事应该如何处理？”

原文 王曰：“弃之。”

译文 宣王说：“跟他断绝往来。”

原文 曰：“士师不能治士[①]，则如之何？”

注释 ① 士师不能治士：士师，古代的狱官，士师之下还有“乡士”“遂士”等属官。不能治士，不能管好下属。

译文 孟子说：“如果掌刑狱的士师管不好他的下级官吏，又该如何处理？”

原文 王曰：“已之。”

译文 宣王说：“把他撤职。”

原文 曰：“四境之内不治，则如之何？”

译文 孟子说：“一个国家的政治如果搞不好，又该如何处置呢？”

原文 王顾左右而言他。

译文 宣王（局促地）左看看右看看，把话题岔开了。

原文 2·7 孟子见齐宣王，曰：“所谓故国者，非谓有乔木之谓也，有世臣之谓也。王无亲臣矣，昔者所进，今日不知其亡也①。”

注释 ① 亡：在这里有“去位”“免职”的意思。

译文 孟子拜见齐宣王，对他说：“通常所说的故国，不是指那些高大的树木，而是指它有累代的功勋之臣。您眼下没有亲近的臣子了。过去使用提拔的人，如今已被罢免而不知去向。”

原文 王曰：“吾何以识其不才而舍之？”

译文 宣王问：“我怎样才能辨识不称职之臣而不用他呢？”

原文 曰：“国君进贤，如不得已，将使卑逾尊，疏逾戚，可不慎与？左右皆曰贤，未可也；诸大夫皆曰贤，未可也；国人皆曰贤，然后察之；见贤焉，然后用之。左右皆曰不可，勿听；诸大夫皆曰不可，勿听；国人皆曰不可，然后察之；见不可焉，然后去之。左右皆曰可杀，勿听；诸大夫皆曰可杀，勿听；国人皆曰可杀，然后察之，见可杀焉，然后杀之。故曰，国人杀之也。如此，然后可以为民父母。”

译文 孟子说：“国君选拔贤臣，如果迫不得已〔而进用新臣〕，将会使卑贱者超过尊贵者，使疏远者超过亲近者，怎能够不慎重对待呢?〔如果〕左右亲信的人都说〔某人〕贤能，还不成；大夫们也都说贤能，还不成；全国的人都说贤能，然后去考察他，证实他的确贤能，然后再任用他。〔如果〕左右亲信的人都说〔某人〕不行，不必听信；大夫们也都说不行，不必听信；全国的人都说不行，然后去考察他，证实他的确不行，然后才罢免他。〔如果〕左右亲信的人都说〔某人〕该杀，不必理睬；大夫们都说该杀，也不必理睬；全国的人都说该杀，然后去考察他，证明他的确该杀，然后才处死他。所以说，这是全国人判他死刑。——做到这些，才称得起是百姓的父母。"

原文 2·8 齐宣王问曰："汤放桀①，武王伐纣②，有诸?"

注释 ① 汤放桀：商朝的开国君主汤，把夏朝的末代君主桀流放到南巢（据传其遗址在今安徽省巢县）。

② 武王伐纣：周武王讨伐商朝末代君主纣，纣王自焚而死。

译文 齐宣王问："商汤流放夏桀，周武王讨伐商纣，真的有这些事件吗?"

原文 孟子对曰："于传有之。"

译文 孟子答："史料中有这种记载。"

原文 曰："臣弑其君[①]，可乎？"

注释 ① 弑（shì）：古代称臣杀君、子杀父的行为，是"大逆不道"的贬义词。

译文 宣王问："臣子犯上杀死君主，行吗？"

原文 曰："贼仁者谓之'贼'，贼义者谓之'残'。残贼之人谓之'一夫'[①]。闻诛一夫纣矣[②]，未闻弑君也。"

注释 ① 一夫：独夫，因众叛亲离，孤独一人，故称一夫。

② 诛：把罪人杀死。

译文 孟子答："破坏仁的人叫作'贼'，破坏义的人叫作'残'，毁仁害义的残贼，叫作'独夫'。〔人们〕只听说把独夫纣处死了，却没听说是君主被〔臣下〕杀害了。"

原文 2·9 孟子见齐宣王，曰：“为巨室，则必使工师求大木[①]，工师得大木，则王喜，以为能胜其任也。匠人斲而小之[②]，则王怒，以为不胜其任矣。夫人幼而学之，壮而欲行之，王曰：‘姑舍女所学而从我。’则何如？今有璞玉于此[③]，虽万镒[④]，必使玉人雕琢之。至于治国家，则曰：‘姑舍女所学而从我。’则何以异于教玉人雕琢玉哉？”

注释 ① 工师：官名，主管各种工匠的官。

② 斲（zhuó）：砍削。

③ 璞玉：璞（pú），含有玉的石头，或未雕琢过的玉。

④ 镒（yì）：也写作“溢”。古代重量单位。一镒为二十两，一说为二十四两。

译文 孟子拜见齐宣王，说：“兴建一所大房巨屋，必须让工匠的主管官员去寻找大木料。主管官得到木料，王就高兴，觉得他能够尽到责任。〔如果〕木匠把木料砍削小了，王就会生气，觉得他不称职。人，从幼年开始学习〔技能本领〕，长大了就要实践它。王却对他说：‘暂时舍弃你所学的东西，听从我的命令！’这怎么可以呢？现在〔假设〕这里有一块未曾雕琢过的玉石，虽然它价值高达万镒（二十多万两）之多，也必须让玉匠来雕琢加工。谈到治理国家大事，〔你〕却〔对臣子〕说：'暂时舍弃你所学的东西，听从我的命令！'那么，跟〔您〕硬要迫使玉匠按您的命令去雕琢玉石又有什么区别呢？"

原文 2·10 齐人伐燕[①]，胜之。宣王问曰："或谓寡人勿取，或谓寡人取之。以万乘之国伐万乘之国，五旬而举之，人力不至于此[②]。不取，必有天殃[③]。取之，何如？"

注释 ① 齐人伐燕：指前315（齐宣王五年），燕王哙将燕国让给他的相国子之。国人不服气，将军市被、太子平攻伐子之，子之反攻，杀死市被和太子平。齐宣王便派匡章趁机向燕国进攻，并迅速获胜。

② 五旬而举之，人力不至于此：五十天就攻下它来，只凭人力恐怕达不到这地步吧！指齐伐燕时的战况进展。据《史记·燕世家》所载，当时"士卒不战，城门不闭，燕君哙死"，致使齐人速胜。

③ 不取，必有天殃：如不去攻取（就违反天意），必会降下天灾。这是古代流行的一种观念或舆论。

译文 齐国攻伐燕国，战胜了燕。齐宣王问道：“有人觉得我不应该攻取燕国，有人认为我应该攻占它。以一个拥有万乘兵车的国家去攻伐同样是万辆兵车的国家，仅仅用了五十天就攻下它来，只凭人力恐怕做不到这一步吧?！如果不去占据它，必会降下天灾。占据它吧！您看怎么样?”

原文 孟子对曰：“取之而燕民悦，则取之。古之人有行之者，武王是也。取之而燕民不悦，则勿取，古之人有行之者，文王是也。以万乘之国伐万乘之国，箪食壶浆以迎王师①，岂有他哉？避水火也。如水益深，如火益热，亦运而已矣②。”

注释 ① 箪食壶浆：用筐装饭，用壶盛汤。箪（dān），装饭的圆形竹篮。食，食物。浆，用米制成的近似酒的汁。

② 运：转。“亦运而已矣”一句，按字面的意思，是也不过是转化罢了。朱熹解释为“言齐若更为暴虐，则民将转而望救于他人矣。”大意是说，如果齐国更暴虐，那么，百姓将会转而希望别人来拯救。近人杨伯峻认为朱熹的说法“恐未当”，便将这一整句译为“如果他们的灾难更加深了，那只是统治者由燕转为齐罢了。”可供参考。

译文 孟子答道："如果占领它而使燕国的百姓高兴，那就占领它。古代人有这么做的，周武王就是这样。如果占领它却使燕国百姓不高兴，那就不要去占领。古代人有这么做的，周文王就是这样。以拥有万乘兵车的国家去攻伐同样是有万辆兵车的国家，〔百姓〕用筐装着饭，用壶盛着汤来欢迎王的军队，怎能会有别的原因呢？不过是想摆脱水深火热的苦难日子罢了。如果水〔反而〕更深，火更热，〔百姓〕也就只好转而寻求其它解救的出路了。"

原文 2·11 齐人伐燕，取之。诸侯将谋救燕。宣王曰："诸侯多谋伐寡人者，何以待之？"

译文 齐国攻伐燕国，占领了它。一些诸侯邻国策划着要救助燕国。齐宣王问："诸侯国大都谋划要攻打我，该怎样对付他们呢？"

原文 孟子对曰："臣闻七十里为政于天下者，汤是也。未闻以千里畏人者也。《书》曰：'汤一征，自葛始[①]。'天下信之，东面而征，西夷怨；南面而征，北狄怨，曰：'奚为后我？'民望之，若大旱之望云霓也[②]。归市者不止，耕者不变。诛其君而吊其民③，若时雨降。民大悦。《书》曰：'徯我后④，后来其苏⑤。'今燕虐其民，王往而征之，民以为将拯己于水火之中也，箪食壶浆以迎王师。若杀其父兄，系累其子弟⑥，毁其宗庙，迁其重器⑦，如之何其可也？天下固畏齐之强也，今又倍地而不行仁政，是动天下之兵也。王速出令，反其旄倪⑧，止其重器，谋于燕众，置君而后去之，则犹可及止也。"

注释

① 汤一征，自葛始：商汤一征伐，是从葛国开始。本书《滕文公下》（参见6·5）所引与此内容近似的话为："汤始征，自葛载"。朱熹认为这句话及后文"徯我后，后来其苏"都引自《尚书》中的《商书·仲虺之诰》。江声《尚书集注音疏》则认为这不是《尚书》中的文字。

② 霓（ní）：雨后天空中与虹同时出现的彩色圆弧。这里指出现在南方的虹霓，是下雨的预兆。

③ 吊（diào）：慰问。这里指对百姓安抚。

④ 徯（xī）我后：盼望我们的君主。徯，等待；盼望。后，君主，帝王。

⑤ 后来其苏：君王来了就会有起色。苏，恢复；苏醒。

⑥ 系累：拘捕；捆绑。

⑦ 重器：国家的宝器。

⑧ 反其旄（mào）倪（ní）：遣送他们中的老人小孩返回。旄，通“耄”，八九十岁的老人。倪，小孩，儿童。

译文 孟子回答说：“我曾听说有凭借七十里见方的国土就对天下发号施令的，商汤正是这样。可没听说以拥有千里见方的国土者还害怕邻国的。《尚书》说：‘商汤一征伐，就从葛国开刀。’天下人都相信他，所以，他向东方出兵，西方邻国的夷人就埋怨；向南面进军，北方邻国的狄人就埋怨，说：‘为什么〔不先到这一面，〕把我们放在后面呢？’人们都期待他，就好比久旱之后盼望乌云虹霓一样。做买卖的络绎不绝，耕田种地的照常耕作。杀掉他们的君主而安抚那些百姓，好像甘霖及时从天而降，百姓们都特别高兴。《尚书》中还说：‘盼望我们的君主，君主来了就会百废俱兴。’而今燕国国君欺压百姓，您前往讨伐他，百姓们都认为您将把他们从水深火热的灾难中拯救出来，便用满筐的饭、满壶的汤来迎接您的军队。而您竟杀戮他们的父兄，拘捕他们的子弟，毁坏他们的宗庙，搬走他们的国宝，怎么能够这样呢？天下的人本来就害怕齐国的强暴，如今齐国又扩充一倍领土而不施行仁政，这就会激怒天下起来兴兵问罪。您赶快发布命令，把老人小孩遣送回本国，停止搬运国宝的行为，跟燕国的人们商讨,〔为燕〕选立君主而后撤离燕国，这样做还来得及制止〔危机后患〕。”

原文

2·12 邹与鲁閧[①]。穆公问曰[②]：“吾有司死者三十三人，而民莫之死也[③]。诛之，则不可胜诛；不诛，则疾视其长上之死而不救[④]，如之何则可也?”

注释

① 邹与鲁閧：邹国与鲁国交战。邹，古国名，也称为“邾”“鼄”或“邾娄”。相传是颛顼后裔挟所建立，曹姓，在今山东省费、邹、滕、济宁、金乡等县地。国都在邹（今山东邹县），约前281后，被楚国所灭。鲁，古国名，公元前十一世纪周朝分封的诸侯国。姬姓。开国君主是周公旦之子伯禽。在今山东西南部，建都曲阜。前256被楚国吞并。閧（hòng），争吵；冲突；交战。

② 穆公：指邹穆公。据贾谊《新书》和《新序》载，穆公曾施行过仁政。

③ 民莫之死也：老百姓没有为他们而死的。莫之死，即莫死之（古汉语中有否定词如“未、莫”之类，后面带有人称代词的动宾词组时，在词序上多为动宾倒置，如“莫死之”说

成“莫之死”,“未有之”说成“未之有”等等)。

④ 疾视其长(zhǎng)上之死而不救:疾,憎恨。长上,上级;长官。

译文

邹国和鲁国之间发生战争。〔邹〕穆公问道:“我的官员已经有三十三人战死了,而百姓却没有一个为他们死难的。杀了他们吧!又不能够杀那么多;不杀他们吧!又痛恨他们眼看着长官被杀却见死不救,到底该怎么处置他们好呢?”

原文

孟子对曰:“凶年饥岁,君之民老弱转乎沟壑①,壮者散而之四方者,几千人矣②;而君之仓廪实,府库充,有司莫以告,是上慢而残下也。曾子曰③:‘戒之戒之!出乎尔者,反乎尔者也④。’夫民今而后得反之也。君无尤焉⑤!君行仁政,斯民亲其上,死其长矣。”

注释

① 转乎沟壑(hè):转,展转。朱熹注为“饥饿辗转而死也”。沟壑,山沟。

② 几(jī):接近;差不多。几千人,差不多有千把人(不可误解为数千人或好几千人)。

③ 曾子：名曾参（前505—前436），字子舆，春秋时鲁国南部武城（今山东费县）人，孔子的学生。相传《大学》是他的著述，封建统治者尊他为“宗圣”。

④ 出乎尔者，反乎尔者也：你怎样对待别人。别人也会同样对待你。反，通“返”。成语“出尔反尔”，源出于此，但意思多指人的言行前后矛盾、反复无常。

⑤ 尤：罪过；过失。这里当动词用，有指责、归罪的意思。

译文 孟子回答说：“在遭灾的年头与饥荒的岁月，您的百姓中年迈体弱的辗转饿死而弃尸于山沟中，年轻力壮的逃荒到四面八方，这样的人该有千人了吧！而您的粮仓里积满谷物，库房中储满了财宝，有关的官员没有一个向您报告，这就是高居上位的人漠视小民疾苦还要压榨他们的表现。曾子说：‘要警惕啊！要警惕啊！你怎样对待别人，别人也会用同样的办法来对待你。’百姓们现在可算是懂得怎样报复了，您可不必责怪他们。君王如果能施行仁政，这些百姓才会拥护他们的上级，甘愿为他们的长官去死。”

原文 2·13 滕文公问曰[①]：“滕，小国也，间于齐、楚。事齐乎？事楚乎？”

注释 ① 滕文公：战国时滕国国君，滕定公之子。滕，古国名，西周分封的诸侯国，姬姓，开国国君是周文王（一说周懿王）之子错叔绣。在今山东滕县西南。前414为越所灭，不久复国，又为宋所灭。

译文 滕文公问道："滕是一个弱小的国家，夹在齐国和楚国的中间。究竟是去巴结齐国好呢？ 还是去奉承楚国好？"

原文 孟子对曰："是谋非吾所能及也。无已，则有一焉：凿斯池也[1]，筑斯城也，与民守之，效死而民弗去，则是可为也。"

注释 ① 池：这里指护城河。池，"城池"的池。

译文 孟子回答说："这个大主意不是我的能力范围所能达到的。如果一定要我表个态度，那就只有一条意见：深挖这护城河，筑牢这城墙，跟百姓一起捍卫它，宁愿牺牲生命，百姓也不肯放弃它，这样就大有希望了。"

原文 2·14 滕文公问曰："齐人将筑薛[1]，吾甚恐，如之何则可？"

注释 ① 薛：古国名，任姓。其祖先奚仲曾做过夏代的车正。传闻为车的创造者。居住在薛（今山东滕县东南）。传到仲虺（huǐ），曾做过商汤的助手。周初分封为诸侯。战国初期为齐所灭，成为田婴（号静郭君）和他儿于田文（孟尝君）的封地。

译文 滕文公问道："齐人准备加强薛地的城池修筑，我十分担心，该怎么应付才好呢？"

原文 孟子对曰："昔者大王居邠[1]，狄人侵之，去之岐山之下居焉[2]。非择而取之，不得已也。苟为善，后世子孙必有王者矣。君子创业垂统，为可继也。若夫成功，则天也。君如彼何哉[3]？强为善而已矣[4]。"

注释 ① 邠：同"豳"（bīn），在今陕西省旬邑县西部。

② 岐山：今陕西省岐山县东北六十里的箭括山。

③ 如彼何：相当于"奈彼何"，即奈何不了他；拿他没办法。

④ 强（qiǎng）：勉力；尽量。

译文 孟子回答说：“从前周太王居住在邠地，北方的獯鬻人来侵扰他。他便远避到岐山下定居。这不是周太王自愿选择而决定的主意，是实在没有办法呀！如果君主施仁行善，他的后代子孙一定能治理天下。贤德的君子开创业绩传给子孙，便可世代承继。至于成就功业〔与否〕，那就得看天意如何。您对齐人有什么办法呢？只有尽可能地努力施行仁善才行啊！”

原文 2·15 滕文公问曰：“滕，小国也；竭力以事大国，则不得免焉，如之何则可？”

译文 滕文公问：“滕是一个弱小的国家，尽最大力量去奉承大国，还是难以解除祸患，该怎么应付才好呢？”

原文 孟子对曰：“昔者太王居邠，狄人侵之。事之以皮币[①]，不得免焉；事之以犬马，不得免焉；事之以珠玉，不得免焉。乃属其耆老而告之曰[②]：‘狄人之所欲者，吾土地也。吾闻之也：君子不以其所以养人者害人。二三子何患乎无君？我将去之。’去邠，踰梁山[③]，邑于岐山之下居焉[④]。邠人曰：‘仁人也，不可失也。’从之者如归市。

注释 ① 皮币：皮，指虎豹麋鹿之类的毛皮所制成的皮袄。币，纺织成的缯帛之类。

② 属其耆（qí）老：召集当地的长老。属，会集；召集。耆老，古代称六十岁为“耆”，七十岁为“老”（五十岁称“艾”）。这里是泛指老年人。

③ 梁山：在今陕西乾县西北。周太王要避开狄人的威胁，必须翻越梁山。

④ 邑：这里当动词用，兴建〔城邑〕的意思。

译文 孟子回答说：“从前周太王居住在邠地，北方的獯鬻人来侵扰他。奉送他们皮裘丝帛，还不能免祸；奉送他们良狗快驹，还不能免祸；奉送他们珍珠玉石，也不能免祸。于是〔太王〕便召集当地的父老并向他们宣布：‘狄人所眼红心贪的是我们的领土。我曾经听说过，贤德的君子不能为〔生长禾苗而〕供养人的土地倒反使人连累受祸，在座的几位父老又何必为没有君主而担心呢？〔因此〕我准备离开这个地方。’他便离开邠地，翻越梁山，在岐山下兴建城邑而定居。邠地的百姓〔称赞他〕说：‘真是有仁德的人啊！我们不能失去他。’于是，追随他的人群，就好比赶集一样纷纷到来。

原文 “或曰：‘世守也，非身之所能为也。效死勿去。’

译文 “也有人说：‘祖宗传下来的基业理该世世代代坚守，决不能随自身的所欲而轻易采取放弃它的行动，应该是宁愿牺牲也不可远离才对。’

原文 “君请择于斯二者。”

译文 “请您从以上两种意见中自己选择决定吧！”

原文 2·16 鲁平公将出①，嬖人臧仓者请曰②：“他日君出，则必命有司所之。今乘舆已驾矣③，有司未知所之，敢请。”

注释 ① 鲁平公：鲁景公之子，名叔，一说名旅。

② 嬖（bì）人：受宠爱的人，男女通称。有时指女性，如姬、妾等。

③ 乘舆（shèng yú）：古代专供帝王使用的车舆。有时作为帝王之代称。贾谊《新书·等齐》篇说，天子车和诸侯车都同样称为“乘舆”。

译文 鲁平公即将外出，他宠幸的近臣臧仓请示说：“您平素出外，一定要告诉有关人员您所要去的地方。现在车马都准备齐全了，有关人员还不知您要到哪里去，请恕我多嘴询问。”

原文 公曰：“将见孟子。”

译文 〔鲁平〕公说：“我要去会见孟子。”

原文 曰：“何哉，君所为轻身以先于匹夫者？以为贤乎？礼义由贤者出；而孟子之后丧逾前丧①。君无见焉！”

注释 ① 后丧逾前丧：后办〔母亲〕的丧事超过先办的〔父亲〕之丧事。

译文 〔臧仓〕说：“究竟是为什么呢？——您竟然降低自己的身份而先去拜访一个普通人？难道您认为他是有德才修养的人吗？礼义本来是贤德之人所提倡的，可是孟子料理后死者（母亲）的丧事远远超过前死者（父亲）的丧事，〔这种人〕您还是以不去见他为好。”

原文 公曰："诺[①]。"

注释 ① 诺（nuò）：表示同意、应允的口吻，相当于好吧、可以、照办之类。

译文 〔鲁平〕公说："好吧！"

原文 乐正子入见[①]，曰："君奚为不见孟轲也？"

注释 ① 乐正子：人名，名克。

译文 乐正子入宫拜见〔鲁平公〕，说："您为什么没去访问孟轲呢？"

原文 曰："或告寡人曰：'孟子之后丧逾前丧'，是以不往见也。"

译文 〔平公〕说："有人告诉我说：'孟子办后死之母的丧事超过了先死之父的丧事'，因此我不想再去拜访他。"

原文 曰："何哉，君所谓逾者？前以士，后以大夫[①]；前以三鼎，而后以五鼎与[②]？”

注释 ① 前以士，后以大夫：指按“士”之礼办父亲的丧事在前，按“大夫”之礼办母亲的丧事在后。

② 前以三鼎，而后以五鼎：鼎，是古代的一种器皿，多以青铜制成，圆形，三足两耳。大小不同，用途各异。如，当炊具，作烹人的刑具，以陶制鼎随葬，道士用以炼丹煮药，以及用作立国的重器，等等。这里是指祭祀时用以盛肉类祭品的鼎。三鼎，指牲鼎、鱼鼎、腊鼎。五鼎，羊、豕（shǐ）、肤（切肉）、鱼和腊五鼎。礼祭，按规定为天子九鼎，诸侯七鼎，卿大夫五鼎，元士三鼎。这一句中所谈的三鼎、五鼎，内容与上句“前以士，后以大夫”相近。

译文 〔乐正子〕说：“这是什么意思呢？——您所说的超越的丧事？难道是他先以士之礼办父丧，而后以大夫之礼办母丧吗？难道是他先用三鼎摆祭品办父丧，而后以五鼎陈列祭品办母丧吗？”

原文 曰：“否；谓棺椁衣衾之美也[①]。”

注释 ① 棺椁衣衾：棺椁（guǒ），装殓死人的器具，分两层，里层的叫“棺”，外面的套棺叫“椁”。衣衾（qīn），装殓死人的衣物被子。

译文 〔平公〕说：“不是！指的是内棺外椁、寿衣殓被精美讲究〔各有差别〕。”

原文 曰：“非所谓逾也，贫富不同也。”

译文 〔乐正子〕说：“那就算不了‘超越’，只不过是先贫后富有所不同罢了。”

原文 乐正子见孟子，曰：“克告于君①，君为来见，嬖人有臧仓者沮君②，君是以不果来也③。”

注释 ① 克：乐正子（名克）的自称。

② 沮（jǔ）：终止；停止。有的版本写成“阻”，当阻止讲。

③ 不果来：没有按预想的那样到来。果；副词，凡事跟预期的相吻合叫“果”，否则，就叫“不果”。

译文 乐正子见到孟子，说：“我乐克（自称其名）跟鲁平公讲过，他本来准备访问你。但有个名叫臧仓的近臣拦阻他，因此他没有按预订计划来访问。”

原文 曰：“行，或使之；止，或尼之[①]。行止，非人所能也。吾之不遇鲁侯，天也。臧氏之子焉能使予不遇哉？”

注释 ① 尼：动词。阻止的意思。

译文 〔孟子〕说：“办一件事，或许会有人促进它；不办，或许会有人阻挠它。办事与不办事，不是只靠人力所能决定的。我不能跟鲁侯会晤，是天意所决定的。这个姓臧的小子，怎能是使我们不能会晤的因素呢？”

公孙丑上

（凡九章）

原文 3·1 公孙丑问曰[①]：“夫子当路于齐[②]，管仲、晏子之功[③]，可复许乎[④]？”

注释 ① 公孙丑：孟子的弟子。齐国人。

② 当路：当权；执政。

③ 管仲、晏子：管仲，即管敬仲（？—前645），名夷吾，字仲，颍上（颍水之滨）人。齐桓公任命为卿相。晏子，晏婴（？—前500），字平仲，夷维（今山东高密）人。前556（齐灵公二十六年），父晏弱逝世，继任齐卿，历仕灵公、庄公、景公三朝。《史记》有《管晏列传》。

④ 许：兴盛；复兴。

译文 公孙丑问说：“要是让你在齐国执政，管仲、晏子的功绩可以再度振兴吗？”

原文 孟子曰：“子诚齐人也，知管仲、晏子而已矣。或问乎曾西曰[①]：‘吾子与子路孰贤[②]？’曾西蹵然曰[③]：‘吾先子之所畏也[4]。’曰：‘然则吾子与管仲孰贤？’曾西艴然不悦[5]，曰：‘尔何曾比予于管仲[6]！管仲得君如彼其专也，行乎国政如彼其久也，功烈如彼其卑也，尔何曾比予于是？’”曰：“管仲，曾西之所不为也，而子为我愿之乎[7]？”

注释

① 曾西：名曾申，字子西，鲁国人，曾参之子。赵岐注为“曾西，曾子之孙。”

② 吾子：对友人的敬称，相当于“吾兄”“老兄”之类。子路：孔子的弟子，姓仲名由。

③ 蹵然：蹵（cù），吃惊的样子。朱熹注为“不安貌”。

④ 先子：已死去的长辈。这里是指曾西自己的父亲曾参。

⑤ 艴然：艴（fú），恼怒的样子。

⑥ 曾：副词。竟然；居然。

⑦ 为：同“谓”，认为。

译文

孟子答道：“你真〔不愧〕是个齐国人，仅仅知道管仲、晏子罢了。有人询问过曾西：‘老兄要是跟子路相比，谁更贤能？’曾西惶惶不安地说：‘他是我的先辈所敬畏的〔楷模〕!”那人又问：‘那么，老兄要是跟管仲相比，谁更贤能呢？’曾西突然绷起脸不高兴地说：‘你为什么居然拿我去跟管仲相比？管仲受齐桓公信赖而那样地专权，掌管国家的政事又那样地长久，功绩成就却那样微不足道，你为什么拿我跟这样的人相比呢？’”〔孟子又接着〕说：“管仲这号人，连曾西都不屑跟他相比，你以为我会羡慕仿效他吗？”

原文 曰：“管仲以其君霸，晏子以其君显。管仲、晏子犹不足为与？”

译文 〔公孙丑〕说：“管仲辅佐君王〔桓公〕称霸，晏子辅佐君王〔景公〕扬名，难道管仲、晏子竟值不得称许吗？”

原文 曰：“以齐王，尤反手也①。”

注释 ① 尤：同“犹”，好像；犹如。

译文 〔孟子〕说：“像齐国要统一天下，就好比把手掌翻一下那样〔容易〕。”

原文 曰：“若是，则弟子之惑滋甚。且以文王之德，百年而后崩[①]，犹未洽于天下；武王、周公继之[②]，然后大行。今言王若易然，则文王不足法与?"

注释 ① 百年而后崩：相传周文王活了九十七岁。百年，是泛指寿命很长。

② 周公：周文王之子，周武王之弟，名姬旦，亦称叔旦。曾辅助武王伐纣灭商，统一天下。武王死后，成王年幼，由他摄政。

译文 〔公孙丑〕说："照您这样讲，我这学生越听越糊涂。凭周文王的德行修养，将近一百年才寿终，〔他的教化、影响〕也还没有遍及天下。直到武王和周公继承了他的遗业，〔教化〕才广泛推行。现在您谈论天下统一说得如此容易，岂不是连周文王也不值得效法了吗?"

原文 曰："文王何可当也！由汤至于武丁，贤圣之君六七作[①]，天下归殷久矣，久则难变也。武丁朝诸侯，有天下，犹运之掌也。纣之去武丁未久也[②]，其故家遗俗，流风善政，犹有存者；又有微子、微仲、王子比干、箕子、胶鬲——皆贤人也——相与辅相之[3]，故久而后失之也。尺地，莫非其有也；一民，莫非其臣也；然而文王犹方百里起，是以难也。齐人有言曰：‘虽有智慧，不如乘势；虽有镃基，不如待时[4]。今时则易然也：夏后、殷，周之盛，地未有过千里者也，而齐有其地矣；鸡鸣狗吠相闻，而达乎四境，而齐有其民矣。地不改辟矣，民不改聚矣，行仁政而王，莫之能御也。且王者之不作，未有疏于此时者也；民之憔悴于虐政，未有甚于此时者也。饥者易为食，渴者易为饮。孔子曰：‘德之流行，速于置邮而传命[5]。’当今之时，万乘之国行仁政，民之悦之，犹解倒悬也。故事半古之人，功必倍之，惟此时为然。”

注释

① 由汤至于武丁，贤圣之君六七作：从商汤算起，到武丁，贤明的君主就有六、七起。作，起。商朝从开国君主汤（太乙）至末代君王纣（帝辛）灭亡，共三十一世。汤至武丁为二十三世。这二十三世中，据《史记·殷本纪》，可称贤圣之君者有六起，即汤（一世）、太甲（五世）、太戊（十世）、祖乙（十四世）、盘庚（二十世）和武丁（二十三世）。

② 纣之去武丁未久也：从武丁至纣虽历经武丁、祖庚、祖甲、廪辛、庚（康）丁、武乙、太（文）丁、帝乙和帝辛共九帝，

但时间相隔都不太久，他们在位的年代都较短。《尚书·无逸》说这些帝王“或十年，或七八年，或五六年，或三四年，多是短寿”。

③ 微子、微仲、王子比干、箕子、胶鬲：微子，周代宋国的始祖，名启（一作开），商纣的庶兄。因见商朝将亡，多次谏纣王，无效，便出走。微仲，微子之弟，名衍。王子比干，纣王的叔父，担任少师（辅导太子的官）。因多次劝谏而激怒纣王，被纣王剖心而死。箕子，也是纣王的叔父，比干被剖心而死后，他很恐惧，便佯狂（装疯）为奴，被囚禁，至周武王灭商后才获释。胶鬲（gé），纣王的大臣。相（xiāng）与辅相（xiàng）：共同辅助。句首的“相”，是副词；句尾的“相”是动词。

④ 虽有镃基、不如待时：镃（zī），农具。基，亦作“镃”，农具。相当于犁、锄之类。待时，等待农时。

⑤ 速于置邮而传命：比通过驿站传达国家命令还要快。

译文 〔孟子〕说：“周文王怎么能比得上呢？试看〔商朝〕从汤到武丁，称得起贤能明智的国君就有六、七个，天下归服殷商的年代已经相当长久，年代长了就很难变动。武丁使诸侯来朝见，行使天下治理的权力，就好比在手心中运转东西一样容易。而〔商代末君〕

纣，距武丁并不算太长久，当时商朝的功臣勋旧、优良传统、美好风尚、仁政善教，仍然有影响，更有微子、微仲、王子比干、箕子、胶鬲——这些都是贤能的人——共同辅佐他，所以能经历久远的年代才沦亡。〔对纣说来，当时〕没有一尺土地不隶属于他，没有一个百姓不归附他。然而，周文王还只能从百里见方的小地盘起家，所以，是很不容易的。齐国百姓中流传着这样一句俗话：'即便有妙计，也要抓紧时机；即便有锄犁，也要等节气。'当前的形势就很顺利；在夏、商、周三朝兴盛的时期，都没有哪一国拥有超过千里见方的国土，而齐国却有如此辽阔的土地，连鸡鸣狗吠的声音〔从国都〕直至四面八方的国境线都能相互听到，更何况齐国还有〔众多〕百姓。疆土用不着再扩充，百姓也用不着再增添，如果能施行仁政以统一天下，没有谁能够抵挡得了它！而且，行仁政的君主没有出现，〔恐怕〕没有比这个时期〔相隔〕更久远的了；百姓被暴政迫害得面黄肌瘦的现象，也没有比这个时期更严重的了。饿肚子的人饥不择食，唇舌焦枯的人也不挑剔饮料。孔夫子说过，'德政的传播，比驿站传达国家的命令还要快。'面对当今形势，拥有万辆兵车的国家一施行仁政，百姓的高兴，就好比被吊着的人得到解脱一样。因此，如果只做古代人的一半〔好〕事，功效必然会加倍地超过〔古代人〕，只有在这个时代，才能够办到。”

原文 3·2 公孙丑问曰：“夫子加齐之卿相[①]，得行道焉，虽由此霸王，不异矣。如此，则动心否乎？”

注释 ① 加齐之卿相：居于齐国卿相的地位。加，赵岐注：“加，犹居也。”

译文 公孙丑问道：“如果您老夫子当上齐国的卿相，能够推行自己的政治主张，〔无论是〕从此而成就霸业还是王业，都不足为怪。果真面临这种局面，您是不是会〔由于疑惧〕而内心激动呢？”

原文 孟子曰：“否，我四十不动心。”

译文 孟子说道：“不！我年过四十岁就没有动过心。”

原文 曰：“若是，则夫子过孟贲远矣[①]。”

注释 ① 孟贲（bēn）：人名，古代勇士，卫人，一说是齐国人。

译文 〔公孙丑〕说："这么说，您老夫子可比孟贲强得多。"

原文 曰："是不难，告子先我不动心[①]。"

注释 ① 告子：战国时人，名不详，一说名不害。可能曾受教于墨子。

译文 〔孟子〕说："这并不难，告子早就在我之前没有动心。"

原文 曰："不动心有道乎？"

译文 〔公孙丑〕问："要不动心，有什么诀窍吗？"

原文 曰："有。北宫黝之养勇也[①]：不肤桡[②]，不目逃，思以一豪挫于人，若挞之于市朝[③]，不受于褐宽博[④]，亦不受于万乘之君；视刺万乘之君，若刺褐夫；无严诸侯[⑤]，恶声至，必反之。孟施舍之所养勇也[⑥]，曰：'视不胜犹胜也；量敌而后进，虑胜而后会，是畏三军者也。舍岂能为必胜哉？能无惧而已矣。’孟施舍似曾子，北宫黝似子夏⑦。夫二子之勇，未知其孰贤，然而孟施舍守约也。昔者曾子谓子襄曰⑧：‘子好勇乎？吾尝闻大勇于夫子矣：自反而不缩⑨，虽褐宽博，吾不惴焉⑩；自反而缩，虽千万人，吾往矣。’孟施舍之守气，又不如曾子之守约也。”

注释

① 北宫黝：人名，姓北宫，名黝（yǒu），齐人。

② 肤桡（náo）：肤，肌肤。桡，屈服、退却。因肌肤被刺破而退缩。

③ 若挞之于市朝：挞（tà），鞭抽棍打。市，集市；买卖处所。朝，朝廷。全句大意为，就像在人多的场所挨鞭子抽打一样。

④ 不受于褐宽博：受，受挫，受辱。褐（hè），粗布或粗布衣服。褐宽博，是以所穿粗布衣服指代地位卑贱的人。全句大意是，不受那身穿宽而肥的粗布衣者〔卑贱者〕侮辱。

⑤ 严：畏惧。

⑥ 孟施舍：人名。一说姓孟名施舍，一说孟施是复姓。

⑦ 子夏：（前507—？），姓卜名商，春秋时晋国（一说卫国）温（今河南温县西南）人。孔子的学生。

⑧ 子襄：人名，曾子的弟子。

⑨ 缩：直，与“衡（横）”相对而言，即“横直”“曲直”的“直”。

⑩ 惴（zhuì）：恐惧。

译文 〔孟子〕答：“有！〔比如〕北宫黝这样培养勇气：肌肤被刺伤，并不退缩颤动；眼睛被扎伤，也不闭目眨眼。他总觉得受了一点挫折，就好像在集市或朝廷被当众鞭打一样，既不能被一般地位低下的普通人侮辱，也不能忍受拥有万辆兵车的大国君主之辱。把刺杀万辆兵车的国君看成跟刺杀地位低贱的平民一样；对诸侯们也无所畏惧，碰到斥骂声，必定给予回击。〔又比如〕孟施舍这样培养勇气，他说：‘我对待不能战胜的强敌，跟可以战胜的弱敌一个样。〔如果〕先估计敌人的力量而后出击，先料定胜败而后交战，这种人〔心理上〕对数量众多的军队是畏惧的。我怎能保证一定获胜呢？只不过能做到无所畏惧而已。’这孟施舍〔培养勇气〕类似曾子，北宫黝类似子夏。这两人的勇气，不知道究竟谁更强些，但孟施舍〔的培养勇气〕更简单扼要。从前曾子告诉子襄说：‘你喜欢勇敢吗？我从孔夫子那里听过有关大勇的谈论：如反躬自问而觉得理屈，即便是对地位低下的人，我也不吓唬他；反躬自问而觉得理直，即使面临千军万马，我也敢勇往直前。’——孟施舍那种保持盛气〔无所畏惧〕的态度，又不如曾子那样简单扼要。”

原文 曰：“敢问夫子之不动心与告子之不动心，可得闻与？”

译文 〔公孙丑〕说：“敢冒昧请问，您老夫子的不动心，跟告子的不动心〔有何区别〕，可以讲给我听听吗？”

原文 “告子曰：‘不得于言，勿求于心；不得于心，勿求于气①。’不得于心，勿求于气，可；不得于言，勿求于心，不可。夫志，气之帅也；气，体之充也。夫志至焉，气次焉②；故曰：‘持其志，无暴其气③。’”

注释 ① 不得于言，勿求于心；不得于心，勿求于气：如在语言方面无所得（得胜；获益），不必求助于内心；如在内心方面而无所得，不必求助于意气。朱熹《四书集注》释为“告子谓于言有所不达，则当舍置其言，而不必反求其理于心，于心有所不安，则当力制其心，而不必更求其助于气。此所以固守其心而不动之速也。”可供参考。

② 夫志至焉，气次焉：赵岐注为“志为至要之本，气为其次。”是把志和气释为主要与次要的关系。清人毛奇龄释为“志之所至，气即随之而止。”是把志和气理解为起和止的关系。二者都能讲通。

③ 持其志，无暴其气：持，守；坚持。暴，乱。全句大意是，要坚持思想志向，切不可凭意气感情用事。

译文 〔孟子答：〕“告子说过，‘如果在语言方面无所得，就不必求助于内心；如果在内心方面无所得，就不必求助于意气。’〔按理说〕内心无所得，不求助于意气，是正确的；至于语言无所得，不求助于内心，是错误的。内心的志向，是意气的主帅；意气，是浑身充满的力量。志向是根本的，意气是次要的。因此才说，‘坚持自己的志向，不要凭感情意气用事。’”

原文 “既曰‘志至焉，气次焉。’又曰‘持其志，无暴其气。’何也？”

译文 〔公孙丑〕说：“既然说‘志向是根本，意气是次要’，可又说‘要坚持志向，不感情用事’，是什么道理呢？”

原文 曰："志壹则动气①，气壹则动志也，今夫蹶者趋者，是气也，而反动其心。"

注释 ① 壹：朱熹注："壹，专一也。"赵岐注为通"噎"，闭塞的意思。

译文 〔孟子〕说："〔只因〕志向专一会使意气转移，意气专一又会使志向摇摆，〔有如〕摔倒和奔跑，只是体气上的运动，但也会影响内心的跳动。"

原文 "敢问夫子恶乎长？"

译文 〔公孙丑问：〕"敢冒昧求教，老夫子有什么特长？"

原文 曰："我知言，我善养吾浩然之气①。"

注释 ① 浩然之气：盛大刚直之气。所谓气，是一种主观的精神状态。后世多把"浩然之气"理解为一种最高的正气和节操。

译文 〔孟子〕说："我善于剖析言辞，我也长于修炼我的浩然之气。"

原文 “敢问何谓浩然之气？”

译文 〔公孙丑说：〕“敢冒昧请教，什么叫作浩然之气？”

原文 曰：“难言也。其为气也，至大至刚，以直养而无害，则塞于天地之间。其为气也，配义与道；无是，馁也。是集义所生者，非义袭而取之也。行有不慊于心[①]，则馁矣。我故曰，告子未尝知义，以其外之也。必有事焉，而勿正[②]，心勿忘，勿助长也。无若宋人然：宋人有闵其苗之不长而揠之者[③]，芒芒然归[④]，谓其人曰[⑤]：‘今日病矣[⑥]！予助苗长矣！’其子趋而往视之，苗则槁矣。天下之不助苗长者寡矣。以为无益而舍之者，不耘苗者也[⑦]；助之长者，揠苗者也——非徒无益，而又害之。”

注释 ① 慊（qiè）：满足；惬意；心情痛快。行有不慊（qiàn）于心：做了内心不痛快或于心有愧的事。又，慊，遗憾；恨。又读xián，通“嫌”。

② 正：朱熹引《公羊传》注：“正，预期也。”释为“此言养气者，必以集义为事，而勿预期其效。”王夫之释为“正者，征也，的也。指物以为征准使必然也。”即目标、目的。《毛

诗·终风·序笺》注为“正，犹止也”，“勿正”即“勿止”。今译采用“止”说，即中辍停止。

③ 闵其苗之不长而揠之：闵（mǐn），忧愁、担心。揠（yà），拔。

④ 芒芒然：疲惫不堪的样子。

⑤ 其人：指他家里的人。

⑥ 病：这里是疲倦、劳累的意思。

⑦ 耘：除草。

译文 〔孟子〕说：“很难讲清楚。这种气，最伟大，最刚强，用正直去培养它而不妨害它，就会充满天地之间。这种气，要跟义和道相配合；如果没有它，就会缺乏力量。这是积累了正义才产生的，不是凭偶然的正义之举所能获取的。〔如果〕干了内心愧疚的事，气就会失去力量。所以我说，告子根本不懂义，因为他把义看成是心外的东西。一定要培养它，而不中辍停止，心中不要忘记它，不能〔违反规律强制它〕帮助它生长。不要像宋国人那样〔蠢笨〕：宋国有个人担心他的庄稼不长而去拔高它，〔累得〕气喘吁吁地回家，对他家里人说：‘今天真把我累坏了，可我帮助庄稼苗长高了！’他的儿子跑〔到地里〕去一看，庄稼苗都枯槁了。天下不帮助禾苗生长的人太少了，认为〔培育工作〕徒劳无益而放弃努力的人，就是种田不除草的懒人；〔违反规律〕助苗长高的人，就是把禾苗拔高的人。——这不仅白费力气没有益处，倒反损害了禾苗。”

原文 “何谓知言？”

译文 〔公孙丑问：〕“怎样去剖析言辞呢？”

原文 曰：“诐辞知其所蔽①，淫辞知其所陷②，邪辞知其所离③，遁辞知其所穷④——生于其心，害于其政；发于其政，害于其事。圣人复起，必从吾言矣。”

注释 ① 诐（bì）辞知其所蔽：诐，偏颇。蔽，遮；滞；塞。对片面的言辞能知它的毛病所在。

② 淫辞知其所陷：淫，放荡；过度。对放荡的言辞能知它的沉溺所在。

③ 邪辞知其所离：离，叛离；正的反面。对偏邪的言辞能知它的歪理所在。

④ 遁（dùn）辞知其所穷：遁，逃避；躲闪。穷，理短；词穷。

对躲闪的言辞能知它的理屈所在。

译文 〔孟子〕说："偏颇的言辞能剖析它的片面因素，放荡的言辞能剖析它的沉溺因素，邪辟的言辞能剖析它的狡辩因素，躲闪的言辞能剖析它的理屈因素。〔这些言辞〕从心里产生，对发令施政很有危害；用它来处理政务，会把国家大事搞糟。如果圣人再诞生出现，也必定会赞许我的这番话。"

原文 "宰我、子贡善为说辞①，冉牛、闵子、颜渊善言德行②。孔子兼之，曰：'我于辞命，则不能也。'然则夫子既圣矣乎？"

注释 ① 宰我、子贡：都是孔子的弟子。宰我（前522—前458），一名宰予，字子我，以擅长言语著称。曾任齐临淄大夫。子贡，姓端木，名赐。

② 冉牛、闵子、颜渊：都是孔子的弟子。冉牛，名耕，字伯牛。闵子，名损，字子骞。颜渊（前521—前490），名回，字子渊。贫居陋巷，箪食瓢饮，而不改其乐，常受孔子夸赞。

译文 〔公孙丑说：〕"宰我和子贡很有口才，冉牛、闵子和颜渊善于论述道德修养。孔子兼有这些特长,〔可他还〕说:'我在辞令方面,总觉笨嘴拙舌。'那么,您夫子称得起是圣人了吗?"

原文 曰:"恶!是何言也?昔者子贡问于孔子曰:'夫子圣矣乎[①]?'孔子曰:'圣则吾不能,我学不厌而教不倦也。'子贡曰:'学不厌,智也;教不倦,仁也。仁且智,夫子既圣矣。'夫圣,孔子不居——是何言也?"

注释 ① 夫子圣矣乎:夫子已经是圣人了吗?

译文 〔孟子〕说:"嘻!你说到哪儿去了?从前子贡问孔子说:'夫子称得起是圣人了吗?'孔子回答说:'圣人,我达不到,我只不过学习不会厌烦,教人不觉厌倦而已。'子贡说:'学习不厌烦,是智;教人不疲倦,是仁。又有仁又有智,夫子已经是圣人了。'圣人,连孔夫子都不敢自居,你的话扯到哪里去了呢?"

原文 "昔者窃闻之[①]:子夏、子游、子张皆有圣人之一体[②],冉牛、闵子、颜渊则具体而微,敢问所安。"

注释 ① 窃：私；私自。常用作表示个人意见的谦词，如窃闻、窃思、窃以为……

② 子游、子张：孔子的弟子。子游，名言偃。子张（前503—？），姓颛孙，名师。

译文 〔公孙丑说：〕“我从前听说过，子夏、子游、子张都各有圣人〔孔子〕的一部分优点，冉牛、闵子、颜渊大体接近于圣人而在某些方面稍差，请问您属于哪一种人？”

原文 曰：“姑舍是[①]。”

注释 ① 姑舍是：暂时抛开这个〔话题〕。

译文 〔孟子〕说：“暂且抛开这个话题吧。”

原文 曰：“伯夷、伊尹何如[①]？”

注释 ① 伯夷、伊尹：人名。伯夷，商末孤竹君的长子，墨胎氏。孤竹君以次子叔齐为继承人，孤竹君死后，叔齐让位于长兄，伯夷不受。兄弟二人互相推让，终于双双逃走。到周武王伐纣时，两人叩马而谏阻。武王灭商后，两人逃到首阳山，不食周粟而死。伊尹，商朝大臣，名伊，一说名挚，尹是官名。曾帮助汤攻灭夏桀。汤死后，历佐卜丙（外丙）、仲壬二王。仲壬死，其侄太甲当立，他却篡位自立，放逐太甲。七年后，太甲潜回杀死了他。另一说，是仲壬死后，太甲已即位，因太甲破坏商汤法制，不理国政，被他放逐，三年后太甲悔过，又被接回复位。

译文 〔公孙丑〕说："伯夷、伊尹这两个人怎么样？"

原文 曰："不同道。非其君不事，非其民不使；治则进，乱则退，伯夷也。何事非君，何使非民；治亦进，乱亦进，伊尹也。可以仕则仕，可以止则止[①]，可以久则久，可以速则速，孔子也。皆古圣人也，吾未能有行焉；乃所愿[②]，则学孔子也。"

注释 ① 止：退止；隐居；下野。与上文"仕"对言，仕是做官、进取、任职。

② 乃：相当于"至于"一类转折连词。

译文 〔孟子〕说："并不相同。不是他〔理想〕的君主就不去侍奉，不是他〔理想〕的百姓就不去召唤；局势稳定才肯做官，社会动乱就要隐退——伯夷是这样。什么样的君主都可以侍奉，什么样的百姓都可以召唤，局势稳定可以做官，社会动乱也可以做官——伊尹就是这样。该做官就做官，该隐退就隐退，该留任就留任，该迅速果断就迅速果断——孔子就是这样。这些都是古代的圣人，我都不能够办到。至于我的个人愿望，还是要学习孔子。"

原文 "伯夷、伊尹于孔子，若是班乎[①]？"

注释 ① 班：等同；同列。

译文 〔公孙丑问：〕"伯夷和伊尹，难道跟孔子不能平举并列吗？"

原文 曰："否；自有生民以来，未有孔子也。"

译文 〔孟子〕说："不能！自从有人类开始，没有比得上孔子的。"

原文 曰："然则有同与？"

译文 〔公孙丑问：〕"那么，他们之间有相同之点吗？"

原文 曰："有。得百里之地而君之，皆能以朝诸侯，有天下；行一不义，杀一不辜，而得天下，皆不为也。是则同。"

译文 〔孟子〕答："有！〔如果〕得到方圆百里的土地而以他们为君王，又都能够让诸侯来朝拜，统一了天下。〔如果要他们〕干一件不义的事，杀一个无罪的人，从而夺得天下，他们都不肯去做，这就是相同之处。"

原文 曰："敢问其所以异。"

译文 〔公孙丑〕问："敢请教，他们的不同之处又在哪里呢？"

原文 曰："宰我、子贡、有若[①]，智足以知圣人，汙不至阿其所好[②]。宰我曰：'以予观于夫子，贤于尧、舜远矣[③]。'子贡曰：'见其礼而知其政，闻其乐而知其德，由百世之后，等百世之王[4]，莫之能违也。自生民以来，未有夫子也。’有若曰：‘岂惟民哉？麒麟之于走兽，凤凰之于飞鸟，太山之于丘垤[5]，河海之于行潦[6]，类也。圣人之于民，亦类也。出于其类，拔乎其萃[7]，自生民以来，未有盛于孔子也。’”

注释

① 有若：孔子的弟子。鲁国人。

② 汙不至阿其所好：汙，同“污”（wū），低下；卑劣。阿（ē），偏袒；迎合。好（hào），爱好。全句大意，是〔即使他们再〕卑劣也不至过分偏袒他们所爱好的人。

③ 尧、舜：古代传说中的两位圣君，父系氏族社会后期部落联盟领袖。尧，陶唐氏，名放勋，史称唐尧。相传他曾设官掌管时令，制定历法，咨询四方部落首领，推选舜为继任人。经过三年考核，命舜摄位行政。尧死舜即位。一说尧到晚年德衰，被舜所囚，其位也被舜所夺。舜，有虞氏，名重华；史称虞舜。他曾巡行四方，消灭鲧、共工等部落，尧死后继位，又咨询四方，推举贤人治理民事，选拔治水有功的禹为继承人。一说是被禹所逐，死在南方的苍梧。

④ 等：等级；等次。这里是当动词用，有评等论级、评比高下之意。

⑤ 垤（dié）：小土堆。

⑥ 行潦（háng lǎo）：雨后路旁的积水。

⑦ 出于其类，拔乎其萃（cuì）：出，超过。类，同类。拔，超拔；突出。萃，原意指草丛密集的样子，借喻相聚之人物或同类。成语“出类拔萃”，源出于此，指人的品德或才能远远超过同行、同类。

译文 〔孟子〕说：“宰我、子贡和有若三人，智慧足以了解圣人，〔即便他们〕再卑劣也不至过分偏袒他们所喜爱的人。〔其中〕宰我说：‘在我个人看来，孔夫子比尧和舜贤能得多！’子贡说：‘看到〔一个国家的〕礼仪，便能推知它的政治，听到它的音乐，便能想见它的德教。从百代之后去评判百代以来的君王等级，没有人能违背他〔的德教〕。自从有人类以来，没有谁比得上孔夫子。’有若说：‘难道仅仅人类是这样〔有高下之分〕吗？麒麟对于一般走兽，凤凰对于一般飞禽，泰山对于一般土堆，河海对于一般溪流，都属于同类。圣人对于一般平民，也都属于同类。但却高出于他的同类，超过了他们的群侣。自从有人类以来，没有比孔子更有威望盛名的人。’”

原文 3·3 孟子曰：“以力假仁者霸，霸必有大国；以德行仁者王，王不待大——汤以七十里，文王以百里。以力服人者，非心服也，力不赡也①；以德服人者，中心悦而诚服也，如七十子之服孔子也②。《诗》云：'自西自东，自南自北，无思不服③。'此之谓也。"

注释

① 赡（shàn）：充足。

② 七十子：七十个弟子。据《史记·孔子世家》载，"孔子以诗书礼乐教弟子，盖三千焉；身通六艺者七十二人。"

③ 自西自东三句：是《诗经·大雅·文王有声》篇第六章（全篇共八章）中的句子。思，助词，无意义。

译文

孟子说："凭借武力假托仁义的人可称霸诸侯，称霸必须依靠国力的强大；凭借道德施行仁义的人可称王治天下，称王不一定要依仗国力强大——〔例如〕商汤只用方圆七十里，周文王只用方圆百里〔的土地，就使人心归服〕。凭武力征服人，决不是心里服气，而是因为〔抵抗的〕力量不够；以道德说服人，才会出自内心地甘愿服从，就像七十多位弟子顺服孔夫子那样。《诗经》上说：'来自西部，来自东部，来自南部，来自北部，全都归服。'说的正是这个意思。"

原文

3·4 孟子曰："仁则荣，不仁则辱；今恶辱而居不仁，是犹恶湿而居下也。如恶之，莫如贵德而尊士，贤者在位，能者在职；国家闲暇①，及是时，明其政刑②。虽大国，必畏之矣。《诗》云：'迨天之未阴雨，彻彼桑土③，绸缪牖户④。今此下民，或敢侮予？'孔子曰：'为此诗者，其知道乎！能治其国家，谁敢侮之？'今国家闲暇，及是时，般乐怠敖⑤，是自求祸也。福祸无不自己求之者。《诗》云：'永言配命，自求多福⑥。'《太甲》曰⑦：'天作孽，犹可违⑧；自作孽，不可活⑨。'此之谓也。"

注释

① 闲暇：指国家安定，无内乱，无邻国之虞。

② 明其政刑：修明政治法律。刑，常规；法制。

③ 彻彼桑土（dù）：土，根。全句大意为，揭下桑树根上的皮。这几句引自《诗经·豳风·鸱鸮》篇第二章（全篇共四章）。又,《诗》中"今此下民"一句，朱熹集注本为"今女（汝）下民"。

④ 绸（chóu）缪（móu）牖（yǒu）户：绸缪，缠绵；缠结。牖，窗子；通气处。户，门户；出入处。

⑤ 般（pán）乐怠（dài）敖（áo）：般，意同"乐"。怠，懒惰。敖，同"遨"，出游。

⑥ 永言配命，自求多福：《诗经·大雅·文王》篇第六章（全篇共七章）中的句子。意思是说，永远跟天命相配合，自己追求更多的幸福。言，助词，无意义。

⑦《太甲》：《尚书》的篇名，今文、古文都未传。现传《太甲》篇是梅赜伪古文。

⑧ 天作孽（niè），犹可违：孽，灾祸、罪过。违，避。天降的灾祸还可以躲避。

⑨ 自作孽，不可活：自己造的罪，逃避不了。活，生存。《礼记·缁衣》引文"活"作"逭（huàn）"，逭，逃避。

译文

孟子说："〔当权者如果〕实行仁政就很光彩，不行仁政就是耻辱；当前〔他们〕对耻辱很厌恨，却处在不仁的境地，这就好比对潮湿讨厌而又自处于低洼的地势一样。如果真是对耻辱很厌恨，最好的办法是重视道德修养并尊敬士人，使贤者有官位，能者有职务，国家局势稳定，趁此时机修明政治法典，那么，即便是强大的邻国，也肯定会畏惧它。《诗经》上说：'趁天没阴雨，揭下桑皮来修补，修好窗缝糊门户。桑树下面那些人，谁敢把我来欺负？'孔子说：'作这篇诗的人，道理懂得深刻啊！能治理好自己的国家，谁还敢欺负他呢？'当前国家局势稳定，在这个时候，只顾享乐、清闲、安逸、游玩，就是自找祸害。无论是祸还是福，没有不是自己找的。《诗经》上还说：'要永远跟天意相符，才能找到更多的幸福。'《尚书·太甲》篇中也说：'天降的祸，还可以躲；自造的孽，可逃不脱。'正是讲的这个意思。"

原文

3·5 孟子曰："尊贤使能，俊杰在位①，则天下之士皆悦，而愿立于其朝矣；市，廛而不征②，法而不廛③，则天下之商皆悦，而愿藏于其市矣；关，讥而不征④，则天下之旅皆悦⑤，而愿出于其路矣；耕者，助而不税⑥，则天下之农皆悦，而愿耕于其野矣；廛，无夫里之布⑦，则天下之民皆悦，而愿为之氓矣⑧。信能行此五者，则邻国之民仰之若父母矣⑨。率其子弟，攻其父母，自有生民以来未有能济者也⑩。如此，则无敌于天下。无敌于天下者，天吏也⑪。然而不王者，未之有也。"

注释

① 俊杰：才德出众的人。

② 廛（chán）而不征：廛，市中储藏或堆积货物的栈（zhàn）房。征，征税。货物储藏在栈房中不征税，

③ 法而不廛：按规定收购而不让它积压。法，法律、法令。

④ 讥而不征：只稽查而不征税。讥，检查；查看。

⑤ 天下之旅：来自四面八方的旅客。

⑥ 助而不税：只助耕公田不再征税。

⑦ 夫里之布：额外的雇役钱和地税。布，钱。布有夫布、里布之分，"凡无职者出夫布"。"凡宅不毛者有里布"，指"有宅不种桑麻，或荒其地，或为台榭游观，则使之出里布"，相当于所谓地税。里，古代的一种居民组织，以二十五户人家为一里。

⑧ 氓（méng）：外来的百姓。

⑨ 仰：仰望；仰慕。

⑩ 自有：朱熹集注本无"有"字。

⑪ 天吏：吏，治人者。按原文理解，"无敌于天下"的吏叫"天吏"。吕氏注释为"奉行天命"之吏。

译文 孟子说："尊敬贤者重用能者，杰出人物都有官职，那就会让天下的士都感到高兴，愿意在这样的朝廷服务。在集市上，堆积货物于栈房而不征税，依法〔收购滞销货〕不使存货积压，那就会让天下的商人都感到高兴，愿意把货物在这样的市场存放。在关卡，只稽查而不征税，那就会使天下的旅客都感到高兴，愿意在这样的道路上往来。对种庄稼的人，〔按井田制〕

只助耕公田而不征税，那就会使天下的农夫都感到高兴，愿意在这样的田野耕作。在居民聚集区，没有额外的夫役钱和土地税，那就会使天下的百姓都感到高兴，愿意当这里的侨居户。—— 果真做到这五点，那就会使邻国的百姓像对父母一样地仰望它。〔邻国之君妄想攻伐它，就像〕率领子弟攻伐自己的父母，从有人类至今，〔这种妄想〕还没有能够得逞的。像这样，便能使天下无敌。天下无敌的人，可谓‘天吏’。做到这步而不能统一天下的，从来还没有过。”

原文 3·6 孟子曰：“人皆有不忍人之心。先王有不忍人之心，斯有不忍人之政矣。以不忍人之心，行不忍人之政，治天下可运之掌上。所以谓人皆有不忍人之心者，今人乍见孺子将入于井[①]，皆有怵惕恻隐之心 —— 非所以内交于孺子之父母也[②]，非所以要誉于乡党朋友也[③]，非恶其声而然也。由是观之，无恻隐之心，非人也；无羞恶之心，非人也；无辞让之心，非人也；无是非之心，非人也。恻隐之心，仁之端也；羞恶之心，义之端也；辞让之心，礼之端也；是非之心，智之端也。人之有是四端也，犹其有四体也。有是四端而自谓不能者，自贼者也；谓其君不能者，贼其君者也。凡有四端于我者，知皆扩而充之矣，若火之始然[④]，泉之始达。苟能充之，足以保四海；苟不充之，不足以事父母。”

注释

① 乍：忽然。

② 怵（chù）惕（tì）恻（cè）隐：怵惕，恐惧，害怕。恻隐，悲痛；同情。内（nà）交：结交。内，同“纳”。

③ 要（yāo）誉：要，求；取。博取名誉。

④ 然：同“燃”。烧；点燃。

译文

孟子说：“人们都有同情别人的心理。先王由于有同情别人的心理，这才发展为有同情别人的治国之政。凭这种同情人的心理去施行同情别人的政治，治理天下就〔容易得〕像在手掌上运转东西一样。我之所以认为人们都有同情别人的心理，〔依据是〕现在有人突然发现一个幼儿要跌到井里，谁都会有惊恐同情的心理——既不是要跟孩子的父母攀亲结交，也不是为了在街坊邻里亲朋好友面前博得称誉，更不是厌恶那孩子的惊呼哭嚷之声才这样。从这种现象考察，〔一个人〕要是没有同情之心，就不配做人；没有羞耻之心，就不配做人；缺乏谦让之心，就不配做人；缺乏分辨是非之心，也不配做人。〔具有〕同情之心，是仁的开端；有羞耻之心，是义的开端；有谦让之心，是礼的开端；有是非之心，是智的开端。人具有这四种开端，就好比有手脚四肢一样。有了这四种开端而自己觉得无能为力，是自暴自弃的人；认为他的君主无能为力，是暴弃君主的人。所有自身具备这四种开端的人们，如果懂得要将它们发扬光大，就像刚刚点燃的火，刚刚喷涌的泉水。如果能够充分发扬它，便足以使四海安定；如果不发扬它，就连赡养父母的能力也不够。”

原文

3·7 孟子曰：“矢人岂不仁于函人哉[①]？矢人唯恐不伤人，函人唯恐伤人。巫匠亦然[②]。故术不可不慎也。孔子曰：‘里仁为美，择不处仁，焉得智[③]？’夫仁，天之尊爵也，人之安宅也。莫之御而不仁，是不智也。不仁、不智，无礼、无义，人役也。人役而耻为役，由弓人而耻为弓[④]，矢人而耻为矢也。如耻之，莫如为仁。仁者如射；射者正己而后发；发而不中，不怨胜己者，反求诸己而已矣。”

注释 ① 函人：制造铠甲的人。函，铠甲。

② 巫（wū）：以装神弄鬼替人祈祷为职业的人。治病的医生在古代亦称巫。也有“巫医”之合称。匠：泛指手工业劳动者，这里是专指木工。孟子在这里把巫、匠并举，是由于这两种职业与人的生死密切相关。朱熹集注释为“巫者为人祈祝，利人之生；匠者作为棺椁，利人之死。”可参考。

③ 里仁为美，择不处（chǔ）仁，焉得智：孔子这段话，见《论语·里仁》篇第一章（参见本书《论语》部分4·1）。处，居住。

④ 由：同“犹”，好像。

译文 孟子说：“制造箭的人难道比制造铠甲的人要残忍不仁吗？造箭者就怕箭没有杀伤人的力量，制铠甲者却怕箭伤害了人。〔凭祈祷法术治病的〕巫医和〔制作棺椁的〕木匠也是如此〔巫就怕病人不愈，匠就怕病人不死〕。所以，从事什么职业手艺，不可不谨慎〔挑选〕。孔夫子说过：‘要居住在有仁德的地方才理想，选择那没有仁德的地方居住，怎么能够算聪明呢？’仁，是上天最尊贵的等级，是人间安逸的住所。没有任何阻力，却不讲仁德，这就很不明智。不仁、不智，无礼、无义〔的人只能〕被人驱使。被人驱使而以充当奴役为耻，就好像造弓者以制弓为耻，造箭者以制箭为耻一样。与其为此而耻，不如好好修仁。修仁者好比射箭，射箭人先端正姿势而后放箭，放出而没射中，不去埋怨胜过自己的人，只是转过来反躬自责罢了。”

原文 3·8 孟子曰：“子路，人告之以有过，则喜。禹闻善言[①]，则拜。大舜有大焉[②]，善与人同[③]，舍己从人，乐取于人以为善。自耕稼、陶、渔以至为帝[④]，无非取于人者。取诸人以为善，是与人为善者也[⑤]。故君子莫大乎与人为善。”

注释 ① 禹：传说中古代部落联盟首领，夏朝开国的国君。姒姓，名文命，亦称大禹、夏禹、戎禹。鲧的儿子。曾奉舜的命令治理洪水，因治水有功，被选为舜的继承人。

② 有：同“又”。

③ 善与人同：朱熹注：“善与人同，公天下之善而不为私也。”指善举都跟大家相同。

④ 自耕稼、陶、渔以至为帝：从种庄稼、制瓦器、当渔夫到成为天子，指舜的经历。据《史记·五帝本纪》载，“舜耕历山，历山之人皆让畔；渔雷泽，雷泽之人皆让居；陶河滨，

河滨器皆不苦窳（yǔ，粗劣的意思）。一年所居成聚，二年成邑，三年成都。”

⑤ 与：朱熹注：“与，犹许也，助也。”即赞许、帮助之意。

译文 孟子说：“子路，别人把他的过错告诉他，他就很高兴；禹，听到有教益的话，他就拜服；伟大的舜，就更为突出，在行善方面，完全跟别人相同，〔总是〕能放弃自己的〔成见〕而接受别人的〔意见〕，能愉快地吸取别人的优点而行善。从他种庄稼、制陶器、捕捞鱼一直到当上天子，没有一项〔优点〕不是从别人那里吸取的。吸收他人之长而行善，这就是赞许别人共同行善呀！所以，对君子说来，首要的一条，就是要赞许别人一起行善。”

原文 3·9 孟子曰：“伯夷，非其君，不事；非其友，不友。不立于恶人之朝，不与恶人言；立于恶人之朝，与恶人言，如以朝衣朝冠坐于涂炭。推恶恶之心，思与乡人立，其冠不正，望望然去之①，若将浼焉②。是故诸侯虽有善其辞命而至者，不受也。不受也者，是亦不屑就已。柳下惠不羞汙君③，不卑小官；进不隐贤④，必以其道；遗佚而不怨⑤，阨穷而不悯⑥。故曰：‘尔为尔，我为我，虽袒裼裸裎于我侧[⑦]，尔焉能浼我哉？’故由由然与之偕而不自失焉[⑧]，援而止之而止[⑨]。援而止之而止者，是亦不屑去已。”孟子曰：“伯夷隘，柳下惠不恭。隘与不恭，君子不由也[⑩]。”

注释

① 望望然：去而不顾的样子。

② 浼（měi）：污染；沾染。

③ 柳下惠：春秋时鲁国大夫展无骇的儿子，名获，字禽，因食邑柳下，谥号惠，被称为柳下惠（一说是家有大柳，树惠德，因以柳下惠为号。）前634（鲁僖公二十六年），齐攻鲁，他曾派人到齐劝说撤兵。

④ 进不隐贤：入朝做官并不隐藏自己的才能。一说“不隐贤”是见贤人而不隐蔽。

⑤ 遗佚（yì）：佚，通“逸”，隐；失，指不被任用。

⑥ 阨（è）穷而不悯（mǐn）：阨，穷困；遭灾。悯，忧愁。全句大意是，面临穷困而不发愁。

⑦ 袒裼裸裎：袒裼（tǎn xī），脱去上衣。裸裎（luǒ chéng），赤身露体。

⑧ 由由然：高兴自得的样子。

⑨ 援：引；牵；拉；拽。

⑩ 由：行；做；干。

译文 孟子说:“伯夷,如果不是他所理想的君主,他就不肯侍奉;不是他理想的友人,他也不肯结识。不在恶人的朝廷做官,不跟坏人交谈,〔如果〕在恶人的朝廷做官,跟坏人交谈,就好像穿着礼服戴着礼帽坐在泥路上或炭灰上。如把这种讨厌恶人恶事的心推广,便会联想到跟乡下人站在一起,那人歪戴着帽子,便只好愤然不回头地走开,像是将被脏东西污染一样。因此,诸侯中虽然有人用动听的言辞来招聘他,他却不肯接受。不接受的原因,就是不愿意接触他们。然而柳下惠并不觉得侍奉恶君是耻辱,不因自己官职小而自觉卑下;入朝做官时不隐匿自己的才干,必定按自己的主张行事;被冷落遗弃也不怨恨,处于困境并不发愁。所以他说:‘你是你,我是我,即便你在我身边一丝不挂赤裸裸,也休想迷惑污染我!’所以他能够兴高采烈地跟〔形形色色的〕人们在一起,而不致失去常态。〔要是〕拉着他让他留下,他便留下。被拉着让留就留,也不过因为他不必离开罢了。”孟子又说:“伯夷心胸狭窄,柳下惠有失庄严,君子可不该仿效他们行事。”

公孙丑下

（凡十四章）

原文

4·1 孟子曰："天时不如地利，地利不如人和①。三里之城，七里之郭②，环而攻之而不胜。夫环而攻之，必有得天时者矣；然而不胜者，是天时不如地利也。城非不高也，池非不深也，兵革非不坚利也③，米粟非不多也，委而去之④，是地利不如人和也。故曰：域民不以封疆之界⑤，固国不以山谿之险⑥，威天下不以兵革之利。得道者多助⑦，失道者寡助。寡助之至，亲戚畔之⑧；多助之至，天下顺之。以天下之所顺，攻亲戚之所畔；故君子有不战，战必胜矣。"

注释

① 天时、地利、人和：据《荀子·王霸》篇所说，"农夫朴力而寡能，则上不失天时，下不失地利，中得人和而百事不废。"天时是指农时，地利是指土壤肥沃，人和是指分工。孟子在这里谈的是战争攻守问题，天时是指时机、气候，地利是指山川险要、城池坚固，人和指人心齐、得民心之类有利于攻守的好条件。

② 三里之城，七里之郭：内城叫"城"，外城叫"郭"。内外

城郭比例一般是三里之城，五里之郭，或是五里之城，七里之郭。

③ 兵革：兵，戈、矛、刀、箭一类武器，用以进攻。革，皮革所制（亦有金属制品）甲胄之类护身器，用以防御。

④ 委而去：委，放弃。去，离开；逃走。

⑤ 域：界限。

⑥ 谿（xī）：同“溪”。

⑦ 得道：得到治国之道（指施行仁政）。

⑧ 畔（pàn）：同“叛”。

译文

孟子说：“有利的好时机不如有利的地理环境；有利的地理环境，不如人们的齐心协力。〔例如〕一个方圆三里的内城，七里的外城，〔敌人〕四面围攻它而不能取胜。在围攻的过程中，一定会有与天时相合的战机，却没能获胜，这就是因为把握天时不如占有地利啊！〔又如〕城墙并非不高，护城河也并非不深，进攻和防御的武器并非不锐利不牢固，粮草也并非不充足，但〔兵临城下〕却弃城逃遁，这是因为地理形势好不如人心团结。因此说：不能专靠划定疆界来约制百姓定居，不能只凭山河的险要来巩固边防，不能依仗武器的锋利来威胁天下。坚持仁政便能得多方面的帮助，远离仁政便很少有人帮助。帮助考少到极点，就会众叛亲离！帮助者多到极点，普天之下都会归附他。用天下归附的力量去攻打那众叛亲离者，因之，仁德之君不战则已，一战必能取胜。”

原文 4·2 孟子将朝王[①]，王使人来曰：“寡人如就见者也[②]，有寒疾，不可以风。朝，将视朝[③]，不识可使寡人得见乎？”

注释 ① 王：指齐王。

② 如：应当；理解。

③ 朝，将视朝：〔如果你〕来朝见，〔我〕将临朝〔接见你〕。一说，第一字“朝”读为zhāo，意思是早晨将临朝。

译文 孟子将去朝见〔齐〕王，王正好派人〔转告〕说：“寡人理当去访问你，但因患感冒，怕风吹。如果你能来朝，〔我〕可以临朝〔接见〕，不知能让我见到你吗？”

原文 对曰：“不幸而有疾，不能造朝[①]。”

注释 ① 造：到……去。

译文 〔孟子〕回答说:“不巧我也有病,不能到朝廷去〔见王〕。”

原文 明日,出吊于东郭氏①。公孙丑曰:“昔者辞以病,今日吊,或者不可乎?”

注释 ① 东郭氏:齐国的大夫。

译文 第二天,〔孟子〕到东郭大夫家里吊丧。公孙丑说:“昨天你托辞有病,今天却去吊丧,恐怕不太妥当吧?!”

原文 曰:“昔者疾,今日愈,如之何不吊?”

译文 〔孟子〕说:“昨天有病,今天痊愈了,为什么不去吊丧呢?”

原文 王使人问疾,医来。

译文 〔齐〕王派人来探病,医生也同来。

原文 孟仲子对曰[①]："昔者有王命，有采薪之忧[②]，不能造朝。今病小愈，趋造于朝；我不识能至否乎？"

注释 ① 孟仲子：据赵岐注，是孟子的从昆弟，曾经向孟子学习。

② 采薪之忧：因病而不能去打柴。自称有病的代词。

译文 孟仲子〔搪塞〕说："昨天齐王下令召见，因为身染微疾，不能到朝廷拜见。今天病情稍有好转，已经到朝廷去了，我不知他能不能到达？"

原文 使数人要于路[①]，曰："请必无归，而造于朝！"

注释 ① 要（yāo）于路：要，遮拦；截住，在路上拦截。

译文 〔孟仲子〕立即派好几个人分头到各路口拦截〔孟子〕，说："千万不要回家，〔直接〕到朝廷去！"

原文 不得已而之景丑氏宿焉[①]。

注释 ① 景丑氏：齐国的大夫。

译文 〔孟子〕无可奈何，只好躲在景丑家中住宿。

原文 景子曰："内则父子，外则君臣，人之大伦也。父子主恩，君臣主敬。丑见王之敬子也，未见所以敬王也。"

译文 景丑说："家里有父子，家外有君臣，这是人与人之间头等重要的关系。父子间以慈恩为本，君臣间以恭敬为本。但我只看到王对你的尊重，可没看见你怎样敬爱王。"

原文 曰："恶！是何言也！齐人无以仁义与王言者，岂以仁义为不美也？其心曰，'是何足与言仁义也'云尔，则不敬莫大乎是。我非尧舜之道，不敢以陈于王前，故齐人莫如我敬王也。"

译文 〔孟子〕说："嘿！看你说到哪里去了。齐国人中，没有谁用仁义之理向王提出建议，难道是认为仁义不好吗？他们心里想，'这个君主哪配谈论仁义呢？'如此而已。真正的不恭敬其实没有比这个更严重的了。至于我，如不是尧舜之道就不敢在君王面前谈论，所以齐国人中谁也比不上我对王的尊敬。”

原文 景子曰：“否，非此之谓也。礼曰：‘父召，无诺[①]；君命召，不俟驾[②]。’固将朝也，闻王命而遂不果，宜与夫礼若不相似然[③]。”

注释 ① 父召，无诺（nuò）：诺，答应的声音，表示同意。这一句，存在不同解释，一种注释为，父亲召唤，“无诺而不觅”，也就是召而必至。另一种解释是，“父命呼，唯而不诺”，即父命召唤时，“唯”一声起立而不说“诺”，等等。

② 君命召，不俟（sì）驾：君主召唤，等不及驾好车马就应该立即动身。俟，等候。

③ 宜：这里相当于“殆”，大概；恐怕。

译文 景丑说：“不！我讲的不是这个意思。《礼》上说：‘父亲召唤，立即悄声而起；君主召见，连准备车马都等不及。’〔而您〕本来准备去朝见〔齐王〕，但听到王召见，反而取消了原先要朝见的计划，好像跟礼所说的不相符吧！”

原文 曰：“岂谓是与？曾子曰：‘晋楚之富，不可及也；彼以其富，我以吾仁；彼以其爵，我以吾义，吾何慊乎哉[①]？'夫岂不义而曾子言之？是或一道也。天下有达尊三：爵一，齿一，德一。朝廷莫如爵，乡党莫如齿，辅世长民莫如德。恶得有其一以慢其二哉？故将大有为之君，必有所不召之臣；欲有谋焉，则就之。其尊德乐道，不如是，不足与有为也。故汤之于伊尹，学焉而后臣之，故不劳而王；桓公之于管仲，学焉而后臣之，故不劳而霸。今天下地醜德齐[②]，莫能相尚，无他，好臣其所教，而不好臣其所受教。汤之于伊尹，桓公之于管仲，则不敢召。管仲且犹不可召，而况不为管仲者乎？"

注释

① 慊（qiàn）：憾；恨；不满。

② 醜（chǒu）：类似；相近。"醜"字已简化为"丑"，但古汉字中有并非简化的"丑"字，地支之一，即子丑寅卯的丑。

译文

〔孟子〕说："难道您真是这样看吗？曾子说过：'晋、楚两国的富有，不容易赶上呀，他有他的富，我有我的仁；他有他的爵，我有我的义，我〔比起他来〕缺欠什么呢？'这些话如果不在理，曾子为什么要说它呢？这里面或许蕴含着一定的道理吧？天下有三样东西被认为最尊贵：一个是爵位，一个是寿命，一个是道德。在朝廷中，首要的是爵位；在乡里中，首要的是高寿；在辅佐君主统领百姓方面，首要的是道德。哪能够热衷于其中的一点（爵位）而轻视另外两点（年寿、道德）呢？——所以，大有成就的国君，一定有召唤不动的臣子，国君想商量什么大事就亲自去访问臣子。要注重道德、乐施仁政，如不这样，就不值得跟他一道有所成就。所以，商汤对于伊尹，是先向他学习再以他为臣子，就能不费劲地获取天下；桓公对于管仲，也是先向他学习再以他为臣子，就能不费劲地称霸天下。如今，天下〔诸侯国〕大小相等；风气大体相似，彼此间谁也压不倒谁，没有别的原因，只是因为他们总喜欢要听话的人为臣子，却不喜欢以能教导他的人为臣子。商汤对于伊尹，桓公对于管仲，就不敢召唤。〔试想〕连管仲那样的人尚且召唤不动，更何况〔要召见〕不屑于当管仲一类的人呢？”

原文 4·3 陈臻问曰①：“前日于齐，王馈兼金一百②，而不受；于宋，馈七十镒而受；于薛③，馈五十镒而受。前日之不受是，则今日之受非也；今日之受是，则前日之不受非也。夫子必居一于此矣。"

注释 ① 陈臻（zhēn）：人名，孟子的弟子。

② 兼金：好金。赵岐注，以"其价兼倍于常者，故谓之兼金。"一百，一百镒，数字后省略两次"镒"，古代每镒为二十两。

③ 薛：地名，在今山东滕州东南。

译文 陈臻问道："前些日子在齐国，齐王送您好金一百镒，您没接受。〔而后〕在宋国，送您七十镒您便接受了。又到了薛国，送您五十镒也接受了。如果以前不受礼是正确的，那么，后来受礼就错了；如果今天的接受礼物正确，那么，过去拒收礼物就错了。反正您在〔处理〕这些事中必须认定一个〔是非〕标准。"

原文 孟子曰："皆是也。当在宋也，予将有远行，行者必以赆[①]；辞曰：'馈赆。'予何为不受？当在薛也，予有戒心；辞曰：'闻戒，故为兵馈之。'予何为不受？若于齐，则未有处也[②]。无处而馈之，是货之也[③]。焉有君子而可以货取乎？"

注释 ① 赆（jìn）：给远行者赠送的路费或礼物。

② 未有处：没有接受礼物的理由。

③ 货之：以财物贿赂收买。货，财货。这里当动词用。

译文 孟子说："我都做得对啊！ 在宋国时，我准备远行，对远游者〔有〕一定要送路费〔的规矩〕，人家说是'赠送盘费'，我哪能不受？在薛国的时候，我有〔防止遇险的〕戒备之心，人家说是'传闻防险，特赠送一点购置兵器〔以自卫〕之费。'我怎能不接受？而在齐国，就没有接受礼物的理由，这是对我的贿赂收买，难道君子竟能够用财货收买吗？"

原文 4·4 孟子之平陆①，谓其大夫曰②："子之持戟之士③，一日而三失伍④，则去之否乎⑤？"

注释 ① 平陆：在今山东汶水县北，当时是齐国边境的邑。

② 大夫：赵岐注："大夫，治邑大夫也。"指的是邑宰。

③ 持戟（jǐ）之士：手执武器的人；战士。戟，古代兵器，长杆头上附有月牙状的利刃。

④ 失伍：失职；擅离职守。伍，行列；班次。失伍，即不在班次，离开队伍。

⑤ 去之：革除他；罢免他。

译文 孟子到平陆邑，对它的地方长官〔孔距心〕说："如果你的守卫战士在一天内三次失职，你开除他们吗？"

原文 曰："不待三。"

译文 〔距心〕回答道："不消等三次〔即可革职〕。"

原文 "然则子之失伍也亦多矣。凶年饥岁，子之民，老羸转于沟壑[①]，壮者散而之四方者，几千人矣。"

注释 ① 羸（léi）：身体瘦弱。

译文 〔孟子〕说："那么，你自己失职的次数也够多了。遇灾荒的年头，你的百姓们，年老体弱者死在山沟里，年轻力壮者逃散四方。几乎有千把人了。"

原文 曰："此非距心之所得为也[①]。"

注释 ① 距心：人名，即这段对话中的人物，平陆的邑宰（文中称他“大夫”）。姓孔，名距心。

译文 〔距心〕答：“这不是我孔距心的能力所能处理好的啊！”

原文 曰：“今有受人之牛羊而为之牧之者，则必为之求牧与刍矣。求牧与刍而不得，则反诸其人乎？抑亦立而视其死与？”

译文 〔孟子〕说：“现在〔如果〕有人按受别人的牛羊而替人家放牧饲养，那就一定要设法为牛羊开辟牧场和草源，〔如果〕牧场和草料都得不到，是把牛羊退还给原主呢？还是呆呆地看着它们都死亡呢？”

原文 曰：“此则距心之罪也。”

译文 〔距心〕答：“这是我距心的罪过。”

原文 他日，见于王曰：“王之为都者①，臣知五人焉。知其罪者，惟孔距心。”为王诵之②。

注释 ① 都：指邑，如平陆就是邑。一般说，都和邑的区别是都大、邑小，但有时也以有无先君宗庙区分，有先君宗庙的叫都，没有的叫邑。

② 诵：讲述。

译文 过了一些时候，〔孟子〕朝见〔齐〕王说："王的地方官，我认识五个。承认自身有罪过的人，只有孔距心。"〔随即〕对齐王讲述了有关的情况。

原文 王曰："此则寡人之罪也。"

译文 〔齐〕王说："这也是我的罪过啊！"

原文 4·5 孟子谓蚳蛙曰[①]："子之辞灵丘而请士师[②]，似也，为其可以言也。今既数月矣，未可以言与？"

注释 ① 蚳（chí）蛙：人名，齐国的大夫。

② 灵丘：地名，齐国边境的邑。一说在今山东聊城，一说在滕县附近。士师，官名，掌禁令、狱讼、刑罚，古代为法官的通称。

译文 孟子对蚳蛙说："你辞去灵丘邑宰职位而去当士师，似乎做得很对，因为可以向王进谏。现在〔您任新职〕已有好几个月，还不能进言吗？"

原文 蚳蛙谏于王而不用，致为臣而去[①]。齐人曰："所以为蚳蛙则善矣；所以自为，则吾不知也。"

注释 ① 谏于王而不用，致为臣而去：向君王进谏不被采纳，便辞职而去。赵岐注："三谏不用，致仕而去。"

译文 蚳蛙向王进谏而不被采纳，便辞职而去。齐国便有人说："〔孟子〕为蚳蛙出的主意挺不错，〔但蚳蛙〕自己的打算，我可不知道。"

原文 公都子以告[①]。

注释 ① 公都子：孟子的弟子。

译文 公都子把情况转告了孟子。

原文 曰："吾闻之也：有官守者，不得其职则去；有言责者，不得其言则去。我无官守，我无言责也，则吾进退，岂不绰绰然有余裕哉[①]？”

注释 ① 绰绰然：绰（chuò），宽裕的样子。

译文 〔孟子〕说：“我曾听说过：有官职的人，〔如〕不能尽其职责便可辞去；有进言责任的人，〔如〕进谏无效便可辞去。我既没有官职，又没有进谏之责，那么，我的行动进退，岂不是从容自如大有活动的余地吗？”

原文 4·6 孟子为卿于齐，出吊于滕[①]，王使盖大夫王驩为辅行[②]。王驩朝暮见，反齐、滕之路，未尝与之言行事也。

注释 ① 出吊于滕：到滕国去吊丧。指滕文公之丧。

② 盖（gě）大夫王驩：盖，齐国邑名，故城在今山东沂水县西北。王驩（huān），齐王宠信的嬖臣。辅行，副使。指跟孟子到滕吊丧的副使。

译文 孟子在齐国当卿相，奉命去滕国吊丧。〔齐〕王派盖邑大夫王驩为副使同往。王驩〔跟孟子〕从早到晚在一起，往返于齐、滕两国途中，〔孟子〕不曾跟他交谈过公事。

原文 公孙丑曰："齐卿之位，不为小矣；齐、滕之路，不为近矣，反之而未尝与言行事，何也？"

译文 公孙丑说："齐卿的官位，可不算小，齐、滕之间的路程，也不算近；但往还途中未曾跟他谈过公事，这是为什么？"

原文 曰："夫既或治之，予何言哉？"

译文 〔孟子〕说："有关的事他一个人擅自包办了，我还有什么话可说呢？"

原文 4·7 孟子自齐葬于鲁①，反于齐，止于嬴②。

注释 ① 自齐葬于鲁：从齐到鲁去安葬。据赵岐注，"孟子仕于齐，丧母，归葬于鲁。"

② 嬴：地名。故城在今山东省中南部莱芜县西北。

译文 孟子从齐国到鲁国去安葬〔他母亲〕，又返回齐国，在嬴县停留。

原文 充虞请曰[①]："前日不知虞之不肖，使虞敦匠事[②]。严[③]，虞不敢请。今愿窃有请也：木若以美然[④]。"

注释 ① 充虞：孟子的弟子。

② 敦匠事：敦，治；管。管理有关木工〔制棺椁〕的事。

③ 严：这里有"急""忙"之意。

④ 以：太。

译文 充虞请问说："前时承您不嫌弃我这蠢才，让我经管棺椁的事。当时很忙，不敢求教。现在〔有个问题〕想请教：棺木似乎太讲究了吧！"

原文 曰："古者棺椁无度[①]，中古棺七寸[②]，椁称之。自天子达于庶人，非直为观美也，然后尽于人心。不得，不可以为悦；无财，不可以为悦。得之为有财，古之人皆用之，吾何为独不然？且比化者[③]无使土亲肤，于人心独无恔乎[④]？吾闻之：君子不以天下俭其亲。"

注释 ① 棺椁无度：指周公制礼前后。指内棺外椁的厚薄没有规定固定的尺寸。

② 中古：指周公制礼前后。

③ 比：为了。化者，死者。

④ 恔（xiào）：快；快慰。

译文 〔孟子〕回答说："在上古时代，内棺外椁没有固定的规格。到了中古，才规定内棺厚七寸，外椁能跟它相称。上从天子下至百姓，并不仅仅是为〔讲究棺椁〕美观，而是这样才能尽到孝子的心意。〔如〕不能用上等木料，当然会不高兴；没钱去买，也会不高兴。能弄到〔好木材〕而又有钱买，古代的人都这样做了，为什么单单我不能这样呢？况且，不使死者的尸体沾上泥土，孝子心里不是感到欢慰无憾吗？我曾听说，君子不因天下而在父母身上节省〔用于送葬的〕费用。"

原文 4·8 沈同以其私问曰①："燕可伐与？"

注释 ① 沈同：齐国的大臣。

译文 沈同凭私人身分问〔孟子〕道："燕国可以攻伐吗？"

原文 孟子曰："可；子哙不得与人燕[①]，子之不得受燕于子哙[②]。有仕于此，而子悦之，不告于王而私与之吾子之禄爵；夫士也，亦无王命而私受之于子，则可乎？——何以异于是？"

注释 ① 子哙：燕国的国君。

② 子之：哙的相国。参见本书《孟子·梁惠王下》第十、十一章。

译文 孟子答："可以！〔燕王〕子哙不该把燕国〔轻率〕交给别人，〔他的相国〕子之，也不该从子哙手中接受燕国。假如有一个人，你喜欢他，而瞒着王私自把你的俸禄爵位转让给他；可这个人呢？也没有君王任命便把你的俸禄爵位悄悄地接下来，能行吗？——〔燕国发生的事〕跟这个例子有什么不同呢？"

原文 齐人伐燕。

译文 齐国便去讨伐燕国。

原文 或问曰:"劝齐伐燕,有诸?"

译文 有人问〔孟子〕说:"〔听说您〕曾劝说齐国讨伐燕国,果真有这回事吗?"

原文 曰:"未也;沈同问'燕可伐与',吾应之曰,'可',彼然而伐之也。彼如曰,'孰可以伐之?'则将应之曰,'为天吏,则可以伐之。'今有杀人者,或问之曰,'人可杀与?'则将应之曰,'可。'彼如曰,'孰可以杀之?'则将应之曰,'为士师,则可以杀之。'今以燕伐燕,何为劝之哉?"

译文 〔孟子〕说:"没有!沈同〔私下〕问我,'燕国可以攻伐吗?'我回答说,'可以!'他们就这样去攻伐它。如果他〔当时〕再问,'谁可以攻伐它?'那我将会回答说,'只有天吏才能攻伐它。'〔这就好比〕眼下有个杀人犯,有问人道,'犯人该杀吗?'我将回答说,'该杀!'如果那人接着问,'该谁去杀他呢?'我将答道,'只有法官才有权杀他。'如今以〔残暴程度〕跟燕国一样的齐国去讨伐燕国,我凭什么会去劝说他呢?"

原文 4·9 燕人畔[①]。王曰:“吾甚惭于孟子[②]。”

注释 ① 燕人畔:畔,通“叛”。指燕国人起来反抗齐国。这是前311发生的历史事件。齐国攻破燕国,燕王子哙死,相国子之亡。赵国召燕公子职于韩,送入燕,立为燕王,即燕昭王(前311—前279在位,共三十三年)。因燕人已立昭王,反对齐宣王吞并,故齐国视为“畔(叛)”。

② 吾甚惭于孟子:惭,通“惭”,即惭愧。我在孟子面前十分惭愧。指齐宣王攻破燕国时,孟子曾建议齐王快下令遣返老少俘虏;停止掠夺燕国宝器;跟齐人商量选立燕王而后撤离燕国,但齐王不听,终于激起燕人反抗。参见本书《孟子·梁惠王下》第十一章。

译文 燕国人反抗。〔齐宣〕王说:“我感到在孟子跟前十分渐槐。”

原文 陈贾曰[①]:“王无患焉。王自以为与周公孰仁且智?”

注释 ① 陈贾:齐国大夫。

译文 陈贾说:“王不必难过。你自已觉得要跟周公相比,谁更具有仁和智?”

原文 王曰:“恶!是何言也!”

译文 〔齐〕王说:“嘿!话扯到哪儿去了〔谁敢跟周公相提并论呢〕?”

原文 曰:“周公使管叔监殷①,管叔以殷畔②;知而使之,是不仁也;不知而使之,是不智也。仁智,周公未之尽也,而况于王乎?贾请见而解之?”

注释 ① 周公使管叔监殷:周公派管叔监督殷国。指周武王灭商后,把商的旧都封给纣的儿子武庚,并以殷都以东为卫,由武王弟管叔监督;殷都以西为鄘,由武王弟蔡叔监督;殷都以北为邶,由武王弟霍叔监督,总称三监。管叔,一作关叔。

② 管叔以殷畔:管叔又跟殷〔的遗民〕一起叛乱。指周武王死后,其子姬诵继位,即周成王。成王年幼,由周公旦摄政。管叔和蔡叔扬言周公专权有野心,不利于成王,就跟商纣之子武庚一起叛乱。叛乱被周公旦平定,管叔被杀,一说是自杀。

译文 〔陈贾〕说："周公派管叔去监督殷国，管叔却带领殷人叛乱；〔如果周公早已〕料到却仍然任命他，这就是不仁；如果是没料到才任命他，这就是不智，仁和智，周公都没有完全达到，况是您呢？我请求去会见〔孟子〕并向他做解释工作。"

原文 见孟子，问曰："周公何人也？"

译文 〔陈贾〕见到孟子，便问道："周公是个什么样的人？"

原文 曰："古圣人也。"

译文 〔孟子〕答："是位古代的圣人。"

原文 "使管叔监殷，管叔以殷畔也，有诸？"

译文 〔陈贾〕说："〔他〕曾派管叔监督殷国，管叔却率领殷人叛乱，有这么回事儿吗？"

原文 曰："然。"

译文 〔孟子〕答：“有！”

原文 曰：“周公知其将畔而使之与？”

译文 〔陈贾〕问：“周公是预料到他将会叛乱还要任命他吗？”

原文 曰：“不知也。”

译文 〔孟子〕答：“没预料到。”

原文 “然则圣人且有过与？”

译文 〔陈贾说：〕“那么，连圣人也有错误啰？”

原文 曰：“周公，弟也；管叔，兄也。周公之过，不亦宜乎？且古之君子，过则改之；今之君子，过则顺之。古之君子，其过也，如日月之食[①]，民皆见之；及其更也，民皆仰之。今之君子，岂徒顺之，又从为之辞。”

注释 ① 日月之食：即日食月食。

译文 〔孟子〕说："周公是弟弟，管叔是哥哥。周公的过错，不是很近情理吗？〔兄弟之间岂能相互猜忌怀疑呢？〕况且，古代的君子，有过错就改正；如今的君子，有了过错却让其放任发展。古代的君子，他的过错，就像日食月食一样，百姓们都能看到它；等到他改正错误时，百姓们都抬头仰望着它。今天的君子，何止是听其放任发展，而且还会编一套言辞来粉饰过错呢！"

原文 4·10 孟子致为臣而归[①]。王就见孟子，曰："前日愿见而不可得，得侍同朝，甚喜；今又弃寡人而归，不识可以继此而得见乎？"

注释 ① 致为臣而归：辞去官职而回乡。致，多指离职辞官而归故里。致为臣，在这里是指孟子"辞齐卿"之职。

译文 孟子辞去〔齐国的〕官职要回乡，〔齐〕王访问会见了孟子，说："从前巴望见到你而不可能；后来能够在一起共事，很感到高兴；现在你抛开我回去，不知今后还能重逢吗？"

原文 对曰："不敢请耳，固所愿也。"

译文 〔孟子〕回答道："〔只是〕不敢请求罢了，这本来正是我所希望的。"

原文 他日，王谓时子曰①："我欲中国而授孟子室②，养弟子以万钟③，使诸大夫国人皆有所矜式④。子盍为我言之！"

注释 ① 时子：齐国的臣子。

② 中国："当国之中"，即国都城中，指临淄城。中，是介词。

③ 万钟：钟，古代量器。齐国量器有豆、区、釜、钟四种。每豆有四升，每区有四斗，每釜有四区，每钟有十釜。万钟，为六万四千石（古代之石）。

④ 矜式：据朱熹注，"矜，敬也；式，法也。"敬重；效法。

译文 过了些日子，〔齐〕王对时子说："我想在都城中拨一所住房给孟子，以万钟食粮供养他的学生，使大夫们和众百姓都能效法，你为何不替我去〔找孟子〕谈谈？"

原文 时子因陈子而以告孟子[①]，陈子以时子之言告孟子。

注释 ① 陈子：孟子的弟子，名陈臻。

译文 时子便转托陈子把这话告诉孟子，陈子便把时子的话如实转达孟子。

原文 孟子曰："然，夫时子恶知其不可也？如使予欲富，辞十万而受万，是为欲富乎？季孙曰[①]：'异哉子叔疑[②]！使己为政，不用，则亦已矣，又使其子弟为卿。人亦孰不欲富贵？而独于富贵之中有私龙断焉[③]。'古之为市也，以其所有易其所无者，有司者治之耳。有贱丈夫焉[④]，必求龙断而登之，以左右望，而罔市利。人皆以为贱，故从而征之。征商自此贱丈夫始矣。"

注释 ① 季孙：赵岐注为孟子的弟子，朱熹说"不知何时人"。

② 子叔疑：人名。注释同注①。

③ 龙断：即"垄断"。原意是高而不相连属的土墩子，后逐渐引申为把持、独占。

④ 丈夫：对成年男子（二十岁）的通称。

译文 孟子说："咦！那时子哪里知道这事做不得，如果我贪图富有，拒绝了十万钟俸禄却接受一万钟赏赐，这难道是贪图富有吗？季孙说过，'子叔疑这人真叫怪，自己想当官，没被任用，倒也罢了，又要让自己的子弟当卿大夫。一般人谁不想富贵呢？他却偏偏要在富贵之中搞个人垄断。'古代的人做买卖，是用自己所占有的东西去交换自己所缺乏的东西，〔这一类事〕由有关部门负责管理罢了。有个卑贱的成年男子，一定要找个高地攀登上去，左巡右望，企图把所有买卖的赚益网捞无遗。人们都认为他卑鄙，所以向他抽税。向商人征税，就是从这卑鄙的男子开始啊！"

原文 **4·11 孟子去齐①，宿于昼②。有欲为王留行者，坐而言不应③，隐几而卧④。**

注释 ① 孟子去齐：孟子离开齐国。这是在燕人反抗齐国，齐宣王感到惭愧（参见《公孙丑下》第九章）之后的事，这时，孟子决计离齐。

② 昼：齐国西南部的近邑，在山东临淄西南。孟子从齐返邹，必经此邑。

③ 坐而言：赵岐注为"危坐而言"。危坐，严肃地端坐。

④ 隐几：伏着靠几。隐，凭；伏；趴。

译文 孟子离开齐国，在昼邑歇宿。有个想替〔齐〕王挽留〔孟子〕的人，严肃地端坐着〔跟孟子〕谈话,〔孟子〕不理睬，只趴在几上打瞌睡。

原文 客不悦曰："弟子齐宿而后敢言[①]，夫子卧而不听，请勿复敢见矣。"

注释 ① 齐宿：齐，同"斋"。朱熹注："齐宿，齐戒越宿也。"即前一天斋戒。

译文 那人很不高兴地说："我是先一天斋戒而后才敢跟您交谈的，您却打瞌睡不肯听，今后也不敢再求见您了。"

原文 曰："坐！我明语子。昔者鲁缪公无人乎子思之侧，则不能安子思[①]；泄柳、申详无人乎缪公之侧，则不能安其身[②]。子为长者虑[③]，而不及子思；子绝长者乎？长者绝子乎？"

注释 ① 鲁缪公无人乎子思之侧，则不能安子思：鲁缪（亦作“穆”）公，名显，在位三十三年。子思，名孔伋，孔子之孙。全句内容，指鲁缪公尊重子思，常使人在子思身边伺候致意，使子思安心，愿意留在鲁国；如无人伺候致意，就不能让子思安心。

② 泄柳、申详无人乎缪公之侧，则不能安其身：泄柳，鲁缪公时贤人，亦称子柳。申详，孔子的学生子张之子，子游的女婿。据朱熹注，全句大意为，鲁缪公尊重泄柳和申详两人虽比不上尊重子思，但他俩“义不苟容”，如果没有贤者在左右维护君王，自身就会感到不安。

③ 长者：年老的人。这里是孟子自称。

译文 〔孟子〕说：“请坐下来吧！让我坦率地告诉你。从前，鲁缪公要是没有人在子思身边〔侍奉问安〕，就不能让子思安心；泄柳和申详两人，要是没有人在缪公左右〔侍奉问安〕，那就不能使自己安心。你替我这个上岁数的老人考虑，而没想到子思〔之被缪公尊敬〕。究竟是你跟我这老头过不去呢？还是我这老头跟你过不去呢？”

原文 4·12 孟子去齐。尹士语人曰[①]：“不识王之不可以为汤武，则是不明也；识其不可，然且至，则是干泽[②]也。千里而见王，不遇故去，三宿而后出昼，是何濡滞也[③]？士则兹不悦[④]。”

注释

① 尹士：齐国人。

② 干泽：干，追求。泽，恩泽利禄。

③ 濡（rú）滞：迟缓。

④ 兹不悦：兹，此；这。不喜欢这个。

译文

孟子离开齐国，尹士告诉人说：“不知道〔齐〕王成不了商汤和周武王〔那样的圣君〕，这是〔孟子的〕糊涂；如果知道他不行还要到〔齐国〕来，这便是贪求富贵。不远千里而来见王，搞得不和谐而去，歇了三夜才离开昼邑，这是何等缓慢啊！我尹士对此很不舒服。”

原文

高子以告[①]。

注释

① 高子：孟子的弟子，齐国人。

译文

高子〔把这番话〕转告孟子。

原文 曰："夫尹士恶知予哉？千里而见王，是予所欲也；不遇故去，岂予所欲哉？予不得已也。予三宿而出昼，于予心犹以为速，王庶几改之！王如改诸则必反予。夫出昼，而王不予追也，予然后浩然有归志①。予虽然，岂舍王哉、王由足用为善②；王如用予，则岂徒齐民安，天下之民举安。王庶几改之！予日望之！予岂若是小丈夫然哉？谏于其君而不受，则怒，悻悻然见③于其面，去则穷日之力而后宿哉？"

注释 ① 浩然：朱熹注："如水之流不可止也。"

② 由：同"犹"，还；尚。足用，足以。

③ 悻（xìng）悻然：悻然，怨恨，恼怒的样子，器量狭小的表现。见（xiàn），同"现"，即出现。

译文 〔孟子〕说："这尹士怎能了解我呢？不远千里来见王，是我的愿望；不和谐而去，难道我希望这样吗？我实在是万不得已呀！我住了三天才离开昼邑，心里还觉得太急促。〔我以为〕王也许会改变主意。王要是改变主意，一定会召回我。而我离开昼邑，王并没有召回我，我这才断然决定去而不返的意念。即便如此，我难道肯抛弃王吗？〔齐〕王也还可以好好干一番事业，王如果任用我，那就不仅可以使齐国百姓安居乐业，而且能使天下之民都得到太平安定。〔齐〕王也许会改变主意，我每天都这样盼望着。我难道会像那种〔目光短浅的〕小人吗？〔像这种人〕因对王进谏不被采纳便火冒三丈、怒形于色吗？辞官离去，就该走得疲惫不堪才肯歇宿吗？”

原文 尹士闻之，曰：“士诚小人也。”

译文 尹士听了〔这番话〕，说：“我尹某真是个小人啊！”

原文 4·13 孟子去齐，充虞路问曰：“夫子若有不豫色然①。前日虞闻诸夫子曰：‘君子不怨天，不尤人②。’”

注释 ① 豫（yù）：愉快；欢悦，快乐。

② 不怨天，不尤人：不抱怨天，不责怪人。孔子的话，见本书《论语·宪问》篇。

译文 孟子离开齐国，充虞在路上问〔他〕说：“看样子您好像有些不痛快。以前我曾经听到您讲过，‘君子不该抱怨天，不该责怪人。’”

原文 曰："彼一时，此一时也。五百年必有王者兴，其间必有名世者①。由周而来，七百有余岁矣②。以其数，则过矣；以其时考之，则可矣。夫天未欲平治天下也；如欲平治天下，当今之世，舍我其谁也？吾何为不豫哉？"

注释 ① 名世者：朱熹注为，"谓其人德业闻望，可名于一世者，为之辅佐。"即指道德修养声望闻名于世的人。近人杨伯峻疑"名世"即"命世"，指辅助"王者"之臣而言，"名"与"命"古本通用。

② 七百有余岁矣：已有七百多年了。孟子离开齐国，在前312（周赧王三年己酉，齐宣王八年），上距周武王已有七百二十多年。

译文 〔孟子〕说："当时是当时，现在是现在。〔历史上〕每过五百年，必定有圣君兴起，其中还必定有声望很高的辅佐者。从周〔武王〕至今，已有七百多年了。算年头，已经超过〔五百年了〕；按时势〔需要〕而论，也该是可以有作为之时。〔只是〕老天还不想让天下太平，如果要使天下太平，面临今天这样的形势，除开我以外，还会有谁？我为什么不痛快呢？"

原文 4·14 孟子去齐，居休①。公孙丑问曰："仕而不受禄，古之道乎？"

注释 ① 休：地名。故城在今山东滕县北十五里处，距孟子家约百里。

译文 孟子离开齐国，住在休地。公孙丑问道："做官而不受俸禄，跟古之道相符吗？"

原文 曰："非也；于崇①，吾得见王，退而有去志，不欲变，故不受也。继而有师命②，不可以请。久于齐，非我志也。"

注释 ① 崇：地名，今无可考。

② 师命：师旅之命，指发生战争。

译文 〔孟子〕答："不！我在崇地见到〔齐〕王，回来就产生辞官的念头，因为不想改变〔这意念〕，所以不接受〔俸禄〕。不久便发生战争，不能够申请离开。长期留在齐国，并不是我的宿愿。"

滕文公上

（凡五章）

原文 5·1 滕文公为世子[①]，将之楚，过宋而见孟子[②]。孟子道性善，言必称尧舜。

注释 ① 世子：太子。

② 过宋：经过宋国。当时宋的国都因受韩、魏所逼，已从商丘迁彭城（今江苏省徐州市），滕国在徐州之北，要到楚国，必南行经宋。

译文 滕文公还是太子的时候，准备去楚国，途经宋国而会见孟子。孟子谈论性善〔的理论〕，话题必定提到尧和舜。

原文 世子自楚反，复见孟子。孟子曰：“世子疑吾言乎？夫道一而已矣。成覸谓齐景公曰[①]：‘彼，丈夫也；我，丈夫也；吾何畏彼哉？’颜渊曰：‘舜，何人也？予，何人也？有为者亦若是。’公明仪曰[②]：‘文王，我师也；周公岂欺我哉？’今滕，绝长补短，将五十里也，犹可以为善国。《书》曰：‘若药不瞑眩[3]，厥疾不瘳[4]。’”

注释 ① 成覸（gàn）：人名，齐国的勇士。

② 公明仪：人名。复姓公明，名仪，鲁国贤人，曾子的弟子。

③ 瞑眩（míng xuàn）：眼睛昏花看不清楚。

④ 瘳（chōu）：病愈。

译文 太子从楚国返回，再度会见孟子。孟子说：“太子对我的话有怀疑吧？〔天下的〕道理总是一致的。成覸对齐景公说过，‘他是个男子汉大丈夫，我也是个男子汉大丈夫，我为什么害怕他呢？’颜渊说：‘舜是什么样的人，我也是什么样的人，一切有作为的人也都应该像他那样。’公明仪说：‘周文王是我的老师；周公〔说的这句话很确切〕哪能骗我呢？’今天的滕国〔疆土〕，截长补短，方圆将近五十里，还可以治理成一个好国家。《尚书》上说：‘药物要是不让病患者头昏眼花，疾病也就不可能治好。’”

原文 5·2 滕定公薨[1]，世子谓然友曰[2]：“昔者孟子尝与我言于宋，于心终不忘。今也不幸至于大故[3]，吾欲使子问于孟子，然后行事。”

注释 ① 滕定公：滕文公之父。薨（hōng），死。古代称侯王死叫“薨”；唐代以后用称二品以上官员死。

② 然友：人名。赵岐注：“世子之傅。”

③ 大故：重大的事故，指恶逆之事、大丧、凶灾之类。

译文 滕定公死了，太子跟〔师傅〕然友说：“以前孟子曾经在宋国跟我交谈过，心里一直没有忘记。今日不幸遭遇大丧，我想派你去求教孟子，然后再举办丧事。”

原文 然友之邹问于孟子。

译文 然友到了邹国，求教孟子。

原文 孟子曰：“不亦善乎！亲丧，固所自尽也①。曾子曰：‘生，事之以礼；死，葬之以礼，祭之以礼，可谓孝矣②。’诸侯之礼，吾未之学也；虽然，吾尝闻之矣。三年之丧③，齐疏之服④，飦粥之食⑤，自天子达于庶人，三代共之。”

注释 ① 亲丧，固所自尽也：对待父母的丧事，本来就该竭尽全力。据朱熹注，“父母之丧，因人子之心所自尽者。盖悲哀之情，痛疾之意，非自外出，宜乎文公于此有所不能自已也。”

② 生，事之以礼……可谓孝矣：这几句所引曾子的话，本是孔子告樊迟语，参见本书《论语·为政》篇第五节。

③ 三年之丧：指古代子女对父母，臣对君，要守孝三年之礼。

④ 齐疏之服：用粗布制作的、缝衣边的丧服。齐（zī），衣服缝边。古代丧服叫作“衰”（cuī），不缝衣边的叫“斩衰”，缝衣边的叫“齐衰”。疏，粗，指粗布。

⑤ 飦（zhān）粥之食：飦，同“饘”，厚粥；糜粥。粥，稀饭；稀粥。朱熹注：“丧礼，三日始食粥，既葬乃疏食，此古今贵贱通行之礼也。”

译文 孟子说：“〔你来询问〕不是很好吗？对待父母的丧事，本来就该竭尽全力。曾子说过，‘〔父母〕活着，要按礼去侍奉；父母死亡，要按礼去安葬，按礼去祭祀，便可以算尽到孝道了。’〔至于〕诸侯的丧礼，我可没有学过，但我曾经听说过。为期三年的丧礼，穿粗布缝边的孝服，进厚粥稀饭一类饮食，上自天子下至百姓，〔在夏、商、周〕三个朝代都是这个共同的规矩。”

原文 然友反命，定为三年之丧。父兄百官皆不欲，曰："吾宗国鲁先君莫之行①，吾先君亦莫之行也，至于子之身而反之，不可。且《志》曰②：'丧祭从先祖。'曰：'吾有所受之也③。'"

注释 ① 宗国：周朝讲究宗法，鲁国、滕国的始封祖都是周文王之子，周公又封于鲁，所以后来的姬姓诸国便以鲁为宗国。

②《志》：一种文体类别，记事的书或文章都可叫"志"，但文中所引"丧祭从先祖"之句，弄不清引自何书。

③ 吾有所受之也：我应沿袭承受〔而不随意改动〕它。朱熹注："以为所以如此者，盖为上世以来，有所传受；虽或不同，不可改也。"

译文 然友回国复命，〔太子〕便决定行三年的丧礼。〔但滕国的〕父老百官都不愿意，说："我们的祖宗国鲁国的前辈君主就没有这样行丧礼，我们〔滕国的〕先辈君王也没有这样行丧礼，到了您这一代却改变了它，这可不行啊！况且《志》上说：'丧葬祭祀必须遵从祖先之法。'说：'我等应该沿袭承继它。'"

原文 谓然友曰："吾他日未尝学问，好驰马试剑。今也父兄百官不我足也，恐其不能尽于大事，子为我问孟子！”

译文 〔太子〕对然友说：“我经常没有研究过什么学问，只喜欢跑马试剑。现在父老百官对我不满意，恐怕我不能尽力把大丧之礼办好，请你再替我去向孟子求教。”

原文 然友复之邹问孟子。

译文 然友又到邹国去求教孟子。

原文 孟子曰：“然；不可以他求者也。孔子曰：‘君薨，听于冢宰①，歠粥②，面深墨，即位而哭，百官有司莫敢不哀，先之也。’上有好者，下必有甚焉者矣。君子之德，风也；小人之德，草也。草尚之风，必偃③。是在世子。”

注释 ① 冢（zhǒng）宰：官名。《周礼·天官》载：“乃立天官冢宰，使帅（率）其属而掌邦治，以佐王均邦国。”后世以“冢宰”为“宰相”。冢，大。宰，辅佐君王治理国家的高级长官。

② 歠（chuò）：饮；喝。

③ 偃（yǎn）：倒下。

译文 孟子说："对啊！不能够苛求别人呀！孔子说过，'君王去世，〔政务〕听凭宰相处理，〔太子〕喝粥，脸色深黑，临位而痛哭流涕，百官群僚没有人敢不悲恸，因为〔太子〕亲自带头啊！'居上位的人喜欢什么，下面的人肯定会更加喜欢。君子的德好比风，小人的德有如草。草，必然是依随风向而倒。这件事〔完全〕在于太子。"

原文 然友反命。

译文 然友归国复命。

原文 世子曰："然；是诚在我。"

译文 太子说："对啊！这的确取决于我。"

原文 五月居庐[①]，未有命戒。百官族人可，谓曰知[②]。及至葬，四方来观之，颜色之戚，哭泣之哀，吊者大悦。

注释 ① 五月居庐：居住在丧庐中五个月。按古代丧礼，天子七月而葬，诸侯五月而葬，大夫三月而葬。未葬前，孝子居住在丧庐中，一般称为凶庐，以土砖砌成，不用柱、楣，以草为屏，不加修饰。这种凶庐也叫“梁闇（ān）”“谅闇”或“谅阴”，指帝王居丧，或高级官员居丧。在规定的守孝期内，孝子都居住在这里。

② 谓曰知：朱熹注，连同上一字“可”，“可谓曰知，疑有阙误。或曰：‘广皆谓世子之知礼也。’”断句及今译采杨伯峻说。

译文 〔于是，太子便〕住在丧庐中五个月，不发布命令禁令。百官和族人都赞许，认为〔这样做〕是懂得丧礼。等到举行葬礼之日，四面八方的人前来观礼，〔太子〕面部表情的悲凄，哭泣声容的沉痛，使吊唁的人们特别满意。

原文 5·3 滕文公问为国。

译文 滕文公询问有关治理国家的问题。

原文 孟子曰：“民事不可缓也。《诗》云：‘昼尔于茅，宵尔索绹；亟其乘屋，其始播百谷①。’民之为道也，有恒产者有恒心，无恒产者无恒心。苟无恒心，放辟邪侈，无不为已。及陷乎罪，然后从而刑之，是罔民也。焉有仁人在位罔民而可为也？是故贤君必恭俭礼下，取于民有制。阳虎曰[②]：‘为富不仁矣，为仁不富矣。’

注释

① 昼尔于茅……播百谷：这是《诗经·豳风·七月》篇第七章（全篇共八章）中的诗句。于茅，前去割草。索绹，搓绳子。亟，急。乘，治；修。

② 阳虎：鲁国正卿季氏的家臣，又名阳货，曾一度挟持季氏而专鲁国的国政，后因失败而流亡。此人曾与孔子同时。

译文

孟子说：“百姓的事是刻不容缓的。《诗经》上说：‘白天外出打柴草，夜晚搓绳干通宵，抓紧时间补漏房，春播耕种更疲劳。’百姓的一般概况是：有固定产业的人才有安分守己之心，无固定产业的人就没有安分守己之心。如果没有安分守己之心，就会放荡任性，胡行乱为，什么事都干得出来。等到陷入罪恶中，然后惩办判刑，这是陷害百姓。哪里有行仁道者执政而可以陷害百姓〔之理〕呢？因此，贤明的君主必须认真严谨，节省俭约，谦逊有礼，平易近人，对百姓征

税应有一定的制度。阳虎曾说过，‘想发财就不能讲究仁爱；想仁爱就发不了财。’

原文 “夏后氏五十而贡，殷人七十而助，周人百亩而彻，其实皆什一也。彻者，彻也①；助者，藉也②。龙子曰③：‘治地莫善于助，莫不善于贡。’贡者，挍数岁之中以为常④。乐岁，粒米狼戾⑤，多取之而不为虐，则寡取之；凶年，粪其田而不足，则必取盈焉。为民父母，使民盻盻然⑥，将终岁勤动，不得以养其父母，又称贷而益之⑦，使老稚转乎沟壑，恶在其为民父母也？夫世禄，滕固行之矣。《诗》云：‘雨我公田，遂及我私⑧。’惟助为有公田。由此观之，虽周亦助也。

注释 ① 彻：通；均。郑玄注：“周法什一而税谓之彻；彻，通也，为天下之通法也。”

② 藉：借，凭借。

③ 龙子：古代贤人。

④ 挍：同“校”(jiào)，比较。

⑤ 狼戾(lì)：狼藉，纵横散乱、数量多。

⑥ 盻盻(xì)然：赵岐注：“勤苦不休息之貌。”朱熹注：“盻，

恨视也。”即怒目而视的样子。

⑦ 称：举。

⑧ 雨我公田，遂及我私：引自《诗经·小雅·大田》篇第三章（全篇共四章）。雨（yù），动词，下雨；落雨。全句大意是，雨先落在我们的公田，然后再落到我的私田。

译文

“〔以前三代的税收是：〕夏朝每五十亩地行‘贡’法，商朝每七十亩地行‘助’法，周朝每一百亩地行‘彻’法，实际上税收都是十分抽一。‘彻’是通盘考虑贯彻的意思；‘助’是借助劳人种公田的意思。龙子说：‘田税以助法为最好，而贡法最不好。’所谓‘贡’，是参照几年中的收成取一个固定数〔为征税标准〕。在丰收年，谷物遍地堆积，多征收一些也不算苛虐，但实际并不多收；在灾荒年，〔收成连〕肥田灌溉的肥用都凑不足，也必须征满赋税定额。号称百姓父母的当权者，让百姓怒目而视，一年到头的辛勤劳动，就连养活父母都无能为力，还要到处借贷来补足赋税，致使老弱妇孺抛尸于山沟之中，怎能配称为百姓的父母官呢？〔大官们〕享有世代承袭的俸禄，滕国本来早已实行了〔可百姓却一无所有〕。《诗经》中说：‘雨点呵先往公田里下，再在私田里浇洒！’只有行‘助’法才有公田，从这篇〔反映周代情况的〕诗看来，包括周朝也在实行‘助’法。

原文 “设为庠序学校以教之。庠者，养也；校者，教也；序者，射也。夏曰校，殷曰序，周曰庠；学则三代共之，皆所以明人伦也。人伦明于上，小民亲于下。有王者起，必来取法，是为王者师也。

译文 “要开办庠、序、学、校〔一类教育机构〕以教育人们。庠，意思是培养；校，意思是教导；序，意思是习射。〔地方教育机构，〕夏朝叫‘校’，商朝叫‘序’，周朝叫‘庠’；〔中央教育机构，〕三朝都共称为‘学’，全是用以阐明人与人之间的伦理道德标准。这些道德标准，上面的诸侯卿大夫都懂得了，下层的百姓就会亲密无间。〔如果〕有贤明的圣王兴起，一定会来效法，这样，便可以做圣君的老师了。

原文 “《诗》云：‘周虽旧邦，其命惟新①。’文王之谓也。子力行之，亦以新子之国！”

注释 ① 周虽旧邦，其命惟新：引自《诗经·大雅·文王》篇第一章（全篇共七章）。全句大意是，周虽然是个古老国家，但它的命运、前景却是兴盛的。

译文 “《诗经》中说：‘周虽然是一个古老之国，但它的国运正朝气蓬勃。’这是称誉周文王的诗句。你努力振兴吧！也让你的国家朝气蓬勃。”

原文 使毕战问井地[1]。

注释 ① 毕战：人名，滕国的臣子。

译文 〔滕文公〕派毕战问〔孟子〕关于井田制的问题。

原文 孟子曰：“子之君将行仁政，选择而使子，子必勉之！夫仁政，必自经界始[1]。经界不正，井地不钧[2]，谷禄不平，是故暴君汙吏必慢其经界。经界既正，分田制禄可坐而定也。

注释 ① 经界：古代井田的界划丈量。经，即界划丈量。界，指田沟之类的界限。朱熹注：“经界，谓治地分田，经划其沟涂封植之界也。”

② 不钧：不均。“钧”与“均”通。

译文 孟子说：“你的君王将要施行仁政，特意选派你来，你一定要努力干。至于施行仁政，一定要从划定田界入手。田界划得不正确，井田分得不均匀，作俸禄的田租也不会公平，因此，残暴的君王、贪官污吏一定会搞乱划好的田界。只有田界划得正确，分配民田，制定官俸，才能够不费劲地确定。

原文 “夫滕，壤地褊小，将为君子焉[①]，将为野人焉。无君子，莫治野人；无野人，莫养君子。请野九一而助，国中什一使自赋。卿以下必有圭田[②]，圭田五十亩；余夫二十五亩。死徙无出乡，乡田同井，出入相友，守望相助，疾病相扶持，则百姓亲睦。方里而井，井九百亩，其中为公田。八家皆私百亩，同养公田；公事毕，然后敢治私事，所以别野人也。此其大略也；若夫润泽之，则在君与子矣。”

注释 ① 为：赵岐注：“为，有也。”朱熹注这一句为，“言滕地虽小，然其间亦必有为君子而仕者，亦必有为野人而耕者。”

② 圭（guī）田：圭，洁。圭田，供祭祀用的田。孔颖达《正

义》云："圭，洁也。士以洁白而升，则与以圭田，使供祭祀；若以不洁白而黜，则收其田里，故士无田则不祭。有田以表其洁，无田以罚其不洁也。"

译文

"滕国，土地狭小，可也得有〔入仕的〕官员，有〔耕田的〕农夫。没有官员，就没有人管理劳动的农夫；没有农夫，就没有人养活做官的君子。请〔考虑〕在郊野用九分抽一的'助'法，在城市用十分抽一的'贡'法。公卿以下官员必得有祭祀用的圭田，圭田每户五十亩，如有多余的劳动力，再各给二十五亩，不管是埋葬或搬家，都不离开本乡范围。同一井田的邻居，出入往来，相互友爱；守卫防盗，彼此帮助；染疾患病，相互照应，那么，百姓之间就能团结和睦。每一方里面积划成一个井田区，每井共九百亩，正当中的〔那一百亩〕是公有田，〔外围〕八家各分私田一百亩，大家共同耕种公田。公田耕作完毕，然后再去办理各自的私事，这就是〔官员〕跟农夫之间的差别所在。——这只是个大概轮廓，至于如何使它安排调整得更健全完善，那就看君王跟你〔的才能发挥得怎样〕了。"

原文 5·4 有为神农之言者许行[①]，自楚之滕，踵门而告文公曰[②]："远方之人闻君行仁政，愿受一廛而为氓[③]。"

注释 ① 神农之言：神农氏的学说。神农，上古传说中的人物。常与伏羲氏、燧人氏并举而称之为"三皇"。相传上古之民过采集渔猎生活，神农氏用木料制作耒、耜等农具，教民从事农业生产。又传他曾尝百草，发现药材，教人治病。一说神农氏即炎帝（姜姓部族首领，号烈山氏）。春秋战国时期，诸子多托古代圣贤以自重，当时重视农业的学派便标榜自己奉行神农之言。许行，农家代表人物之一。生平不详。一说名许犯，是墨子的弟子禽滑釐学生。

② 踵（zhǒng）：至；到。

③ 愿受一廛而为氓：希望得到一所住房而成为〔滕国〕百姓。廛，居住之所。氓，居住郊野的百姓。段玉裁《说文注》："自他归往之民则谓之眠，故字从民亡。"

译文 有一个奉行神农氏学说名叫许行的人，从楚国到滕国，登门拜见滕文公，说："我这个远地来的人听说王施行仁政，希望能得到个歇身的住所，当你的百姓。"

原文 文公与之处。

译文 文王便拨给他住房。

原文 其徒数十人，皆衣褐、捆屦、织席以为食[1]。

注释 ① 衣（yì）褐（hè）、捆屦（jù）、织席以为食：靠穿粗布衣、编麻鞋、织草席谋生活。衣，动词，穿。褐，粗布短衣。捆，编制并以木棰敲打使之平整牢固。屦，草鞋。

译文 他的几十个门徒，都穿着粗麻织成的短服、靠打麻鞋、织草席谋生。

原文 陈良之徒陈相与其弟辛[1]，负耒耜而自宋之滕，曰："闻君行圣人之政，是亦圣人也，愿为圣人氓。"

注释 ① 陈良之徒陈相与其弟辛：陈良，楚国的儒士。梁启超《先秦政治思想史》认为陈良就是《韩非子·显学》篇中的仲良氏之儒。陈相、陈辛，都楚陈良的门徒弟子。

译文 陈良的门徒陈相和他弟弟陈辛，扛着农具从宋国来到滕国，说："听说王行圣人之政，您也是圣人了，〔我们都〕甘愿做圣人的百姓。"

原文 陈相见许行而大悦，尽弃其学而学焉。

译文 陈相见到许行，非常高兴，完全抛弃了他原来〔从陈良那儿〕所学的东西，而向许行学习。

原文 陈相见孟子，道许行之言曰："滕君则诚贤君也；虽然，未闻道也。贤者与民并耕而食，饔飧而治[①]。今也滕有仓廪府库，则是厉民而以自养也[②]，恶得贤？"

注释 ① 饔飧：饔（yōng），早餐。飧（sūn），晚餐。此句中作动词用，即做熟两餐。

② 厉：病。

译文 陈相见到孟子，转述许行的话说："滕王确实是个贤明的君王，尽管这样，还是不懂得〔治国的〕道理。贤明的君王应该跟百姓一道耕种而维持生活，自己动手做饭又管理国事。目前，滕国有储粮仓和财物库，这是损害了百姓来养肥自己，怎能算是贤君呢？"

原文　孟子曰：“许子必种粟而后食乎？”

译文　孟子问：“许先生一定是亲手种了庄稼才吃饭吗？”

原文　曰：“然。”

译文　〔陈〕说：“是这样！”

原文　“许子必织布而后衣乎？”

译文　〔孟〕问：“许先生一定是亲手织布后才穿衣服吗？”

原文　曰：“否！许子衣褐。”

译文　〔陈〕答：“不是！许先生只穿粗布衣。”

原文　“许子冠乎？”

译文　〔孟〕问：“许先生戴帽子吗？”

原文　曰：“冠。”

译文 〔陈〕答:“戴!”

原文 曰:“奚冠?”

译文 〔孟〕问:“戴什么样的帽子?”

原文 曰:“冠素。”

译文 〔陈〕答:“戴白丝绸帽。”

原文 曰:“自织之与?”

译文 〔孟〕问:“是自己亲手织的吗?”

原文 曰:“否;以粟易之。”

译文 〔陈〕答:“不是!是用粮食交换的。”

原文 曰:“许子奚为不自织?”

译文 〔孟〕问:“许先生为什么不亲自织呢?”

原文 曰："害于耕。"

译文 〔陈〕答："因为对种庄稼有妨碍。"

原文 曰："许子以釜甑爨，以铁耕乎[①]？"

注释 ① 以釜（fǔ）甑（zèng）爨（cuàn），以铁耕乎：是用锅和甑做饭，用铁器耕种吗？釜，金属制的锅。甑，古代做饭用的瓦器，现代称蒸饭用的木制桶状器皿。爨，烧火做饭。

译文 〔孟〕问："许先生用锅、甑煮饭，用铁农具耕地吗？"

原文 曰："然。"

译文 〔陈〕答："是的。"

原文 "自为之与？"

译文 〔孟〕问："是亲自制作的吗？"

原文 曰："否！以粟易之。"

译文 〔陈〕答："不是！是用粮食交换的。"

原文 "以粟易械器者，不为厉陶冶；陶冶亦以其械器易粟者，岂为厉农夫哉？且许子何不为陶冶，舍皆取诸其宫中而用之①？何为纷纷然与百工交易？何许子之不惮烦？"

注释 ① 舍：相当于今日方言"啥"，即什么东西、一切东西、所有什物之类。宫中，指家中。古代住宅无论贵贱都叫"宫"，秦汉以后才专指帝王所居者为宫。

译文 〔孟说：〕"用粮食交换炊具农具的人，不算是对瓦匠铁匠有损害；瓦匠铁匠也用自己所制的器具交换粮食，难道算是对农夫有损害吗？而且，许先生为什么不亲自烧窑、炼铁，〔以保证〕什么东西都从自己家里取用呢？为什么要这样繁琐地跟各种工匠进行交易？为什么许先生这样不嫌麻烦呢？"

原文 曰："百工之事固不可耕且为也。"

译文 〔陈〕说："各种工匠的业务，本来就不可能既要耕种又要制作〔器械〕啊!”

原文 “然则治天下独可耕且为与?有大人之事[1],有小人之事。且一人之身,而百工之所为备,如必自为而后用之,是率天下而路也[2]。故曰:或劳心,或劳力;劳心者治人,劳力者治于人;治于人者食人,治人者食于人,天下之通义也。

注释 ① 大人:指有地位、有权势者,与后文“小人”(劳动者、卑贱者)相对而言。近似“君子”的含义。

② 是率天下而路:这是带领天下人走奔波劳碌不安宁的路。率,引导。路,朱熹注为,“谓奔走道路,无时休息也。”

译文 〔孟说:〕“那么,难道治理天下却偏偏能既耕地又管政务吗?——大官有大官的事干,小民有小民的事干。况且,一个人身上〔所需的生活资料〕须靠各种工匠的产品才算齐备,如果〔什么东西〕都必须自制而后自用,那就等于率领天下的人走劳累不堪的路。所以说,有的人做脑力劳动,有的人做体力劳动;脑力劳动者统治别人;体力劳动者被人统治;被统治者供养别人,统治者受人供养。这是普天之下通行的道理。

原文 “当尧之时，天下犹未平，洪水横流，泛滥于天下，草木畅茂，禽兽繁殖，五谷不登，禽兽偪人[①]，兽蹄鸟迹之道交于中国。尧独忧之，举舜而敷治焉[②]。舜使益掌火，益烈山泽而焚之，禽兽逃匿。禹疏九河[③]，瀹济漯而注诸海，决汝汉，排淮泗而注之江[④]，然后中国可得而食也。当是时也，禹八年于外，三过其门而不入，虽欲耕得乎？

注释 ① 偪：同“逼”。

② 敷：遍；布。

③ 疏九河：疏通九条河道。相传古代黄河自孟津以北，分九条河道。据《尔雅·释水》，九河名称是，徒骇、太史、马颊、覆釜、胡苏，简絜、钩盘和鬲津。据传今河北省的河间、天津市及山东省的惠民地区，都属九河故道。

④ 瀹（yuè）济漯（tà）而注诸海，决汝汉、排淮、泗而注之江：瀹，疏导。漯，水名。全句意思是，疏导了济水（源于河南济源西，东流至山东）、漯水（在山东省莘县境）而引它流入大海，开凿汝水（在河南）、汉水（源出陕西），排除淮河（由河南经安徽入江苏）、泗水（源出山东）的壅塞

之处而让它们流入长江。

译文 “在尧的时代，天下还不安宁，滔滔大水横溢猛流，天下泛滥成灾，野草树林茂密丛生，野禽猛兽繁殖成群，五谷却没有好收成，禽兽在威胁人类安全，兽蹄鸟迹的印痕到处都是，全国随地可见。尧为此感到担忧，便选派舜担负治理之责。舜派伯益掌管火政，伯益便点燃烈火烧毁山林泽沼地带，使禽兽逃散隐匿。禹又疏通了九条河道，疏导了济水、漯水而引它流入大海；开凿汝水、汉水，排除淮河、泗水的壅塞之处，让它们流入长江，然后中原地区才得以〔耕作灌溉〕维持生活。在这种时势下，禹在外治水八年，三次经过自己的家门都没进屋，〔试想〕即便他想种庄稼，办得到吗？

原文 “后稷教民稼穑[①]，树艺五谷[②]；五谷熟而民人育。人之有道也，饱食、暖衣、逸居而无教，则近于禽兽。圣人有忧之，使契为司徒[③]，教以人伦——父子有亲，君臣有义，夫妇有别，长幼有序，朋友有信。放勋曰[④]：‘劳之来之[⑤]，匡之直之，辅之翼之，使自得之，又从而振德之。’圣人之忧民如此，而暇耕乎？

注释 ① 后稷：相传为周朝的始祖，姓姬，名弃。稼穑（sè），稼，耕种。穑，收割。

② 五谷：稻、黍、稷、麦、菽之合称。

③ 契（xiè）：人名，相传是殷朝的祖先，姓子。帝尧时任司徒（主管教化的官）。

④ 放勋：尧的称号。放是大，勋是功劳。原来是史官赞誉之词，渐成为尧的称号。

⑤ 劳之来之：劳、来，都读为去声。劝勉；慰劳。

译文 “后稷教百姓种庄稼，栽培五谷。五谷成熟而人民得到养育。人是有善良天性的，但吃饱了，穿暖了，住安逸了却不加以教育，就和禽兽差不多。圣人又为此忧虑，让契做司徒，用伦理道德来教育人民：父子之间有慈爱，君臣之间有礼义，夫妇之间有区别，老少之间有等级，朋友之间有诚信。尧说：‘教促他们，纠正他们，帮助他们，使他们获得自己的本性，又加以栽培和引导！’圣人为百姓忧虑，到了这种地步，还有闲功夫来种庄稼吗？

原文 “尧以不得舜为己忧，舜以不得禹、皋陶为己忧[①]。夫以百亩之不易为己忧者[②]，农夫也。分人以财谓之惠，教人以善谓之忠，为天下得人者谓之仁。是故以天下与人易，为天下得人难。孔子曰：‘大哉尧之为君！惟天为大，惟尧则之，荡荡乎民无能名焉！君哉舜也！巍巍乎有天下而不与焉[3]！’尧舜之治天下，岂无所用其心哉？亦不用于耕耳。

注释

① 皋陶（gāo yáo）：又作“咎繇”，人名，相传为虞舜时的司法官。

② 易：治。

③“大哉”六句：这几句话可能引自《论语·泰伯》篇第18、19两章，文字上有些出入。荡荡乎，广远无边的样子。名，称赞；形容。与，相干。

译文

“尧因为得不到舜〔这样的人〕而独自发愁，舜因为得不到禹和皋陶〔这样的人〕而独自发愁，为百亩之田没种好而独自发愁的人，是农夫。把钱财分给别人叫恩惠，把为善之道教给别人叫忠厚，为天下物色到贤才叫仁爱。所以说，把天下让给别人容易，为天下选荐贤才却很困难。孔子说过，‘了不起啊，尧这样的圣君！只有天最伟大，只有尧能效法天。〔尧的胸怀〕广阔深远啊，人们不知该怎样称赞他！舜真不愧是个好君主啊！多么崇高伟大呀，虽然拥有天下〔而不以此为荣耀〕，好像与自己无关。’尧和舜治理天下，难道是不尽心竭力吗？只不过没有用在种庄稼上罢了。

原文 “吾闻用夏变夷者，未闻变于夷者也。陈良，楚产也，悦周公、仲尼之道，北学于中国。北方之学者，未能或之先也。彼所谓豪杰之士也。子之兄弟事之数十年，师死而遂倍之①！昔者孔子没，三年之外，门人治任将归②，入揖于子贡，相向而哭，皆失声，然后归。子贡反，筑室于场，独居三年，然后归。他日，子夏、子张、子游以有若似圣人，欲以所事孔子事之，强曾子。曾子曰：‘不可；江汉以濯之，秋阳以暴之③，皜皜乎不可尚已④。’今也南蛮鴃舌之人⑤，非先王之道，子倍子之师而学之，亦异于曾子矣。吾闻出于幽谷迁于乔木者⑥，未闻下乔木而入于幽谷者。《鲁颂》曰：‘戎狄是膺，荆舒是惩⑦。’周公方且膺之，子是之学，亦为不善变矣。”

注释 ① 倍：背；背叛。

② 治任：准备行李。治，整顿；收拾。任，负担，指担于肩者、载于车者。

③ 秋阳：秋天的太阳。周历七八月，实为夏历五六月。秋阳实际是夏天的太阳。暴，同“曝”，晒。

④ 皜皜（hào）：光明洁白的样子。

⑤ 鴃（jué）：伯劳鸟。这句中的“鴃舌”是指说话快而难懂，像鸟语一样。含有轻视、讥笑之意。

⑥ 吾闻出于幽谷迁于乔木者：转引自《诗经·小雅·伐木》篇第一章（全篇共三章）。这一章开头是，“伐木丁丁，鸟鸣嘤嘤。出自幽谷，迁于乔木。”大意是，伐木之声叮叮响，群鸟唧唧喳喳嚷。从那暗谷中飞出，筑巢在高大树上。

⑦ 戎狄之膺（yīng），荆舒是惩：《诗经·鲁颂·閟（bì）宫》篇第五章（全篇共九章）中的句子。戎、狄，当时北方的异族。荆、舒，当时南方的异族。膺，击退；打击。惩，制止；抵御。

译文

“我只听说过用中原〔先进的教化〕去改变那蛮夷〔落后的风俗〕，却没听说反而被蛮夷所改变。陈良，本来是在楚国土生土长的，他喜爱周公、孔子的学说，从南而北到中原学习。北方的学习者还没有能超过他的，他真称得起是豪杰之士了。你们兄弟向他学习了几十年，老师一死，竟然背叛了他。从前孔夫子死了，门徒们〔坚持守墓〕三年之后才收拾行装准备回家，去子贡那里作揖告别，彼此相对而痛哭，都泣不成声，然后才归家。子贡又回到墓旁，在墓前的祭场搭建住棚，独自守墓三年，然后才肯回家。过了些时候，子夏、子张、子游认为有若跟孔子相貌近似，便想用过去敬事孔子的礼节来敬事他，还勉强曾子〔同意〕。曾子说：'不行!〔就像那〕用江、汉的水冲洗过，用夏天的太阳曝晒过，光明洁白得无法比拟，〔谁能跟孔子相比呢?〕'现在〔许行这个〕南方蛮子、怪腔怪调的人，指责先辈圣王的学说，你竟然背叛你的老师而向他学习，这跟曾子的态度相差多远啊！我〔从《诗经》上〕听说过，'〔小鸟〕飞离那幽暗的深谷，搬到高大的树上居住'，却没听说过离开高大树木而飞进幽暗山谷〔歇宿〕的事。《鲁颂》中说：'要把戎狄打倒，要对荆舒声讨!'〔这一类国家〕是周公所要讨伐的，你却要向他学习，也算是越变越不好啊!"

原文 "从许子之道，则市贾不贰①，国中无伪，虽使五尺之童适市②，莫之或欺。布帛长短同，则贾相若；麻缕丝絮轻重同，则贾相若；五谷多寡同，则贾相若；屦大小同，则贾相若。"

注释 ① 市贾不贰：市场上的价格一致。贾，通"价"。不贰，没有两样；完全一样。

② 五尺之童：指个子不高的孩子。古代尺短，五尺只有现在的三尺多。

译文 〔陈〕说："〔如果〕听从许先生的学说，就会做到市场上的物价没有两个价，国内没有欺诈行为. 即便是让年幼儿童去买东西，也没人欺骗他。棉布丝绸长短相同，价钱一样；麻线丝棉轻重相同，价钱一样；五谷多寡相同，价钱一样；鞋子大小相同，价钱也一样。"

原文 曰："夫物之不齐，物之情也；或相倍蓰①，或相什百，或相千万。子比而同之②，是乱天下也。巨屦小屦同贾，人岂为之哉？从许子之道，相率而为伪者也③，恶能治国家？"

注释 ① 倍蓰（xǐ）：倍，一倍。蓰，五倍。后文中的什、百、千、万，都是指相差的倍数。

② 比：次。

③ 相率而为伪：伙同在一起弄虚作假。

译文 〔孟〕说："各种东西〔品种质量规格〕不一样，这是实际情况。有的〔价钱〕相差一倍、五倍，有的相差十倍、百倍，有的相差千倍、万倍。你要把它们〔的价格〕拉平找齐，那是扰乱天下〔市场〕的行为。〔制作〕粗糙的鞋和精致的鞋都卖同样的价钱，人们难道愿意这样干吗？听从了许先生的主张，人们都纷纷伙同起来弄虚作假，怎么能够治理好国家呢？"

原文 5·5 墨者夷之因徐辟①而求见孟子。孟子曰："吾固愿见，今吾尚病，病愈，我且往见，夷子不来②！"

注释 ① 墨者夷之：信奉墨子学说、名叫夷之的人。徐辟，孟子的弟子。

② 夷子不来：不，勿；毋；不必。一说，这四个字是记其事实，不是孟子的话。指夷子听说孟子有病，所以没有来。

译文 墨家学说的信奉者夷之，通过徐辟的关系求见孟子。孟子说："我本来愿意相见，但我现在有病，等病好了，我争取去看他，夷先生就不必来了吧！"

原文 他日，又求见孟子。孟子曰："吾今则可以见矣。不直，则道不见[①]；我且直之。吾闻夷子墨者，墨之治丧也，以薄为其道也；夷子思以易天下，岂以为非是而不贵也；然而夷子葬其亲厚，则是以所贱事亲也。”

注释 ① 见：同“现”。

译文 过了一些时候，又要求会见孟子。孟子说：“我现在可以会见了。〔如果〕不直话直说，真理就不能显现。我就照直说吧！我听说夷先生是墨子的信徒，墨家办理丧事，以简单为原则；夷先生想以此变革天下〔的风俗〕，可能是认为不这样做就不足为贵；然而夷先生安葬自己的父母却相当讲究，那就是用他所蔑视的礼节来对待他的父母吧！”

原文 徐子以告夷子。

译文 徐辟把它转告给夷子。

原文 夷子曰：“儒者之道，古之人若保赤子[①]，此言何谓也？之则以为爱无差等，施由亲始。”

注释　① 古之人若保赤子：古代的人爱护百姓像爱护婴儿。见《尚书·康诰》“若保赤子，惟民见康乂。”

译文　夷子说：“儒家的学说认为，古代君王〔爱护百姓〕像爱护婴儿，这句话的含义是什么？我认为人类之爱没有等级差别，要施行应该从父母开始。”

原文　徐子以告孟子。

译文　徐子将它转告给孟子。

原文　孟子曰：“夫夷子信以为人之亲其兄之子为若亲其邻之赤子乎？彼有取尔也。赤子匍匐将入井，非赤子之罪也。且天之生物也，使之一本，而夷子二本故也。盖上世尝有不葬其亲者；其亲死，则举而委之于壑。他日过之，狐狸食之，蝇蚋姑嘬之①。其颡有泚②，睨而不视。夫泚也，非为人泚，中心达于面目，盖归反虆梩而掩之③。掩之诚是也，则孝子仁人之掩其亲，亦必有道矣。”

注释　① 蝇蚋（ruì）姑嘬之：苍蝇蚊子一类小虫在吮吸它。蚋，蚊子一类的昆虫，头小，色黑，胸背隆起，吸人畜的血液。姑，语助词，且。一说“姑”应作“盬”（gǔ），吸饮；咀嚼。亦有人认为“蚋姑”二字相连，指的是蝼蛄，一种对农作物有害的昆虫，褐色，有翅，前脚很强，能掘地，咬食农作物的根。嘬，叮；咬。

② 其颡（sǎng）有泚（cǐ）：他额头上有汗。颡，额；脑门子。泚，出汗的样子。焦循《正义》解为“其颡有疵，谓头额病，犹云疾首也”。

③ 蘽梩：蘽（léi），盛土的笼。梩（lí）或（sì），锹、锸一类铲土的工具。

译文 孟子说：“夷先生真的认为人们爱自己的侄子会跟爱邻居的婴儿一样吗？他只不过根据这一点罢了。婴儿在地上爬行快要摔到井里，这决不是婴儿自己的罪过。而且，天生万物，只有一个根本，而夷先生偏认为是两个根本。大概在上古时代曾经有过不安葬父母的人，父母一死，便把尸体抛掷山沟。隔些日子路过那里，〔见到〕狐狸吃它，苍蝇蚊子吮吸它，不禁额头冒汗，斜眼瞟望而不敢正视。这汗水，不是流给别人看的，而是内心〔愧悔溢于言表〕禁不住从面部显示出来的。也许他会回家取来铲泥盛土的工具来掩埋尸体。掩埋它的确是对的，那么，孝子仁人埋葬他们的父母，也必然是有道理的。”

原文 徐子以告夷子。夷子怃然为间曰[①]："命之矣[②]。"

注释 ① 怃然为间：怅惘地停顿了一会。怃（wǔ），荡然若有所失。间，间歇；一会儿。

② 命：教。朱熹注："命，犹教也，言孟子已教我矣。"

译文 徐子把它转告了夷子。夷子茫然地迟疑了一会儿，才说："我算领教了。"

滕文公下

（凡十章）

原文 6·1陈代曰[1]："不见诸侯，宜若小然；今一见之，大则以王，小则以霸。且《志》曰：'枉尺而直寻。'宜若可为也。"

注释 ①陈代：孟子的弟子。

译文 陈代说："不会见诸侯，好像是受小节束缚。现在会见他们，大，可以推行王道；小，可以成就霸业。《志》上说：'屈缩一尺而伸展八尺'，〔小节上不妨受点委屈，以求得更大的施展，〕好像还值得干它一番。"

原文 孟子曰："昔齐景公田，招虞人以旌不至[1]，将杀之。志士不忘在沟壑，勇士不忘丧其元。孔子奚取焉？取非其招不往也。如不待其招而往，何哉？且夫枉尺而直寻者以利言也。如以利，则枉寻直尺而利，亦可为与？昔者赵简子使王良[2]与嬖奚乘[3]，终日而不获一禽。嬖奚反命曰：‘天下之贱工也。’或以告王良。良曰：‘请复之。’强而后可，一朝而获十禽。嬖奚反命曰：‘天下之良工也。’简子曰：‘我使掌与女乘。’谓王良。良不可，曰：‘吾为之范我驰驱④，终日不获一；为之诡遇⑤，一朝而获十。《诗》云：“不失其驰，舍矢如破⑥。”我不贯与小人乘⑦，请辞。’御者且羞与射者比；比而得禽兽，虽若丘陵，弗为也。如枉道而从彼，何也？且子过矣：枉己者，未有能直人者也。”

注释

① 招虞人以旌（jīng）：用羽毛装饰的旌旗召唤守苑囿的官吏。虞人，守苑囿（猎场）之吏。旌，饰以羽毛的旗子。古代君王有所召唤，须有相当信物为凭，如召唤大夫用旌，召唤士用弓，召唤虞人只能用皮冠。

② 赵简子：晋国大夫，名赵鞅。王良，春秋末年知名的善御者，先秦两汉古籍中常称之为“邮无恤”。

③ 嬖奚：名字叫奚的一个受宠的小臣。

④ 范我驰驱：按照规矩法度去驾车奔驰。范，规范。据《谷梁传》所载，驾御田猎车，尘土飞扬不能出轨道，马蹄须相应合拍。

⑤ 诡遇：不依法驾御。

⑥ 不失其驰，舍矢如破:《诗经·小雅·车攻》篇第六章（全篇共八章）中的句子，意思是，不违反规矩驾车，箭一放出就能射中目标。

⑦ 贯：同“惯”，习惯。

译文 孟子说：“从前齐景公田猎，用有羽毛装饰的旌旗召唤那管理苑囿猎场的官吏，召唤不来，便准备杀掉他。〔但〕胸有大志的人并不怕〔死去〕弃尸山沟，勇敢的人不怕丢失了脑袋。孔夫子赞许他哪一点呢？就是赞许他决不肯接受那种不对头的召唤〔方式〕。如果〔我们〕不等诸侯的招请便前往，那是为什么呢？而且所谓‘屈缩一尺而伸展八尺’，是从谋利的观点而言。如果只讲求利，那么，屈缩有八尺，伸展才一尺而能谋利，也可以干它一番吗？从前，赵简子命令〔善御者〕王良为他宠幸的小臣奚驾车出猎，整天都没打到一只鸟。宠臣奚回报说：‘〔王良〕是天下最笨拙的驾车人。’有人把它转告王良。王良说：‘请再驾一次车吧！’奚〔犹豫再三才〕勉强同意，一个早晨便捕获了十只鸟。奚回报说：‘〔王良〕是天下最高明的驾车人。’赵简子说：‘我就让他专门为你驾车好了。’〔便将这个决定〕通知王良。王良不肯接受，说：‘我替他按照规矩法度驾车驱驰，整天都一无所获；而替他违反法则驾车，一个早晨便能捕获十只。《诗经》中说："不违反规矩驾车奔跑，箭一放出就射中目标。"我不习惯替小人驾车，我请求辞掉这个差使。’一个驾车人尚且能把跟违法的射猎者合作看成羞耻，这种合作即便使猎获的禽兽堆积如山丘，也是不该干的。如果〔我们〕忍屈含辱而追随他们〔那些诸侯〕，又何必呢？你是〔想〕错了，自身不正的人，是从来不可能使别人正直的。"

原文 6·2 景春曰①："公孙衍、张仪岂不诚大丈夫哉②？一怒而诸侯惧，安居而天下熄。"

注释 ① 景春：人名。与孟子同时人。

② 公孙衍：人名，即魏国人犀首，著名的说客。张仪（？—前310），战国时纵横家代表人物。魏国贵族的后代。前328（秦惠文君十年），任秦相。执政时迫使魏国献上郡，帮助秦惠文君称王，游说各国服从秦国，瓦解齐、楚联盟，夺取楚国汉中地，使秦更强大。秦武王即位后，他入魏为魏相，不久便死去。

译文 景春说："公孙衍和张仪，难道不是真正的男子汉大丈夫吗？〔他们〕一发怒，可以使诸侯提心吊胆；冷静下来，可以使天下太平安宁。"

原文 孟子曰："是焉得为大丈夫乎？子未学礼乎？丈夫之冠也，父命之；女子之嫁也，母命之①。往送之门，戒之曰：'往之女家，必敬必戒，无违夫子！'以顺为正者，妾妇之道也。居天下之广居，立天下之正位，行天下之大道②；得志，与民由之；不得志，独行其道。富贵不能淫，贫贱不能移，威武不能屈，此之谓大丈夫。"

注释 ① 丈夫之冠也，父命之；女子之嫁也，母命之：男子成年（二十岁）行加冠礼，父亲给以训导；女子出嫁，由母亲训导。这里所述的礼仪与有关礼仪的文献资料所载有些出入。

② 居天下之广居，立天下之正位，行天下之大道：朱熹对这几句的注释为"广居，仁也；正位，礼也；大道，义也。"可供参考。

译文 孟子说："这怎能算男子汉大丈夫呢？你没学过礼吗？男子行冠礼，由父亲训导；女子出嫁，由母亲训诫，送她到门口，告诫说：‘到了你〔婆〕家，一定要恭敬、谨慎，不要违背丈夫。’以顺从为宗旨，这是妇女的准则。〔男子理当〕住在天下广大的住宅（仁）里，站在天下正确的位置（礼）中，前进在天下光明的道路（义）上。得志时，跟百姓一起沿着正道走；不得志时，能独自坚持原则。〔要做到〕富贵不致迷惑腐化，贫贱不致动摇改志，威武不致屈服变节。只有这样的人，才称得起是男子汉大丈夫。”

原文 6·3 周霄问曰[①]：“古之君子仕乎？”

注释 ① 周霄：魏国人。

译文 周霄问道：“古代君子当官吗？”

原文 孟子曰：“仕。《传》曰：‘孔子三月无君，则皇皇如也，出疆必载质[①]。’公明仪曰：‘古之人三月无君，则吊。’”

注释 ① 三月无君，则皇皇如也，出疆必载质：三个月没有君王〔的任命〕，就会大失所望，离开国境一定得带上〔送领国君王〕的见面礼。皇皇，朱熹注为“如有求而弗得之意。”质，同贽（zhì）或挚，初相见时用以表示诚意的礼物。

译文 孟子说：“当官！《传》上说：‘孔夫子〔如果〕三个月不被君主任用，便会大失所望，离开〔这〕国境，定要装载着〔送邻国君主的〕见面礼。’公明仪说：‘古代人〔如果〕三个月不被君主任用，就要去安慰他。’”

原文 “三月无君则吊，不以急乎？”

译文 〔周霄说：〕“三个月不被君主任用便慰问，不是有点过急吗？”

原文 曰：“士之失位也，犹诸侯之失国家也。《礼》曰：‘诸侯耕助以供粢盛①；夫人蚕缫，以为衣服②。牺牲不成，粢盛不洁，衣服不备③，不敢以祭。惟士无田，则亦不祭。’牲杀、器皿、衣服不备，不敢以祭，则不敢以宴，亦不足吊乎？”

注释 ① 粢盛（zī chéng）：古时盛在祭器内以供祭祀的谷物（包

括黍、稷、稻、粮、麦、苽之类）。

② 夫人蚕缫（sāo），以为衣服：诸侯的妻子亲自养蚕抽丝，供给祭祀穿用的衣服。一说，孟子所引《礼》的句子到这一句为止，下文“牺牲不成”起，不是引文而是孟子申述之言。

③ 牺牲不成，粢盛不絜，衣服不备：用以祭祀的牲畜不肥壮，谷物不洁净，祭服不齐备。

译文 〔孟子〕说：“士失掉官职，就好比诸侯失掉国家。《礼》上说：‘诸侯亲耕以供祭祀的谷物，〔他们的〕夫人亲自养蚕以供祭祀的衣服。〔祭祀用的〕牲畜不肥壮，粮食不干净，祭服不齐备，就不敢用来祭祀。如果士没有〔祭〕田，也不能行祭礼。’牲畜、器皿、祭服之类不齐备，不敢行祭礼，就不能举行宴会，这也不该慰问吗？”

原文 “出疆必载质，何也？”

译文 〔周问：〕“出国境必带见面礼，是为什么呢？”

原文 曰：“士之仕也，犹农夫之耕也；农夫岂为出疆舍其耒耜哉？”

译文 〔孟子〕答："士当官，好比农夫耕种；难道农夫因为要出国境就可舍弃农具吗？"

原文 曰："晋国亦仕国也，未尝闻仕如此其急。仕如此其急也，君子之难仕，何也？"

译文 〔周霄〕说："晋国也是个君子游宦做官的国家，未曾听说过求官职这样迫切，求官这样急，君子却怕求官，这是为什么呢？"

原文 曰："丈夫生而愿为之有室，女子生而愿为之有家；父母之心，人皆有之。不待父母之命、媒妁之言[①]，钻穴隙相窥，踰墙相从，则父母国人皆贱之。古之人未尝不欲仕也，又恶不由其道。不由其道而往者，与钻穴隙之类也[②]。"

注释 ① 媒妁（shuò）：介绍婚姻的人。《说文》："媒，谋也，谋合二姓。妁，酌也，斟酌二姓也。"

② 与钻穴隙之类也：跟钻洞寻缝的人一个样。一说，句首的"与"字应为上句句尾，是语气词。

译文 〔孟子〕说："男孩出生〔父母〕都愿给他找妻室，女孩出生都愿替她找婆家，父母的心情，都是共通的。〔如果〕不等父母的许可，媒人的转述，〔自己私下〕透过门缝窗孔互相眉来眼去，翻越墙头去相随，那么，父母和群众都会瞧不起他们。古代的人并非不想做官，只是厌恶〔有失礼义〕不择手段的求官，正像〔男女〕从门缝窗孔〔偷情〕那样。"

原文 6·4 彭更问曰①："后车数十乘，从者数百人，以传食于诸侯②，不以泰乎？"

注释 ① 彭更：人名。孟子的弟子。

② 传食：转食。

译文 彭更问："跟随的车几十辆，跟随的有几百人，轮流吃遍诸侯国，不是太过分了吗？"

原文 孟子曰："非其道，则一箪食不可受于人；如其道，则舜受尧之天下，不以为泰——子以为泰乎？"

译文 孟子说："如不合道理，那么，连一筐食品也不能接受人家的；如合道理，那么，舜接受尧的天下，也不过分——难道你觉得过分吗？”

原文 曰：“否；士无事而食，不可也。”

译文 〔彭更〕说：“不！〔但〕士人不干事就白吃饭，可不成啊！”

原文 曰：“子不通功易事，以羡补不足[①]，则农有余粟，女有余布；子如通之，则梓匠轮舆皆得食于子。于此有人焉，入则孝，出则悌，守先王之道，以待后之学者[②]，而不得食于子；子何尊梓匠轮舆而轻为仁义者哉？”

注释 ① 以羡补不足：用多余的调济不够的。羡，多；余。

② 待：等待。亦有人释为“持”，指扶持后来的学者。

译文 〔孟子〕说：“你〔如果〕不交流成果互换产品，用多余补充缺欠，便会让农夫有余粮，妇女有余布〔而无所用〕。你如果能使它们流通，那么，木匠，制车工都能从你那里谋生。如这儿有个人，在家孝敬父母，外出敬尊长，坚守古代圣王之道，以此扶持后来的学者，却不能从你那里谋食，那你为什么只重视木匠、制车工而轻视仁义的人呢？”

原文 曰：“梓匠轮舆，其志将以求食也；君子之为道也，其志亦将以求食与？”

译文 〔彭更〕说：“木匠制车工，他们的意图就是为谋食；君子追求道，他们的意图也是为谋食吗？”

原文 曰：“子何以其志为哉？其有功于子，可食而食之矣。且子食志乎？食功乎？”

译文 〔孟子〕说：“你凭什么要追查意图？他们对你有贡献，可以管饭，就以饭食招待他们。你究竟是按意图给食呢，还是按贡献给食？”

原文 曰：“食志。”

译文 〔彭更〕答：“按意图给食！”

原文 曰："有人于此，毁瓦画墁[①]，其志将以求食也，则子食之乎？"

注释 ① 毁瓦画墁（màn）：毁坏屋瓦、乱画粉刷的墙。墁，墙壁的粉饰。

译文 〔孟子〕说："〔如果〕有人在这里毁坏屋瓦乱画粉墙，他的意图是谋食，你给他吃的吗？"

原文 曰："否。"

译文 〔彭更〕说："不给！"

原文 曰："然则子非食志也，食功也。"

译文 〔孟子〕说："那么你可并不是按意图给食，而是按贡献给食啊！"

原文 6·5 万章问曰[①]："宋，小国也；今将行王政，齐楚恶而伐之[②]，则如之何？"

注释 ① 万章：孟子的弟子。

② 今将行王政，齐楚恶而伐之：〔宋〕要实行仁政，齐、楚两国忌恨而攻伐它。孟子所说的是宋王偃，即宋康王，宋献王（？ —前286），战国时宋国国君，戴氏，名偃，剔成肝之弟。剔成肝逐杀宋桓侯（名璧兵），自立为宋君，不久，他就杀剔成肝而自立。曾灭亡滕国，夺取楚的淮北地。前318，他自称为王。后发生内乱，又因宋国富庶，成为齐、秦、赵等大国兼并的目标，后为齐国所灭，他出奔魏国，死于魏国。孟子说他将行王政，据说是早期的事。

译文 万章问道："宋，是个小国，现在准备行仁政，齐、楚两个大国被激怒而要攻伐它，这该怎么办呢！"

原文 孟子曰："汤居亳[①]，与葛为邻[②]，葛伯放而不祀。汤使人问之曰：'何为不祀？'曰：'无以供牺牲也。'汤使遗之牛羊。葛伯食之，又不以祀。汤又使人问之曰：'何为不祀？'曰：'无以供粢盛也。'汤使亳众往为之耕，老弱馈食。葛伯率其民，要其有酒食黍稻者夺之，不授者杀之。有童子以黍肉饷，杀而夺之。《书》曰：'葛伯仇饷。'此之谓也。为其杀是童子而征之，四海之内皆曰：'非富天下也，为匹夫匹妇复雠也。’‘汤始征，自葛载[③]。’十一征而无敌于天下。东面而征，西夷怨；南面而征，北狄怨，曰：‘奚为后我？’民之望之，若大旱之望雨也。归市者弗止，芸者不变，诛其君，吊其民，如时雨降。民大悦。《书》曰：‘徯我后，后来其无罚！’‘有攸不惟臣[④]，东征，绥厥士女，篚厥玄黄[⑤]，绍我周王见休[⑥]，惟臣附于大邑周。’其君子实玄黄于篚以迎其君子，其小人箪食壶浆以迎其小人；救民于水火之中，取其残而已矣。《太誓》曰：‘我武惟扬，侵于之疆[⑦]，则取于残，杀伐用张，于汤有光。’不行王政云尔；苟行王政，四海之内皆举首而望之，欲以为君；齐楚虽大，何畏焉？”

注释

① 汤居亳（bó）：商汤住在亳。亳，古都邑名，商汤的都城。有三处，一为河南商丘县东南，相传即汤所居之地。又名南亳。一为河南商丘县北，相传诸侯拥戴汤为盟主于此，又名北亳。一为河南偃师县西，相传汤攻克夏时所居，又名西亳。灭夏后还都北亳。

② 葛：古国名，嬴姓。故城在今河南宁陵县北。

③ 汤始征，自葛载：商汤早先的征伐，是从葛国开始。载，始。这一句疑为仍属于《尚书》，在本书《孟子·梁惠王下》

第十一章中引类似这一句的内容时，则是，“《书》曰：‘汤一征，自葛始。’”如以十一章所引为据，这里至少也应是孟子对《尚书》语句的转述。

④ 有攸不惟臣：攸国不为臣；攸国不愿臣服。惟，为。攸，亦有人释为是助词，相当于“所”。今采用近人杨伯峻说，释为国名，据甲文和晚商金文，都有攸国国名。

⑤ 篚（fěi）厥玄黄：把黑色、黄色的〔币帛丝绸〕放进他们的筐子里。篚，筐，篮。这里是当动词用，即装进筐子。

⑥ 绍我周王见休：追随我周王觉得荣幸。绍，继续。亦可释为“介绍”，即介绍给周王相见。休，美。

⑦ 侵于之疆：攻占那于国的疆土。于，古国名。

译文

孟子说：“商汤住在亳地，跟葛是邻国，葛伯放纵无道，不祭祀先祖。商汤派人质问他说：‘为什么不祭先祖？’回答是：‘没有作为祭品的牲畜。’汤派人把牛羊送给他，葛伯将牛羊吃了，也不用它来祭祀。汤又派人质问他说：‘为什么不祭祀？’回答是：‘没有作为祭物的谷粒。’汤派亳地的民众前去为他耕种，老弱者管送饭。葛伯却率领他的百姓拦截那些有酒菜好饭的人而抢夺它，对不肯交出〔饭菜〕的人进行杀害。有个孩子去送饭和肉，〔葛伯也〕杀害并抢夺他的东西。《书》上说：‘葛伯仇视送饭人’，就是说的这件事。〔汤正是〕由于他杀了这个儿童才征伐他，天下人都说：‘〔汤〕不是贪图天下而致富，是为普通的男女百姓报仇。’‘汤最早的征伐，就是从葛国开始。’征伐十一次，而天下无敌。向东征伐，西边的人就埋怨；向南面征伐，北边的人就埋怨，〔都纷纷〕说：‘为什么要把征伐我们这里往后推？’百姓们盼望他，就像在大旱的年头盼雨水一样，〔作战时〕做买卖的没停止经营，耕种者也没有回避，杀掉那〔暴〕君安慰那百姓，好像及时雨从天而降，百姓们非常高兴。《书》上说：‘盼望我们的王，王来了就能摆脱苦难。’‘攸国不肯臣服，〔周王〕从东征伐，使男女百姓安宁，把黑色、黄色的〔币帛〕装满筐，追随我周王实在光荣，只愿做大周国的臣民。’〔攸国的〕君子以满筐黑、黄色的〔币帛〕迎接〔周国的〕君子，小民用筐盛饭，壶装酒迎接它的小民。〔周王出征是〕把百姓从水深火热之中拯救出来，而除掉残暴之君罢了。《泰誓》上说：‘发扬我们的威武，攻伐于国的疆土，杀掉残暴的君主，把该死的都清除，功绩比汤更显著。’不行仁政也就算了，如果要行仁政，天下的人都会〔振奋地〕抬头盼望它，要拥立他做君主，尽管齐、楚再强大，又有什么可怕呢？”

原文 6·6 孟子谓戴不胜曰[1]：“子欲子之王之善与？我明告子。有楚大夫于此，欲其子之齐语也，则使齐人傅诸？使楚人傅诸？”

注释 ① 戴不胜：人名，宋国之臣。

译文 孟子对戴不胜说：“你想要你的君王向善吗？我可以坦率告诉你。〔比方〕有一位楚国的大夫在这里，想让他的儿子说齐国话，那么，是找齐国人教他呢，还是找楚国人教他？”

原文 曰：“使齐人傅之。”

译文 〔戴〕答道：“找齐国人教他。”

原文 曰：“一齐人傅之，众楚人咻之[1]，虽日挞而求其齐也，不可得矣；引而置之庄岳之间数年[2]，虽日挞而求其楚，亦不可得矣。子谓薛居州善士也[3]，使之居于王所。在于王所者，长幼卑尊皆薛居州也，王谁与为不善？在王所者，长幼卑尊皆非薛居州也，王谁与为善？一薛居州，独如宋王何？”

注释 ① 咻（xiū）：喧哗。

② 庄岳：齐国的街里之名。据顾炎武《日知录》载，庄，街名；岳，里名。

③ 薛居州：人名，宋国之臣。

译文 〔孟子〕说：“一个齐国人教他，但很多楚国人在干扰他，即便每天都鞭打并强逼他说齐国话，也很难办。〔如果〕把他领到〔齐国的街里〕庄岳居住几年，即便每天鞭打并强逼他说楚国话，同样很不好办。你认为薛居州是个好人，让他住在王宫中。〔如果〕住在王宫的人们，无论年龄大小地位高低都是薛居州〔式的好人〕，那么，君主是跟谁干出不好的事来呢？〔又如〕住在王宫的人们，年龄大小地位高低者都不是薛居州〔式的好人〕，那么，君王又是跟谁干出好事来呢？个把薛居州，又能把宋王怎么样呢？”

原文 6·7 公孙丑问曰：“不见诸侯何义？”

译文 公孙丑问："不〔主动〕拜见诸侯，究竟有什么用意？"

原文 孟子曰："古者不为臣不见。段干木逾垣而辟之[①]，泄柳闭门而不内[②]，是皆已甚；迫，斯可以见矣。阳货欲见孔子而恶无礼[③]，大夫有赐于士，不得受于其家，则往拜其门。阳货瞰孔子之亡也[④]，而馈孔子蒸豚；孔子亦瞰其亡也，而往拜之。当是时，阳货先，岂得不见？曾子曰：'胁肩谄笑，病于夏畦[⑤]。'子路曰：'未同而言，观其色赧赧然，非由之所知也。'由是观之，则君子之所养，可知已矣。"

注释 ① 段干木：人名，姓段，名干木。魏文侯时的贤者。

② 泄柳闭门而不内（nà）：泄柳紧关门户而不肯接待。泄柳，人名，鲁缪（穆）公时贤者。内，同"纳"，接纳。

③ 阳货欲见孔子：阳货，鲁国正卿季氏之宰（总管），又名阳虎。阳货见孔子事，参见本书《论语·阳货》篇第一章（即《论语》17·1）。

④ 瞰（kàn）：同瞰，窥伺，探听。

⑤ 胁肩谄笑，病于夏畦（qí或xī）：耸起肩膀，装出肉麻的笑脸，比夏天在菜地劳动还要累人。胁肩谄笑，比喻逢迎的丑态。畦，菜圃间划分的行列。这里是当动词用。

译文 孟子说："在古代，不是臣属就不拜见。段干木跳过围墙而躲开了〔魏文侯的看望〕，泄柳紧闭大门而不肯接待〔来访的鲁穆公〕，这都有些过分；迫不得已，也还是可以相见的。阳货想让孔子来看望自己又不愿失礼〔去下令召见，便根据〕大夫如果对士有所赏赐，士当时没有在家亲自接受，便理当前往大夫之门拜谢〔的规矩〕，在探悉孔子外出之机，给孔子送去蒸熟的小猪，孔子也窥伺他外出之机，前往拜谢。在当时，阳货如果先去〔访问，孔子〕怎么会不去会见他呢？曾子说过：'耸着肩膀，装出肉麻的笑脸，这比夏天在菜园子里干活还要劳累。'子路也说过：'跟人没共同之点还要勉强交谈，面部又呈现惭愧的神色，这种人是我所不敢领教〔看不起〕的。'从这里考察，君子是如何重视品德修养，就可一目了然。"

原文 6·8 戴盈之曰①："什一，去关市之征，今兹未能，请轻之②，以待来年，然后已，何如？"

注释 ① 戴盈之：人名，宋国的大夫。

② 兹：年。

译文 戴盈之说："抽税十分之一，免掉关卡集市的赋税，今年内办不到，请先减轻一点，等到明年再彻底实行，可以吗？"

原文 孟子曰："今有人日攘其邻之鸡者①，或告之曰：'是非君子之道。'曰：'请损之，月攘一鸡，以待来年，然后已。'——如知其非义，斯速已矣，何待来年？"

注释 ① 攘（ráng）：偷，盗。朱熹注："攘，物自来而取之也。"按此解释，在程度上与"偷、盗"又有所区别，是隐匿他人之物而据为己有。

译文 孟子说："现在有人每天偷邻舍的一只鸡，有人正告他说：'这不是正派人应有的行为。'他回答道：'请先减少一点，每月只偷一只鸡，等到明年再彻底改过〔不偷〕吧！'如果〔真的〕懂得这〔行为〕不合理，就该立即停止，为什么偏要等待明年呢？"

原文 6·9 公都子曰①："外人皆称夫子好辩，敢问何也？"

注释 ① 公都子：孟子的弟子。

译文 公都子说：“别人都认为您喜欢辩论，敢冒昧请问，是为什么？”

原文 孟子曰：“予岂好辩哉？予不得已也。天下之生久矣，一治一乱。当尧之时，水逆行，泛滥于中国，蛇龙居之，民无所定；下者为巢，上者为营窟[①]。《书》曰：‘洚水警余[②]。’洚水者，洪水也。使禹治之。禹掘地而注之海，驱蛇龙而放之菹[③]；水由地中行，江、淮、河、汉是也。险阻既远，鸟兽之害人者消，然后人得平土而居之。

注释 ① 上者为营窟：住在高处的人就相连筑洞而居。营窟，围绕而居，按字面意思理解是挖洞建穴。

② 洚（jiàng）水警余：洪水在警诫我们。洚，大水泛滥。洚水，洪水。

③ 放之菹（zū）：驱赶它们到草泽中。菹，多水草的沼泽地带。

译文 孟子说：“我哪里是喜欢辩论，我是万不得已（才这样）啊！这个世界已经存在很久了，〔总是〕一阵安定，一阵动荡。唐尧的时代，洪水漫溢，中原地区到处泛滥，蛇龙得以安居，人们却无处歇身；低下处的人在树上搭巢，居高处的人也相连筑洞。《尚书》说：‘洚水在警诫我们！’所谓‘洚水’，就是那无边无际的洪水。命令禹来治理它，禹挖了渠道而把水引向大海，把蛇和龙驱赶到水草的沼泽中，水沿着渠道流动，长江、淮河、黄河、汉水就是如此。危险阻塞既经排除，害人的鸟兽也消声匿迹了，然后，人们才能够在平原居住。

原文 “尧舜既没。圣人之道衰，暴君代作，坏宫室以为汙池，民无所安息；弃田以为园囿，使民不得衣食。邪说暴行又作，园囿、汙池、沛泽多而禽兽至。及纣之身，天下又大乱。周公相武王诛纣，伐奄三年讨其君，驱飞廉于海隅而戮之①，灭国者五十，驱虎、豹、犀、象而远之，天下大悦。《书》曰：‘丕显哉，文王谟！丕承哉，武王烈！佑启我后人，咸以正无缺②。’

注释 ① 驱飞廉于海隅而戮之：把飞廉赶到海边而将他杀掉。飞廉，人名，又作蜚廉，商纣宠幸的臣子。据《史记·秦本纪》载，蜚廉和他的儿子恶来，都以材木侍奉殷纣，恶来有力，蜚廉善走。周武王伐纣时，杀死了恶来。当时蜚廉为纣去北方采石。因此，孟子这里说是驱杀飞廉，事实上有些出入。

② 佑启我后人，咸以正无缺：帮助并启发我们后辈子孙，使大家都能完美无缺。赵岐注，这是《尚书》的逸篇。梅赜则列入伪古文之《君牙》篇。

译文 “尧、舜死后，圣人的政教逐渐衰落，残暴的君主陆续出现，〔他们〕毁坏了住宅当作深池，使百姓无处歇身；破坏庄稼地当作园林，使百姓吃、穿没有着落；荒诞的谬论，残暴的举动又得逞，随着园林深池，湖泊沼泽的增多，禽兽又纷纷涌来。到商纣执政时，天下又大动荡。周公辅佐武王。把纣王杀掉又征伐奄国，三年后声讨了奄的君主，把飞廉〔这个幸臣〕赶到海边并杀掉他，消灭了五十个国家，把那些老虎、豹子、犀牛、大象驱逐到很远的地方，普天之下都拍手称快。《尚书》说：‘多么辉煌呀，文王的谋略！多么威武啊，武王的功烈！帮助和开导我们后辈子孙，使大家都能够完美无缺。’

原文 “世衰道微，邪说暴行有作，臣弑其君者有之，子弑其父者有之。孔子惧，作《春秋》。《春秋》，天子之

事也；是故孔子曰：'知我者其惟《春秋》乎！罪我者其惟《春秋》乎！'

译文 "时势衰落，道义微弱，荒诞的谬论、残暴的举动又抬头，臣子杀死君主的事例也有，儿子杀死老子的事例也有。孔子震惊，著作了一部《春秋》。〔作〕《春秋》〔以褒善贬恶〕本来是天子的职责。所以孔子说：'了解我的人，也许只是由于这部《春秋》的缘故，指责我的人，也可能是由于这部《春秋》的缘故。'

原文 "圣王不作，诸侯放恣，处士横议，杨朱、墨翟之言盈天下①。天下之言不归杨，则归墨。杨氏为我，是无君也；墨氏兼爱，是无父也。无父无君，是禽兽也。公明仪曰：'庖有肥肉，厩有肥马；民有饥色，野有饿莩，此率兽而食人也。'杨墨之道不息，孔子之道不著，是邪说诬民，充塞仁义也。仁义充塞，则率兽食人，人将相食。吾为此惧，闲先圣之道②，距杨墨，放淫辞，邪说者不得作。作于其心，害于其事；作于其事，害于其政。圣人复起，不易吾言矣。

注释 ① 处士：不官于朝而居家者，即有才德而隐居不仕的人。杨朱：战国初哲学家。先秦古籍中称他为杨子、阳子居或阳生。魏国人。相传他反对墨子“兼爱”说和儒家的伦理思想，主张“贵生”“重己”“全性葆真，不以物累形”，重视保存个人生命，反对别人侵夺自己，也反对侵夺别人。孟子说他“拔一毛而利天下不为也”，并抨击他的“为我”的思想。关于杨朱的片断史料，散见于《孟子》《庄子》《韩非子》《吕氏春秋》等书中,《列子》中有《杨朱篇》，未见得可靠。墨翟:（约前468—前376）春秋、战国之际思想家、政治家。墨家学派的创始人。相传为宋国人，后期住在鲁国。曾学习儒术，因不满其烦琐的“礼”，自立学说，聚徒讲学，成为儒家的主要反对派。他的“天志”“明鬼”学说，不脱殷周传统的思想形成，但赋以“非命”和“兼爱”的内容，反对儒家的“天命”和“爱有差等”说；力主“兼相爱，交相利”，不应有亲疏贵贱之别。他的“非攻”思想，体现了当时人们反对掠夺战争的意向。他的“非乐”“节用”“节葬”等主张，是对当权贵族“繁饰礼乐”和奢侈享乐生活的抗议。墨子学说对当时思想界有很大影响，与儒家并称“显学”。现存《墨子》五十三篇，是研究其学说的基本材料。

② 闲：卫；捍卫。

译文

“〔从此〕圣明的君主不再出世，诸侯横行无忌，在野的政客乱发议论，杨朱、墨翟的学说流行天下，〔以致〕天下的言论不是杨朱派就是墨翟派。杨派提倡一切为自己，就是无视君王；墨派鼓吹普遍的爱，就是无视父亲。目无父辈，目无君主，简直是禽兽。公明仪说过：‘厨房有肥肉，棚厩有壮马，〔但〕百姓面黄饥瘦，郊野有饿死的尸体，这〔无异〕是率领野兽来吃人。’杨朱、墨翟的学说不排除，孔子的学说就不能发扬，这就是因为荒诞的谬论欺骗了百姓，阻塞了仁义的道路。仁义之路被堵塞，那就〔无异〕是率领野兽吃人，人与人也将互相吃。我因为这个而担忧，〔准备〕捍卫先圣的学说，反对杨朱、墨翟之说，抨击那些荒唐的言辞，使发表谬论者不能得逞。〔那些谬论〕发出于内心，危害了事业；危害了事业，就会危害到政治。〔即便是〕圣人再兴起，也不会否定我说的这番话。

原文 “昔者禹抑洪水而天下平，周公兼夷狄，驱猛兽而百姓宁，孔子成《春秋》而乱臣贼子惧。《诗》云：‘戎狄是膺，荆舒是惩，则莫我敢承[①]。’无父无君，是周公所膺也。我亦欲正人心，息邪说，距诐行，放淫辞，以承三圣者；岂好辩哉？予不得已也。能言距杨墨者，圣人之徒也。”

注释 ① 戎狄是膺，荆舒是惩，则莫我敢承：要把西戎北狄抵御，要给荆舒迎头痛击，就不会有谁敢与我为敌。膺（yīng），抵御。惩，惩办；痛击。承，抵挡；抗拒。这是《诗经·鲁颂·閟宫》篇第五章（全篇共九章）中的句子。

译文 “从前，禹制服了洪水而使天下平定；周公兼并了西夷、北狄，驱除了野兽，而使百姓安宁；孔子著成了《春秋》，才使叛乱之臣不孝之子害怕。《诗经》上说：‘要把西戎北狄抵御。要给荆舒迎头痛击，谁也不敢与我为敌。’那目无父辈、目无君主之辈，是周公所要打击的。我也准备纠正人们的认识，排除荒谬邪说，反对偏激的行为，斥责奸狡的言辞，以便继承〔夏禹、周公、孔子〕这三位圣人〔的事业〕，这怎么能说是喜欢辩论呢！我是万不得已〔才这样〕啊！〔只有〕能用言论来反对杨朱、墨翟的人，才〔不愧〕是圣人的门徒啊！”

原文 6·10 匡章曰[①]：“陈仲子岂不诚廉士哉[②]？居於陵[③]，三日不食，耳无闻，目无见也。井上有李，螬食实者过半矣[4]，匍匐往，将食之[5]；三咽，然后耳有闻，目有见”。

注释

① 匡章：人名，齐国人，战国时齐将。齐威王时，曾率军击退秦的进攻。前314（齐宣王六年），乘燕国内乱，率军攻破燕国。后二年在濮水之上抵御秦军，被打败。齐湣王即位，孟尝君为相，联合韩、魏攻楚，他率军在垂沙大败楚军，杀楚将唐昧。他的言行散见于《战国策·齐策》《战国策·燕策》及《吕氏春秋·不屈》等篇中。

② 陈仲子：齐国人，世被称为“田仲”“陈仲”“於陵仲子”。据《淮南子·泛论训》载，“季襄、陈仲子立节抗行，不入洿君之朝，不食乱世之食，遂饿而死。”高诱注为孟子弟子，不足为信。

③ 於（wū）陵：地名，在今山东长山县南，距临淄约二百里。

④ 井上有李，螬（cáo）食实者过半矣：井上有李子，已被金龟子的幼虫吃了大部分。螬，即蛴螬，俗称“地蚕”“大蚕”，是金龟子的幼虫。生在土壤里，吃农作物的根、茎，是害虫。

⑤ 将食之：取食了它。将，拿；取。

译文

匡章说：“陈仲子难道不真是一个廉洁的人吗？〔他〕

住在於陵，三天没有饮食，耳朵听不见，眼睛看不明。井上有李，金龟子的幼虫已蛀食大半，〔他〕爬行过去，取来吃了。咬了三口，耳朵才有听觉，眼睛才有视觉。”

原文 孟子曰：“于齐国之士，吾必以仲子为巨擘焉[①]。虽然，仲子恶能廉？充仲子之操，则蚓而后可者也。夫蚓，上食槁壤，下饮黄泉。仲子所居之室，伯夷之所筑与？抑亦盗跖之所筑与[②]？所食之粟，伯夷之所树与？抑亦盗跖之所树与？是未可知也。”

注释 ① 巨擘（bò）：大拇指。

② 盗跖：春秋末年奴隶起义领袖，名柳下跖，一说姓展，名跖。是柳下惠的兄弟。“盗”是诬称。据说是齐国和鲁国之间的柳下（今山东西部）人，有关他的记载，见《庄子·盗跖》篇。

译文 孟子说：“在齐国的人士中，我一定把仲子看待成〔指头中的〕大拇指，然而，仲子怎能算廉洁呢？要推广仲子的操守，那只有使人成为蚯蚓以后才能办到。蚯蚓，地面上吃干枯的泥土，地面下吮饮黄泉之水。〔这是多么廉洁！而〕仲子所住的房屋，是〔像〕伯夷〔那样廉洁的人〕所建造的呢，还是〔像〕柳下跖〔那样的强盗〕所建造的呢？〔仲子〕所吃的粮食，究竟是伯夷〔式的人〕耕种的呢，还是盗跖〔式的人〕所耕种的呢？这些还是没弄清楚的呀！”

原文 曰：“是何伤哉？彼身织屦，妻辟纑[①]，以易之也。”

注释 ① 辟纑：赵岐注：“缉绩其麻曰辟，练其麻曰纑。”指绩麻练麻。（绩，缉；把麻析成缕连接起来。练，把丝麻或布帛煮得柔软洁白）。纑（lú），麻缕。

译文 〔匡章〕说：“那有什么妨碍呢？他亲手编织草鞋，他的妻子绩麻练麻，用这些去交换来的。”

原文 曰：“仲子，齐之世家也；兄戴，盖禄万钟[①]，以兄之禄为不义之禄而不食也，以兄之室为不义之室而不居也，辟兄离母，处于於陵。他日归，则有馈其兄生鹅者，己频顣曰[②]：‘恶用是者为哉？’他日，其母杀是鹅也，与之食之。其兄自外至，曰：‘是鶃鶃之肉也③。’出而哇之④。以母则不食，以妻则食之；以兄之室则弗居，以於陵则居之，是尚为能充其类也乎？若仲子者，蚓而后充其操者也”。

注释

① 盖（gě）：地名，是陈戴的采邑。

② 频顣（cù）：朱熹注：“频与同颦，顣与蹙同。”皱眉蹙额，不愉快的样子。

③ 鶃鶃（yì）：鹅叫声。

④ 哇：吐。

译文

〔孟子〕说：“仲子，本是齐国的宗族世家。他的哥哥陈戴，在盖这地方受用的俸禄高达万钟。他却认为哥哥的俸禄是不义之禄，不肯吃它，认为他哥哥的房屋是不义之房，不肯住它。便回避哥哥，远离母亲，独自住在於陵。有一天他回家，碰到有人送给他哥哥一只鹅，他皱眉缩额，不高兴地说：‘为什么要用这种叫唤的东西呢？’过了几天，他母亲把这只鹅宰了，把鹅肉给他吃。他哥哥〔正好〕从外面回来，说：‘这就是那叫唤的东西的肉呢！’他便跑出门口把肉呕出来。母亲的东西不吃，妻子的东西却吃；哥哥的房屋不居住，在於陵的房子倒可以住，这还能称得起是推广廉洁操守的典型吗？像仲子这样的人，只有先当蚯蚓然后才能成为推广〔无求于人而自给自足的廉洁〕操守的人啊！”

离娄上

（凡二十八章）

原文 7·1 孟子曰："离娄之明[1]、公输子之巧[2]，不以规矩，不能成方圆；师旷之聪[3]，不以六律[4]，不能正五音[5]；尧舜之道，不以仁政，不能平治天下。今有仁心仁闻而民不被其泽，不可法于后世者，不行先王之道也。故曰，徒善不足以为政，徒法不能以自行。《诗》云：'不愆不忘，率由旧章[6]。'遵先王之法而过者，未之有也。圣人既竭目力焉，继之以规矩准绳，以为方圆平直，不可胜用也；既竭耳力焉，继之以六律正五音，不可胜用也；既竭心思焉，继之以不忍人之政，而仁覆天下矣。故曰，为高必因丘陵，为下必因川泽；为政不因先王之道，可谓智乎？是以惟仁者宜在高位。不仁而在高位，是播其恶于众也。上无道揆也[7]，下无法守也，朝不信道，工不信度[8]，君子犯义，小人犯刑，国之所存者幸也。故曰，城郭不完，兵甲不多，非国之灭也；田野不辟，货财不聚，非国之害也。上无礼，下无学，贼民兴，丧无日矣。《诗》曰：'天之方蹶，无然泄泄[9]。'泄泄犹沓沓也。事君无义，进退无礼，言则非先王之道者，犹沓沓也。故曰，责难于君谓之恭，陈善闭邪谓之敬[10]，吾君不能谓之贼。"

注释

① 离娄：人名，古之明目者。相传是黄帝时人，能在百步以外看到秋毫般细微的东西。

② 公输子：人名，即公输班（班，亦被写成"般""盘"），鲁国人，所以又叫鲁班。古代著名的建筑工匠，约生活于鲁定公或哀公时。相传曾为楚惠王制作攻城的云梯，用以攻打宋国。又创造刨、钻等土木作工具。被旧时建筑工匠尊为祖师。有关他的材料，散见于《礼记·檀弓》《战国策》和《墨子》等书中。

③ 师旷：春秋时代晋国的乐师，古代极有名的音乐家。字子野。目盲，善弹琴，辨别能力很强。晋平公（前557—前531在位）铸大钟，众乐工听后都认为音律准确，独师旷不以为然。他的判断，后为师涓所证实。

④ 六律：指十二律中的六个阳律。十二律是中国古代律制，用三分损益法将一个八度分为十二个不完全相等的半音的一种律制。各律从低到高依次为（1）黄钟，（2）大吕，（3）太簇，

(4)夹钟,(5)姑洗,(6)仲吕,(7)蕤宾,(8)林钟,(9)夷则,(10)南吕,(11)无射,(12)应钟。相传黄帝时伶伦截竹为筒,以筒的长短分别声音的清浊高低,乐器之音便依此为准则。这十二律,分为阴、阳各六个,阳的叫“律”,阴的叫“吕”,合称“律吕”。在十二律中,按前列次序,单数为“律”,双数为“吕”。因此,六律是指黄钟、太簇、姑洗(xiǎn),蕤(ruí)宾、夷则和无射(yì)。其余六个为“吕”。

⑤ 五音:亦称五声,中国音阶名,即宫,商、角、徵(zhǐ)、羽五个音级。五音之中各相邻的两音间的音程,除角与徵、羽与宫(高八度的宫)之间为小三度外,其余均为大二度。这五个音级,相当于简谱中的1、2、3、5、6这五音。

⑥ 不愆(qiān)不忘,率由旧章:不犯过错,不要忘却,要遵循原有的规章。愆,过失。率,遵循。这是《诗经·大雅·假乐》篇第二章(全篇共四章)中的诗句。

⑦ 揆(kuí):度量;估量。朱熹注:“道揆,谓以义理度量事物而制其宜。”

⑧ 度:朱熹注为“度,即法也”。指的是法度。近人杨伯峻认为类似《韩非子》中“宁信度,毋自信也”之“度”,指“尺码”而言。

⑨ 天之方蹶,无然泄泄:是《诗经·大雅·板》篇第二章(全篇共八章)中的句子。朱熹《诗集传》卷十七释为,“蹶,初也。

泄泄，犹沓沓也，盖弛缓之意。”又，朱熹《四书集注》认为，“蹶，颠覆之意，泄泄，怠缓悦从之貌，言天欲颠覆周室，群臣无得泄泄然，不急救正之”。近人杨伯峻引《说文》“泄泄”作“呭呭”，又作“詍詍”，释为“多言也”，可供参考。

⑩ 陈善闭邪：朱熹注：“开陈善道，以禁闭君之邪心，惟恐其君陷于有过之地者，敬君之至也”。译文据此。杨伯峻释“闭邪”为“堵塞异端”。

译文 孟子说：“即便有离娄那样敏锐的视力，有公输班那样高超的技术，如果不使用圆规曲尺，也不能画出方形圆形；即便有师旷那样审音的听力，如果不借助六律，也不能校正五音；即便有尧、舜那样的治理之道，如果不施行仁政，也不能管好天下。现在〔的诸侯〕虽然有仁爱的愿望和仁爱的声望，但百姓并没感受到他的恩泽，〔他们的施政〕不值得后代效法，因为他们并没有遵循先王之道。因此说，光凭好的愿望还不足以治好天下，光凭好的办法也不一定能实践。《诗经》中说：‘不可偏离呵不可遗忘，注意遵从原有的规章！’遵循先王的法则而产生错误，是从来没出现过的事。圣人既已竭尽眼力，又用圆规、曲尺、水准、绳墨、制造出方圆平直〔各种形状的器具〕，这些东西使用不尽;〔圣人〕既已竭尽听力，又用六律校正五音,〔使音阶〕享用无穷。〔圣人〕既已竭尽心力，又施行不坑害百姓的政治，而使仁爱遍及天下。因此说，筑高台一定要倚靠丘陵，挖深池一定要凭借沼泽，治理天下而不依据先王之道，算得上是明智吗？所以，只有仁者该占统治地位，不仁者如占有统治地位，就会传播他的罪恶给民众。在上的缺乏道德准则，在下的缺乏法规制度，朝廷不信道义，百姓不信法度，君子违背义理，小人触犯刑法，国家能生存就算太侥幸了。所以说，城墙不坚固，兵甲不充分，算不了国家的灾祸；田野不垦辟，物资不富裕，算不了国家的患难。在上缺礼义，在下缺教养，作乱的人得势，国家的沦亡也就很快了。《诗经》中说：‘上天正要让〔周室〕颠覆，不要泄泄疏怠不去救扶。’泄泄就是疏怠麻木。事君没有义，进退没有礼，说话便诋毁先王之道，这就叫作疏怠麻木。所以说，以难事〔仁政〕要求君主才称得起‘恭’，向君主陈述善事而抑制其邪念才称得起‘敬’，如认为君主不能〔行仁为善〕，这就叫‘贼’”。

原文 7·2 孟子曰：“规矩，方圆之至也①；圣人，人伦之至也。欲为君，尽君道；欲为臣，尽臣道。二者皆法尧舜而已矣。不以舜之所以事尧事君，不敬其君者也；不以尧之所以治民治民，贼其民者也。孔子曰：'道二，仁与不仁而已矣[2]。'暴其民甚则身弑国亡；不甚，则身危国削，名之曰'幽''厉'[3]，虽孝子慈孙，百世不能改也。《诗》云：'殷鉴不远，在夏后之世[4]。'此之谓也。"

注释

① 至：极。近人杨伯峻释为"标准"。译文从杨说。

②"道二"句：朱熹注："法尧舜，则尽君臣之道而仁矣，不法尧舜，则慢君贼民而不仁矣。二端之外，更无他道。"

③ 幽、厉：幽，昏暗乱常；厉，暴虐嗜杀，都是很坏的称号。周朝的幽王和厉王，就是因其所为而得此恶谥。

④"殷鉴不远"二句：这是《诗经·大雅·荡》篇第八章（全篇共八章）中的最后两句。

译文

孟子说："圆规和曲尺，是方圆的标准；圣人是为人的标准。要当君主，须尽君主之道；要做臣子，须尽臣子之道。两者都仿效尧舜就成了。不用舜侍奉尧的态度去侍奉君主，就是对他的君主不恭敬；不用尧管理百姓的态度去治理百姓，便是坑害了他的百姓。孔子说：'〔治国之〕道有两种，仁和不仁罢了。'对百姓残暴苛刻太厉害，就会身死国亡；不太厉害，也会自身难保国力减弱，〔死后的谥号也只能恶〕名叫作'幽''厉'之类，即便有孝子慈孙，历百代也不能更改。《诗经》中说：'殷商可以借鉴的教训并不远，就是前一代的夏朝。'说的正是这个意思。"

原文 7·3 孟子曰："三代之得天下也以仁，其失天下也以不仁。国之所以废兴存亡者亦然。天子不仁，不保四海；诸侯不仁，不保社稷；卿大夫不仁，不保宗庙①；士庶人不仁，不保四体。今恶死亡而乐不仁，是犹恶醉而强酒②。"

注释 ① 宗庙：这里指采邑（卿大夫先有采邑然后有宗庙）。

② 恶（wù）醉而强（qiǎng）酒：恶，怕，厌。强，勉强。

译文 孟子说："〔夏、商、周〕三代能够得到天下是因为〔行〕仁〔政〕，它们丧失天下是因为不〔行〕仁政。〔诸侯〕国家的衰落与兴盛、生存和覆灭也是同样的道理。天子不仁，就保不住天下；诸侯不仁，就保不住国家；卿大夫不仁，就保不住宗庙；士和百姓不仁，就保不全生命。现在〔有人〕害怕死亡而喜欢不仁，这就好像害怕醉倒却偏要勉强喝酒一样。”

原文　7·4 孟子曰：“爱人不亲，反其仁；治人不治，反其智；礼人不答，反其敬——行有不得者皆反求诸己，其身正而天下归之。《诗》云：‘永言配命，自求多福。’”

译文　孟子说：“〔我〕爱别人而别人不亲近〔我〕，就该反问〔自己〕仁爱程度〔够不够〕；〔我〕管别人没有管好，就该反问智慧谋略〔足不足〕；〔我〕尊敬别人而没得到报答，就该反问恭敬之意〔诚不诚〕。——任何行为如没见效果，都应该多反问自己，自身做得端正，天下的人才会归服他。《诗经》中说：‘符合天意〔的周朝〕国运长久，幸福全靠自己寻求’。”

原文　7·5 孟子曰：“人有恒言，皆曰，‘天下国家’。天下之本在国，国之本在家，家之本在身。”

译文　孟子说：“人们经常谈论，都这样说，‘天下国家’。〔反映了〕天下的基础在于国，国的基础在于家，家的基础在于个人。”

原文 7·6 孟子曰：“为政不难，不得罪于巨室[①]。巨室之所慕，一国慕之；一国之所慕，天下慕之；故沛然德教溢乎四海。”

注释 ① 巨室：大家，指有影响的世臣大夫之家。

译文 孟子说：“从事政治并不难，不得罪那些世臣大夫就可以了。世臣大夫所仰慕的，一国都会仰慕，一国所仰慕的，天下都会仰慕，所以，德教就能大张旗鼓地风行于天下。”

原文 7·7 孟子曰：“天下有道，小德役大德，小贤役大贤；天下无道，小役大，弱役强。斯二者，天也。顺天者存，逆天者亡。齐景公曰：‘既不能令，又不受命，是绝物也。’涕出而女于吴[①]。今也小国师大国而耻受命焉，是犹弟子而耻受命于先师也。如耻之，莫若师文王。师文王，大国五年，小国七年，必为政于天下矣。《诗》云：‘商之孙子，其丽不亿。上帝既命，侯于周服。侯服于周，天命靡常。殷士肤敏，裸将于京②。’孔子曰：‘仁不可为众也③。夫国君好仁，天下无敌。’今也欲无敌于天下而不以仁，是犹执热而不以濯也。《诗》云：‘谁能执热，逝不以濯④？’”

注释 ① 涕出而女于吴：流着泪把女儿嫁到吴国。女（nǚ），动词，意思是出嫁。指齐景公嫁其女给阖闾，送行到郊外哭别的情景。

②“商之孙子”八句：这是《诗经·大雅·文王》篇第四、第五两章（全篇共七章）中的诗句，诗意见译文。丽，数量。亿，古代数词，一亿等于十万。靡常，无常规；没有一定。肤，美丽、漂亮。敏，聪慧机灵。祼，古代祭祀仪式，以酒灌地而迎神。将，助，助祭。

③“仁不可为众也”：这句话，赵岐注为“行仁者，天下之众不能当也。”朱熹注为“有仁者，则虽有十万之众，不能当之。”郑玄《笺》为“盲众之不如德也。”译文参照杨伯峻译释。

④“谁能执热……”：是《诗经·大雅·桑柔》篇第五章（全篇共十六章）中的句子。

译文 孟子说：“天下治理有道，小德的人受大德的人役使，小贤的人受大贤的人役使；天下治理无道，势力小的人受势力大的人役使，势弱的人受势强的人役使。这两种情况，都是决定于天意。顺从天意者生存，违背天意者灭亡。齐景公说过，‘既不能命令别人；又不接受别人命令，这就是自绝于物。’〔他只好〕流着泪把女儿嫁到吴国去。现在弱国以强国为师却以接受命令为羞耻，就好比徒弟以接受老师的命令为羞耻一般。如真认为是羞耻，那不如以文王为师。以文王为师，强国但需五年，弱国也只需七年，必定可以握有天下的治理权。《诗经》中说：‘殷商的子孙后裔，人数不止有万亿。上帝既然已授意，便向周朝行臣子之礼。都对周朝行臣礼，可见天意也会转移、殷商之士英俊伶俐，到镐京参加灌酒的祭仪。’孔夫子说：‘仁德的价值不能按人数多寡来衡量，君主要是喜好仁德，就可以天下无敌手。’现在，想天下无敌手而又不讲仁德，这就好像热得难熬的人不去洗澡一样。《诗经》中说：‘谁能因酷热而难熬，却偏偏不肯去洗澡？’”

原文

7·8 孟子曰：“不仁者可与言哉？安其危而利其菑，乐其所以亡者。不仁而可与言，则何亡国败家之有？有孺子歌曰：‘沧浪之水清兮[1]，可以濯我缨；沧浪之水浊兮，可以濯我足。’孔子曰：‘小子听之！清斯濯缨，浊斯濯足矣。自取之也。’夫人必自侮，然后人侮之；家必自毁，而后人毁之；国必自伐，而后人伐之。《太甲》曰：‘天作孽，犹可违；自作孽，不可活②。’此之谓也。”

注释 ① 沧浪：前人有释为水名（指汉水或汉水支流）、地名（在湖北均县北）或颜色（指青色，在竹曰“苍赏”，在水曰“沧浪”）多种解说，采用任何解释都不影响对原句的理解。

② “天作孽”四句：在《孟子·公孙丑上》第四章亦曾引这句话，可参照。

译文 孟子说：“难道可以跟不仁的人讨论问题吗？〔这些人〕见别人遇险而安坐不顾，在别人的灾难中捞取利益，把导致家破国亡的事当乐趣。如果可以跟不仁的人讨论问题，那怎么会出现家破国亡的事呢？曾经有个儿童歌唱说：‘沧浪的水多么清，可用来洗我的帽缨；沧浪的水多么浑浊，可用来洗我的脚。’孔子说：“弟子们听好啊！水清就洗缨，水浑就洗脚。这是由水的本身决定啊！’因此，人们肯定是先有自招侮辱的行为，而后别人才侮辱他；家肯定是先有自己破败的原因，而后别人才搞垮它；国肯定是先有自取讨伐的缘由，而后别人才攻伐它。《尚书·太甲》篇说：‘上天造的孽，还可以回避；自己造的孽；只有落到死地。’说的正是这个意思。”

原文 7·9 孟子曰：“桀纣之失天下也，失其民也；失其民者，失其心也。得天下有道：得其民，斯得天下矣；得其民有道：得其心，斯得民矣；得其心有道：所欲与之聚之，所恶勿施，尔也。民之归仁也，犹水之就下、兽之走圹也①。故为渊驱鱼者②，獭也，为丛驱爵者③，鹯也④；为汤武驱民者，桀与纣也。今天下之君有好仁者，则诸侯皆为之驱矣。虽欲无王，不可得已。今之欲王者，犹七年之病求三年之艾也⑤。苟为不畜，终身不得。苟不志于仁，终身忧辱，以陷于死亡。《诗》云：‘其何能淑，载胥及溺⑥。’此之谓也。”

注释 ① 圹：同“旷”，指辽阔原野。

② 驱：驱赶。

③ 爵：同“雀”。

④ 鹯（zhān）：一种猛禽。

⑤ 艾：多年生草本植物，开黄色小花，可供灸病之用。赵岐

注:“艾可以为灸人病,乾久益善,故以为喻。”

⑥“其何能淑,载胥及溺”:《诗经·大雅·桑柔》篇第五章(全篇共十六章)中的句子。淑,善。胥,互相、相与。

译文 孟子说:“夏桀和商纣的丧失天下,是因为失去百姓;他们失掉百姓,是失去民心。要获得天下的好办法是:赢得百姓,便能赢得天下;要赢得百姓的好办法是:得到民心,也就能得到百姓;要得到民心的好办法是:〔百姓〕所盼望的就给他们满足,所讨厌的不强加给他们,这就行了。百姓归附仁德,就好比水向低处流,兽往旷野跑一样。因此,替深池把鱼驱赶来的是水獭;替丛林把鸟雀驱赶来的是鹞鹰;替商汤、武王把百姓驱赶来的是夏桀和商纣。方今天下的君主如果有好仁的人,那么,别的诸侯就会替他驱赶来百姓。即便他不想统一天下,也会身不由已。而当前一些希望统一天下的人,就好像患病七年之久企图只用三年的陈艾就医治好那样。如果平常不重视积德,一辈子也达不到目的。如果不决心立志行仁政,就会一辈子经忧受辱,以至陷进死亡的境地。《诗经》中说:‘怎么能够把事情妥善处理?只会相互拉扯落水被淹溺。’正是说的这个意思。”

原文 7·10 孟子曰："自暴者①，不可与有言也；自弃者，不可与有为也。言非礼义②，谓之自暴也；吾身不能居仁由义，谓之自弃也。仁，人之安宅也；义，人之正路也。旷安宅而弗居，舍正路而不由，哀哉！"

注释 ① 暴：害。

② 非：毁坏，破坏。

译文 孟子说："自己损害自己的人，不能跟他正经交谈；自己抛弃自己的人，不能跟他正经共事。口出破坏礼义之言，就叫作损害自己；自认为居心不仁、行动不义，就叫作抛弃自己。仁，是人类最心安的归宿，义，是人类最正确的途径。让心安的归宿处空闲而不去居住，把正确途径舍弃而不去行走，是很可悲的事情。"

原文 7·11 孟子曰："道在迩而求诸远①，事在易而求诸难，人人亲其亲，长其长②，而天下平。"

注释 ① 迩：近。朱熹集注本写成"尔"，意思相通。

② 亲其亲，长其长：两句中的第一个"亲"字和"长"字，

是动词，后一个“亲”和“长”是名词，作宾语。

译文 孟子说：“道理在近处而偏向远处寻求，事情本来容易办到而偏要往难处碰。人人只要各自亲近自己的父母，尊敬自己的长辈，天下便能够太平。”

原文 7·12 孟子曰：“居下位而不获于上，民不可得而治也。获于上有道，不信于友，弗获于上矣。信于友有道，事亲弗悦，弗信于友矣。悦亲有道，反身不诚，不悦于亲矣。诚身有道，不明乎善，不诚其身矣。是故诚者，天之道也；思诚者，人之道也。至诚而不动者，未之有也；不诚，未有能动者也。”

译文 孟子说：“职位低下而得不到上司的信任，就不能把百姓治理好。要得到上司的信任也有办法，〔即如果〕不能得到朋友的信任，也就不能得到上司的信任。要得到朋友的信任也有办法，〔即如果〕侍奉父母而不能博得父母的欢心，也就不能得到朋友的信任。要博得父母的欢心也有办法，〔即如果〕反躬自问而不诚心实意，也就不能博得父母的欢心。要有诚心实意的反躬态度也有办法，〔即如果〕不懂得什么是善，也就不能真正诚心实意。因此，诚，是上天本然之理；追求诚，是做人的当然之理。〔人如果〕特别诚实而不能使人感动，是不可能有的事；不诚实〔的人〕也不可能叫别人感动。”

原文 7·13 孟子曰：“伯夷辟纣，居北海之滨①，闻文王作，兴曰②：‘盍归乎来！吾闻西伯善养老者。’太公辟纣，居东海之滨③，闻文王作，兴曰：‘盍归乎来！吾闻西伯善养老者。’二老者，天下之大老也，而归之，是天下之父归之也。天下之父归之，其子焉往？诸侯有行文王之政者，七年之内④，必为政于天下也。”

注释 ①“伯夷辟纣”二句：伯夷，商末孤竹国君的长子。孤竹古城约在今河北省东部、滦河流域之卢龙县南十二里。他所避纣而居的北海，据阎若璩《四书释地续》，当指今河北省昌黎县（滨临渤海，北依碣石山）一带。

② 兴：兴起。赵岐注以“作兴”为一个词，朱熹以“作”字断句。

③“太公辟纣”二句：太公，周代齐国的始祖。姜姓，吕氏，名望，一说字子牙。曾辅佐周文王、武王灭商有功，封于齐。

他辟纣而居的东海，据阎若璩《四书释地续》，约在今山东省莒县东部。

④ 七年之内：七年，是指小国而言。孟子认为"师文王"而"必为政于天下"的年限是"大国五年，小国七年"。参见本篇第七章。

译文 孟子说："伯夷避开商纣王，住在北海海边，听说周文王崛起，便说：'怎么不去皈服呢？我听说西伯（即文王）是善于安置老者的人啊！'姜太公避开商纣王，住在东海海边，听说周文王崛起，便说：'怎么不去皈服呢？我听说周文王是善于安置老者的人啊！'〔伯夷和太公〕这两位老者，是天下声望很高的老人，都皈服他，这就（无异于）天下所有的父老都皈服了他。既然天下的父老都皈服了，他们的儿子还要往何处去呢？诸侯之中〔如果〕有按照文王的政治行事的，在七年之内，就肯定具有治理天下的权力了。"

原文 7·14 孟子曰："求也为季氏宰①，无能改于其德，而赋粟倍他日。孔子曰：'求非我徒也，小子鸣鼓而攻之可也。'由此观之，君不行仁政而富之，皆弃于孔子者也，况于为之强战？争地以战，杀人盈野；争城以战，杀人盈城，此所谓率土地而食人肉，罪不容于死。故善战者服上刑[②]，连诸侯者次之[③]，辟草莱、任土地者次之[④]。”

注释

① 求也为季氏宰：求，人名，姓冉名求，字子有，孔子的学生。季氏，指季康子，鲁国卿相，于鲁哀公三年（前492）开始执政。宰，家臣、总管。可参见本书《论语·先进》篇中的有关记述。

② 服上刑：判以重刑。

③ 连诸侯：朱熹注：“连结诸侯，如苏秦、张仪之类。”

④ 辟草莱、任土地：朱熹注：“辟，开垦也。任土地，谓分土授民，使任耕稼之责，如李悝尽地力、商鞅开阡陌之类也。”

译文

孟子说：“冉求担任季康子的总管，不仅没能改变他的德操，倒反使税粮比往日增加一倍。孔子说：‘冉求，不能算我的学生，你们敲起战鼓去声讨他都可以。’从这里考察，君主不实行仁政，还要去帮他敛财致富的人，都是孔子所厌弃的，更何况是还要替他去卖力打仗的人呢？为掠夺地盘而战，杀死的人遍野；为掠夺城池而战，杀死的人满城都是，这就是带领土地吞吃人肉，即便判死刑也抵偿不了他们的罪过。因此，对好战者应该判重刑，对〔以连横合纵〕怂恿诸侯的人应该判次一等的刑罚，对开垦草莽〔强制百姓〕耕稼土地的人，应该判更低一等的刑罚。”

原文 7·15 孟子曰：“存乎人者[①]，莫良于眸子。眸子不能掩其恶。胸中正，则眸子瞭焉[②]；胸中不正，则眸子眊焉[③]。听其言也，观其眸子，人焉廋哉[④]？”

注释 ① 存：考察。

② 瞭：光明、明亮。

③ 眊（mào）：朦胧；目不明之貌。

④ 廋（sōu）：隐匿；躲藏。

译文 孟子说：“考察一个人，最好莫过于考察他的眼睛。因为眼睛掩盖不了他的丑恶。心地光明正大，眼睛就会明亮；心地不光明正大，眼睛就灰暗无神。听他讲话的时候，要考察他的眼睛，人〔的美与丑〕怎么能够隐匿起来呢？”

原文 7·16 孟子曰：“恭者不侮人，俭者不夺人。侮夺人之君，惟恐不顺焉，恶得为恭俭[①]？恭俭岂可以声音笑貌为哉[②]？”

注释 ① 恶（wū）：同“乌”，疑问词。怎么，哪里。

② 为（wéi）：表现，做作。

译文 孟子说：“对人有礼貌的人不会侮辱人，自知节俭的人不会掠夺人。侮辱人而且掠夺人的君王，深怕别人不顺从，怎么能够做到讲礼貌重节俭呢？礼貌和节俭难道能靠声音笑容〔装模作样地〕表现出来吗？”

原文 7·17 淳于髡曰[①]：“男女授受不亲，礼与？”

注释 ① 淳于髡（kūn）：人名，姓淳于，名髡，齐国辩士，曾仕于齐威王、齐宣王和梁惠王等朝。

译文 淳于髡问道：“男女之间不亲手传递接受东西，这是礼的制约吗？”

原文 孟子曰：“礼也。”

译文 孟子答道：“是礼的制约。”

原文 曰:“嫂溺,则援之以手乎?”

译文 〔淳于髡〕问:“如果嫂嫂落在水里,那么,能用手把她拉上岸吗?”

原文 曰:“嫂溺不援,是豺狼也。男女授受不亲,礼也;嫂溺,援之以手者,权也①。”

注释 ① 权:衡量轻重以变通处理。朱熹注:“权,秤锤也。称物轻重而往来以取中者也。权而得中,是乃礼也。”大意是说,权衡事物轻重而灵活处理,也算合乎礼制。

译文 〔孟子〕答:“嫂嫂落水不去拉,简直是豺狼!男女之间不亲手接送东西,是守礼制;嫂嫂落水而动手去拉她,是〔紧急〕变通〔的手段〕啊!”

原文 曰:“今天下溺矣,夫子之不援,何也?”

译文 〔淳于髡〕问:“现在天下〔的人正像〕都落在水里,夫子不肯动手去拉他们上岸,这是为什么呢?”

原文 曰："天下溺，援之以道；嫂溺，援之以手。子欲手援天下乎？"

译文 〔孟子〕说："天下的人掉在水里，要用道去援救他们；嫂嫂落在水里，才用手去拉她。你难道要我用手去拉天下〔的人〕吗？"

原文 7·18 公孙丑曰："君子之不教子，何也？"孟子曰："势不行也，教者必以正；以正不行，继之以怒。继之以怒，则反夷矣①。'夫子教我以正，夫子未出于正也。'则是父子相夷也。父子相夷，则恶矣。古者易子而教之②，父子之间不责善。责善则离，离则不祥莫大焉。"

注释 ① 夷：伤，指伤感情，伤和气。

② 易：交换。

译文 公孙丑问："君子不亲自教育儿子，为什么？"孟子答："〔因为〕情势行不通啊！教育者一定要用严正道理，严正道理没收效，紧接着怒气就产生；怒气一产生，倒反伤了感情。〔儿子也许会埋怨嘀咕：〕'您拿严正道理教训我，您自身也没达到这严正道理〔的标准〕呀！’父子之间就伤了感情。父子伤了感情，那就很糟糕。古代就互相交换儿子进行教育，使父子之间不致劝勉从善而互相责备。劝勉从善而互相责备，会导致隔阂分离。隔阂与分离的不良后果可相当严重啊！”

原文 7·19 孟子曰：“事，孰为大？事亲为大；守，孰为大？守身为大。不失其身而能事其亲者，吾闻之矣；失其身而能事其亲者，吾未之闻也。孰不为事？事亲，事之本也；孰不为守？守身，守之本也。曾子养曾皙①，必有酒肉；将徹②，必请所与，问有余，必曰：‘有。’曾皙死，曾元养曾子③，必有酒肉；将徹，不请所与；问有余，曰：‘亡矣④。’——将以复进也。此所谓养口体者也。若曾子，则可谓养志也。事亲若曾子者，可也。”

注释 ① 曾皙：曾子（曾参）的父亲，名叫曾点，也是孔子的学生。

② 徹：撤除。

③ 曾元：曾参之子，曾皙之孙。

④ 亡（wú）：同“无”，没有。

译文 孟子说:“侍奉,什么最重要?侍奉父母最重要。操守,什么最重要?自身操守最重要。自身不失去操守而能侍奉父母的人,我曾听人谈过;自身丧失操守而能侍养父母的人,我可没听说过。侍奉的事有谁做不到呢?侍奉父母,是最根本的;操守的事情有谁办不到呢?自身的操守,是最根本的。曾子侍奉〔他的父亲〕曾皙,一定备有酒肉;要撤除的时候,一定要请问把剩下的给谁。〔如果曾皙〕询问还有没有剩余,一定回答说:‘有!’曾皙死后,〔儿子〕曾元奉养曾子,一定备有酒肉;要撤除时,就不请问剩下的给谁,〔如果曾子〕询问还有没有剩余,却回答说:‘没有了。’准备〔下次〕再用〔剩余部分〕来进奉。这个只能叫作〔纯粹属于〕糊口养体。像曾子那样〔的态度〕,才能称得起〔对父亲〕顺心适意。侍养父母能够像曾子那样,就可以了。”

原文 7·20 孟子曰:“人不足以适也①,政不足与间也②,唯大人为能格君心之非。君仁,莫不仁;君义,莫不义;君正,莫不正。一正君而国定矣。”

注释 ① 适(zhé):同“谪”,谴责;责备。

② 间：批评；评论。

译文 孟子说："〔某些执政的〕小人值不得去谴责，〔他们的〕政治治理也值不得去批评，只有大人才能够去矫正君主的过错。君主仁，就没有不仁的人；君主义，就没有不义的人；君主正直，就没有不正直的人。一把君主〔的过错〕矫正了，国家也就安定了。"

原文 7·21 孟子曰："有不虞之誉①，有求全之毁。"

注释 ① 虞：预料。

译文 孟子说："有预想不到的赞誉，也有过分苛求的诽谤。"

原文 7·22 孟子曰："人之易其言也①，无责耳矣②。"

注释 ① 易：轻易；随便。

② 无责耳矣：朱熹注："人之所以轻易其言者，以其未遭失言之责故耳。盖常人之情，无所惩于前，则无所警于后，非以为君子之学，必俟有责而后不敢易其言也。"俞樾《孟子平义》

注："无责耳矣，乃言其不足责也。"今译以俞樾的解释为据。

译文 孟子说："人轻易地把什么话都随便脱口而出，那就值不得责备了。"

原文 7·23 孟子曰："人之患在好为人师。"

译文 孟子说："人们的通病，是喜欢做别人的老师。"

原文 7·24 乐正子从于子敖之齐[①]。

注释 ① 子敖：人名，姓王名驩，字子敖。参见本书《孟子·离娄下》第27章。

译文 乐正子跟随王子敖到达齐国。

原文 乐正子见孟子。孟子曰："子亦来见我乎？"

译文 乐正子去会见孟子。孟子问道："连你也来看望我吗？"

原文 曰："先生何为出此言也?"

译文 〔乐正子〕说："先生为什么说出这样的话来呢？"

原文 曰："子来几日矣?"

译文 〔孟子〕问："你是哪一天到达的?"

原文 曰："昔者①。"

注释 ① 昔者：赵岐注："谓数日之间也。"朱熹注："前日也。"近人杨伯峻注为"昨天"。译文据朱熹注。

译文 〔乐正子〕答："前天。"

原文 曰："昔者，则我出此言也，不亦宜乎?"

译文 〔孟子〕说："前天？那么，我说出这样的话，不是正合适吗?"

原文 曰："舍馆未定①。"

注释 ① 舍馆：客店；住所。

译文 〔乐正子〕说："住的地方还没找好。"

原文 曰："子闻之也，舍馆定，然后求见长者乎？"

译文 〔孟子〕说："你听说过吧？要等住所找好了，然后才求见长辈吗？"

原文 曰："克有罪。"

译文 〔乐正子〕说："这是我的过错！"

原文 7·25 孟子谓乐正子曰："子之从于子敖来，徒餔啜也①。我不意子学古之道而以餔啜也。"

注释 ① 餔（bū）啜（chuò）：吃喝。朱熹注："餔，食也；啜，饮也。言其不择所从，但求食耳。此乃正其罪而切责之。"

译文 孟子对乐正子说："你追随王子敖来，只不过是为吃喝罢了。我没想到你学习古人之道竟然会是为了吃喝。”

原文 7·26 孟子曰：“不孝有三[①]，无后为大。舜不告而娶，为无后也。君子以为犹告也。”

注释 ① 不孝有三：据赵岐注，所谓“三不孝”，是指,（一）阿意曲从，陷亲不义;（二）家贫亲老，不为禄仕;（三）不娶无子，绝先祖祀。

译文 孟子说：“不孝顺的情况有三种，其中以没有子孙为最大的不孝。舜没有事先禀告（父母）便娶妻，就是为了怕绝后，君子认为〔这〕就像禀告过一样。”

原文 7·27 孟子曰：“仁之实，事亲是也；义之实，从兄是也；智之实，知斯二者弗去是也；礼之实，节文斯二者是也[①]；乐之实，乐斯二者，乐则生矣；生则恶可已也，恶可已，则不知足之蹈之手之舞之。”

注释 ① 节文：朱熹注：“节文，谓品节文章。”赵岐注：“礼之实，节文事亲从兄。使不失其节而文其礼敬之容，故中心乐之也。”

译文 孟子说："仁的实际内容是孝敬父母；义的实际内容是顺从兄长；智的实际内容是懂得这两点而不违背它；礼的实际内容是能不失其节地遵循这两点；乐的实际内容是喜欢这两点，乐趣就会产生。乐趣一产生就不可抑止，不可抑止，就会情不自禁地投足举手，手舞足蹈起来。"

原文 7·28 孟子曰："天下大悦而将归己，视天下悦而归己，犹草芥也，惟舜为然。不得乎亲，不可以为人；不顺乎亲，不可以为子。舜尽事亲之道而瞽瞍厎豫①，瞽瞍厎豫而天下化，瞽瞍厎豫而天下之为父子者定，此之谓大孝。"

注释 ① 瞽瞍：人名，舜的父亲。厎（zhǐ）豫，招致欢乐。朱熹引《尔雅》注："厎，致也；豫，悦乐也。"

译文 孟子说："天下的人都心悦诚服而归附自己，把天下心悦诚服地归附自己看得像草芥一样〔轻微而无价值〕，只有舜才能如此。得不到父母的欢心，就不能做人；不顺从父母的心意，不能当儿子。舜竭尽全力侍奉父母而使〔他父亲〕瞽瞍得到欢乐，瞽瞍得到欢乐而使天下〔之人〕受感化，瞽瞍得到欢乐而给天下当父子的确立了〔伦常〕范例，这就叫作‘大孝’。”

离娄下

（凡三十三章）

原文 8·1 孟子曰："舜生于诸冯，迁于负夏，卒于鸣条[①]，东夷之人也。文王生于歧周，卒于毕郢[②]，西夷之人也。地之相去也，千有余里；世之相后也，千有余岁。得志行乎中国，若合符节[③]，先圣后圣，其揆一也[④]。"

注释 ① 诸冯、负夏、鸣条：都是地名，从内容分析，在中国东部。但无可考，包括舜这个人物在内，都是历史传说。

② 歧周、毕郢：地名。歧周在今陕西歧山县东北部；毕郢，即毕（大地名）地之郢（小地名），郢，在今陕西咸阳县东部。

③ 符节：古代表示印信的两种物件，多以玉为之，亦有竹、角、铜之类，上面篆刻文字，剖为两半，信约双方彼此各执一半，两半合起来准确无误，即作为信物。

④ 揆（kuí）：道理，准则。赵岐注："揆，度也，言圣人之度量同也。"

译文 孟子说："舜出生在诸冯，迁移到负夏，死亡在鸣条，是东方人。文王出生在岐周，死亡在毕郢，是西方人。两个地方的距离，相隔一千多里；时代的距离，相隔一千多年。〔而〕在中国实现他们的志向，就像〔那各执一半的〕符节一样吻合，前代的圣君和后代的圣君，他们的道路都是一致的。”

原文 8·2 子产听郑国之政[1]，以其乘舆济人于溱洧[2]。孟子曰："惠而不知为政。岁十一月徒杠成[3]；十二月，舆梁成[4]，民未病涉也。君子平其政，行辟人可也[5]，焉得人人而济之？故为政者，每人而悦之，日亦不足矣。”

注释 ① 子产：人名，春秋时郑国的贤大夫，名叫公孙侨。

② 乘舆：指所乘坐的车子。溱（zhēn）洧（wěi），水名。溱，发源于河南密县东北圣水峪，东南会合洧水为双洎河，东流入贾鲁河。洧，发源于河南登封县东部阳城山，东流经密县与溱水会合。

③ 十一月：指周历，夏历为九月。下句中的十二月指夏历十月。朱熹注："《夏令》'曰九月除道，十月成梁。'盖农功已毕，可用民力。”指秋收以后修桥梁可以抽出人力去完成。杠，段玉裁《说文注》："凡独木者曰杠，骈木者曰桥，大而为陂陀

者曰桥。”徒杠，指可通徒步行走的小桥。

④ 梁：指能通车马的大桥。

⑤ 辟：开〔辟〕；开道。亦有人释为避除。朱熹注：“辟，辟除也。…… 辟除行人，使之避己。”

译文 子产主持郑国的国政，用所乘的车子帮助他人渡过溱水和洧水。孟子〔评论〕说：“这是私恩小利，而不懂得政治。如能在十一月修成走人的桥，十二月修成走车的桥，百姓就不会再为渡河问题苦恼。君子如能搞好政治，他一外出，鸣锣开道也未尝不可，哪月得着一个一个地帮助他们渡河呢？如果搞政治的人，要去对每一个人讨好，时间也不够用啊。”

原文 **8·3 孟子告齐宣王曰：“君之视臣如手足，则臣视君如腹心；君之视臣如犬马，则臣视君如国人；君之视臣如土芥，则臣视君如寇雠。”**

译文 孟子告诉齐宣王说：“君主能把臣子当手足看待，臣子就会把君主当腹心看待；君主如把臣子当狗马看待，臣子就会把君主当普通人看待，君主若把臣子当尘土草芥看待，臣子就会把君主当仇敌看待。”

原文 王曰："礼，为旧臣有服①，何如斯可为服矣？"

注释 ① 为旧臣有服：指离职的臣子为原先的君主服孝。见《仪礼》"以道去君而未绝者，服齐衰三月。"齐宣王在这里所指的就是这个礼制的规定。

译文 王说："按礼制，离了职的臣子还须对过去的君主服孝，应该怎样做才能让臣子为他服孝呢？"

原文 曰："谏行言听，膏泽下于民；有故而去，则君使人导之出疆，又先于其所往；去三年不反，然后收其田里。此之谓三有礼焉。如此，则为之服矣。今也为臣，谏则不行，言则不听；膏泽不下于民；有故而去，则君搏执之，又极之于其所往①；去之日，遂收其田里。此之谓寇雠。寇雠，何服之有？"

注释 ① 极：穷，困。这里是动词，意思是使其处境极端困难。朱熹注："极，穷也。穷之于其所往之国。"

译文 孟子说："〔君主对臣子的〕劝告能够接受，建议能够听取。恩惠能够普施给下层百姓；有事故需要离开，君主能派人引导他们〔平安〕出国境，并且先派人到他们所要去的地方〔做好安排〕；离去三年不返回，才收回他们的土地房产；这叫作‘三有礼’。做到这些，臣子才会为他服孝。现在当臣子，劝告不被接受，建议不被听取，恩惠施不到下层平民，有事故需要离去，君主就把他们捆绑治罪，在他们所去的地方制造重重困难，刚一离开之日，便没收他们的土地房产，这叫作‘寇仇’。既视为仇敌，为什么还要服孝呢？”

原文 8·4 孟子曰：“无罪而杀士，则大夫可以去；无罪而戮民，则士可以徙。”

译文 孟子说：“没有罪而随便杀士人，那么，大夫便可以远离而去；没有罪而随意屠戮百姓，那么，士人便可以搬到别处。”

原文 8·5 孟子曰：“君仁，莫不仁；君义，莫不义。”

译文 孟子说：“君主行仁，就没有人不仁；君主行义，就没有人不义。”

原文 **8·6 孟子曰："非礼之礼，非义之义，大人弗为。"**

译文 孟子说："实质上不是礼的'礼'，实质上不是义的'义'，有品德的人决不愿干。"

原文 **8·7 孟子曰："中也养不中，才也养不才[①]，故人乐有贤父兄也，如中也弃不中，才也弃不才，则贤不肖之相去，其间不能以寸[②]。"**

注释 ① 中也养不中，才也养不才：朱熹注："无过不及之谓中，足以有为之谓才。养，谓涵育薰陶，俟其自化也。"大意是说，前者不去教化后者，就等于放任不管，听其自流。

② 不能以寸：不能用分寸去量。

译文 孟子说："品德修养好的人去教化品德修养不好的人，有才有能的人去教化无才无能的人。因此人们都很乐意能有贤能的父兄。如果品德修养好的人厌弃品德修养不好的人，有才有能的厌弃无才无能的人，那么，贤良者与很不像样者之间的差距，接近得没法用寸去核计。"

原文 8·8 孟子曰："人有不为也，而后可以有为[①]。"

注释 ① 不为、有为：朱熹注引程子之言曰："有不为，知所择也。唯能有不为，是以可以有为；无所不为者，安能有所为邪？"这对理解《孟子》这一章有参考价值。

译文 孟子说："一个人要有所不为，然后才能达到有所为。"

原文 8·9 孟子曰："言人之不善，当如后患何？"

译文 孟子说："散播他人的缺点，招来后患如何是好？"

原文 8·10 孟子曰："仲尼不为已甚者。"

译文 孟子说："孔夫子（仲尼）不做〔办事〕太过火的人。"

原文 3·11 孟子曰："大人者，言不必信，行不必果，惟义所在。"

译文 孟子说："有品德修养的人，说话不一定守信用，办事也不一定坚决彻底，只不过本着‘义’行事。”

原文 8·12 孟子曰：“大人者，不失其赤子之心者也[①]。”

注释 ① 赤子之心：除译文所释外，还有一种解释，把“大人”解为国君，“国君视民当如赤子，不失其民心之谓也。”

译文 孟子说：“有品德修养的人，是没有失掉天真纯洁的童心的人。”

原文 8·13 孟子曰：“养生者不足以当大事，惟送死可以当大事。”

译文 孟子说：“养活〔父母〕者还算不了大事情，只有〔给父母〕送终才能算大事情。”

原文 8·14 孟子曰：“君子深造之以道，欲其自得之也。自得之，则居之安；居之安，则资之深；资之深，则取之左右逢其原，故君子欲其自得之也。”

译文 孟子说：“君子求深造是凭好的方法，想自觉地有所得。自觉地有所得，就能掌握得牢固，能牢固掌握，就能积累深，积累深，就能运用自如，左右逢源。因此，君子要自觉地有所得。”

原文 8·15 孟子曰：“博学而详说之，将以反说约也[1]。”

注释 ① 将以反说约也：朱熹注：“欲其融会贯通，有以反而说到至约之地耳。”指能够在博学基础上提炼精华要点。

译文 孟子说：“学习渊博而能详细解释它，进而达到扼要提炼的地步。”

原文 8·16 孟子曰：“以善服人者，未有能服人者也；以善养人，然后能服天下。天下不心服而王者，未之有也。”

译文 孟子说：“凭善使人服气，没有能使人服气的；凭善去感化人，才能使天下人信服。天下的人〔如果〕不心服却能使天下统一的事，从来就没有出现过。”

原文 8·17 孟子曰：“言无实不祥。不祥之实，蔽贤者当之。”

译文 孟子说：“说话没有实际内容，是不好的。这种不好的后果，应由阻碍贤者的人担负责任。”

原文 8·18 徐子曰①：“仲尼亟称于水，曰：‘水哉，水哉②！’何取于水也？”

注释 ① 徐子：姓徐，名辟。

② “水哉，水哉！”：孔子赞叹水的话，原句失传无可考。

译文 徐子问道：“孔夫子多次称赞水，说：‘水啊，水啊！’他到底觉得水有什么可取之处呢？”

原文 孟子曰：“源泉混混①，不舍昼夜，盈科而后进②，放乎四海。有本者如是，是之取尔③。苟为无本，七八月之间雨集，沟浍皆盈；其涸也，可立而待也。故声闻过情④，君子耻之。”

注释 ① 混混：涌出之貌。段玉裁注：“混，古音读如衮，俗字作滚。”

② 科：坎。

③ 是之取尔：取这个而已，“取是尔”的倒装句。

④ 声闻：名望；声威。

译文 孟子答：“有源的泉水滚滚奔涌，不分白天黑夜，把低洼之处灌满，又继续往前流，一直流向四海。有本源的都是这样，就取它的这个特点而已。如果没有本源，到七八月间雨水多，大沟小渠都满了；但它们干枯也是很快的。因此声望名誉超过实际，君子认为是耻辱的事。”

原文 8·19 孟子曰：“人之所以异于禽兽者几希，庶民去之，君子存之。舜明于庶物，察于人伦，由仁义行，非行仁义也。”

译文 孟子说：“人跟禽兽之间的区别只差一点点，普通百姓抛弃它，君子却保存它。舜明白事物的规律，详察人类的常情，是从仁义出发行事，不是〔为美名而勉强〕施行仁义。”

原文 8·20 孟子曰：“禹恶旨酒而好善言。汤执中，立贤无方。文王视民如伤，望道而未之见[1]。武王不泄迩，不忘远[2]。周公思兼三王，以施四事；其有不合者，仰而思之，夜以继日；幸而得之，坐以待旦。”

注释 ① 而：据朱熹注，这个字读为“如”，含义亦同“如”，即好像。

② 不泄迩，不忘远：据赵岐注，“近（迩）谓朝臣，远谓诸侯。”

译文 孟子说：“禹讨厌美酒而喜欢有益的话。汤坚持中正之道，举用贤能而不分类别。文王看待百姓有如受了损害，寻求正道好似未曾见到它（指不自满）。武王不轻慢身边的〔近臣〕，不遗忘四方的〔远臣〕。周公想具备〔夏、商、周〕三代君主之长，以施行〔禹、汤、文王、武王〕四人的事业，如果有不符合之处，抬头思索，晚上接着白天〔想〕，幸而想通了，〔高兴地〕坐着等天亮〔便去实践〕。”

原文 8·21 孟子曰：“王者之迹熄而《诗》亡[1]，《诗》亡然后《春秋》作。晋之《乘》，楚之《梼杌》，鲁之《春秋》[2]，一也：其事则齐桓、晋文，其文则史。孔子曰：'其义则丘窃取之矣。'"

注释 ① 王者之迹熄：朱熹注："谓平王东迁，而政教号令不及于天下也。"今译采用近人杨伯峻的解释。杨先生引《说文解字》、朱骏声《说文通训定声》等资料谓"迹"即"迅"，"迅，古之遒人，以木铎记诗言。"古代"民间求诗，乡移于邑，邑移于国，国以闻于天子。故王者不出户牖，尽知天下"。

②《乘》《梼杌》《春秋》：晋、楚、鲁对史书之别称。《乘》，不详，赵岐以为"兴于日赋乘马之事，或曰，取记载当时行事而名之也"。《梼杌》，本恶兽名，古代因"以为凶人之号，取记恶垂戒之义也"。《春秋》，"记事者必表年以首事，年有四时，故错举以为所记之名也"（综引朱熹注）。

译文 孟子说："圣王采诗的盛事废除了，《诗》也没有了；《诗》没有了才会作《春秋》。晋国的《乘》，楚国的《梼杌》，鲁国的《春秋》，都是一致的：它们的记事不外齐恒公、晋文公，它们的文风则是史书的笔法。孔子说：'它〔褒贬〕的大义我孔丘已经私自采用了。'"

原文 8·22 孟子曰："君子之泽五世而斩，小人之泽五世而斩[①]。予未得为孔子徒也，予私淑诸人也[②]。”

注释 ① 泽：朱熹注：“泽，犹言流风余韵也。”

② 淑：朱熹注：“淑，善也。李氏以为方言是也。”杨伯峻注：“‘淑’，借为‘叔’”，并引《说文》“叔，取也。”译文采用杨注。

译文 孟子说：“君子的流风余韵影响五代以后就中断了，小人的流风余韵影响五代以后也中断了。我没能做孔夫子的学生，我是私下向别人吸取学习的。”

原文 8·23 孟子曰：“可以取，可以无取，取伤廉；可以与，可以无与，与伤惠；可以死，可以无死，死伤勇。”

译文 孟子说：“可以拿取，可以不拿取，拿取了会损害廉洁；可以施与，可以不施与，施与了会损害恩惠；可以死，可以不死，死了会损害勇武。”

原文 8·24 逄蒙学射于羿[①]，尽羿之道，思天下惟羿为愈己，于是杀羿。孟子曰：“是亦羿有罪焉。”

注释 ① 逄（péng）蒙：又作蓬蒙，蠭蒙、蠭门、逢门。羿的学生和家众。后来帮助寒浞杀羿。羿：夏代诸侯国有穷国之君。

译文 〔古代〕逄蒙向羿学射箭，完全学会了羿的箭技，寻思天下的人只有羿超过自己，就把羿杀死了。孟子说：“这，也有羿的罪过。”

原文 公明仪曰：“宜若无罪焉。”

译文 公明仪说：“按说似乎不该有什么罪过。”

原文 曰：“薄乎云尔，恶得无罪？郑人使子濯孺子侵卫，卫使庾公之斯追之。子濯孺子曰：‘今日我疾作，不可以执弓，吾死矣夫！’问其仆曰：‘追我者谁也？’其仆曰：‘庾公之斯也。’曰：‘吾生矣。’其仆曰：‘庾公之斯，卫之善射者也；夫子曰“吾生”，何谓也？’曰：‘庾公之斯学射于尹公之他，尹公之他学射于我。夫尹公之他，端人也，其取友必端矣。’庾公之斯至，曰：‘夫子何为不执弓？’曰：‘今日我疾作，不可以执弓。’曰：‘小人学射于尹公之他，尹公之他学射于夫子。我不忍以夫子之道反害夫子。虽然，今日之事，

君事也，我不敢废。' 抽矢，扣轮，去其金，发乘矢而后反。"

译文 孟子说："罪过不大就是了，怎能认为一点罪也没有呢？郑国曾经派子濯孺子去侵犯卫国，卫国派庾公之斯去追击他。子濯孺子说：'我今天病情发作，拉不了弓，我不能逃生了。' 问他的驾车人说：'是谁在追逐我？' 驾车人答：'追你的是庾公之斯。'〔子濯孺子〕说：'我有活路啦！' 驾车人道：'庾公之斯，是卫国知名的神箭手，您倒认为有活路，这是为什么？'〔子濯孺子〕说：'庾公之斯是跟尹公之他学的射法，而尹公之他却是跟我学的。尹公之他这个人，是个正派人，他所选择交往的人也一定很正派。' 庾公之斯追到跟前，问：'您为什么不拉弓？' 子濯孺子说："我今天病情发作，拉不了弓。' 庾公之斯说：'我是向尹公之他学的射法，而尹公之他是向您学的，我不忍心用您传授的射法反过来伤害您。然而，今天的事是奉君王之命的公事，我不敢完全废弃不顾。' 便抽出箭，在车轮上猛砸，把箭头砸掉，发射了四箭，就转脸返回。"

原文 8·25 孟子曰："西子蒙不洁[①]，则人皆掩鼻而过之；虽有恶人，齐戒沐浴，则可以祀上帝。"

注释 ① 西子：指春秋时越国美女西施。这里是借指美人。

译文 孟子说："西施〔美女〕身上染上脏东西，人们路过就会捂着鼻子；即便是相貌丑恶的人，只要斋戒沐浴，也可以祭祀上帝。"

原文 8·26 孟子曰："天下之言性也，则故而已矣。故者以利为本。所恶于智者，为其凿也。如智者若禹之行水也，则无恶于智矣。禹之行水也，行其所无事也。如智者亦行其所无事，则智亦大矣。天之高也，星辰之远也，苟求其故，千岁之日至[①]，可坐而致也。"

注释 ① 日至：杨伯峻以"周正以冬至日为元日"，认为指的是"冬至"。今译用"节令"。以为既可推算冬至，其它节令亦可迎刃而解，逐一推算。

译文 孟子说："天下人谈论人性，只要能论及其本来的状态就可以了。本来的状态，以顺其自然之势为基础。

〔人们〕之所以厌恶耍小聪明，就因为它往往穿凿牵强。如果聪明人像夏禹治水那样，就不至于厌恶聪明者了。禹治水，只是顺应水势，因势利导，看起来就像无所作为。如果聪明人也能这样无所作为，那就是太聪明了。天那么高，星辰那么遥远，只要能寻求它本来的状态，以后一千年的节令〔包括冬至〕，也可以坐着推算出来。”

原文 8·27 公行子有子之丧，右师往吊[①]。入门，有进而与右师言者，有就右师之位而与右师言者。孟子不与右师言，右师不悦，曰：“诸君子皆与驩言，孟子独不与驩言，是简驩也。”

注释 ① 公行子有子之丧，右师往吊：公行子，齐国大夫。右师，指盖大夫王驩，字子敖。

译文 公行子的儿子死亡，右师去吊唁。一进门，就有人向前跟右师交谈，〔后来〕又有人凑近右师的席位跟他交谈。孟子没有跟右师交谈，右师很不愉快，说：“很多大夫都跟我谈话，只有孟子偏偏不理我，这是对我的怠慢。”

原文 孟子闻之，曰："礼，朝廷不历位而相与言，不踰阶而相揖也。我欲行礼，子敖以我为简，不亦异乎？"

译文 孟子听到后，说："按规矩，在朝廷中，不该跨过席位相互谈话，也不应越过石阶来作揖。我是按礼制行事，子敖却认为我对他怠慢失礼。不是很奇怪吗？"

原文 8·28 孟子曰："君子所以异于人者，以其存心也。君子以仁存心，以礼存心。仁者爱人，有礼者敬人。爱人者，人恒爱之；敬人者，人恒敬之。有人于此，其待我以横逆[①]，则君子必自反也：我必不仁也，必无礼也，此物奚宜至哉？其自反而仁矣，自反而有礼矣，其横逆由是也，君子必自反也，我必不忠。自反而忠矣，其横逆由是也，君子曰：'此亦妄人也已矣。如此，则与禽兽奚择哉[②]？于禽兽又何难焉[③]？'是故君子有终身之忧，无一朝之患也。乃若所忧则有之：舜，人也；我，亦人也。舜为法于天下，可传于后世，我由未免为乡人也，是则可忧也。忧之如何？如舜而已矣。若夫君子所患则亡矣。非仁无为也，非礼无行也。如有一朝之患，则君子不患矣。"

注释 ① 横逆：蛮横粗暴。

② 择：选择，区别。

③ 难：朱熹注："又何难焉，言不足与之校也。"

译文 孟子说："君子跟普通人的区别，就在于居心不一样。君子居心合乎仁，合乎礼。仁者爱别人，有礼者尊敬别人。爱别人者常常被人爱，敬别人者常常被人敬。〔倘若〕这里有个人，他对我粗暴蛮横，那么，君子必然会反躬自问：我肯定不仁，肯定无礼，要不，这种事怎么会来呢？他反躬自问而达到仁，反躬自问而尽到礼，那人仍然粗暴蛮横如初，君子必然再反躬自问：我肯定不忠吧！反躬自问而做到忠，那人粗暴蛮横照旧，君子就会认为，'这无非是个狂人而已，这种样子跟禽兽有什么差异呢？对于禽兽又何必计较责怪呢？'因此，君子有长期的忧虑，没有突然的苦痛。这样的忧虑是有的：舜，是人，我也是人。舜为天下做了榜样，名传后代，而我还不免是个平庸的人，这才值得忧虑。忧虑该如何办？向舜学习就行了。至于君子所忧虑的事便消失了。不仁的事不要干，非礼的事不要做。万一有朝一日横祸飞来，君子也不会发愁。"

原文 8·29 禹、稷当平世，三过其门而不入，孔子贤之。颜子当乱世，居于陋巷，一箪食，一瓢饮；人不堪其忧，颜子不改其乐，孔子贤之①。孟子曰："禹、稷、颜回同道②。禹思天下有溺者，由己溺之也；稷思天下有饥者，由己饥之也，是以如是其急也。禹、稷、颜子易地则皆然。今有同室之人斗者，救之，虽被发缨冠而救之，可也；乡邻有斗者，被发缨冠而往救之，则惑也；虽闭户可也。"

注释 ①"颜子当乱世"七句：参见本书《论语·雍也》篇。

② 同道：共同遵行之道。朱熹注："圣贤之道，进则救民，退则修己，其心一而已矣。"

译文 禹、稷处在政治局面安稳的时代，三次路过家门都没进去，孔子赞美他俩。颜子处在乱世，住狭窄的小巷中，一筐饭，一瓢水，人们都受不了那种苦，颜子却一贯乐观，孔子赞誉他。孟子说："禹、稷、颜回这三个人都有共同的美德。禹想到天下有遭水淹没的，就像是自己淹没了他们一般；稷想到天下有挨饿的，就像是自己使他们受饿一般，所以才那样急人之急。禹、稷、颜子如互相交换一下位置处境，也都会有同样的表现。〔假设〕现在有同屋的人相搏斗，要去救他，即便是披头散发，帽缨紊乱去救急，也是应该的（这是指禹，稷而言）。如果是街坊邻里在搏斗，也披头散发、帽缨紊乱地去救急，那就算是糊涂人，即便是紧闭门户也是可以理解的（这是指颜回而言）。”

原文 8·30 公都子曰：“匡章，通国皆称不孝焉，夫子与之游，又从而礼貌之，敢问何也？”

译文 公都子说：“匡章，全国都议论他不孝，您却跟他往来，而且很尊敬他，请问这是为什么？”

原文 孟子曰：“世俗所谓不孝者五，惰其四支，不顾父母之养，一不孝也；博弈好饮酒，不顾父母之养，二不孝也；好货财，私妻子，不顾父母之养，三不孝也；从耳目之欲①，以为父母戮②，四不孝也；好勇斗很③，以危父母，五不孝也。章子有一于是乎？夫章子，子父责善而不相遇也④。责善，朋友之道也；父子责善，贼恩之大者。夫章子，岂不欲有夫妻子母之属哉？为得罪于父，不得近，出妻屏子⑤，终身不养焉。其设心以为不若是，是则罪之大者，是则章子已矣。”

注释

① 从：同“纵”。

② 戮：羞辱。但赵岐注为“杀戮”说，“不作极耳目之欲以陷罪戮及父母”。译文用朱注“羞辱”说。

③ 很：同“狠”。

④ 子父责善而不相遇：见《战国策·齐策》所载齐威王之言，“章子之启得罪其父，其父杀之，而埋马栈之下。吾使章子将也，勉之曰：‘夫子之强，全兵而还，必更葬将军之母。’对曰：‘臣非不能葬先妾也，臣之母启得罪臣之父，臣之父未教而死。夫不得父之教而更葬母，是欺死父也，故不敢。’夫为人子而不欺死父，岂为人臣欺生君哉？”

⑤ 屏（bǐng）：排除、驱逐。

译文

孟子说：“通常所谓不孝的现象有五种：四肢懒惰不勤，不赡养父母，是一不孝；好下棋喝酒，不管赡养父母，是二不孝；贪吝钱财，偏爱妻室儿女，不管赡养父母，是三不孝；放纵耳目的欲望，使父母受羞辱，是四不孝；逞能勇好斗殴，连累父母，是五不孝。章子在这五种表现中有哪一种呢？章子只不过是父子之间以善相责而把关系搞僵了。以善相责，本是交友之道；父子间以善相责，最伤害感情。难道章子不想有夫妻母子团聚吗？只因得罪了父亲，被疏远而不能亲近，才抛妻撵子，终身得不到侍奉。他设想如果不这样处理，罪过会更大，章子的为人就是这样。”

原文 8·31 曾子居武城①，有越寇②。或曰：“寇至，盍去诸?”曰：“无寓人于我室，毁伤其薪木。”寇退，则曰：“修我墙屋，我将反。”寇退，曾子反。左右曰：“待先生如此其忠且敬也，寇至，则先去以为民望；寇退，则反，殆于不可。”沈犹行曰③：“是非汝所知也。昔沈犹有负刍之祸④，从先生者七十人，未有与焉。”

注释 ① 武城：故城在今山东省费县西南九十里。

② 越寇：越王勾践建都之琅琊，在今山东省诸城县东南一百五十里处，与武城疆界犬牙交错，常有进犯事情发生。

③ 沈犹行：曾子的弟子，姓沈犹，名行。

④ 负刍之祸：负刍，人名。赵岐注：“时有作乱者曰负刍，来攻沈犹氏。”朱熹注为背柴打草的人，亦可参考。

译文 曾子住在武城，越国军队来侵犯。有人说：“敌寇来了，为什么不避开呢?”曾子说：“〔避开时〕别让他人住我的屋子，别破坏那些树木。”敌人撤退了，就说："把我的墙屋修理好，我将返回。"敌人退了，曾子返回了。左右的人说："〔人们平素〕对待您何等忠诚恭敬，敌人来了，您却匆忙避开为民立了不榜样，敌人一退，就忙于返回，恐怕不太妥当吧！"沈犹行说："这不是你们所能了解的。从前我曾遭到负刍之祸，跟随先生的七十个人也全部躲避开了。"

原文 子思居于卫①，有齐寇。或曰："寇至，盍去诸？"子思曰："如伋去，君谁与守？"

注释 ① 子思：孔子的孙子。

译文 子思住在卫国，遇齐国军队进犯。有人说："敌兵来了，为什么不走开呢？"子思说："如果我孔伋走了，君王跟谁一块共同守御呢？"

原文 孟子曰："曾子、子思同道。曾子，师也，父兄也；子思，臣也，微也。曾子、子思易地则皆然。"

译文 孟子说："曾子和子思的道路是一致的。曾子，是老师，是长辈；子思，是臣子，是下属。〔如果〕曾子和子思互换一下位置，〔他们的言行〕也会是这样的。”

原文 8·32 储子曰[①]：“王使人瞷夫子[②]，果有以异于人乎？”孟子曰：“何以异于人哉？尧舜与人同耳。”

注释 ① 储子：齐国人。

② 瞷（jiàn）：窃视，窥探。

译文 储子说：“王派人来窥探您，您真是跟一般人不同吗？”孟子说：“跟别人能有什么不同呢？尧、舜也跟一般人相同啊！”

原文 8·33 齐人有一妻一妾而处室者，其良人出[①]，则必餍酒肉而后反。其妻问所与饮食者，则尽富贵也。其妻告其妾曰：“良人出，则必餍酒肉而后反；问其与饮食者，尽富贵也，而未尝有显者来，吾将瞷良人之所之也。”

注释 ① 良人：丈夫。意思近于“郎”。

译文 齐国有一个人，家有一妻一妾。丈夫每次出外，一定是酒足肉饱才回家。他妻子问他跟谁在一起吃喝，〔回答说〕全是些富贵体面的人。他妻子告诉他的妾说："丈夫外出，必酒足肉饱而后归来，问他跟谁一起吃喝，全都是富贵体面的人，可是又从来没见过有什么显要人物来访，我打算偷偷地盯梢，看丈夫到底是去什么地方。"

原文 蚤起，施从良人之所之[①]，遍国中无与立谈者。卒之东郭墦间，之祭者，乞其余；不足，又顾而之他——此其为餍足之道也。

注释 ① 施（yì）：古"斜"字。曲折前行。

译文 次日清早起床，她便悄悄尾随丈夫所去的地方，遍城的人没有一个跟她丈夫站立交谈的。后来到了东郊的坟地里，他便走向祭扫坟墓者乞讨一点残酒剩菜，还没饱，又到处张望另去找乞讨的目标。这就是他能酒足肉饱的窍门。

原文 其妻归，告其妾，曰："良人者，所仰望而终身也，今若此——"与其妾讪其良人，而相泣于中庭，而

良人未之知也，施施从外来[1]，骄其妻妾。

注释 ①施施（shī shī）：高兴自得的样子。

译文 他妻子回到家，告诉他的妾说："丈夫，本是我们寄以希望并终身依靠的人，今天〔他原来〕竟会如此这般——"她与妾两人一起讥笑丈夫，在院子里相对哭泣，而丈夫还不知道〔他的秘密已被戳破〕，兴高采烈地从外面归来，〔像往常一样〕对妻妾耍派头。

原文 **由君子观之，则人之所以求富贵利达者，其妻妾不羞也，而不相泣者，几希矣。**

译文 在君子眼里看来，某些人借以乞求升官发财的手段，能不使妻妾羞耻痛心而相哭者，恐怕很少有吧！

万章上

（凡九章）

原文 9·1 万章问曰："舜往于田，号泣于旻天[1]，何为其号泣也？"

注释 ① 旻（mín）天：天空。《说文·日部》："旻，秋天也。"

译文 万章问："舜到庄稼地里，仰望着天呼告哭泣，为什么这样呼告哭泣呢？"

原文 孟子曰："怨慕也。"

译文 孟子说："这是自怨〔遭父母厌恶〕而思慕的缘故。"

原文 万章曰："'父母爱之，喜而不忘；父母恶之，劳而不怨[1]。'然则舜怨乎？"

注释 ① 父母爱之，喜而不忘；父母恶之，劳而不怨：据《礼记·祭义》，这几句话是曾子的话。万章可能是在引用曾子语。

译文 万章说："〔常听说〕'父母喜爱他，高兴而难忘；父母讨厌他，愁闷而不怨恨。'那么，舜怨恨父母吗？"

原文 曰："长息问于公明高曰[①]：'舜往于田，则吾既得闻命矣；号泣于旻天，于父母，则吾不知也。'公明高曰：'是非尔所知也。'夫公明高以孝子之心，为不若是恝[②]，我竭力耕田，共为子职而已矣[③]，父母之不我爱，于我何哉？帝使其子九男二女[④]，百官牛羊仓廪备，以事舜于畎亩之中。天下之士多就之者，帝将胥天下而迁之焉[⑤]。为不顺于父母，如穷人无所归。天下之士悦之，人之所欲也，而不足以解忧；好色，人之所欲，妻帝之二女，而不足以解忧；富，人之所欲，富有天下，而不足以解忧。贵，人之所欲，贵为天子，而不足以解忧。人悦之、好色、富贵，无足以解忧者，惟顺于父母可以解忧。人少，则慕父母；知好色，则慕少艾[⑥]；有妻子，则慕妻子；仕则慕君，不得于君则热中。大孝终身慕父母。五十而慕者[⑦]，予于大舜见之矣。"

注释 ① 长息、公明高：人名。长息是公明高的弟子，公明高是曾子的弟子。

② 恝（jiè，又 jiá）：无忧无愁之貌；不在乎的样子。

③ 共：读为“恭”（gōng）。

④ 九男二女：九男，赵岐认为是《逸书》所载；二女，长名娥皇，次名女英。

⑤ 胥：皆；尽。

⑥ 少艾：指年轻美貌的人。亦作“幼艾”。

⑦ 五十而慕：指的是舜。朱熹注：“舜摄政时，年五十也。五十而慕，则其终身慕可知矣。”

译文 〔孟子〕说：“长息曾经问过公明高说：‘舜到庄稼地里，我已经明白了；仰望着天呼告哭泣，这样对待父母，我却理解不了。’公明高说：‘这不是你所能理解的。’公明高的意思是，孝子的心理，不该这样若无其事：我竭尽全力耕种庄稼，好好尽子女的责任就够了，父母不喜欢我，我有什么办法呢？帝尧派他的孩子九男二女，跟百官带着牛、羊、粮食等，在田野上为舜效劳，天下的士人也纷纷前往，帝尧把天下全让给舜。〔舜〕由于没能使父母顺心就像穷途末路的人无所依归。天下的士人喜欢他，这是人所追求的欲望，却不能够解除忧愁；美貌姿色，是人所追求的欲望，他娶了尧的两个女儿，却不能解除忧愁；财富，是人所追求的欲望，富到占有天下，却不能解除忧愁；尊贵，是人所追求的欲望，贵到身为天子，却不能解除忧愁。人们喜欢他，〔拥有〕美色，富贵，都不足以排愁解忧，只有让父母顺心才能够解忧。人在幼年时，仰慕父母；懂得追求女色，渴慕年轻美貌的姑娘；有了妻子，贪恋家室；入仕做官，讨好国君，得不到君王宠信，心里焦躁发热；只有最孝顺的人终身爱戴父母。到了五十岁还怀恋父母的人，我在圣人舜这里发现了。”

原文 9·2 万章问曰："《诗》云：'娶妻如之何？必告父母[①]。'信斯言也，宜莫如舜。舜之不告而娶，何也？"

注释 ①"娶妻如之何？必告父母"：是《诗经·齐风·南山》篇第三章（全诗共四章）中的诗句。

译文 万章问道："《诗经》上说过，'该怎么娶媳妇？一定要禀告父母。'相信此话的人，按理说没有谁赶得上舜。然而，舜却没有事先禀告父母，竟娶了媳妇，这是什么道理？"

原文 孟子曰："告则不得娶。男女居室，人之大伦也。如告，则发人之大伦，以怼父母[①]，是以不告也。"

注释 ① 怼（duì或zhuì）：怨恨。

译文 孟子说："禀告了就娶不成。男女间结婚，是人间的常理成规。如果事先禀告了，那么，这常理成规会受到阻碍〔导致〕对父母的怨恨，所以干脆不禀告。"

原文 万章曰："舜之不告而娶，则吾既得闻命矣；帝之妻舜而不告，何也？

译文 万章又问："舜不禀告父母而娶妻，我已经听懂其中的缘由。帝〔尧〕把女儿嫁给舜，也不跟舜的父母打个招呼，又是什么道理呢？"

原文 曰："帝亦知告焉则不得妻也。"

译文 〔孟子〕说："尧也知道〔如果〕打了招呼，就嫁不成女儿了。"

原文 万章曰："父母使舜完廪，捐阶①，瞽瞍焚廪。使浚井，出，从而揜之②。象曰③：'谟盖都君咸我绩④，牛羊父母，仓廪父母，干戈朕，琴朕，弤朕⑤，二嫂使治朕栖⑥。'象往入舜宫，舜在床琴。象曰：'郁陶思君尔⑦。'忸怩⑧。舜曰：'惟兹臣庶⑨，汝其于予治⑩。'不识舜不知象之将杀己与？"

注释 ① 捐阶：撤掉梯子。

② 揜（yǎn）：通"掩"，覆盖，堵塞。

③ 象：人名，舜同父异母之弟。

④ 谟盖都君咸我绩：谟，谋。盖，通"害"。都君，指舜。《史记·五帝本纪》记载，舜"一年而所居成聚，二年成邑，三年成都。"因而有"都君"之称。绩，功劳。

⑤ 弤（dǐ）：彫弓也。舜使用的弓名。

⑥ 栖：床。

⑦ 郁陶：思念的样子。

⑧ 忸怩：惭愧的状态。

⑨ 惟：思，浮泛之思。

⑩ 于：为；替；助。

译文 万章说："舜的父母命他去修缮粮仓，等舜爬上屋顶就抽掉梯子，〔他父亲〕瞽瞍还放火烧粮仓。〔后来又〕让舜去淘井，〔他不知舜已从井旁洞穴〕逃出，还用土把井堵死。〔舜的异母弟〕象说：‘谋害舜都是我的功绩，牛羊分给父母，仓廪分给父母，干戈归我，琴归我，弤弓归我，让两位嫂嫂替我收拾床铺。’象便走向舜的住宅，舜却安坐在床上弹琴。象说：‘您让我好思念啊！’但愧容满面，神色慌张。舜说：‘我心里想的是这些臣子和百姓，你替我管理吧！’我弄不清楚，舜究竟知道不知道象要谋杀他？”

原文 曰：“奚而不知也？象忧亦忧，象喜亦喜。”

译文 孟子说：“怎能不知道呢？〔他的异母弟弟〕象发愁，他也发愁，象高兴，他也高兴。”

原文 曰：“然则舜伪喜者与？”

译文 〔万章〕说：“那么，舜是假装成高兴的样子吗？”

原文 曰：“否；昔者有馈生鱼于郑子产，子产使校人畜之池[①]。校人烹之，反命曰：‘始舍之，圉圉焉[②]；少则洋洋焉；攸然而逝。’子产曰：‘得其所哉！得其所哉！’校人出，曰：‘孰谓子产智？予既烹而食之，曰，得其所哉，得其所哉。’故君子可欺以其方，难罔以非其道。彼以爱兄之道来，故诚信而喜之，奚伪焉？”

注释 ① 校人：管池沼的小吏。

② 圉圉（yǔ yǔ）：鱼在水中死气沉沉的样子。

译文 〔孟子〕说：“不！从前有人送了活鱼给郑国的子产，子产叫管池沼的小吏把鱼养在池塘里。这小吏却把它做熟吃了，却回报说：‘刚〔把鱼〕放进池塘里，半死半活的样子；不一会，神气洋洋地活跃起来；很快就悠然游往水深处而找不见了。’子产说：‘它找到好地方啊！它找到好地方啊！’小吏退出后，对人说：‘谁说子产很聪明呢？我已经把鱼弄熟吃进肚子里了，他还一个劲说，它找到好地方啊，它找到好地方啊。’因此，对于君子，也可以想方设法以常情捉弄他，但却不能用违背道理的手腕蒙骗他。象装扮成敬兄爱兄的姿态，〔舜〕才真信不疑并喜欢他，怎么可能是假装的呢？”

原文 9·3 万章问曰："象日以杀舜为事，立为天子则放之，何也？"

译文 万章问道："〔舜的异母兄弟〕象成天盘算诛杀舜的事，〔等舜被〕立为天子，仅仅是流放他，这是为什么？"

原文 孟子曰："封之也；或曰，放焉。"

译文 孟子说："实际是封他〔为诸侯〕，有人说是流放他。"

原文 万章曰："舜流共工于幽州①，放驩兜于崇山②，杀三苗于三危③，殛鲧于羽山④，四罪而天下咸服，诛不仁也。象至不仁，封之有庳⑤。有庳之人奚罪焉？仁人固如是乎？在他人则诛之，在弟则封之？"

注释 ① 流共公于幽州：共工，水官名。幽州，约当今天北京密云县东北部。

② 放驩兜于崇山：驩兜，尧、舜时大臣。崇山，在湖北崇阳县南部。

③ 杀三苗于三危：三苗，国名。三危，在甘肃敦煌县东南。

④ 殛鲧于羽山：鲧（gǔn），传说中夏禹的父亲。羽山，在江苏赣榆县境。

⑤ 有庳（bì）：《水经注》引王隐之说，认为在湖南道县北，但距离舜都蒲阪三千多里，有太行山之阻，阎若璩认为此说有疑问。

译文　万章说："舜流放共工到幽州，发配驩兜到崇山，驱赶三苗到三危，诛杀鲧于羽山。处置四个罪犯使天下归服，这是惩办不仁者。而象是最不仁者，却封到有庳国，有庳国的百姓到底造了什么孽？难道仁人竟然可以这样处理大事情吗？对外人，严加惩处；对弟弟，却封赏国土？"

原文　曰："仁人之于弟也，不藏怒焉，不宿怨焉，亲爱之而已矣。亲之，欲其贵也；爱之，欲其富也。封之有庳，富贵之也。身为天子，弟为匹夫，可谓亲爱之乎？"

译文　〔孟子〕说："仁人对于弟弟，心里不藏怒，胸中不积怨，只能对他亲爱罢了。亲他，要他显贵；爱他，要他富足。封他到有庳，正是使他既富且贵。本身是天子，弟弟是平民，能够算亲爱吗?”

原文 “敢问或曰放者，何谓也?”

译文 〔万章说:〕“敢再请教，有人说是流放，是什么意思?”

原文 曰:“象不得有为于其国，天子使吏治其国而纳其贡税焉，故谓之放。岂得暴彼民哉? 虽然，欲常常而见之，故源源而来，‘不及贡，以政接于有庳。’此之谓也。”

译文 〔孟子〕说:“象不能够在他的国土上自行其是，天子派官吏治理他的国家，缴纳赋税，因此被认为是流放。象怎能够随心所欲对百姓暴虐? 尽管这样，〔舜〕还想经常见到他，他也不断地前来〔都城〕。所谓‘不一定要等朝贡，因政治需要而加强与有庳的联系’，指的就是这个意思。”

原文 9·4 咸丘蒙问曰[①]:“语云，‘盛德之士，君不得而臣，父不得而子。’舜南面而立，尧帅诸侯北面而朝之，瞽瞍亦北面而朝之。舜见瞽瞍，其容有蹙[2]。孔子曰：‘于斯时也，天下殆哉岌岌乎[3]！’不识此语诚然乎哉？”

注释 ① 咸丘蒙：孟子的弟子。咸丘，本是鲁国的地名，以地为姓。

② 蹙（cù）：愁苦不安的样子。

③ 殆哉岌岌乎：殆（dài），危险。岌岌（jí），山高貌，喻危险。“殆哉岌岌乎”是“岌岌乎殆哉”的倒装句。

译文 咸丘蒙问道：“俗语说，‘道德修养最高的人，国君不能以他为臣，父亲不能以他为子。’舜南面而立当了天子，尧就带领诸侯向北面朝见他，〔连他父亲〕瞽瞍也向北面朝他。舜见到瞽瞍，神情惶惶不安。孔子说：‘在此时，天下可危险得不得了呀！’不知道此话果真如此吗？”

原文 孟子曰：“否，此非君子之言，齐东野人之语也。尧老而舜摄也。《尧典》曰[1]：‘二十有八载，放勋乃徂落，百姓如丧考妣，三年，四海遏密八音[2]。’孔子曰：‘天无二日，民无二王。’舜既为天子矣，又帅天下诸侯以为尧三年丧，是二天子矣。”

注释 ①《尧典》:《尚书》篇名，亦称《帝典》。记载尧、舜禅让事迹，反映中国原始社会末期的一些历史概况。

② 四海遏密八音：四海，指民间。遏，停止。密，通“谧”，安静、静业。八音，金、石、丝、竹、匏（páo，葫芦的一种）、土、革、木所制乐器发出的声音。泛指音乐。

译文 孟子说：“不！这不是君子口里说出来的话，而是齐东野人的话。是尧上了岁数而叫舜代理天子的。《尧典》上说：‘二十八年后，放勋（尧）死了，人们像死了父母一样服丧三年，四海之内停止了音乐。’孔子说：‘天上没有两个太阳，人间没有两个君主。’舜〔如真在尧死前〕已经当了天子，又带天下诸侯为尧服丧三年，就成为有两个〔同时的〕天子了。”

原文 咸丘蒙曰：“舜之不臣尧，则吾既得闻命矣。《诗》云：‘普天之下，莫非王土；率土之滨，莫非王臣①。’而舜既为天子矣，敢问瞽瞍之非臣，如何？”

注释 ①“普天之下”四句：是《诗经·小雅·北山》篇第二章（全篇共六章）中的诗句。

译文 咸丘蒙说:“舜没把尧当臣子,我已向您领教明白了。《诗经》上说:‘天下所有的领土,没有一处不归君主;环绕四周的人群,全体都是王的臣属。’然而,舜既已成为天子,敢冒昧请问,瞽瞍竟不是他的臣民,为什么?”

原文 曰:“是诗也,非是之谓也;劳于王事而不得养父母也。曰:‘此莫非王事,我独贤劳也①。’故说诗者,不以文害辞,不以辞害志。以意逆志,是为得之。如以辞而已矣,《云汉》之诗曰:‘周余黎民,靡有孑遗②。’信斯言也,是周无遗民也。孝子之至,莫大乎尊亲;尊亲之至,莫大乎以天下养。为天子父,尊之至也;以天下养,养之至也。《诗》曰:‘永言孝思,孝思维则③。’此之谓也。《书》曰:‘祗载见瞽瞍,夔夔齐栗;瞽瞍亦允若④。’是为父不得而子也?”

注释 ① 此莫非王事,我独贤劳:亦见《北山》篇,但原诗句子是“大夫不均,我从事独贤”。贤,当“劳”讲。

② 周余黎民,靡有孑遗:是《诗经·大雅·云汉》篇第三章(全篇共八章)中的诗句。孑(jié),孤独。

③ 永言孝思,孝思维则:是《诗经·大雅·下武》篇第三章

（全篇共六章）中的诗句。

④“祇载”三句：赵岐注为《尚书》逸篇，朱熹注：“书，大禹谟篇也。”祇，恭敬，载，事。夔夔（kuí）齐栗，敬慎恐惧之貌。允，信也。若，顺也。允若，信而顺之也。

译文 〔孟子〕说：“这篇《诗》，不是你所理解的这个含意，而是说作诗的人为王事勤劳，不能侍奉父母。诗中说：‘这些没一件不是王的任务，为什么却偏要我一人辛苦。’因此，解释诗的人，不能因文字损害语句，从语句屈解原作主旨，要按精神去追溯揣测主旨，才算真正理解。如果只一个劲抠字眼，那么〔例如〕《云汉》诗说：‘周朝剩余的平民，没有一个人生存。’相信这句话〔字面的意思〕，就是周朝连一个人也没能保存。孝子最大的孝，莫过于尊敬父母；尊敬父母的最高程度，莫过于以天下来奉养父母。〔瞽瞍〕身为天子的父亲，尊贵到了顶点；〔舜〕以天下来奉养他，奉养达于顶点。《诗经》中还说：‘孝道要永远提倡，孝道是天下的榜样。’正是这个意思。《书经》中说：‘〔舜〕恭恭敬敬地见瞽瞍，态度谨慎手脚颤抖，瞽瞍也信顺安详不再别扭。’这怎能说是父亲不能以他为子呢？”

原文 9·5 万章曰："尧以天下与舜，有诸？"

译文 万章问："尧把天下送给舜，有这回事情吗？"

原文 孟子曰："否；天子不能以天下与人。"

译文 孟子答："没有！天子不能把天下送人。"

原文 "然则舜有天下也，孰与之？"

译文 〔万章问：〕"那么，舜得了天下，是谁送给他的呢？"

原文 曰："天与之。"

译文 〔孟子〕说："是天送给他的。"

原文 "天与之者，谆谆然命之乎[①]？"

注释 ① 谆谆（zhūn）：朱熹注为"详语之貌"，即反复叮嘱之意。

译文 〔万章问：〕"天送给他，是反复嘱咐他的吗？"

原文 曰："否；天不言，以行与事示之而已矣[①]。"

注释 ① 行与事：朱熹注："行之于身谓之行，措诸天下谓之事，言但因舜之行事，而示以与之之意耳。"今译据此，并将"行"释为品行，"事"释为表现。前者指自身修养，后者指社会实践。

译文 〔孟子〕说："不！天没说话，不过是因为〔舜的〕品行和表现而示意送给他罢了。"

原文 曰："以行与事示之者，如之何？"

译文 〔万章〕问："因品行和表现而示意送给他，是怎样一种情况呢？"

原文 曰："天子能荐人于天，不能使天与之天下；诸侯能荐人于天子，不能使天子与之诸侯；大夫能荐人于诸侯，不能使诸侯与之大夫。昔者，尧荐舜于天，而天受之；暴之于民[①]，而民受之；故曰，天不言，以行与事示之而已矣。"

注释 ① 暴（pù）：显露，公开。

译文 〔孟子〕答："天子能向天推荐人，不能迫使天把天下送人；诸侯能向天子推荐人，不能迫使天子把职位送诸侯；大夫能向诸侯推荐人，不能迫使诸侯把职位送大夫。从前，尧向天推荐舜，天接受了，向百姓公布了，百姓也接受了。因此说，天没说话，不过是因为〔舜〕的品行和表现而示意送他给罢了。"

原文 曰："敢问荐之于天，而天受之；暴之于民，而民受之，如何？"

译文 〔万章〕说："敢请问，向天推荐，天接受了，向百姓公布了，百姓也接受了，是怎样一种状况呢？"

原文 曰："使之主祭，而百神享之，是天受之；使之主事，而事治，百姓安之，是民受之也。天与之，人与之，故曰，天子不能以天下与人。舜相尧二十有八载，非人之所能为也，天也。尧崩，三年之丧毕，舜避尧之子于南河之南①，天下诸侯朝觐者，不之尧之子而之舜；讼狱者，不之尧之子而之舜；讴歌者，不讴歌尧之子而讴歌舜，故曰，天也。夫然后之中国，践天子位焉。而居尧之宫，逼尧之子，是篡也，非天与也。《太誓》曰：‘天视自我民视，天听自我民听[2]’，此之谓也。”

注释

① 南河：舜避居处，为偃朱故城，在今山东濮县东二十五里。河在尧都之南，故称南河。

② 天视自我民视，天听自我民听：朱熹注：“自，从也。天无形，其视听皆从于民之视听，民之归舜如此，则天与之可知矣。”译文本此。

译文

〔孟子〕答：“让他主持祭祀，百神都享用它，这就是天接受了；让他管理国事，政事治理好了，百姓满意他，这就是百姓接受了。天送给他，人送给他，所以说，天子不能把天下送人。舜辅助尧治天下二十八年，这不是人意能办到的，而是天意。尧死后，三年的丧事结束，舜为〔使〕尧之子〔继位〕而自己避居南河的南部，但天下朝见天子的诸侯，不朝尧之子而朝舜；打官司的人，不找尧之子而找舜；歌颂的人，不歌颂尧之子而歌颂舜，所以说，这是天意。〔正因为如此〕舜才回到都城，继天子之位。而〔如果是〕

占据了尧的宫室，逼尧的儿子下台，这就叫篡位，而不是天意授予了。《泰誓》中说：‘天所视反映了民所视，天所听也符合民所听。’说的正是这个意思。”

原文 9·6 万章问曰：“人有言，‘至于禹而德衰，不传于贤，而传于子。’有诸？”

译文 万章问：“听人说，‘到了禹的时候道德衰微了，〔天下〕不是传给贤人而是传给儿子。’有这回事吗？”

原文 孟子曰：“否，不然也。天与贤，则与贤；天与子，则与子。昔者，舜荐禹于天，十有七年，舜崩，三年之丧毕，禹避舜之子于阳城[①]，天下之民从之，若尧崩之后不从尧之子而从舜也。禹荐益于天，七年，禹崩，三年之丧毕，益避禹之子于箕山之阴[②]。朝觐讼狱者不之益而之启[③]，曰：‘吾君之子也。’讴歌者不讴歌益而讴歌启，曰：‘吾君之子也。’丹朱之不肖[④]，舜之子亦不肖。舜之相尧、禹之相舜也，历年多，施泽于民久。启贤，能敬承继禹之道。益之相禹也，历年少，施泽于民未久。舜、禹、益相去久远，其子之贤不肖，皆天也，非人之所能为也。莫之为而为者，天也；莫之致而至者，命也。匹夫而有天下者，德必若舜禹，而又有天子荐之者，故仲尼不有天下。继世以有天下，天之所废，必若桀纣者也，故益、伊尹、周公不有天下。伊尹相汤以王于天下，汤崩，太丁未立，外丙二年，仲壬四年，太甲颠覆汤之典刑，伊尹放之于桐⑤，三 年，太甲悔过，自怨自艾，于桐处仁迁义，三年，以听伊尹之训己也，复归于亳⑥。周公之不有天下，犹益之于夏、伊尹之于殷也。孔子曰：'唐虞禅，夏后殷周继，其义一也。'"

注释

① 阳城：在河南登封县北。

② 箕山之阴：箕山，在河南登封县东南。阴，山北。

③ 启：夏禹之子，古书中亦称"启"作"开"。

④ 丹朱：人名，名朱，封于丹。

⑤ 桐：地名，不详。阎若璩《释地又续》认为在山西荣河县。

⑥ 亳（bó）：今河南偃师县西。

译文

孟子答："不对！不是这样。天意要授给贤者就传给贤者，天意要授给儿子就传给儿子。从前，舜向天推荐禹，过了十七年，舜死了，三年丧礼结束，禹为〔使〕舜之子〔继位〕而避居阳城，但天下之民跟随他，就像尧死后大家都不跟尧之子而跟舜那样。禹向天推荐益，七年后禹死了，三年丧礼结束，益又为〔使〕禹之子〔继位〕而避居箕山的北部。但朝见的人和打官司的人都不趋向益而奔向启，说：'是我们的君主之子啊！'歌颂的人，不歌颂益而歌颂启，说：'是我们的君主之子啊！'〔尧的儿子〕丹朱不争气，舜的儿子也不争气。〔何况〕舜辅助尧，禹辅助舜，年代长，对百姓的恩惠也久！启，很贤明，能恭敬地继承禹的治理之道。益辅助禹，年头短，对百姓的恩惠也不久。舜、禹、益之间相距岁月的长短，他们的儿子之贤明与不争气，都是天意所定，不是人力所能及的。没有想到要这样做竟做到了，这是天意；没有想达到的目标却达到了，这是命运。作为一个普普通通的人竟得到天下者，道德一定得像舜和禹那样，还要加上天子的推荐才行，因此孔子〔虽是圣贤〕得不到天下。世代连续传有天下的，天所要废除的，一定得像夏桀、商纣之类，因此，益、伊尹、周公〔虽是圣贤〕也没得到天下。伊尹辅助汤统一天下，汤死了，太丁没立就死了，外丙继位两年，仲壬在位四年，太甲破坏了汤的典章法律，伊尹把他流放到桐邑。过了三年，太甲认罪，怨恨自己，悔过自新，在铜邑按仁义行事，三年以后，能听从伊尹批评、教训自己，又回到亳都当天子。周公没得到天下，就像益在夏朝，伊尹在殷朝那样。孔子说：‘唐（尧）虞（舜）让贤，夏、商、周三代子孙世袭，道理都是同样的。’”

原文 9·7 万章问曰：“人有言，‘伊尹以割烹要汤。’有诸？”

译文 万章问道：“有人说，‘伊尹曾借切肉烹调〔的技术扮为厨师〕去求商汤’，有这件事吗？”

原文 孟子曰：“否，不然。伊尹耕于有莘之野[①]，而乐尧舜之道焉。非其义也，非其道也，禄之以天下，弗顾也；系马千驷，弗视也。非其义也，非其道也，一介不以与人[②]，一介不以取诸人。汤使人以币聘之，嚣嚣然曰[③]：‘我何以汤之聘币为哉？我岂若处畎亩之中，由是以乐尧舜之道哉？’汤三使往聘之，既而幡然改曰：‘与我处畎亩之中[④]，由是以乐尧舜之道，吾岂若使是君为尧舜之君哉？吾岂若使是民为尧舜之民哉？吾岂若于吾身亲见之哉？天之生此民也，使先知觉后知，使先觉觉后觉也。予，天民之先觉者也，予将以斯道觉斯民也。非予觉之，而谁也?’思天下之民，匹夫匹妇有不被尧舜之泽者，若己推而内之沟中⑤。其自任以天下之重如此，故就汤而说之以伐夏救民⑥。吾未闻枉己而正人者也，况辱己以正天下者乎？圣人之行不同也，或远，或近；或去，或不去；归洁其身而已矣。吾闻其以尧舜之道要汤，未闻以割烹也。《伊训》曰：‘天诛造攻自牧宫，朕载自亳⑦。’”

注释

① 有莘：古国名。在今河南省陈留县东北。

② 一介：同“一芥”，一点点。

③ 嚣嚣然：不在心，不动情的样子。朱熹注：“无欲自得之貌。”

④ 与：与其。

⑤ 内：同“纳”。

⑥ 说（shuì）：游说、说服。

⑦“天诛造攻自牧宫，朕载自亳”：《尚书》逸篇《伊训》中的话。造，始。牧宫，汤的祖庙，汤为牧伯，称祖庙为“牧官”。朕，我，这是伊尹的自称。

译文

孟子说：“没有！情况不是这样。伊尹在莘国的郊野耕种，而欣赏喜爱尧、舜之道。〔如果〕不合乎义，不合乎道，〔即便〕把天下所有财富作为俸禄给他，他也不回头看一眼；〔即便〕把四千匹良马系在那里，他连看都不看。〔如果〕不合乎义，不合乎道，他一丝一毫也不给别人，也不向别人索取一丝一毫。汤曾派人用厚礼聘请他，他漫不经心地说：'我凭什么要接受汤的聘礼呢？怎能比得上我安于田野之中，在此以尧、舜之道为乐趣呢？'汤多次派人聘请他，他不久便改变原先的态度说：'我与其安于田野耕作之中，以尧、舜之道为乐趣，倒不如去促使当代君主成为尧、舜一样的君主，倒不如去使当代的百姓成为尧、舜时代那样的百姓呢，我为什么不让我自己亲眼见到它〔从理想变为现实〕呢？上天生育这些人类，就是要让先知启发后知，让先觉带动后觉，我自己是百姓中的先觉者，我准备用这〔尧、舜之〕道去启发带动这些人，我要不去启发引导他们，还有谁去呢？'〔伊尹〕想到天下的百姓，普通的男子和妇女，如果没受到尧、舜的恩泽感化，便好像自己亲手把他们推倒并坠入深沟之中。他就是这样地自己挑起天下的重担，因此便到汤身边说服他，去讨伐夏（桀）而拯救百姓。我没听说过，自身屈曲而能够指教别人的〔事例〕，更何况是先使自身受侮辱而能够指教天下的呢？圣人的行为各自不同，有的远避〔国君〕，有的亲近〔君主〕；有的离去〔不仕〕，有的在朝〔做官〕；归根结蒂，要保持自身清白无染罢了。我只听说他是请求汤实行尧、舜之道，没听说过什么切肉烹调的事。《伊训》中说：'天的惩罚，起初是在夏桀宫室，是咎由自取，我自己，只是从殷都亳邑开始起步而已。'"

原文 9·8 万章问曰："或谓孔子于卫主痈疽[①]，于齐主侍人瘠环[②]，有诸乎？"

注释 ① 主痈疽：主，动词，"以……为主人"之意，相当于"住……的家里"。痈疽，亦作"雍渠、睢鉏、雍睢"等，按《史记·孔子世家》说，是卫灵公宠幸的宦官。

② 侍人瘠环：侍人，即寺人、奄人，指宦官。瘠环，人名。

译文 万章问道："有人说，孔夫子在卫国，住在〔卫灵公宠幸的宦官〕痈疽家里，在齐国，住在宦官瘠环家里，这些事是真的吗？"

原文 孟子曰："否，不然也。好事者为之也。于卫主颜雠由[①]。弥子之妻与子路之妻[②]，兄弟也。弥子谓子路曰：‘孔子主我，卫卿可得也。’子路以告。孔子曰：‘有命。’孔子进以礼，退以义，得之不得曰‘有命’。而主痈疽与侍人瘠环，是无义无命也。孔子不悦于鲁卫，遭宋桓司马将要而杀之[③]，微服而过宋[④]。是时孔子当厄，主司城贞子[⑤]，为陈侯周臣[⑥]。吾闻观近臣[⑦]，以其所为主；观远臣[⑧]，以其所主。若孔子主痈疽与侍人瘠环，何以为孔子？”

注释

① 颜雠由：人名，亦作颜浊邹。

② 弥子：卫灵公的宠臣弥子瑕。

③ 遭宋桓……杀之：指孔子去曹国途经宋国，与弟子习礼于大树下。宋司马桓魋（tuí）要杀他。要（yāo），拦截。

④ 微服：〔为保密而〕改换了平日的衣服装扮。

⑤ 司马贞子：陈国人。

⑥ 陈侯周：人名。赵岐注：“陈怀公子也，为楚所灭，故无谥，但曰陈侯周。”

⑦ 近臣：在朝之臣。

⑧ 远臣：远方来仕之臣。

译文

孟子说：“不对，情况不是这样，这是造谣生事者散布的。〔孔子〕在卫国，住在颜雠由家中。弥子瑕的妻子跟子路的妻子是姊妹。弥子瑕对子路说：'孔子住在我家中，可以得到卫国卿相的职位。'子路把这番话转告〔孔子〕。孔子说：'听命运安排吧！'孔子依礼而进，依义而退，无论得与失都说'听命运安排呢?'〔如果他真是〕住在痈疽和宦官瘠环的家里，那就是无视礼义、不顾命运了。孔子在鲁国和卫国很不顺心，碰到宋国的司马桓魋预谋要拦截他并杀害他，只好化装悄悄离开宋国。这时孔子处境很困难，住在司城贞子家中，做了陈侯周的臣子。我听说过，考察在朝的近臣，看他所往来的客人；考察外来的远臣，看他所寄住的主人。假使孔子真是住在痈疽和宦者瘠环的家中，怎么还能算〔威望卓著的〕孔夫子呢?"

原文 9·9 万章问曰："或曰：'百里奚自鬻于秦养牲者五羊之皮、食牛，以要秦穆公①。'信乎?"

注释 ①"百里奚"三句：故事散见于战国至西汉文献资料中。百里奚，虞国人。号"五羖大夫"，因此被认为与卖价得五羊皮之说有关。

译文 万章问道："有人说，'百里奚把自己卖给秦国饲养牲畜的人，得到五张羊皮，去跟人家牧放牛，借此来求秦穆公。'这件事可信吗？"

原文 孟子曰："否，不然，好事者为之也。百里奚，虞人也。晋人以垂棘之璧与屈产之乘，假道于虞以伐虢[1]。宫之奇谏，百里奚不谏。知虞公之不可谏而去之秦，年已七十矣，曾不知以食牛干秦穆公之为汙也[2]，可谓智乎？不可谏而不谏，可谓不智乎？知虞公之将亡而先去之，不可谓不智也。时举于秦，知穆公之可与有行也而相之[3]，可谓不智乎？相秦而显其君于天下，可传于后世，不贤而能之乎？自鬻以成其君，乡党自好者不为，而谓贤者为之乎？"

注释 ① 虢（guó）：周代国名。

② 曾：竟然；居然。

③ 有行：有抱负、有作为。

译文 孟子说："不对！不是这样，这是造谣生事者散布的。百里奚，是虞国人。晋国人用垂棘的璧玉和屈地所产的良马，去向虞国借路，以便攻伐虢国。〔虞国大臣〕

宫之奇劝阻〔虞公不要借路〕，而百里奚并不劝阻。他知道虞公这人是不可劝阻的，便离开虞地到了秦国，这时已经七十岁了，竟然不知道借助牧放牛的手段去求秦穆公是一种卑劣的行为？这能够算明智吗？〔明知〕不可谏阻就干脆不谏阻，又能够说是不明智吗？预知虞公将要被消灭而事先便远离，不能认为是不明智吧！当时他被秦国举用，知道秦穆公是个有作为的人而辅助他，能够认为不明智吗？辅助秦国，使它的君主〔穆公〕扬名于天下，并且流传于后代，不是贤明的人能办得到吗？卖掉自身去成全君主，连一般乡党中清白的人都不肯〔这样屈身辱己〕，怎么能说贤者倒肯这样干呢？”

万章下

（凡九章）

原文 10·1 孟子曰："伯夷，目不视恶色，耳不听恶声。非其君，不事；非其民，不使。治则进，乱则退。横政之所出，横民之所止，不忍居也。思与乡人处，如以朝衣朝冠坐于涂炭也。当纣之时，居北海之滨，以待天下之清也。故闻伯夷之风者，顽夫廉①，懦夫有立志。"

注释 ① 顽夫：毛奇龄《四书賸言》认为"顽"字"古皆是'贪'字"，作贪婪不知足解。赵岐注这一句亦为"顽贪之夫更思廉絜"。

译文 孟子说："伯夷，眼不看坏颜色，耳不听坏声音，不是可托的君主，不肯侍奉；不是可信的百姓，不肯使用；政局清明，就积极进取，政局混乱，就告退隐居。行暴政之国，住暴民之所，他都不忍心安居。想象着跟鄙俗的人相处，就像穿着朝衣戴上礼帽坐在泥途或炭灰上。当商纣的时代，住在北海之滨，等待天下清明太平。因此，听到伯夷的德操的人们，贪财横暴之徒廉洁了，怯懦的人也立了坚强的意志。”

原文 “伊尹曰：‘何事非君？何使非民？’治亦进，乱亦进，曰：‘天之生斯民也，使先知觉后知，使先觉觉后觉。予，天民之先觉者也。予将以此道觉此民也。’思天下之民，匹夫匹妇有不与被尧舜之泽者，若己推而内之沟中——其自任以天下之重也。

译文 “伊尹说：‘哪个国君不可侍奉？哪个百姓不可支使？’〔弄得〕政局清明也做官，政局混乱也做官。还说，‘天生育这些人，就是让先知启发后知，让先觉带领后觉。我，是天生之民中的先觉者，我将用这〔尧、舜的〕道来引导这些人。’想象着天下的百姓，普通的男子和妇女，如果没受到尧、舜的恩泽感化，便好像自己亲手推倒他们并使他们坠入深沟之中。他就是这样地以天下的重担为己任。

原文 “柳下惠不羞汙君，不辞小官。进不隐贤，必以其道。遗佚而不怨，厄穷而不悯。与乡人处，由由然不忍去也。‘尔为尔，我为我，虽袒裼裸裎于我侧，尔焉能浼我哉？’故闻柳下惠之风者，鄙夫宽[1]，薄夫敦。

注释 ① 鄙：心胸狭窄。

译文 “柳下惠并不以侍奉坏的国君为羞辱，也不嫌官小而辞退。在朝中不隐藏自己的才能，一定按其道办事。遭到遗弃不怨恨，面临困境不发愁。跟鄙俗的人相处，兴致勃勃不忍离开，〔认为〕‘你是你，我是我，即使你在我身旁赤身裸体，你哪能污染我呢？’因此，听到柳下惠德操的人们，心胸狭窄的人开阔了，浅薄轻浮的人也敦厚起来了。

原文 “孔子之去齐，接淅而行[①]；去鲁，曰：‘迟迟吾行也，去父母国之道也。’可以速而速，可以久而久，可以处而处，可以仕而仕，孔子也。”

注释 ① 接淅：捞起水中正在淘的米。朱熹注：“接，犹承也；淅，渍米水也。渍米将炊，而欲去之速，故以手承水取米而行，不及炊也。”

译文 “孔子离开齐国，没等淘完米，捞起湿米粒便出发；离开鲁国时却说：‘慢慢地走吧！这可是离开自己的祖国应有的态度啊！’该迅速就迅速，该延缓就延缓，该告退就告退，该做官就做官——这才是孔子！”

原文 孟子曰：“伯夷，圣之清者也；伊尹，圣之任者也；柳下惠，圣之和者也；孔子，圣之时者也。孔子之谓集大成。集大成也者，金声而玉振之也①。金声也者，始条理也；玉振之也者，终条理也。始条理者，智之事也；终条理者，圣之事也。智，譬则巧也；圣，譬则力也。由射于百步之外也②，其至，尔力也；其中③，非尔力也。”

注释 ① 金声而玉振：金声，镈钟发出的声音。玉振，玉磬收束的余韵。朱熹注：“先击镈钟以宣其声，俟其既阕，而后击特磬以收其韵。宣以始之，收以终之，二者之间，脉络贯通，无所不备，则合众小成而为一大成，犹孔子之知无不尽，而德无不全也。”可供参考。

② 由：同“犹”，好像。

③ 中（zhòng）：动词，射中目标。

译文 孟子又说：“伯夷，是圣人中清高的人；伊尹是圣人中负责的人，柳下惠是圣人中平易的人，孔子是圣人中识时务的人。孔子称得起是集大成者。所谓集大成,〔就如奏乐〕先发出金钟之声然后以玉磬戸结束〔那样〕。金声，是节奏旋律的开始，玉振，是节奏旋律的终结。旋律的开始，是智的体现，旋律的终结，是圣的体现。智，犹如技巧；圣，犹如力量。这就好比在百步之外学射击，能射到〔百步外〕靠你的力气；能射中〔目标〕，却不光是凭你的力气。”

原文 10·2 北宫锜问曰①：“周室班爵禄也②，如之何?”

注释 ① 北宫锜：卫国人。

② 班：等列，等级。

译文 北宫锜问道：“周朝制定的官爵和俸禄的等级，是怎样的?”

原文 孟子曰：“其详不可得闻也，诸侯恶其害己也，而皆去其籍；然而轲也尝闻其略也。天子一位，公一位，侯一位，伯一位，子、男同一位，凡五等也。君一位，卿一位，大夫一位，上士一位，中士一位，下士一位，凡六等。天子之制，地方千里，公侯皆方百里，伯七十里，子、男五十里，凡四等。不能五十里[①]，不达于天子，附于诸侯，曰附庸。天子之卿受地视侯[②]，大夫受地视伯，元士受地视子、男。大国地方百里，君十卿禄，卿禄四大夫，大夫倍上士，上士倍中士，中士倍下士，下士与庶人在官者同禄，禄足以代其耕也。次国他方七十里，君十卿禄，卿禄三大夫，大夫倍上士，上士倍中士，中士倍下士，下士与庶人在官者同禄，禄足以代其耕也。小国地方五十里，君十卿禄，卿禄二大夫，大夫倍上士，上士倍中士，中士倍下士，下士与庶人在官者同禄，禄足以代其耕也。耕者之所获，一夫百亩；百亩之粪，上农夫食九人，上次食八人，中食七人，中次食六人，下食五人。庶人在官者，其禄以是为差。”

注释 ① 不能：不足，不够。

② 视：比。

译文 孟子说：“详细情况不可能听到了，诸侯都讨厌它不利于自己，把有关的档案文献销毁了。但我也曾听到那个大致梗概。天子是一级，公一级，侯一级，伯一级，子和男是同一级，共分五级。君是一级，卿一级，大夫一级，上士一级，中士一级，下士一级，共分六级。天子管理的土地纵横各一千里，公和侯都是各一百里，伯七十里，子和男各五十里，共分四级。土地不足五十里之国，不能与天子直接联系，只能附属于诸侯，叫作‘附庸’。天子之卿所受的封地跟侯一样，大夫所受封地跟伯一样，元士的封地跟子和男一样。土地纵横各一百里的国家，国君俸禄是卿的十倍，卿禄是大夫的四倍，大夫是上士的二倍，上士是中士的二倍，中士是下士的二倍，下士的俸禄跟庶民中的当官差者相同，所得俸禄足以抵偿耕种的收入。中等国家土地方七十里，国君俸禄是卿的十倍，卿是大夫的三倍，大夫是上士的二倍，上士是中士的二倍，中士是下士的二倍，下士跟庶民中当官差者俸禄相等，俸禄足以抵偿耕种的收入。小国家土地方五十里，国君俸禄是卿的十倍，卿是大夫的两倍，大夫是上士的二倍，上士是中士的二倍，中士是下士的二倍，下士跟庶民中当官差者同等，俸禄也足以抵偿耕种的收入。耕种者的收获，一夫〔一妇〕分田百亩。百亩田地的施肥，上等农夫可养活九人，稍次一点养活八人，中等〔农夫〕养活七人，稍次养六人，下等的养五人。庶民中当官差的人，俸禄也参照这个分等级。”

原文 10·3 万章问曰："敢问友。"

译文 万章问道："敢请问交朋友的问题。"

原文 孟子曰："不挟长[①]，不挟贵，不挟兄弟而友。友也者，友其德也，不可以有挟也。孟献子，百乘之家也，有友五人焉[②]：乐正裘，牧仲[③]，其三人，则予忘之矣。献子之与此五人者友也，无献子之家者也。此五人者，亦有献子之家，则不与之友矣。非惟百乘之家为然也，虽小国之君亦有之。费惠公曰[④]：'吾于子思，则师之矣；吾于颜般[⑤]，则友之矣；王顺、长息则事我者也[⑥]。'非惟小国之君为然也，虽大国之君亦有之。晋平公之于亥唐也[⑦]，入云则入，坐云则坐，食云则食；虽蔬食菜羹，未尝不饱，盖不敢不饱也。然终于此而已矣，弗与共天位也，弗与治天职也，弗与食天禄也，士之尊贤者也，非王公之尊贤也。舜尚见帝[⑧]，帝馆甥于贰室[⑨]，亦飨舜，迭为宾主，是天子而友匹夫也。用下敬上[⑩]，谓之贵贵；用上敬下，谓之尊贤。贵贵尊贤，其义一也。"

注释 ① 挟：倚仗。

②③ 孟献子……牧仲：孟献子，鲁国的大夫，名叫仲孙蔑（？—前554）。五友人中的乐正裘、牧仲两人，在《汉书古今人表》中，与孟献子俱列于第四等。

④ 费：春秋时小国，旧址在今山东鱼台西南费亭。

⑤⑥ 颜般、王顺、长息：人名。颜般、亦作颜敢。王顺，亦作玉慎。这些人在《汉书古今人表》中亦同列第四等。

⑦ 亥唐：晋国人。晋平公时，朝多贤臣，但亥唐“独不官，隐于秀巷”，平公曾对他“致礼与相见而请事”。

⑧ 尚：同“上”。

⑨ 贰室：副宫。招待的官邸。

⑩ 用：以。

译文 孟子说：“不倚仗岁数大，不倚仗地位尊，不凭仗兄弟的富贵而去交友。交朋友，是因品德而交，不能有任何倚仗的因素。孟献子，是有车马百乘的大夫，他有五个朋友：〔其中两人是〕乐正裘、牧仲，另外三人的名字我忘了。献子跟这五人相交，没有〔摆出〕自己是献子大夫的架势。这五个朋友，〔如果〕也有对方是献子大夫的观点，就不会跟他交友了。不仅车马百乘的大夫如此，即便是小国之君也有朋友。费惠公说：‘〔我的朋友中〕我对于子思，看成是老师；对于颜般，是当作朋友；王顺、长息，却是侍奉我的人。’不仅小国之君如此，即便是大国之君也交朋友。晋平公跟亥唐之间的关系是，〔亥唐〕叫他进去便进来，叫他坐下就坐下，叫他吃饭便吃饭，纵然是粗饭菜汤，没一次不吃饱喝足，因为〔交情深〕不敢不吃饱。然而他也就只能做到这一步罢了，毕竟没跟〔亥唐〕一起共列官位，没共治国事，没共享俸禄。这只是士人对贤者的尊敬，不是王公对贤者的尊敬。舜拜见帝（尧），帝招待这女婿在副宫中，也请他吃饭，相互间是客人和主人的关系，这是天子跟普通人交友的例子。以职位低的人尊敬地位高的人，叫作尊崇贵人；以地位高的人尊敬职位低的人，叫作尊重贤者。尊崇贵人和尊敬贤者，都是同样的道理。”

原文 10·4 万章问：“敢问交际何心也[1]？”

注释 ① 交际：朱熹注：“谓人以礼仪币帛相交接也。”

译文 万章问道：“敢请问交际时，应该留心什么？”

原文 孟子曰：“恭也。”

译文 孟子答："应该留心恭敬。"

原文 曰："'却之却之为不恭'，何哉？"

译文 〔万章〕说："〔常听说〕'左一次右一次拒绝〔礼物〕是不恭敬'，这是为什么？"

原文 曰："尊者赐之。曰：'其所取之者义乎，不义乎？'而后受之。以是为不恭，故弗却也。"

译文 〔孟子〕说："尊者所赐的东西，应先考虑一番：'他所取的礼品合乎义呢还是不合义？'然后再接受。认为这是不恭敬的，所以不要拒绝。"

原文 曰："请无以辞却之，以心却之。曰：'其取诸民之不义也'，而以他辞无受，不可乎？"

译文 〔万章〕说："口头上不婉辞拒绝，只是心里拒绝它。想：'这是掠夺百姓的不义之财呀！'而找别的借口拒绝不收，难道不行吗？"

原文 曰："其交也以道，其接也以礼，斯孔子受之矣。"

译文 〔孟子〕说："他按规矩跟人交往，按礼节跟人接触，这样，连孔子都可以接受礼物的。"

原文 万章曰："今有御人于国门之外者[①]，其交也以道，其馈也以礼，斯可受御与？"

注释 ① 御：朱熹注："御，止也。止人而杀之，且夺其货也。"即拦路抢劫。

译文 〔万章〕说："〔假若〕现在有一个人在都城的郊野抢劫他人财物，他也按规矩跟人交往，按礼节给人送礼，这种赃物也能接受吗？"

原文 曰："不可。《康诰》曰：'杀越人于货，闵不畏死，凡民罔不譈[①]。'是不待教而诛者也。殷受夏，周受殷，所不辞也；于今为烈，如之何其受之？"

注释 ① 譈（duì）：同"憝"，憎恶、怨恨。

译文 〔孟子〕说："不可以！《康诰》说：'杀人掠物，蛮撞不怕死，没有人不切齿痛恨的。'这种人是用不着〔白费力气〕教育便可以处死刑的。〔这刑律〕殷继承夏，周承接殷，一直没变更。现在类似现象更严重了。〔这礼物〕怎么能够接受呢？"

原文 曰："今之诸侯取之于民也，犹御也。苟善其礼际矣，斯君子受之，敢问何说也？"

译文 〔万章〕说："现在的诸侯向民间掠取，好像拦路抢劫。如果把交际的礼节搞好，君子也接受它，敢问这又是什么讲头？"

原文 曰："子以为有王者作，将比今之诸侯而诛之乎？其教之不改而后诛之乎？夫谓非其有而取之者盗也，充类至义之尽也①。孔子之仕于鲁也，鲁人猎较②，孔子亦猎较。猎较犹可，而况受其赐乎？"

注释 ① 充类至义：充类，即充其类，推广到极点。至义，极其义，提高到道理上〔认识〕。

② 猎较：抢夺猎物。赵岐注："猎较者，田猎相较夺禽兽，得

之以祭，时俗所尚，以为吉祥。”

译文 〔孟子〕说：“你认为如果圣王兴起，将会把现今的诸侯也通通诛杀呢？还是经过教育仍不改悔再去诛杀？所谓不属自己所有而巧取豪夺就叫作抢劫的观点，是一种引申到原则高度的尖锐看法。孔子在鲁国做官时，鲁人抢夺猎物，孔子也一样抢猎物。抢夺猎物都可以，更何况是接受赠礼呢？”

原文 曰：“然则孔子之仕也，非事道与？”

译文 〔万章〕说：“这么说，孔子做官，就不是以行道为事了吗？”

原文 曰：“事道也。”

译文 〔孟子〕说：“是以行道为事！”

原文 “事道奚猎较也？”

译文 〔万章〕说：“以行道为事，怎能抢夺猎物？”

原文 曰："孔子先簿正祭器①，不以四方之食供簿正。"

注释 ① 簿正祭器：朱熹引徐氏云："先以簿书正其祭器，使有定数，而不以四方难继之物实之。夫器有常数，实有常品，则其本正矣。彼猎较者，将久而自废矣。"

译文 〔孟子〕说："〔因为〕孔子首先用文书规定了祭祀器物，不用四方的食物供祭祀之用〔实质上等于宣布以抢夺的猎物祭祀无效，便会刹住抢夺猎物之风〕。"

原文 曰："奚不去也？"

译文 〔万章〕问："〔孔子〕为什么不辞官而远走呢？"

原文 曰："为之兆也①。兆足以行矣，而不行，而后去，是以未尝有所终三年淹也。孔子有见行可之仕，有际可之仕，有公养之仕②。于季桓子，见行可之仕也；于卫灵公，际可之仕也；于卫孝公③，公养之仕也。"

注释 ① 兆：始。

② 有际可之仕，有公养之仕：朱熹注："际可，接遇以礼也。

公养，国君养贤之礼也。”

③ 卫孝公：疑为出公辄。《春秋》《史记》无卫孝公的记载。

译文 〔孟子〕说：“他想先试试，试验表明能行得通，〔国君却〕不肯行，然后再远走，因此孔子未曾在一个国家停留满三年。孔子有时是因为道可行而做官，有时因受特殊礼遇而做官，有时因国君养贤而做官。对季桓子，是道可行才做官；对卫灵公，是受优待才做官；对卫孝公，是因敬养贤者才做官。”

原文 10·5 孟子曰：“仕非为贫也，而有时乎为贫；娶妻非为养也，而有时乎为养。为贫者，辞尊居卑，辞富居贫。辞尊居卑，辞富居贫，恶乎宜乎？抱关击柝①，孔子尝为委吏矣②，曰：‘会计当而已矣。’尝为乘田矣③，曰：‘牛羊茁壮长而已矣。’位卑而言高，罪也；立乎人之本朝，而道不行，耻也。”

注释 ① 抱关击柝（tuò）：抱关，守门小卒。击柝，夜行打更。柝，指打更用的梆子。

② 委吏：管仓廪的小吏。

③ 乘田：管苑囿的小吏，负责六畜的饲料。

译文 孟子说:“做官不是因为贫穷，而有时也因为贫穷；娶妻不是为了孝养，而有时也为孝养。因为贫穷而做官，就该辞高官，居低位，拒厚禄，领薄俸。辞高官，居低位，拒厚禄，领薄俸，怎么安置才适宜呢？当个守门小卒，打更小吏吧。孔子曾经做过管仓库的小吏，说:‘收支数字核实了。’他也做过管牲畜的小吏，说:‘牛羊长得壮实极了。’位职低微而高谈阔论国事，是罪过；身在朝廷做官，而治国之道不能实行，是耻辱。”

原文 10·6 万章曰:“士之不托诸侯，何也?”

译文 万章问:“士不投靠诸侯生活，这是为什么?”

原文 孟子曰:“不敢也。诸侯失国，而后托于诸侯，礼也；士之托于诸侯，非礼也。”

译文 孟子说:“是不敢这样啊！诸侯失去了自己的国家，而后投奔他国寄托于人，合乎礼制；士寄托于诸侯，不合礼制。”

原文 万章曰："君馈之粟，则受之乎？"

译文 万章说："君子如果馈送粟粒给他，能接受吗？"

原文 曰："受之。"

译文 〔孟子〕说："可以接受。"

原文 "受之何义也？"

译文 〔万章〕问："接受又是什么道理？"

原文 曰："君之于氓也，固周之①。"

注释 ① 君之于氓也，固周之：氓，来自他国之民。固，本来。周，周济。

译文 〔孟子〕说："君主对来自他国之民，本来可以周济他。"

原文 曰："周之则受，赐之则不受，何也？"

译文　〔万章〕问:“周济就接受,赐与就不接受,为什么?”

原文　曰:“不敢也。”

译文　〔孟子〕答:“不敢接受。”

原文　曰:“敢问其不敢何也? ”

译文　〔万章〕问:“请问为什么不敢接受?”

原文　曰:“抱关击柝者皆有常职以食于上。无常职而赐于上者,以为不恭也。”

译文　〔孟子〕答:“守门打更的人都有固定职务,可受上面的给养。没有固定职务而接受上面的赏赐,被认为不恭敬。”

原文　曰:“君馈之,则受之,不识可常继乎?”

译文　〔万章〕问:“君主馈送,便接受,不知能经常这样吗?”

原文 曰："缪公之于子思也，亟问，亟馈鼎肉①。子思不悦。于卒也，摽使者出诸大门之外②，北面稽首再拜而不受③，曰：'今而后知君之犬马畜伋。'盖自是台无馈也④。悦贤不能举，又不能养也，可谓悦贤乎？"

注释 ① 鼎肉：朱熹注："鼎肉，熟肉也。"郑玄注："鼎肉，谓牲体已解，可升于鼎。"按此理解，则是生肉。

② 摽（biào）：赵岐注为"麾也。"

③ 稽首再拜：稽首，古代跪拜礼节，跪下，拱手至地，头也至地。

④ 台：杨树达《积微居小学金石论丛》注为"台当读为始。"意思也当"始"理解。朱熹注："台，贱官，主使令者。"系援引赵岐注。译文采杨树达说。

译文 〔孟子〕答："鲁缪公对子思，屡次问候，屡次送熟肉，子思很不舒服。终于，把使者赶出大门外，向北面叩头作揖而拒绝馈送，说：'我这才领悟君主是把我当狗马豢养。'大概从这次开始才停止馈送。喜爱贤人而不重用，又不能给以优遇，这能叫作喜爱贤者吗？"

原文 曰："敢问国君欲养君子，如何斯可谓养矣？"

译文 〔万章〕说："请问国君要对君子优遇，怎样才能算〔妥善的〕优遇呢？"

原文 曰："以君命将之①，再拜稽首而受。其后廪人继粟，庖人继肉，不以君命将之。子思以为鼎肉使己仆仆尔亟拜也②，非养君子之道也。尧之于舜也，使其子九男事之，二女女焉，百官牛羊仓廪备，以养舜于畎亩之中，后举而加诸上位③，故曰，王公之尊贤者也。"

注释 ① 将：送。

② 仆仆尔：赵岐注为"烦猥貌。"

③ 加：同"居"。

译文 〔孟子〕答："先以君主之命馈送他，他作揖叩头而接受。然后管仓人常送粮食，掌膳者常送肉食，不再用君主之命的名义馈送他。子思认为送块熟肉自己就得没完没了作揖叩拜，不是优遇君子的好办法。尧对于舜，使自己的九个儿子照料他，把两个女儿嫁给他，各种官吏，和牛羊、仓库样样齐备，使舜在田野中受优待，后来又提升他担任很高的职位，因此说，这才是王公敬贤的榜样。”

原文 10·7 万章曰：“敢问不见诸侯，何义也？”

译文 万章问道：“敢请教，不谒见诸侯，有什么道理？”

原文 孟子曰：“在国曰市井之臣，在野曰草莽之臣，皆谓庶人。庶人不传质为臣[①]，不敢见于诸侯，礼也。”

注释 ① 传质：传送礼物。质，同“贽”，初次相见所致送的礼物。庶人送礼用鹜（鸭子）。

译文 孟子答道：“在城里叫作市井之臣，在郊野叫作草莽之臣，都指的是普通百姓。百姓不送见面礼而为臣，不敢谒见诸侯，是合乎礼制的。”

原文 万章曰：“庶人，召之役，则往役；君欲见之，召之，则不往见之，何也？”

译文 万章问："百姓，派他服役，便去服役，国君要见他，召他却不去拜见，这是为什么？"

原文 曰："往役，义也；往见，不义也。且君之欲见之也，何为也哉？"

译文 〔孟子〕说："去服役，是义务；去拜见，则不应该。况且君王想见他，为的是什么？"

原文 曰："为其多闻也，为其贤也。"

译文 〔万章〕说："为的是他见闻广，为的是他品德高。"

原文 曰："为其多闻也，则天子不召师，而况诸侯乎？为其贤也，则吾未闻欲见贤而召之也。缪公亟见于子思，曰：'古千乘之国以友士，何如？'子思不悦，曰：'古之人有言曰，事之云乎，岂曰友之云乎？'子思之不悦也，岂不曰，'以位，则子，君也；我，臣也；何敢与君友也？以德，则子事我者也，奚可以与我友？'千乘之君求与之友而不可得也，而况可召与？齐景公田，招虞人以旌，不至，将杀之。志士不忘在沟壑，勇士不忘丧其元。子奚取焉？取非其招不往也。”

译文 〔孟子〕说：“〔如果〕为了见闻广，那么天子还不能召唤老师，何况诸侯呢？〔如果〕为了品德高，那我也没听说过想会见贤人便随便召唤的。鲁缪公几次会见子思，说：‘古代有兵车千辆的国君与士人交友，情况怎样？’子思很不愉快，说：‘古人的话是说，国君以士为师，怎么说是同士交友呢？’子思不愉快，岂不是〔等于〕说，‘讲地位，你是君，我是臣，哪敢跟你交友？论道德，那你是求教于我，怎可以跟我交友呢？”千辆兵车的国君要求跟他交友都办不到，何况是召唤呢？齐景公田猎，用旌旗召唤管猎场的人，召不来，将要杀他。有志之士不怕弃尸在山沟，有勇之夫不怕脑袋被砍。孔子为什么肯定他呢？肯定他〔面临〕非礼的召唤竟敢抵制不去。”

原文 曰：“敢问招虞人何以？”

译文 〔万章〕问：“请问该用什么方式招来管猎场的呢？”

原文 曰："以皮冠[①]，庶人以旃[②]，士以旂，大夫以旌。以大夫之招招虞人，虞人死不敢往；以士之招招庶人，庶人岂敢往哉？况乎以不贤人之招招贤人乎？欲见贤人而不以其道，犹欲其入而闭之门也。夫义，路也；礼，门也。惟君子能由是路，出入是门也。《诗》云：'周道如底，其直如矢；君子所履，小人所视[③]。'"

注释 ① 皮冠：加在礼冠之上的皮帽子，打猎时用来御寒，并御风雨。

② 旃（zhān）：用帛制的曲柄旗。

③ "周道如底"四句：是《诗经·小雅·大东》篇第一章（全篇共七章）中的诗句。底，同"厎""砥"，磨刀石。视，效学。

译文 〔孟子〕说："用皮帽。招百姓用旃，招士人用旂，招大夫用旌。用召唤大夫的旗帜招管猎场的人，他死也不敢去；用召唤士人的旗帜招普通百姓，百姓怎敢去呢？更何况用召唤不贤者的礼节去招贤人呢？想会见贤人而不按规矩，就好比要人家进来却紧闭着大门一样。义，是大路，礼，是大门。只有君子能走这大路，能出入这大门。《诗经》中说：'大路平坦像磨刀石，像箭秆那样笔直；君子所留下的脚趾，是小人仿效的标志。’”

原文 万章曰：“孔子，君命召，不俟驾而行；然则孔子非与？”

译文 万章问道：“孔子，闻国君召唤之命，等不及驾好车马便忙着赶路，这么说，孔子做得不对吧？”

原文 曰：“孔子当仕有官职，而以其官召之也。”

译文 〔孟子〕答道：“孔子在朝廷任官职，〔国君〕是因他担任职务才召唤他的。”

原文 10·8 孟子谓万章曰：“一乡之善士斯友一乡之善士，一国之善士斯友一国之善士，天下之善士斯友天下之善士。以友天下之善士为未足，又尚论古之人①。颂其诗②，读其书③，不知其人，可乎？是以论其世也。是尚友也。”

注释 ① 尚：同“上。”

② 颂：同“诵”《周礼大司乐》郑玄注云：“倍（同背）文以讽，以声节之曰育。”

③ 读：探讨。

译文 孟子对万章说：“一乡的优秀之士跟另一乡的优秀之士交友，一国的优秀之士跟另一国的优秀之士交友，天下的优秀之士跟天下的优秀之士交友。认为跟天下优秀之士交友还不够，又上溯谈论古代人物，吟诵他们的诗，研习他们的书，不知道他的为人，行吗？因此要探讨他所处的时代。这就是跟古人交了朋友。”

原文 10·9 齐宣王问卿。孟子曰：“王何卿之问也？”

译文 齐宣王问有关公卿的问题。孟子说：“您问的是哪一类公卿？”

原文 王曰：“卿不同乎？”

译文 王说：“公卿还有区别吗？”

原文 曰：“不同；有贵戚之卿，有异姓之卿。”

译文 〔孟子〕说："有区别。有王室宗族的公卿，还有非王族的异姓公卿。"

原文 王曰："请问贵戚之卿。"

译文 王说："请问王室宗族之公卿。"

原文 曰："君有大过则谏；反覆之而不听，则易位。"

译文 〔孟子〕说："国君有重大过失就劝阻，多次劝阻不肯接受，就另立国君。"

原文 王勃然变乎色。

译文 〔齐宣〕王的脸色突然起了变化。

原文 曰："王勿异也。王问臣，臣不敢不以正对[①]。"

注释 ① 正：诚，实。郑玄注《论语·述而》篇中"正唯弟子不能学也"句云："鲁读'正'为'诚'。"杨伯峻肯定这一解释。译文本此。

译文 〔孟子〕说：“王不要见怪。王既然向我提问，身为臣子的我，不敢不实话实说。”

原文 王色定，然后请问异姓之卿。

译文 王的脸色平静下来，又接着问非王族的异姓公卿。

原文 曰：“君有过则谏，反覆之而不听，则去。”

译文 〔孟子〕说：“君主有过失便劝阻，多次劝阻不肯接受，〔自己〕就辞职离去。”

告子上

（凡二十章）

原文 11·1 告子曰："性，犹杞柳也[①]，义，犹桮棬也[②]；以人性为仁义，犹以杞柳为桮棬。"

注释 ① 杞（qǐ）柳：解释不一。赵岐注："杞柳，柜柳也，一曰柜木。"孙奭疏："杞，枸杞也；柳，少杨也。"

② 桮棬：桮，同"杯"。棬（quān），曲木制成的盂。杯棬，据焦循《正义》引卢辩注："'杯、盘、盎、盆、盏之总名也。'盖杯为总名，其未雕未饰时，名其质为棬，因而杯器之不雕不饰者，即通名为棬也。"可供参考。

译文 告子说："人性就像杞柳，义理就像桮棬；用人性去行仁义，就像用杞柳制成桮棬。"

原文 孟子曰："子能顺杞柳之性而以为桮棬乎？将戕贼杞柳而后以为桮棬也？如将戕贼杞柳而以为桮棬，则亦将戕贼人以为仁义与？率天下之人而祸仁义者，必子之言夫！"

译文 孟子说："您能够顺着杞柳的本性制成桮棬吗？还是要毁伤杞柳之后才能制成桮棬？如果要毁伤杞柳才能用来制成桮棬，那么，是不是也要毁伤人性才能实行仁义呢？带着天下的人去践踏仁义，一定符合您的高见啊！"

原文 11·2 告子曰："性犹湍水也[①]，决诸东方则东流，决诸西方则西流。人性之无分于善不善也，犹水之无分于东西也。"

注释 ① 湍（tuān）：急流的水。

译文 告子说："人性好比急流的水，缺口在东就往东流，缺口在西便往西流。人性不分什么善与不善，就好比水东流西流无定性一样。"

原文 孟子曰："水信无分于东西[①]，无分于上下乎？人性之善也，犹水之就下也。人无有不善，水无有不下。今夫水，搏而跃之，可使过颡；激而行之，可使在山。是岂水之性哉？其势则然也。人之可使为不善，其性亦犹是也。"

注释 ① 信：诚；真。

译文 孟子说："水真是没有东流西流的定向，难道也没有向上、向下的倾向吗？人性的善良，好比水性向下流一样。人没有不善良的，水没有不往下流的。不过水是这样，拍打它可以溅得很高，高过额头；用戽斗汲它可以倒流，甚至引上高山。这哪是水的本性呢？是情势使它变成这样的。人可以被怂恿干坏事，本性的起变化，也是同样的道理。"

原文 11·3 告子曰："生之谓性[①]。"

注释 ① 生之谓性：天生的素质叫本性。

译文 告子说："天生的本色叫作性。"

原文 孟子曰："生之谓性也，犹白之谓白与？"曰："然"。

译文 孟子说："天生的本色叫作性，就像白颜色叫作白色吗？"〔告子〕答："是！"

原文 “白羽之白也，犹白雪之白；白雪之白犹白玉之白与？”

译文 〔孟子说：〕“白羽毛的白，就像白雪的白，白雪的白，就像白玉的白吗？”

原文 曰：“然。”

译文 〔告子：〕答：“是！”

原文 “然则犬之性犹牛之性，牛之性犹人之性与？”

译文 〔孟子说：〕“这么说，难道狗性就完全像牛性，牛性就像人性吗？”

原文 11·4 告子曰：“食色，性也。仁，内也，非外也；义，外也，非内也。”

译文 告子说：“饮食男女，这是人的本性。仁，是内在品质，不是外在表现；义，是外在表现，不是内在品质。”

原文 孟子曰："何以谓仁内义外也？"

译文 孟子说："根据什么会认为仁是内涵而义是外表呢？"

原文 曰："彼长而我长之，非有长于我也；犹彼白而我白之，从其白于外也，故谓之外也。"

译文 〔告子〕说："他岁数大我才尊敬他，尊敬之心不是我原先固有的；正像某件白色之物，我认为它是白的，这是外物的白使我产生白的印象，所以说是外在因素。"

原文 曰："异于白马之白也①，无以异于白人之白也；不识长马之长也，无以异于长人之长与？且谓长者义乎？长之者义乎？"

注释 ① 异于：朱熹注引张氏云"上'异于'二字疑衍"，认为是衍文（不该有的字句）。又引李氏云"或有阙文焉"，认为可能有脱字漏句。

译文 〔孟子〕说："白马的白，也许跟白人的白没有什么不同，不知道对老马的怜悯和对老人的尊敬，是否也没有什么不同？请问你是说老者具有仁义呢，还是说敬老的人具有仁义？”

原文 曰：“吾弟则爱之，秦人之弟则不爱也，是以我为悦者也，故谓之内。长楚人之长，亦长吾之长，是以长为悦者也，故谓之外也。”

译文 〔告子〕说：“是我的弟弟，我便爱他；秦国人的弟弟，我就不爱。是跟我有关系才这样喜欢，因此说〔仁〕是内在的。尊敬楚国的长者，也尊敬自己的长者，都是因为年长的关系才喜欢这样，因此说〔义〕是在外的。”

原文 曰：“耆秦人之炙[①]，无以异于耆吾炙，夫物则亦有然者也，然则耆炙亦有外与？”

注释 ① 耆：同“嗜”。

译文 〔孟子〕说：“喜欢吃秦国人烧的肉，跟喜欢吃自己烧的肉没有什么不同，其他各种事物都是这样，难道喜欢吃烧肉的心也是外在的吗?”

原文 11·5 孟季子问公都子曰[①]:“何以谓义内也?”

注释 ① 孟季子:人名,情况不详。有人认为是季任。季任,是任国(在今山东济宁)国君之弟。曾留守任国,代理国政。

译文 孟季子问公都子说:“根据什么说义是内在的东西呢?”

原文 曰:“行吾敬,故谓之内也。”

译文 〔公都子〕答:“恭敬出自我内心,因此认为是内在的。”

原文 “乡人长于伯兄一岁,则谁敬?”

译文 〔孟季子〕问:“本乡有人比大哥长一岁,该恭敬谁?”

原文 曰:“敬兄。”

译文　〔公都子〕答："恭敬哥哥。"

原文　"酌则谁先？"

译文　〔孟季子〕问："饮酒时先给谁斟酒？"

原文　曰："先酌乡人。"

译文　〔公都子〕答："先给本乡人斟酒？"

原文　"所敬在此，所长在彼，果在外，非由内也。"

译文　〔孟季子〕说："你心里恭敬的是这〔大哥〕，而〔斟酒时〕却先敬别人，可见〔义〕是外在的，不是出自内心的。"

原文　公都子不能答，以告孟子。

译文　公都子答不上来，便告诉孟子。

原文　孟子曰："敬叔父乎？敬弟乎？彼将曰：'敬叔父。'

曰：‘弟为尸[①]，则谁敬？’彼将曰：‘敬弟。’子曰：‘恶在其敬叔父也？’彼将曰：‘在位故也。’子亦曰：‘在位故也。庸敬在兄，斯须之敬在乡人。’”

注释 ① 尸：古代祭祀仪式中受祭的代理人。

译文 孟子说：“恭敬叔父呢？还是恭敬弟弟？〔对这个问题〕他会说：‘恭敬叔父。’你就说：‘弟弟当了受祭的代理人，那该敬谁呢？’他将说：‘敬弟弟。’那你就说：‘为什么又说要敬叔父呢？’他将说：‘这是因为所处地位〔变化了〕的缘故。’你也可以说：‘是因为所处地位的缘故啊。平常该恭敬哥哥，临时场合就该恭敬这同乡人。’”

原文 季子闻之，曰：“敬叔父则敬，敬弟则敬，果在外，非由内也。”

译文 孟季子听到这番话，说：“敬叔父也好，敬弟弟也好，是外在〔因素决定〕的，不是内心〔发出〕的。”

原文 公都子曰：“冬日则饮汤，夏日则饮水，然则饮食亦在外也?”

译文 公都子说:“冬天喝热水,夏天喝凉水,那么,饮食也是外在的吗?”

原文 11·6 公都子曰:“告子曰:‘性无善无不善也。’或曰:‘性可以为善,可以为不善;是故文武兴,则民好善;幽厉兴,则民好暴。’或曰:‘有性善,有性不善;是故以尧为君而有象;以瞽瞍为父而有舜;以纣为兄之子,且以为君,而有微子启、王子比干。’今曰‘性善’,然则彼皆非与?”

译文 公都子说:“告子认为,‘人性无所谓善良不善良。’有人说,‘人性可以使它善良,也可使它不善良;因此,周文王、周武王在位,百姓便倾向善良;而周幽王、周厉王在位,百姓便趋于横暴。’还有人说,‘有些人性善,有些则性不善,因此,在〔圣人〕尧为君主时,有〔坏兄弟〕象;瞽瞍这样〔坏〕的父亲却有〔好儿子〕舜;商纣那样〔暴虐无道〕的侄儿,并且做了国君,却有微子启、王子比干〔这样的好叔叔〕。您现在讲人性善,那么,上面所举这些人都错了吗?”

原文 孟子曰："乃若其情，则可以为善矣，乃所谓善也。若夫为不善，非才之罪也。恻隐之心，人皆有之；羞恶之心，人皆有之；恭敬之心，人皆有之；是非之心，人皆有之。恻隐之心，仁也；羞恶之心，义也；恭敬之人，礼也；是非之心，智也。仁义礼智，非由外铄我也[①]，我固有之也，弗思耳矣。故曰：'求则得之，舍则失之。'或相倍蓰而无算者[②]，不能尽其才者也。《诗》曰：'天生蒸民，有物有则。民之秉彝，好是懿德[③]。'孔子曰：'为此诗者，其知道乎！故有物必有则；民之秉彝也，故好是懿德。'"

注释 ① 铄（shuò）：熔化金属。朱熹注："铄，以火销金之名，自外以至内也。"朱骏声《说文通训定声·补遗》云："铄又为效，《孟子》'非由外铄我也'，按授也。"译文据此说，译为"赋以"。

② 蓰（xǐ）：五倍。

③"天生蒸民"三句：是《诗经·大雅·蒸民》篇第一章（全篇共八章）中的开头四句。蒸民，众民。则，法则。秉，执。彝，常。好，喜爱。懿，美。

译文 孟子说："人的素质，可以使它做到善良，这是我所说的人性善。至于有些人不善良，不归罪于他的素质。同情之心，人人都有；羞耻之心，人人都有；恭敬之心，人人都有；是非之心，人人都有。同情心，是仁；羞耻心，是义；恭敬心，是礼；是非心，是智。仁、义、礼、智，不是外在因素赋以我的，是我自已固有的，只是未曾思索探求罢了。因此说，'探求便可得到它，舍弃便会失掉它。'人们之间有相差一倍、五倍以至无数倍的情况，正是没能尽量发挥他们的本性〔造成差异〕的缘故。《诗经》中说过，'上天生育了人类，每件事都有法规，人们掌握了规律，追求道德修养的美。'孔子说：'这篇诗的作者，对道理悟得透！因为每件事物都有法则规律，百姓们掌握了这法则，所以喜欢良好的美德。'"

原文 11·7 孟子曰："富岁，子弟多赖[1]；凶岁，子弟多暴，非天之降才尔殊也，其所以陷溺其心者然也。今夫麰麦[2]，播种而耰之[3]，其地同，树之时又同，浡然而生，至于日至之时[4]，皆熟矣。虽有不同，则地有肥硗[5]，雨露之养、人事之不齐也。故凡同类者，举相似也，何独至于人而疑之？圣人，与我同类者。故龙子曰：'不知足而为屦，我知其不为蒉也。'屦之相似，天下之足同也。口之于味，有同耆也；易牙先得我口之所耆者也[6]。如使口之于味也，其性与人殊，若犬马之与我不同类也，则天下何耆皆从易牙之于味也？至于味，天下期于易牙，是天下之口相似也。惟耳亦然。至于声，天下期于师旷[7]，是天下之耳相似也。惟目亦然。至于子都[8]，天下莫不知其姣也。不知子都之姣者，无目者也。故曰，口之于味也，有同耆焉；耳之于声也，有同听焉；目之于色也，有同美焉。至于心，独无所同然乎？心之所同然者何也？谓理也，义也。圣人先得我心之所同然耳。故理义之悦我心，犹刍豢之悦我口[9]。"

注释

① 赖：有二说。一依赖、凭籍。朱熹注："赖，籍也，丰年衣食饶足，故有所赖籍而为善。"一通"懒"，即懒惰。阮元云："'富岁子弟多赖'，赖即懒。"译文用朱熹之说。

② 麰（móu）麦：大麦。

③ 耰（yōu）：古代弄碎土块使田地平坦的农具，此处是当动词用。

④ 日至：夏至。

⑤ 硗（qiāo）：土地瘦瘠，不肥沃。

⑥ 易牙：齐恒公的宠臣，雍（地名）人，名巫，称雍巫，字

易牙。朱熹注："易牙，古之知味者，言易牙所调之味，天下皆以为美也。"

⑦ 师旷：人名。朱熹注："师旷，能审音者也，言师旷所知之音，则天下皆以为美也。"

⑧ 子都：据《诗经·郑风·山有扶苏》篇载，"不见子都，乃见狂且。"《毛传》云："子都，世之美好者也。"朱熹注："子都，古之美人也。"

⑨ 刍豢：泛指家畜。朱熹注："草食曰刍，牛羊是也；谷食曰豢，犬豕是也。"

译文

孟子说："丰收年，子弟多半有依赖〔而为善〕；灾荒年，子弟多半强暴〔而为恶〕。这不是天生的本质不同，是外在环境使他们心灵腐蚀。以大麦而论，播种麦粒而耪土地，土壤相同，种植时间相同，便会蓬勃生长，到了夏至时都会成熟。即便有些差距，也只是因为土壤有肥有瘠，以及雨露多少，人力勤惰不一样形成的。因此，所有同类之物，大都情况近似，为什么一谈到人，就偏偏产生怀疑呢？圣人，也跟我们同类。因此，龙子说：'不看清脚而去编草鞋，我相信决不致编成草篮子。'草鞋相似，因为天下人的脚大致一样。口的味觉，有相同的嗜好；易牙早就弄清了口味的嗜好。假如口的味觉，人与人不相同，就像狗、马的口味跟我们人类大不相同那样，为什么天下的人还要随着易牙的口味呢？谈到味，天下的人都期望达到易牙的〔调味〕水平，这反映了天下人的味觉大体相似。耳的听觉也这样。谈到声音，天下的人都期望达到师旷〔审音〕的水平，这反映了天下人的听觉大体相似。眼的视觉也这样。谈起〔古代美人〕子都，天下的人没有一个不知道他的美貌。感觉不到子都漂亮的，是没有眼睛的人。因此说，口对于味道，有相同的嗜好；耳对于声音，有相同的听觉；眼对于颜色，有相同的美感。谈到心，难道偏偏就不相同吗？心的相同点在哪里？在于理，在于义。圣人早已发现我们心灵上相同的地方。因此，理义可以使我心里欢快，就好比家畜的肉使我暖口、增加食欲一样。”

原文

11·8 孟子曰：“牛山之木尝美矣①，以其郊于大国也，斧斤伐之，可以为美乎？是其日夜之所息，雨露之所润，非无萌蘖之生焉，牛羊又从而牧之，是以若彼濯濯也②。人见其濯濯也，以为未尝有材焉，此岂山之性也哉？虽存乎人者，岂无仁义之心哉？其所以放其良心者，亦犹斧斤之于木也，旦旦而伐之，可以为美乎？其日夜之所息，平旦之气，其好恶与人相近也者几希，则其旦昼之所为[3]，有梏亡之矣[4]。梏之反覆，则其夜气不足以存；夜气不足以存，则其违禽兽不远矣。人见其禽兽也，而以为未尝有才焉者，是岂人之情也哉？故苟得其养，无物不长；苟失其养，无物不消。孔子曰：‘操则存，舍则亡；出入无时，莫知其乡[5]。’惟心之谓与？”

注释

① 牛山：在齐国都城临淄县南部。

② 濯（zhuó）濯：无草木之貌。

③ 旦昼：焦循《正义》认为，“旦昼，犹云明日”。

④ 梏亡：梏（gù），拘禁；束缚。梏亡，因受束缚而消亡。

⑤ 乡：通“向”，即所向，趋向。

译文

孟子说：“牛山的树木曾经茂美一时，因为它长在大都市的郊野，总遭到斧子的砍伐，怎能〔保持其〕茂美呢？它们在日夜生长，受雨露滋润，并非不长新枝嫩芽，只是因为紧接着就是牧牛放羊，因此也像那样光秃秃的。人们见到它光秃秃的景象，还以为它不曾长过成材的树木，难道这是山的本性吗？在一些人身上，难道不存在仁义之心吗？他们之所以失去善良之心，是由于也像斧子对待树木那样，天天砍伐它，怎能茂美呢？他们白天黑夜所发出的〔善心〕，清晨的朝气，他们的爱憎与一般人也有一点相近。然而第二天的所作所为，又因受束缚而丧失了。多次地束缚，就会使他夜间〔产生的善良〕的气息不能保存，夜间的〔善良的〕气息不能保存，便跟禽兽相距不远了。人们但见他那近似禽兽的方面，以为他根本未曾有过善良的素质，这难道是这些人的本质特征吗？因此，如果受到培育，就没有不生长的事物；如果失去培育，也没有不消亡的事物。孔子说：'抓紧就能发展，放弃就会消亡；出入要没有一定的时候，也就不知它会趋向何处。'这是针对人心而发的议论吧？"

原文

11·9 孟子曰："无或乎王之不智也[①]。虽有天下易生之物也，一日暴之[②]，十日寒之，未有能生者也。吾见亦罕矣，吾退而寒之者至矣，吾如有萌焉何哉？今夫弈之为数[③]，小数也；不专心致志，则不得也。弈秋，通国之善弈者也。使弈秋诲二人弈，其一人专心致志，惟弈秋之为听。一人虽听之，一心以为有鸿鹄将至[④]，思援弓缴而射之[⑤]，虽与之俱学，弗若之矣。为是其智若弗与？曰：非然也。"

注释 ① 或：通“惑”。

② 暴：同“曝”（pù），晒。

③ 弈：围棋。数：技巧，技术。

④ 鸿鹄（hú）：天鹅。

⑤ 缴（zhuó）：系在箭上的绳，借代箭。

译文 孟子说：“君王的不明智，并不奇怪。即便是天下最容易成活、生长的植物，晒它一天，冻它十天，也不能够成长。我拜会〔王〕的次数太少，我退居在家便对他特别冷淡，我对他的〔善良之心的〕萌发有什么好办法呢?〔就如〕下棋的技巧，本是一种小技术，不专心致志地学，也学不到家。弈秋是全国下棋的能手。使弈秋教两个人下棋，其中一人能专心致志地学，只听弈秋的话。另一个人虽然也在听讲，心里却以为天鹅将要飞来，想着拉开弓箭去射击它，虽然也跟那人一起学习，却比不上那个人。是因为他的聪明比不上他人吗？回答很明确：决不是如此。”

原文 11·10 孟子曰：“鱼，我所欲也，熊掌亦我所欲也；二者不可得兼，舍鱼而取熊掌者也。生亦我所欲也，义亦我所欲也；二者不可得兼，舍生而取义者也。生亦我所欲，所欲有甚于生者，故不为苟得也；死亦我所恶，所恶有甚于死者，故患有所不辟也。如使人之所欲莫甚于生，则凡可以得生者，何不用也？使人之所恶莫甚于死者，则凡可以辟患者，何不为也？由是则生而有不用也，由是则可以辟患而有不为也，是故所欲有甚于生者，所恶有甚于死者。非独贤者有是心也，人皆有之，贤者能勿丧耳。一箪食，一豆羹①，得之则生，弗得则死，嘑尔而与之②，行道之人弗受；蹴尔而与之③，乞人不屑也；万钟则不辩礼义而受之。万钟于我何加焉？为宫室之美、妻妾之奉、所识穷乏者得我与？乡为身死而不受④，今为宫室之美为之；乡为身死而不受，今为妻妾之奉为之；乡为身死而不受，今为所识穷乏者得我而为之，是亦不可以已乎？此之谓失其本心。"

注释

① 豆：古代食器。形似高足盘，或有盖。用以盛食物或羹汤。

② 嘑（hù）尔：赵岐注："嘑尔，犹呼尔，咄啐之貌也。"即喝叱唾骂。

③ 蹴（cù）尔：以脚践踏。

④ 乡：向来，一向，平素。

译文 孟子说："鱼是我所喜欢的，熊掌也是我所喜欢的，假若两者不能同时有，便舍弃鱼而选择熊掌。生命是我所喜欢的，义也是我所喜欢的，假若两者不能同时有，便舍弃生命而选择义。生命虽是我所喜欢的，但我所喜欢的还有超过生命的东西，因此，我不去做苟且偷生的事。死亡虽是我所厌恶的，但我所厌恶的还有超过死亡的东西，因此，有的祸患就不躲避。假使人们所喜欢的东西没超过生命，那么，所有求生的手段哪能不使用呢？假使人们所讨厌的东西没有超过死亡，那么，所有避祸的方法哪能不照办呢？如此行事就能生存，〔高尚的人〕不肯使用；如此行事就能避祸，〔高尚的人〕不肯照办，因而可知有比生命更可贵的东西，也有比死亡更可憎的东西。不仅仅是贤者才有这种想法，〔其实〕人人都有，只不过贤人保持不灭罢了。一筐饭，一碗汤，得到它就能生存，失掉它就死亡，呵叱唾骂的施舍，连旅途中挨饿的也不愿接受；践踏过再给人，连乞丐也不肯一顾它。万钟的厚禄分不清是否合乎礼仪便轻易接受，这万钟厚禄对我有什么好处呢？难道是为住宅的豪华，妻妾的陪侍，以及相识的穷困者对自己的感激吗？平素宁肯死亡而不接受者，现在为享有住宅的豪华而承受了；平素宁肯死亡而不接受者，现在为得到妻妾的陪侍而承受了；平素宁肯死亡而不接受者，现在为博取穷困者对自己感恩戴德（的虚荣）而接受了。这些不是完全可以置之不理吗？这就叫作失去了他的本性。”

原文 11·11 孟子曰：“仁，人心也；义，人路也。舍其路而弗由，放其心而不知求，哀哉！人有鸡犬放，则知求之；有放心而不知求。学问之道无他，求其放心而已矣。”

译文 孟子说：“仁，是人的心灵，义，是人的途径。舍弃途径而不走，失去〔善良的〕心灵而不懂得去寻求，多么可悲！人有鸡和狗走失了，还懂得去找；有〔善良〕心灵丢失了，却不懂得去找。学问之道没有别的，把那丢失的〔善〕心找回来就够了。”

原文 11·12 孟子曰：“今有无名之指屈而不信[①]，非疾痛害事也，如有能信之者，则不远秦楚之路，为指之不若人也。指不若人，则知恶之；心不若人，则不知恶，此之谓不知类也[②]。”

注释 ① 信：伸直。

② 不知类：朱熹注："言其不知轻重之等也。"

译文 孟子说："现在有人把无名指弯曲而伸不直，不疼痛，也不妨碍工作。如果有人能使它伸直，那就〔前往医治〕连走向秦国、楚国的路也不觉得远，只因手指头比不上他人的缘故。〔小小〕指头不如人，倒自知厌烦；而心灵不如别人，却不知厌烦，这就叫轻重倒置，不识大局。"

原文 11·13 孟子曰："拱把之桐梓[①]，人苟欲生之，皆知所以养之者。至于身，而不知所以养之者，岂爱身不若桐梓哉？弗思甚也。"

注释 ① 拱把：赵岐注："拱，合两手也。把，以一手把之地。"即一小掐（qiā），比喻细小。

译文 孟子说："仅有一两把粗的桐树、梓树，人们如果要它成长，都懂得应该怎样培养它。至于自身的修养，却不知道该怎样培养，难道爱护自身竟比不上爱护桐树、梓树吗？不会思考问题多么严重啊！"

原文 11·14 孟子曰："人之于身也，兼所爱。兼所爱，则兼所养也。无尺寸之肤不爱焉，则无尺寸之肤不养也。所以考其善不善者，岂有他哉？于己取之而已矣，体有贵贱，有小大。无以小害大，无以贱害贵[①]。养其小者为小人，养其大者为大人。今有场师，舍其梧槚[②]，养其樲棘[③]，则为贱场师焉。养其一指而失其肩背，而不知也，则为狼疾人也[④]。饮食之人，则人贱之矣，为其养小以失大也。饮食之人无有失也，则口腹岂适为尺寸之肤哉[⑤]？"

注释 ① 无以小害大，无以贱害贵：所谓大小贵贱，朱熹认为，"贱而小者，口腹也；贵而大者，心志也。"

② 梧槚：梧，梧桐。槚（jiǎ），木名。一指楸树，常同松树并种于墓前；一指苦茶。陆羽《茶经·一之源》认为，"其名一曰茶，二曰槚，三曰蔎（shè），四曰茗，五曰荈。"

③ 樲（èr）棘：樲，酸枣。《尔雅·释木》认为，"樲，酸枣。"郭璞注："树小实酢，《孟子》曰'养其酸枣。'今本作'樲棘'者，是'樲枣'之误，见郝懿行《尔雅义疏》。"一说樲棘，是酸枣和荆刺两种植物。

④ 狼疾：同"狼藉"，昏乱，糊涂。焦循《正义》曰："狼藉犹纷错，害而不知，此医之昏愦瞀乱者矣。"孔颖疏："藉乱而

不知医治者也。”译文本此。

⑤ 适：通“啻”（chì翅），仅仅，不过。

译文 孟子说：“人们对自身处处都爱护，处处都爱护，便处处都保养，没有一尺一寸的肌肤不爱护备至，没有一尺一寸的肌肤不加意保养。考察他〔保养〕好不好，哪有别的方法，就看他侧重〔肌体〕哪一部分而已。身体各部分有主有次，有小有大。不要顾小而害大，顾次要而害主要。保养只着眼于小处者是小人，保养着眼于大处者是大人。眼下有一位园艺师，舍弃他的梧桐、檟树，却护养他的酸枣、荆棘，那就是个很愚蠢的园艺师。只顾护养他的一个手指，竟失去他的肩膀脊背，自己却认识不到，那简直是个糊涂的庸人。只讲究吃喝的人，受到人们的鄙轻，因为他贪小而失大啊！〔假使〕贪吃喝的人并没有失去什么〔重要的〕东西，那么，难道吃喝竟然仅仅是为了满足口胃那一尺一寸的肌体吗？”

原文 11·15 公都子问曰：“钧是人也①，或为大人，或为小人，何也？”

注释 ① 钧：同“均”。均等，同样。

译文 公都子问道：“同样是人，有人高尚，有人卑劣，这是为什么？”

原文 孟子曰：“从其大体为大人，从其小体为小人。”

译文 孟子说：“满足重要器官需要的是高尚者，满足次要器官需要的是卑劣者。”

原文 曰：“钧是人也，或从其大体，或从其小体，何也？”

译文 〔公都子〕又问：“同样是人，有人满足重要器官的需要，有人满足次要器官的需要，这又是为什么？”

原文 曰：“耳目之官不思，而蔽于物。物交物，则引之而已矣。心之官则思，思则得之，不思则不得也。此天之所与我者①。先立乎其大者，则其小者不能夺也。此为大人而已矣。”

注释 ① 此：这。朱熹注：“旧本多作‘比’，而赵注亦以‘比方’

释之。今本多作'此'……"似以"此"为顺适。

译文 〔孟子〕答道："耳朵、眼睛一类器官不会思考，常被事物蒙蔽。此物一接触外物，就全被勾引迷惑罢了。心这个器官专管思考，思考便能有所收获，不思考便一无所获。这是大自然赋予我们的器官。先发挥这重要器官的作用，那么次要器官就不能喧宾夺主占上风。这样，便可成为高尚的人。"

原文 11·16　孟子曰："有天爵者，有人爵者。仁义忠信，乐善不倦，此天爵也；公卿大夫，此人爵也。古之人修其天爵，而人爵从之。今之人修其天爵，以要人爵；既得人爵，而弃其天爵，则惑之甚者也，终亦必亡而已矣。"

译文 孟子说："有天然的爵位等级，也有社会的爵位等级。仁、义、忠、信，乐于行善而不疲倦，这是天然的等级；公卿大夫，这是社会的爵位等级。古代的人着重修养那天然的等级，而社会的等级也会紧跟而来。现在的人修养那天然等级，用来追求社会等级，一旦得到了社会等级，竟抛弃天然等级，那就是糊涂到了极点，结果将必然会把一切葬送掉。”

原文 11·17 孟子曰：“欲贵者，人之同心也。人人有贵于己者，弗思耳矣[①]。人之所贵者，非良贵也。赵孟之所贵[②]，赵孟能贱之。《诗》云：‘既醉以酒，既饱以德[③]。’言饱乎仁义也，所以不愿人之膏粱之味也[④]；令闻广誉施于身，所以不愿人之文绣也[⑤]。”

注释 ① 弗思耳矣：朱熹注本无“矣”字，《十三经注疏》有“矣”字。

② 赵孟：晋国正卿赵盾，字孟。赵衰之子。晋襄公七年（前621），任中军元帅。掌握国权，晋灵公十四年（前607），避灵公杀害出走，未出境，其族人赵穿杀死灵公。赵盾又拥立晋成公，继续执政。赵盾的子孙亦称赵孟。

③ 既醉以酒，既饱以德：是《诗经·大雅·既醉》篇第一章（全篇共八章）中的开头两句。

④ 愿：羡慕。

⑤ 文绣：古代具有爵位等级的人所穿的有文绣之服。

译文 孟子说：“盼望尊贵，是人们的共同心愿。每个人都有自己的可贵之处，只是不善于思索罢了。别人所授与的尊贵，不是真正的尊贵。赵孟所尊贵的，赵孟亦能使他卑贱。《诗经》中说：‘美酒已经陶醉，道德已经俱备。’是说已足够仁义的品德，也就不羡慕别人有肥肉细粱的美味。众所称誉的名望已到达自己身上，也就不羡慕别人那一身高贵的锦衣绣裳了。”

原文 11·18 孟子曰：“仁之胜不仁也，犹水胜火。今之为仁者，犹以一杯水救一车薪之火也；不熄，则谓之水不胜火，此又与于不仁之甚者也[①]，亦终必亡而已矣。”

注释 ① 与：朱熹注：“与，犹助也。……有以深助于不仁者也。”译文据此。杨伯峻注：“与，同也。”本此，亦可理解为“这就跟不仁到极点的人相同”。

译文 孟子说：“仁能战胜不仁，就好比水能胜火。方今行仁的人，就好比用一杯水去抢救一车着了火的柴木；火扑不灭，便说水不能战胜火，这就是助长了那些不仁到了极点的人，结果必然会把这点〔小小的仁〕也葬送掉。”

原文 11·19 孟子曰：“五谷者，种之美者也；苟为不熟，不如荑稗[1]。夫仁，亦在乎熟之而已矣。”

注释 ① 荑稗：荑（tí），亦通“稊”，稗子一类的草。实如小米。稗（bài），稗子，长于稻田或低湿处，形状像稻，可作家畜饲料。

译文 孟子说：“五谷，是谷类中的好品种，如果不成熟，还不如稊米、稗子之类。仁，也要讲究它的成熟才行。”

原文 11·20 孟子曰：“羿之教人射，必志于彀[1]；学者亦必志於彀。大匠诲人必以规矩，学者亦必以规矩。”

注释 ① 必志于彀（gòu）：朱熹注：“志，犹期也；彀，弓满也。”

译文 孟子说：“羿教人射箭，一定要强调把弓拉满，学射的人也必定希望把弓拉满。高明的木匠教人一定要以规矩为依据，学木工的人也必定以规矩为依据。”

告子下

（凡十六章）

原文 12·1 任人有问屋庐子曰[①]：“礼与食孰重？”

注释 ① 任：古国名，在今山东济宁市。屋庐子：名连，孟子的弟子。

译文 有一个任国人问屋庐子说：“礼和食，哪个重要？”

原文 曰：“礼重。”

译文 〔屋庐子〕答：“礼重要。”

原文 “色与礼孰重？”

译文 〔任国人又问：〕“美色和礼，哪个重要？”

原文 曰：“礼重。”

译文 〔屋庐子〕答："礼重要。"

原文 曰："以礼食，则饥而死；不以礼食，则得食，必以礼乎？亲迎[1]，则不得妻；不亲迎，则得妻，必亲迎乎？"

注释 ① 亲迎：古代婚姻制度，新郎亲迎新妇。

译文 〔任国人〕说："按照礼制去求食，就会饿死；不按照礼制去求食，就会得到吃的东西，必须按照礼制才行吗？遵守亲迎的礼仪，就得不到妻子；不遵守亲迎的礼仪，就能得到妻子，必须遵守亲迎的礼仪吗？"

原文 屋庐子不能对，明日之邹以告孟子[1]。

注释 ① 邹：今山东邹县东南。

译文 屋庐子答不上来，第二天便到邹国，把情况告诉孟子。

原文 孟子曰："于答是也，何有？不揣其本，而齐其末，方寸之木可使高于岑楼①。金重于羽者，岂谓一钩金与一舆羽之谓哉②？取食之重者与礼之轻者而比之，奚翅食重③？取色之重者与礼之轻者而比之，奚翅色重？往应之曰：‘纱兄之臂而夺之食④，则得食；不纱，则不得食，则将纱之乎？逾东家墙而搂其处子⑤，则得妻；不搂，则不得妻；则将搂之乎？’”

注释

① 岑楼：朱熹注为“楼之高锐似山者。”

② 一钩金：钩，钩带。朱熹注：“钩，带钩也。金本重而带钩小，故轻。”

③ 翅：同“啻”（chì），止。

④ 纱（zhèn）：扭转，弯曲。

⑤ 处子：处女。

译文

孟子说：“解答这个问题，有什么困难呢？如果不去揣测基地是否高低一致，而只注意比较它的顶端，那么一寸厚的木块〔放置在高处〕，也可以使它高过于尖角的高楼。金，本来就比羽毛重，难道能说一小钩金会比一大车羽毛还重吗？拿吃的重要与礼的轻细相比较，何止是食更重要？拿婚姻的重要与礼的轻细相比较，何止是娶妻更重要？〔你〕去回答他说：‘把哥哥的胳臂扭伤而去抢夺他的食物，便可以得到食品；不去扭伤，就得不到食品，准备去扭伤吗？跨过东邻的墙去搂抱他家的少女，就可得到妻室；不去搂抱就得不到妻子，难道也准备去搂抱吗？'"

原文 12·2 曹交问曰[①]："人皆可以为尧舜，有诸？"

注释 ① 曹交：赵岐注为"曹君之弟"，名交。

译文 曹交问："人人都可以成尧、舜，有此说法吗？"

原文 孟子曰："然。"

译文 孟子说："有！"

原文 "交闻文王十尺，汤九尺，今交九尺四寸以长，食粟而已，如何则可？"

译文 〔曹交问：〕"我听说文王身高十尺，汤高九尺，我现在高九尺四寸多，只会吃饭而已，怎样才成呢？"

原文 曰："奚有于是？亦为之而已矣。有人于此，力不能胜一匹雏[①]，则为无力人矣；今曰举百钧，则为有力人矣。然则举乌获之任[②]，是亦为乌获而已矣。夫人岂以不胜为患哉？弗为耳。徐行后长者谓之弟，疾行先长者谓之不弟。夫徐行者，岂人所不能哉？所不为也。尧舜之道，孝弟而已矣。子服尧之服，诵尧之言，行尧之行，是尧而已矣。子服桀之服，诵桀之言，行桀之行，是桀而已矣。"

注释 ① 一匹雏：一只小鸡。

② 乌获：赵岐注："乌获，古之有力人也，能举移千钧。"

译文 〔孟子〕说："这有什么关系呢，有行动就够了。如有人在此，连拿一只鸡都不能胜任，算是没有力气的人；如能举重三千斤，便是很有力气的人。那么，能举乌获所能举的重量，也可以算乌获了。人怎么能够为不能胜任而发愁呢？没去干就是了。在长者后面慢慢走叫作悌；抢在长者前快步走叫不悌。慢慢走，难道是人办不到的事吗？没那样做就是了。尧、舜之道，不外是孝悌罢了。你穿上尧的衣服，口诵尧的话，仿效尧的做法，便成了尧。你穿上桀的衣服，口诵桀的话，仿照桀的行动，便成了桀。”

原文 曰：“交得见于邹君，可以假馆，愿留而受业于门。”

译文 〔曹交〕说：“我要去拜见邹君，要一个借住的馆舍，愿留下当您的门徒。”

原文 曰：“夫道若大路然，岂难知哉？人病不求耳。子归而求之，有余师。”

译文 〔孟子〕说：“道理就像大路，难道费解吗？就怕不肯去探求。你回去自己探索吧！老师处处都有啊！”

原文 12·3 公孙丑问曰：“高子曰①：《小弁》②，小人之诗也。”

注释 ① 高子：齐国人。

②《小弁》：《诗经·小雅》中的篇名。朱熹注：“周幽王娶申后，生太子宜臼；又得褒姒，生伯服，而黜申后、废宜臼，于是宜臼之傅为作此诗，以叙其哀痛迫切之情也。”全篇共八章，每章八句。

译文 公孙丑问道："高子说：'《小弁》，是小人作的诗'。"

原文 孟子曰："何以言之？"

译文 孟子说："凭什么这样说？"

原文 曰："怨。"

译文 〔公孙丑〕说："〔因为诗中〕有怨。"

原文 曰："固哉，高叟之为诗也！有人于此，越人关弓而射之，则己谈笑而道之；无他，疏之也。其兄关弓而射之，则己垂涕泣而道之；无他，戚之也[①]。小弁之怨，亲亲也。亲亲，仁也。固矣夫，高叟之为诗也！"

注释 ① 戚：亲。

译文 〔孟子〕说："真固执啊！高老先生这样解诗。这里有个人，如果越国人张弓射他，他自己可谈笑自若地讲述它，不为别的，只因〔越人〕跟他疏远；如果是他哥哥张弓射他，他自己会啼哭抽噎地讲述它，不为别的，只因〔哥哥〕是亲人。《小弁》的怨恨，正是亲近亲人。亲近亲人，是仁的表现。真固执啊？高老先生这样解释诗。”

原文 曰：“《凯风》何以不怨[①]？”

注释 ①《凯风》：《诗经·邶风》中的篇名。朱熹注：“卫有七子之母，不能安其室，七子作此以自责也。”全篇共四章，每章四句，充满自责慰母之辞。

译文 〔公孙丑〕说：“《凯风〕这篇诗为什么没有怨恨之情呢？”

原文 曰：“《凯风》，亲之过小者也；《小弁》，亲之过大者也。亲之过大而不怨，是愈疏也；亲之过小而怨，是不可矶也[①]。愈疏，不孝也；不可矶，亦不孝也。孔子曰：‘舜其至孝矣，五十而慕。’”

注释 ① 矶（jī）：激动。朱熹注：“不可矶，言微激之而遽怒也。”

译文 〔孟子〕说：“《凯风》，是因母亲的过错小；《小弁》，却因父亲的过失大。父母过错大而不怨，这表示更疏远；父母过错小而怨，这反映被激怒了。更疏远，是不孝；激怒了，也是不孝。孔子说：'舜该算最孝的人了吧，五十岁还怀恋〔父母〕。'"

原文 12·4 宋牼将之楚[①]，孟子遇于石丘[②]，曰："先生将何之？"

注释 ① 宋牼（kēng）：宋国人。《韩非子·显学》篇作宋荣，是战国时著名学者。

② 石丘：地名。

译文 宋牼准备到楚国去，孟子在石丘碰到他，孟子问道："先生要到哪里去？"

原文 曰："吾闻秦楚构兵，我将见楚王说而罢之。楚王不悦，我将见秦王说而罢之。二王我将有所遇焉。"

译文 〔宋牼〕说："我听说秦、楚两国交兵，准备去见楚王，劝说他罢兵。如楚王不爱听，我准备去见秦王，劝说他罢兵。在两国君王中，我也许会找到意见相合者吧!”

原文 曰:“轲也请无问其详，愿闻其指。说之将何如?”

译文 〔孟子〕说:“我孟轲不想仔细打听，只想听个要领，你准备怎样劝说吧?”

原文 曰:“我将言其不利也。”

译文 〔宋〕说:“我打算指出〔交兵〕的不利。”

原文 曰:“先生之志则大矣，先生之号则不可①。先生以利说秦楚之王，秦楚之王悦于利，以罢三军之师，是三军之士乐罢而悦于利也。为人臣者怀利以事其君，为人子者怀利以事其父，为人弟者怀利以事其兄，是君臣、父子、兄弟终去仁义，怀利以相接，然而不亡者，未之有也。先生以仁义说秦楚之王，秦楚之王悦于仁义，而罢三军之师，是三军之士乐罢而悦于仁义也。为人臣者怀仁义以事其君，为人子者怀仁义以事其父，为人弟者怀仁义以事其兄，是君臣、父子，兄弟去利，怀仁义以相接也，然而不王者，未之有也。

何必曰利？”

注释 ① 号：观点，看法。

译文 〔孟子〕说：“先生的志向很远大，但先生的观点却欠妥。先生用利去劝说秦、楚两国君王，秦、楚之王由于喜欢利，便停止三军的战争活动，这是使三军官兵愿意罢兵而贪利。当臣属者用利的观点事君王，做儿子者用利的观点事父亲，当弟弟者用利的观点事兄长，这就会导致君臣、父子、兄弟之间尽抛仁义，而用利的观点相接待。这样国家要不亡，是不可能的。〔如果〕先生用仁义去劝说秦、楚二王，秦王、楚王由于喜爱仁义，而停止三军军事行动，这是使三军官兵愿意罢兵而喜爱仁义。当臣属者用仁义观点事君王，做儿子者用仁义观点事父亲，当弟弟者用仁义观点事兄长，便可导致君臣、父子、兄弟之间以仁义的观点相接待。这样，国家要不兴旺，也是不可能的。为什么非讲利不可呢？”

原文 12·5 孟子居邹，季任为任处守，以币交，受之而不报。处于平陆①，储子为相，以币交，受之而不报，他日，由邹之任，见季子；由平陆之齐，不见储子。屋庐子喜曰："连得间矣。"问曰："夫子之任，见季子；之齐，不见储子，为其为相与？"

注释 ① 平陆：据阎若璩《释地续》，"平陆为今汶上县，去齐都临淄凡六百里"。

译文 孟子住在邹国时，季任留守任国代理国政，送厚礼〔跟孟子〕交友，〔孟子〕收了礼而不回报。〔孟子〕住在平陆时，储子任〔齐国〕卿相，送厚礼〔跟孟子〕交友，〔孟子〕也是收了礼而不回报。后来，他从邹国到任国，拜会季子；从平陆到齐国，却不拜会储子。屋庐子高兴地说："我可找到〔孟子的〕漏洞了。"便问道："夫子到任国，拜会季子；到齐国，不见储子，就因为储子仅仅是卿相吗？"

原文 曰："非也。《书》曰：'享多仪，仪不及，物曰不享，惟不役志于享。①'为其不成享也。"

注释 ①"享多仪"三句：见《尚书·洛诰》篇。

译文 〔孟子〕答道："不是！《尚书》中说：'享献之礼多仪节，仪节不够，礼物再多也只能认为没有贡献，因为享献人的心意没用在享献上。'缘由就在于他没完成享献啊！"

原文 屋庐子悦。或问之。屋庐子曰："季子不得之邹，储子得之平陆。"

译文 屋庐子很高兴。有人问他。他说："季子〔因肩负国政〕不能〔擅离任国〕亲自到邹国，储子〔分明可以外出〕能亲自到平陆〔却不肯去〕呀！"

原文 12·6 淳于髡曰："先名实者，为人也；后名实者，自为也①。夫子在三卿之中②，名实未加于上下而去之，仁者固如此乎？"

注释 ① 先名实……自为也：朱熹注："名，声誉也；实，事功也。言以名实为先，而为之者，是有志于救民者也，以名实为后，而不为者，是欲独善其身者也。"

② 三卿：一指上卿、亚卿、下卿；一指相、将、客卿。

译文 淳于髡说："注重名誉功业者，是为济世救民；轻视名誉功业者，是为独善其身。夫子是三卿之一，名誉功业还没有上辅君下济民便离开，难道仁人本来是这样的吗？"

原文 孟子曰："居下位，不以贤事不肖者，伯夷也；五就汤，五就桀者，伊尹也；不恶污君，不辞小官者，柳下惠也。三子者不同道，其趋一也。一者何也？曰，仁也。君子亦仁而已矣，何必同？"

译文 孟子说："职位卑微的人，不以贤人的身份侍养不成器的人，这是伯夷；五次跑去汤那里，又五次跑去桀那里，这是伊尹；不讨厌昏庸的君王，不拒绝担任低级小官，这是柳下惠。—— 这三个人不同道，但方向一致。这一致是什么呢？是仁。君子只要行仁也就足够了，为什么必须强求一个样子呢？"

原文 曰："鲁缪公之时，公仪子为政①，子柳子思为臣②，鲁之削也滋甚；若是乎，贤者之无益于国也！"

注释 ① 公仪子：鲁国博士，名公孙休。

② 子柳：人名，即泄柳。

译文 〔淳于髡〕说：“鲁缪公时，公仪子主持国政，泄柳和子思也在朝廷做臣子，鲁国的衰落却很严重，贤人对国家毫无补益竟然到如此境地！”

原文 曰：“虞不用百里奚而亡，秦穆公用之而霸。不用贤则亡，削何可得与？”

译文 〔孟子〕说：“虞国不用百里奚，以致覆灭，秦穆公用了他，得以称霸。不用贤人会导致沦亡，即便求其勉强存在也不可能。”

原文 曰：“昔者王豹处于淇①，而河西善讴②；緜驹处于高唐③，而齐右善歌④；华周杞梁之妻善哭其夫而变国俗⑤。有诸内，必形诸外。为其事而无其功者，髡未尝睹之也。是故无贤者也；有则髡必识之。”

注释 ① 王豹：卫国人，善讴。

② 河西：黄河之西，在卫国境内。

③ 緜驹处于高唐：緜驹，齐国人，善歌。高唐，故城在山东

禹城县西南。

④ 齐右：齐国的西部。

⑤ 华周杞梁之妻善哭其夫：朱熹注："华周、杞梁，二人皆齐臣，战死于莒，其妻哭之哀，国俗化之皆善哭。"

译文 〔淳于髡〕说："从前王豹住在淇水畔，河西的人都善于唱歌；緜驹住在高唐，齐国西部地区也都擅长歌唱；华周、杞梁的妻子很会痛哭她们的丈夫，从而改变了国家风俗。内涵的因素，必然表现于外在形式。干某件事而不奏功效，我还不曾见到过，因此〔当今恐怕是〕不存在贤人；如果有，我一定认得出来。"

原文 曰："孔子为鲁司寇，不用，从而祭，燔肉不至，不税冕而行[①]。不知者以为为肉也，其知者以为为无礼也。乃孔子则欲以微罪行[②]，不欲为苟去。君子之所为，众人固不识也。"

注释 ① 不税（tuō）冕而行：税，通"脱"。赵岐认为，孔子"反归其舍，未及税解祭之冕而行，出适他国。"没有脱下祭祀的冕便匆匆离去。

② 欲以微罪行：承担一点罪名而远去。朱熹注："盖圣人于父

母之国，不欲显其君相之失，又不欲为无故而苟去。”

译文 〔孟子〕说：“孔子任鲁国司寇官，不被信任，跟人去祭祀，祭肉也没送来，未及脱下祭冕便匆促离开。不了解孔子的人误认为他是为了争祭肉，了解孔子的人认为他是因〔鲁国〕失礼〔才离去〕。至于孔子本人，却是想承担一点罪责而远行，不想随便就走。君子的行动，本来是一般人难以理解的。”

原文 12·7 孟子曰：“五霸者①，三王之罪人也②；今之诸侯，五霸之罪人也；今之大夫，今之诸侯之罪人也。天子适诸侯曰巡狩，诸侯朝于天子曰述职。春省耕而補不足，秋省敛而助不给。入其疆，土地辟，田野治，养老尊贤，俊杰在位，则有庆；庆以地。入其疆，土地荒芜，遗老失贤，掊克在位③，则有让。一不朝，则贬其爵；再不朝，则削其地；三不朝，则六师移之。是故天子讨而不伐，诸侯伐而不讨。五霸者，搂诸侯以伐诸侯者也。故曰，五霸者，三王之罪人也。五霸，桓公为盛。葵丘之会④，诸侯束牲载书而不歃血⑤。初命曰，诛不孝，无易树子，无以妾为妻。再命曰，尊贤育才，以彰有德。三命曰，敬老慈幼，无忘宾旅。四命曰，士无世官，官事无摄。取士必得[⑥]，无专杀大夫。五命曰，无曲防[⑦]，无遏籴，无有封而不告[⑧]。曰，凡我同盟之人，既盟之后，言归于好。今之诸侯皆犯此五禁，故曰，今之诸侯，五霸之罪人也。长君之恶其罪小[⑨]，逢君之恶其罪大。今之大夫皆逢君之恶，故曰，今之大夫，今之诸侯之罪人也。”

注释

① 五霸：指春秋时先后称霸的五个诸侯。对五霸存在多种说法。一说是齐桓公、晋文公、楚庄王、吴王阖闾、越王勾践。一说是齐桓公、宋襄公、晋文公、秦穆公、楚庄王。一说是齐桓公、晋文公、秦穆公，楚庄王、吴王阖闾。孟子所指五霸，其中必须包括秦穆公、齐桓公在内，因此，后两说都有可能。

② 三王：指夏、商、周三朝的禹、汤、文王和武王。

③ 掊（póu）克：聚敛。

④ 葵丘：春秋时宋国地名，在今河南考城县东。

⑤ 束牲：赵岐注为“束缚其牲”。古代定盟常用牺牲，或杀，或不杀。载书：古代的盟约。这是个动宾词组，载是动词，书是宾语，指盟辞。据《谷梁传·僖公九年》载，“葵丘之盟，陈牲而不杀，读书，加于牲上。”歃（shà）血：歃，用嘴吸吮。

古代盟会时，嘴唇涂上牲畜的血，表示诚意，叫歃血。

⑥ 取士必得：赵岐注："取士必得贤，立之无方也。"得，指得贤。

⑦ 曲防：遍筑堤防。近人杨伯峻注为，曲，有"无不""遍"之义。防，即堤。

⑧ 无有封而不告：赵岐注："无以私恩擅有所封赏而不告盟主也。"

⑨ 长：助长。

译文

孟子说："五霸，是三王的有罪之人；现在的诸侯，又是五霸的有罪之人；现在的大夫，又是现在的诸侯的有罪之人。天子巡行诸侯的国家叫巡狩，诸侯朝见天子叫述职。〔天子〕春天考察耕种而补助困难的人，秋天考察收获而救济歉收的人。到了某国疆域，〔如果〕土地已开垦，田野也已耕作，赡养老人，尊敬贤者，出类拔萃的人在朝廷，就给予赏赐，赏赐用土地。到了某国疆域，〔如果〕土地荒废，遗弃老人，不举贤能，搜刮掠夺的人在朝廷，就给予处罚。〔诸侯〕一次不朝，便降低爵位；两次不朝，便削减土地；三次不朝，就兴师问罪。因此，天子用武力是讨，不是伐；诸侯则是伐，不是讨。五霸，是胁迫一部分诸侯去攻伐另外一部分诸侯。因此说，五霸，是三王的有罪之人。五霸之中，齐桓公势力最大。在葵丘地方的盟会，诸侯捆绑牺牲，把盟约放在它身上，没有歃血。盟约第一条，诛不孝的人，不废立太子，不把妾当妻。盟约第二条，尊敬贤者，培养人才，表彰有品德的人。盟约第三条，敬事老人，疼爱幼儿，不轻慢宾客旅人。盟约第四条，士人的官职不世袭，公职不兼摄，选拔士人要合格，不要专横杀戮大夫。盟约第五条，不可遍处筑堤，不得制止〔邻国〕购粮食，不得有所封赏而不报告。还宣誓：凡是参与盟会的人，盟约订立以后，恢复平素的友好安定。今天的诸侯都违反这五条禁令，因此说，今天的诸侯是五霸的有罪之人。助长君王的罪行，罪过还较小，迎合君王的恶行，罪过就大了。今天的大夫，都去迎合君王的恶行，因此说，今天的大夫又是今天的诸侯的有罪之人。”

原文 12·8 鲁欲使慎子[①]为将军。孟子曰：“不教民而用之，谓之殃民。殃民者，不容于尧舜之世。一战胜齐，遂有南阳[②]，然且不可……”

注释 ① 慎子：焦循《正义》疑慎子即慎到。赵岐注："慎子，善用兵者。"朱熹注："慎子，鲁臣。""滑厘，慎子名"。

② 南阳：指泰山西南，汶水之北的汶阳，春秋时为齐、鲁所争之地。

译文 鲁国想让慎子做将军。孟子说："不教化百姓而用他们打仗，这叫坑害百姓，坑害百姓的人，在舜尧时代不被容许。即便只打一战就击败齐国，得了南阳，这样也还不能……"

原文 慎子勃然不悦曰："此则滑厘所不识也。"

译文 慎子脸色突变，很不高兴地说："这是我所理解不了的。"

原文 曰："吾明告子。天子之地方千里；不千里，不足以待诸侯。诸侯之地方百里；不百里，不足以守宗庙之典籍。周公之封于鲁，为方百里也；地非不足，而俭于百里[1]。太公之封于齐也，亦为方百里也；地非不足也，而俭于百里。今鲁方百里者五，子以为有王者作，则鲁在所损乎，在所益乎？徒取诸彼以与此，然且仁者不为，况于杀人以求之乎！君子之事君也，务引其君以当道，志于仁而已。”

注释 ① 俭：少。

译文 〔孟子〕说：“我把实话明白告诉你吧！天子的土地纵横千里，不够一千里，就不够接待诸侯。诸侯的土地纵横百里，不够一百里，就不够奉守宗庙的礼制。周公被封在鲁国，应是纵横百里，土地不是不够，但数量略少百里。太公被封在齐国，也应是纵横百里，土地不是不够，但数量也略少于百里。现在鲁国的土地是纵横百里的五倍，你以为有贤明之君兴起，是会使鲁国的领土有所缩减呢？还是会使它扩张呢？即便不耗费兵力去把从彼国取得的给予此国，仁人都不屑一干，何况是用战争屠杀去掠夺呢？君子侍奉君王，务必要把君王引向正轨，立志行仁就够了。”

原文 12·9 孟子曰：“今之事君者皆曰[①]，‘我能为君辟土地，充府库。’今之所谓良臣，古之所谓民贼也。君不乡道[②]，不志于仁，而求富之，是富桀也。‘我能为君约与国，战必克。’今之所谓良臣，古之所谓民贼也。君不乡道，不志于仁，而求为之强战，是辅桀也。由今之道，无变今之俗，虽与之天下，不能一朝居也。”

注释 ① 皆：都。朱熹注本无“皆”字。

② 乡道：向往道德。乡，同“向”，向往，追求。

译文 孟子说“当今侍奉国君的人都说：‘我能为国君扩张土地，充实府库。’现在所谓好臣子，正是古代所称为民贼的人。国君不向往道德，不立志行仁，而想使他富有财宝，这等于使夏桀富有财宝。〔还说：〕‘我能为国君邀约盟国，每战必胜。’现在所谓好臣子，正是古代所称为民贼的人，国君不向往道德，不立志行仁，却想替他竭力打仗，这等于辅助夏桀。沿着此路走下去，而不改变当代恶风劣俗，即便把整个天下都归他，他连一天也不能安居。”

原文 12 · 10 白圭曰[①]：“吾欲二十而取一，何如？”

注释 ① 白圭：朱熹注：“白圭，名丹，周人也。欲更税法，二十分而取其一分。林氏曰：‘按《史记》，白圭能薄饮食，忍嗜欲，与童仆同苦乐。乐观时变，人弃我取，人取我与，与此居积致富。其为此论，盖欲以其术施之国家也。'”

译文 白圭说：“我准备〔定税率〕二十抽一，行吗？”

原文 孟子曰：“子之道，貉道也[①]。万室之国，一人陶，则可乎？”

注释 ① 貉（mò）又作“貊”，古代北方少数民族。朱熹注：“貉，北方夷狄之国名也。”

译文 孟子说：“你的办法，是貉的办法。有万户的国家，只有一个人制瓦器，可以吗？”

原文 曰：“不可，器不足用也。”

译文 〔白圭〕说：“不可以，瓦器供不应求啊！”

原文 曰：“夫貉，五谷不生，惟黍生之；无城郭、宫室、宗庙、祭祀之礼，无诸侯币帛饔飧[①]，无百官有司，故二十取一而足也。今居中国，去人伦，无君子，如之何其可也？陶以寡，且不可以为国，况无君子乎？欲轻之于尧舜之道者，大貉小貉也；欲重之于尧舜之道者，大桀小桀也。”

注释 ① 饔（yōng）飧（sūn）：朱熹注：“饔飧，以饮食馈客之礼也。”按本意，饔，指熟食，早饭；飧，指晚饭。

译文 〔孟子〕说：“貉这个国家，五谷不能生长，只能长糜子，没有城郭、房舍、祖庙，祭祀这一类的礼节，没有诸侯国间互送礼物、宴饮之类的联系，没有衙署等各种机构和官吏，因此二十抽一〔的税率〕就是够了。今天立足于中原之国，取消社会伦常，不设衙署官吏，怎么行呢？制瓦器太少，尚且供不上一国之用，何况没有贤臣君子呢？想〔使税率〕比尧、舜还轻的，是大貉小貉；想比尧、舜重的，是大桀小桀。”

原文 12·11 白圭曰：“丹之治水也愈于禹①。”

注释 ① 丹之治水：白圭（名丹）治水的办法，《韩非子·喻志》篇云：“白圭之行堤也，塞其穴，是以无水难。”侧重于筑堤防。

译文 白圭说："我（白丹）治水患赛过大禹。"

原文 孟子曰："子过矣。禹之治水，水之道也，是故禹以四海为壑①。今吾子以邻国为壑。水逆行谓之洚水②。洚水者，洪水也仁人之所恶也。吾子过矣。"

注释 ① 壑：沟壑。朱熹注："壑，受水处也。"

② 洚（jiàng）：大水泛滥。

译文 孟子说："你搞错了。夏禹治水患，是适应水性规律的，因此禹使四海为受水之所。如今你老兄却把邻国变成受水之处。水逆流而行，叫作洚水。洚水就是洪水。这是一切行仁者所憎恨的。你搞错了。"

原文 12·12 孟子曰："君子不亮①，恶乎执②？"

注释 ① 亮：同"谅"，诚信。

② 恶（wū）：疑问词。怎，哪，岂。

译文 孟子说："君子〔如〕不讲诚实信用，怎能坚持操守呢？"

原文 12·13 鲁欲使乐正子为政[①]。孟子曰："吾闻之，喜而不寐。"

注释 ① 乐正子：名乐正克。

译文 鲁国准备让乐正子治理国政。孟子说："我听到这消息，高兴得不能入睡。"

原文 公孙丑曰："乐正子强乎？"

译文 公孙丑问："乐正子很能干坚强吗？"

原文 曰："否。"

译文 〔孟子〕答："不！"

原文 "有知虑乎？"

译文 〔公孙丑〕问："有智慧有远见吗？"

原文 曰："否。"

译文 〔孟子〕答："不！"

原文 "多闻识乎？"

译文 〔公孙丑问：〕"见识广吗？"

原文 曰："否。"

译文 〔孟子〕说："不！"

原文 "然则奚为喜而不寐？"

译文 〔公孙丑问：〕"那你何至于高兴得不能入睡呢？"

原文 曰："其为人也好善。"

译文 〔孟子〕答："只因他的为人喜欢听取有益的话。"

原文 "好善足乎？"

译文 〔公孙丑〕问："喜欢听取有益的话就够了吗？"

原文 曰："好善优于天下，而况鲁国乎？夫苟好善，则四海之内皆将轻千里而来告之以善[1]；夫苟不好善，则人将曰：'訑訑[2]，予既已知之矣。'訑訑之声音颜色距人于千里之外[3]。士止于千里之外，则谗谄面谀之人至矣[4]，好谗谄面谀之人居，国欲治，可得乎？"

注释 ① 轻：朱熹注："轻，易也，言不以千里为难也。"

② 訑訑（yí）：自满的样子，这里是摹拟自以为是的表情。

③ 距：通"拒"，拒绝。

④ 谗谄面谀：谗，说陷害人的坏话。谄，巴结，奉承，谀，讨好逢迎。

译文 〔孟子〕答道："喜欢听取有益的话就足以治天下，何止是治理鲁国呢？如果喜欢听有益的话，普天之下的人都会不远千里而来向他提出有益之言；如果不喜欢听有益的话，人们就会〔扮演的神态〕说：'哦，哦！我很早就都知道了！'这'哦，哦'的语调和脸色就会把别人拒绝于千里以外，士人在千里以外止步不来，那么，溜须拍马，谗媚奉迎的人就会前来，跟这些谗媚奉迎的人接触共处，国家要想治理好，能够办到吗？"

原文 12·14 陈子曰[①]："古之君子何如则仕？"

注释 ① 陈子：人名。赵岐认为就是指陈臻。

译文 陈子问："古代的君子在什么情况下才做官？"

原文 孟子曰："所就三，所去三。迎之致敬以有礼；言，将行其言也，则就之。礼貌未衰，言弗行也，则去之。其次，虽未行其言也，迎之致敬以有礼，则就之。礼貌衰，则去之。其下，朝不食，夕不食，饥饿不能出门户，君闻之，曰：'吾大者不能行其道，又不能从其言也，使饥饿于我土地，吾耻之。'周之，亦可受也，免死而已矣[①]。"

注释 ① 所述三种情况，据朱熹注，第一种，"所谓见行可之仕，若孔子于季桓子是也，受女乐而不朝，则去之矣。"第二种，"所谓际可之仕，若孔子于卫灵公是也，故与公游于囿，公仰视蜚雁而后去之。"第三种，"所谓公养之仕也……其曰免死而已，则其所受亦有节矣。"可供参考。

译文 孟子说："做官的情况有三种，辞官的情况也有三种。

恭敬有礼地来迎接，表示将要实行他的主张，就接受官职。礼貌上虽然没减少，但没按主张实行，就辞官而去。其次是：虽没实行他的主张，但恭敬有礼地迎接，便接受官职。礼貌上减少了，便辞官。最下等的是：早晨没有饭吃，晚上没有饭吃，饿得不能出家门，国君听到了，说：‘我从大处讲不能实行他的主张，又不能听从他的话，使他在我的国土上挨饿，我很不光彩。’于是救济他，这也可以接受，不过是免于饿死罢了。”

原文 12·15 孟子曰：“舜发于畎亩之中①，傅说举于版筑之间②，胶鬲举于鱼盐之中③，管夷吾举于士④，孙叔敖举于海⑤，百里奚举于市⑥。故天将降大任于是人也，必先苦其心志，劳其筋骨，饿其体肤，空乏其身，行拂乱其所为，所以动心忍性，曾益其所不能⑦。人恒过，然后能改；困于心，衡于虑⑧，而后作；徵于色，发于声，而后喻。入则无法家拂士，出则无敌国外患者⑨，国恒亡。然后知生于忧患而死于安乐也。”

注释 ① 舜发于畎亩之中：舜曾经在历山耕种庄稼而兴旺。参见本书《万章上》第一章。

② 傅说（yuè）举于版筑之间：傅说因筑墙劳动而被举用。据《史记·殷本纪》载，“武丁夜梦得圣人，名曰说。以梦所见，视群臣百吏皆非也，于是乃使百工营求之野，得说于傅险中。…… 武丁曰‘是也。’得而与之语，果圣人，举以为相。殷国大治。故遂以傅险姓之，号曰傅说。”版筑，筑墙，用两版相夹，填土于版中，以杵筑之。

③ 胶鬲举于鱼盐之中：胶鬲从鱼盐行业中被举用。朱熹注：“胶鬲遭乱鬻贩鱼盐，文王举之。”

④ 管夷吾举于士：管夷吾从狱官之手被举用。管夷吾（？—前645），即管仲，春秋初期政治家。由鲍叔牙推荐，被齐桓公任命为卿，帮助桓公以“尊王攘夷”相号召，使之成为春秋时第一个霸主，士，狱官之长。

⑤ 孙叔敖举于海：孙叔敖从海滨被举用。朱熹注：“孙叔敖隐处海滨，楚庄王举之为令尹。”孙叔敖，春秋时楚国期思（今河南固始）人。曾在期思地区征发民工排除积水，又在雩娄（今河南商城）兴办灌溉，受楚庄王重视，任令尹。

⑥ 百里奚举于市：百里奚从交易场所受举用。百里奚（溪），春秋时秦国大夫。原为虞大夫，虞亡时被晋俘去，作为陪嫁之臣送入秦国。后来出走至楚国，为楚人所执，又被秦穆公以五张牡黑羊皮赎回，用为大夫，称为五羖大夫。

⑦ 曾：同“增”。

⑧ 衡于虑：思想被阻塞。赵岐注：“衡，横也。横塞其虑于胸臆之中。”

⑨ 入则、出则：赵岐注：“入，谓国内也；出，谓国外也。”

译文 孟子说：“舜从耕田种地中振兴起来，傅说从筑墙填土中被举用，胶鬲从鱼盐行业中被举用，管夷吾从狱官手下被举用，孙叔敖从海滨被举用，百里奚从交易场所被举用。〔于此可见〕天准备把重任降给某个人，必定是首先使他的意志受折磨，使他的筋骨受劳累，使他的身体肠胃忍饥挨饿，使他全身困乏，使他的行为总是遭受干扰麻烦，这就可以震撼他的心灵，磨练他的性格，使他增长才干弥补不足。人经常有过错，才能够改正；心绪纷繁，胸臆横塞才能够愤发而起，有所作为；表现在脸色上，流露于谈吐中，而后才会被人了解。〔一个国家如果〕内部缺乏执法的臣属和辅佐的谋士，外部没有敌对的邻国和侵袭的忧虑，国家往往容易衰亡。这样，才能够懂得忧虑患难可促使人生存，安逸享乐便会导致灭亡〔的道理〕。”

原文 12 · 16 孟子曰：“教亦多术矣，予不屑之教诲也者，是亦教诲之而已矣[①]。”

注释 ① 予不屑……而已矣：朱熹注：“屑，洁也。不以其人为洁而拒绝之，所谓不屑之教诲也。其人若能感此，退自修省，则是亦我教诲之也。”

译文 孟子说：“教育也有多种多样的方式，我不肯对他进行教诲〔让他羞退自惭而愤发〕，这也算是一种教育的方式。”

尽心上

（凡四十六章）

原文　13·1 孟子曰："尽其心者，知其性也。知其性，则知天矣。存其心，养其性，所以事天也。夭寿不贰，修身以俟之，所以立命也。"

译文　孟子说："〔人〕能够尽到心力〔去行善〕，就懂得人的本性。懂得人的本性，也就懂得天命。能保存人的〔善〕心，培养人的本性，便可用以对待天命。无论短命长寿都态度如一，修养身心以待天命，这就可用以安身立命。"

原文　13·2 孟子曰："莫非命也，顺受其正；是故知命者不立乎岩墙之下。尽其道而死者，正命也；桎梏死者，非正命也①。"

注释　① 正命：赵岐注："命有三名：行善得善曰受命，行善得恶曰遭命，行恶得恶曰随命。唯顺受命为受其正也已。"

译文 孟子说："〔吉凶祸福〕没有一样不是命运，要顺应承受它的正命。因此懂得命运的人不站在倾斜将塌的危墙下。尽力行道而死的人，承受的就是正命；犯罪受刑而死的人，受的就不是正命。"

原文 13·3 孟子曰："求则得之，舍则失之，是求有益于得也，求在我者也。求之有道，得之有命，是求无益于得也，求在外者也。"

译文 孟子说："探索才能得到，放弃便会失掉，这是有益于收获的探索，因为探索在于我自身之中。探索有方法，得失却听从命运，这是无益于收获的探索，因为探索在于我自身之外。"

原文 13·4 孟子曰："万物皆备于我矣。反身而诚，乐莫大焉。强恕而行，求仁莫近焉。"

译文 孟子说："万事我都具备了。反躬自问而觉得诚实无欺，就有莫大的快慰。按推己及人的恕道尽力而为，去追求仁德之道，就最近不过。"

原文 13·5 孟子曰："行之而不著焉，习矣而不察焉，终身由之而不知其道者，众也[1]。"

注释 ① 众：孙奭疏："非君子者也，是则为凡众者也。"凡众，平庸者。朱熹注为"多"。

译文 孟子说："只行动而不明白究里；已经习惯了却不察原因，一辈子在走却不认识路的人，是平庸的人。"

原文 13·6 孟子曰："人不可以无耻，无耻之耻，无耻矣[1]。"

注释 ① 无耻之耻，无耻矣：赵岐注："人能耻己之无所耻，是能改行从善之人，终身无复有耻辱之累也。"

译文 孟子说："人不能够没有羞耻，从没有羞耻到懂得羞耻，才能够无羞耻。"

原文 13·7 孟子曰："耻之于人大矣，为机变之巧者，无所用耻焉。不耻不若人，何若人有？"

译文 孟子说："羞耻对于人至关紧要，以奸诈多变为得计的人，没地方用得上羞耻。不因比不上他人而羞耻，怎么能赶上他人呢？"

原文 13·8 孟子曰："古之贤王好善而忘势；古之贤士何独不然！乐其道而忘人之势，故王公不致敬尽礼，则不得亟见之。见且由不得亟，而况得而臣之乎？"

译文 孟子说："古代贤明的国君喜欢行善而忘记自己的权势；古代的贤士何尝也不是如此呢？乐于行自己之道而忘记别人的权势，因此王公〔如〕不向他恭敬致礼，就不能多次和他相见。连见面尚且不可多得，何况要他做臣属呢？"

原文 13·9 孟子谓宋勾践曰①："子好游乎②？吾语子游。人知之，亦嚣嚣③；人不知，亦嚣嚣。"

注释 ① 宋勾践：人名。姓宋，名勾践。

② 游：游说。

③ 嚣嚣：赵岐注为"自得无欲之貌。"

译文 孟子对宋勾践说："你喜欢到处游说吗？我跟你谈游说的事情。人家理解你，要安详自若，人家不理解你，也要安详自若。"

原文 曰："何如斯可以嚣嚣矣？"

译文 〔宋勾践〕说："怎样才能够安详自若呢？"

原文 曰："尊德乐义，则可以嚣嚣矣。故士穷不失义，达不离道。穷不失义，故士得己焉；达不离道，故民不失望焉。古之人，得志，泽加于民；不得志，修身见于世。穷则独善其身，达则兼善天下。"

译文 〔孟子〕说："讲究德，喜欢义，便可以安详自若。因此，士人穷困而不失掉义，得意而不离开道。穷困不失义，士人因此自得其乐；得意不离道，平民因此不致失望。古代的人，得意时，恩惠遍及百姓；不得意时，修养自身以显于世。穷困时独善自身，得志时兼善天下。"

原文 13·10 孟子曰："待文王而后兴者，凡民也。若夫豪杰之士，虽无文王犹兴。”

译文 孟子说：“要等待文王〔兴起〕后才振奋的人，是平庸的人。至于杰出能干的人才，即便没有文王也能振奋。”

原文 13·11 孟子曰：“附之以韩魏之家[①]，如其自视欿然[②]，则过人远矣。”

注释 ① 韩魏之家：指春秋时晋国的韩、魏两家大臣。

② 欿（kǎn）然：欿，视盈若虚的样子，即不自满。

译文 孟子说：“用〔晋卿中〕韩、魏两家大臣〔的资财〕增益他，如果他并不自满，这就远远超出了一般的人。”

原文 13·12 孟子曰：“以佚道使民，虽劳不怨。以生道杀民，虽死不怨杀者[①]。”

注释 ① 以生道杀民……不怨杀者：朱熹注引程子之言曰：“以生道杀民，谓本欲生之地，除害去恶之类是也。盖不得已而为其所当为，则虽弗民之欲，而民不怨。”赵岐注：“谓杀大辟之罪者以坐杀人故也，杀此罪人者，其意欲生民也。故虽代罪而死，不怨杀者。”

译文

孟子说：“为谋求造福而役使百姓，百姓纵然劳累也不怨恨；为谋求生存而处死百姓，百姓即便被处死也不怨恨施刑人。”

原文

13·13 孟子曰：“霸者之民驩虞如也①，王者之民皞皞如也②。杀之而不怨，利之而不庸③，民日迁善而不知为之者。夫君子所过者化，所存者神，上下与天地同流，岂曰小补之哉？”

注释

① 驩虞：欢娱。

② 皞皞（hào）：广大自得之貌。

③ 庸：功劳。这里是动词，酬功，酬谢的意思。

译文

孟子说：“霸主的百姓〔但知〕欢乐，仁君的百姓爽朗开阔。处死他而不怨恨，优惠他而不酬谢，百姓一天天向好的方面发展，也不知是谁使他们这样。圣君所到之处使人感化，所停之处神妙深邃，上与天、下与地协调运转，怎能说只是小有补益呢？”

原文 13·14 孟子曰："仁言不如仁声之入人深也[①]，善政不如善教之得民也。善政，民畏之；善教，民爱之[②]。善政得民财，善教得民心。"

注释 ① 仁言、仁声：朱熹引程子之言曰："仁言，谓以仁厚之言加于民；仁声，谓仁闻，谓有仁之实而为众所称道者也。"译文据此。又赵岐注："仁声，乐声雅颂也。"供参考。

② 畏之、爱之：赵岐注为"畏之，不逋怠，故赋役举而财聚于一家也；爱之，乐风化而上下亲，故欢心可得也。"

译文 孟子说："仁德的言语不如仁德的声望那样深入人心，善良的政治不如善良的教育获得民心。善良的政治，百姓害怕它；善良的教育，百姓喜欢它。善良的政治赢得百姓的财富，善良的教育赢得百姓的心意。"

原文 13·15 孟子曰："人之所不学而能者，其良能也；所不虑而知者，其良知也[①]。孩提之童无不知爱其亲者[②]，及其长也，无不知敬其兄也。亲亲，仁也；敬长，义也，无他，达之天下也。"

注释 ① 良能、良知：朱熹注为"良者，本然之善也。程子曰：'良知良能，皆无所由，乃出于天，不系于人。’”本此，良，可理解为本能的，天然的。

② 孩提之童：婴儿。赵岐注：“孩提，二三岁之间的襁褓知孩笑可提抱者也。”

译文 孟子说：“人未经学习而能办到的，这是良能；不用思考而能知道的，这是良知。襁褓中的婴儿没有不喜欢父母的，等到长大了，没有不懂得恭敬兄长的。爱父母，是仁；敬兄长，是义，没有别的，要使它〔仁义〕广泛施于天下。”

原文 13·16 孟子曰：“舜之居深山之中，与木石居，与鹿豕游，其所以异于深山之野人者几希；及其闻一善言，见一善行，若决江河，沛然莫之能御也。”

译文 孟子说：“舜住在深山中的时候，跟木、石为邻，跟鹿、猪交往，他跟深山中的普通人之间的差异很小很小。等到他听到一句好话，看见一件好事，〔从中获得的力量〕就像决了口的江河，水势澎湃没有人能够阻挡得了。”

原文 13·17 孟子曰:“无为其所不为,无欲其所不欲,如此而已矣。”

译文 孟子说:“不要干不该干的事,不要那不该要之物,做到这步就够了。”

原文 13·18 孟子曰:“人之有德、慧、术、知者[①],恒存乎疢疾[②]。独孤臣孽子[③],其操心也危[④],其虑患也深,故达[⑤]。”

注释 ① 德、慧、术、知:朱熹注为“德慧,术知”两个概念,“德慧者,德之慧;术知者,术之知”。赵岐则注为是“德行、智慧、道术、才智”四个概念。

② 疢(chèn)疾:灾患。

③ 孤臣孽子:孤臣,被疏远的臣属;孽子,地位卑贱的非嫡妻所生的庶子。是与“近臣、嫡子”相对而言。

④ 危:不安。

⑤ 达:朱熹注为“达,谓达于事理。”

译文 孟子说:“人之所以具备品德、智慧、本领、知识,主要是因为他们经常想到灾患。只有远臣庶子,他们心里发愁的是危难，考虑的祸患深远，因此能通晓事理。”

原文 13·19 孟子曰：“有事君人者，事是君则为容悦者也；有安社稷臣者，以安社稷为悦者也；有天民者，达可行于天下而后行之者也；有大人者，正己而物正者也。”

译文 孟子说：“有〔一种〕侍奉君王的人，是侍奉这君王就专为讨好取宠的人；有〔一种〕安定国家的臣子，就是以安定国家为欢快的臣子；有〔一种〕天民，是能在天下行得通才去实行的人；有〔一种〕伟大的人，是先端正自己而后再端正外物的人。”

原文 13·20 孟子曰；“君子有三乐，而王天下不与存焉。父母俱存，兄弟无故①，一乐也；仰不愧于天，俯不怍于人②，二乐也；得天下英才而教育之，三乐也。君子有三乐，而王天下不与存焉。”

注释 ① 无故：没有事故，没有祸患。

② 怍（zuò）：惭愧。

译文 孟子说："君子的乐趣有三种，而用仁德治天下的人不包括在内。父母都健在，兄弟无灾祸，这是第一种乐趣；上对天不惭愧，下对人不亏心，这是第二种乐趣；得到天下的优秀人才而给以教化培育，这是第三种乐趣。君子有〔以上这〕三种乐趣，而用仁德治天下的人不包括在内。"

原文 13·21 孟子曰："广土众民，君子欲之，所乐不存焉；中天下而立，定四海之民，君子乐之，所性不存焉。君子所性，虽大行不加焉①，虽穷居不损焉，分定故也。君子所性，仁、义、礼、智根于心，其生色也睟然②，见于面，盎于背③，施于四体，四体不言而喻。"

注释 ① 大行：正确而重要的行为；远大理想抱负。《荀子·子道》认为，"从道不从君，从义不从父，人之大行也。"

② 睟（suì）然：颜色润泽貌。

③ 盎（àng）：显露。

译文 孟子说："〔拥有〕辽阔的领土，众多的百姓，是君子所追求的，但〔真正的〕乐趣不在这里；执政于天下的中央，使四海的百姓安定，君子以此为乐趣，但本性不在这里。君子的本性，即便他的远大抱负不因此而增加，即便穷困隐居也不因此而减少，那是本分已定的缘故。君子的本性，仁、义、礼、智在他心中扎根，而外貌神色润泽和顺，流露于颜面，显现于肩背，甚至普遍反映于四肢，四肢〔的动作〕用不着说话便可以理解。"

原文 13·22 孟子曰："伯夷辟纣，居北海之滨，闻文王作，兴曰：'盍归乎来，吾闻西伯善养老者。'太公辟纣，居东海之滨，闻文王作，兴曰：'盍归乎来，吾闻西伯善养老者。'天下有善养老，则仁人以为己归矣。五亩之宅，树墙下以桑，匹妇蚕之，则老者足以衣帛矣。五母鸡，二母彘，无失其时，老者足以无失肉矣。百亩之田，匹夫耕之，八口之家足以无饥矣。所谓西伯善养老者，制其田里，教之树畜，导其妻子使养其老。五十非帛不暖，七十非肉不饱。不暖不饱，谓之冻馁。文王之民无冻馁之老者，此之谓也。"

译文 孟子说："伯夷远避纣王，住北海海滨，听到文王兴起的讯息，说：'为什么不归附〔西伯〕呢？我听说西伯是善于赡养老者的人。’太公远避纣王，住在东海海滨，听到文王兴起的讯息，说：‘为什么不归附呢？我听说西伯是善于赡养老者的人。’天下有善于安置老者的人，那么仁人便把他视作自己的依靠。（五亩地的房产，墙下种植桑树，妇女养蚕纺丝，老年人便可穿上丝绵了。五只母鸡，两头母猪，不耽误〔饲养〕时机，老年人便可以不缺肉食。百亩的土地，男子耕种它，八口之家足以吃饱。所谓西伯善于赡养老人，就因为他制定土地制度，提倡人们耕种畜牧，教导妻子奉养长辈。年到半百，没有丝绵就穿不暖；年到七十，没有肉食就吃不饱。穿不暖，吃不饱，就叫作受冻挨饿。文王的百姓中没有受冻挨饿的老年人，就是这个意思。”

原文

13·23 孟子曰：“易其田畴[①]，薄其税敛，民可使富也。食之以时，用之以礼，财不可胜用也。民非水火不生活，昏暮叩人之门户求水火，无弗与者，至足矣[②]。圣人治天下，使有菽粟如水火。菽粟如水火，而民焉有不仁者乎？”

注释

① 易其田畴：朱熹注：“易，治也。田畴，耕治之田也。”

② 矣：意思同“也”。

译文 孟子说：“耕种好田地，减轻它的税收，便可使百姓富足。按时食用，依礼支配，财物是用不完的。百姓缺乏水和火就不能生活，黄昏半夜敲打别人的门户寻求水和火，没有不给的，因为〔水和火〕很充足。圣人治理天下，应该使粮食像水火这样充足。粮食像水火一样充足，百姓哪有不仁爱的呢？”

原文 13·24 孟子曰：“孔子登东山而小鲁①，登泰山而小天下。故观于海者难为水，游于圣人之门者难为言。观水有术，必观其澜。日月有明，容光必照焉②。流水之为物也，不盈科不行；君子之志于道也，不成章不达③。”

注释 ① 东山：可能指山东蒙阳县南的蒙山。

② 容光：缝隙。赵岐注：“容光，小郤也。”

③ 成章：形成一定的规模。

译文 孟子说：“孔子登上东山便觉得鲁国缩小了，登上泰山便觉得天下缩小了。因此，看过大海的人对于

〔小〕水不易产生兴趣，在圣人门下学习过的人也很难对〔其它〕学说感兴趣。观赏水有讲究，必须观赏那滚滚波涛。太阳和月亮有耀眼的光辉，对小小缝隙必能照射。流水在地面上流，不注满低洼之处就不往前流，君子立志行道，不到一定的程度就不能通达。”

原文 13·25 孟子曰：“鸡鸣而起，孳孳为善者[①]，舜之徒也；鸡鸣而起，孳孳为利者，蹠之徒也[②]。欲知舜与蹠之分，无他，利与善之间也[③]。”

注释 ① 孳孳（zī）：同“孜孜”，勤勉不懈。

② 蹠：亦作跖（zhí），人名，相传为柳下惠之弟，“有从卒九千人，横行天下，侵暴诸侯，穴室枢户，驱人牛马，取人妇女”（《庄子·盗跖》篇）。是春秋战国之际奴隶起义领袖，被诬为“盗跖”。

③ 间（jiān）：区别，差异。

译文 孟子说：“晨鸡报晓便起来，孜孜不倦地行善者，是舜一类的人；晨鸡报晓便起来，孜孜不倦地谋利者，是〔柳下〕跖一类的人。要想知道舜和跖的区别，没有别的，只不过是利和善的差异罢了。”

原文 13·26 孟子曰："杨子取为我[①]，拔一毛而利天下，不为也。墨子兼爱，摩顶放踵利天下[②]，为之。子莫执中[③]。执中为近之。执中无权，犹执一也。所恶执一者，为其贼道也，举一而废百也。"

注释 ① 杨子取为我：杨子，名朱。取，朱熹注："取者，仅足之意。取为我者，仅足于为我而已。"

② 摩顶放（fǎng）踵：从头顶到脚跟摩伤。形容不畏劳苦，不顾体伤。放，到，至。

③ 子莫：战国时鲁人。

译文 孟子说："杨朱仅仅满足于为自己，〔即便〕拔一根毫毛而有利于天下，他都不肯干。墨翟主张兼爱，〔即便是〕从头顶到脚跟都摩伤了，〔只要〕对天下有利，他也肯干。子莫主张采取中间的态度。采取中间态度就比较好了。〔但〕中间态度不权衡轻重，不能灵活变通，就会固执拘泥于一点。之所以厌恶固执拘泥，就因为它对〔仁义之〕道有损害，只抓住一端而废弃了其余所有的部分。"

原文 13·27 孟子曰："饥者甘食，渴者甘饮，是未得饮食之正也，饥渴害之也。岂惟口腹有饥渴之害？人心亦皆有害。人能无以饥渴之害为心害，则不及人不为忧矣。”

译文 孟子说：“饥饿者吃什么都美，干渴者喝什么都甜，这是没能尝到饮料、食品的正常味道，受了饥渴之害的缘故。难道只有口舌肠胃有饥渴之害吗？人心也有这种害。人〔要是〕能够不把这种饥渴之害发展为心害，那么，也就不会因赶不上别人而发愁了。”

原文 13·28 孟子曰：“柳下惠不以三公易其介[①]。”

注释 ① 介：节操。

译文 孟子说：“柳下惠不因为做了大官而改变他的节操。”

原文 13·29 孟子曰：“有为者辟若掘井，掘井九轫而不及泉[①]，犹为弃井也。”

注释 ① 轫：同仞，量词，古代以八尺或七尺为轫。

译文 孟子说："做事情就好比掘井，掘井达到九轫那么深还没见泉水，还是个废井。"

原文 13·30 孟子曰："尧舜，性之也；汤武，身之也；五霸，假之也。久假而不归，恶知其非有也[1]。"

注释 ① 恶知其非有也：朱熹注为"有，实有也。言窃其名以终身，而不自知其非真有。或曰，'盖叹世人莫辨其伪者'，亦通。"

译文 孟子说："尧和舜〔行仁义〕，是天然本性；商汤和周武王，是亲身体验实践；五霸，却是假借〔仁义之名〕行私。借久了不归还，怎能知道他不是真有呢？"

原文 13·31 公孙丑曰："伊尹曰：'予不狎于不顺[1]，放太甲于桐[2]，民大悦。太甲贤，又反之，民大悦。'贤者之为人臣也，其君不贤，则固可放与？

注释 ① 狎（xiá）：亲近。朱熹注："狎，习见也。"因此，不狎，亦可译为"看不惯"。

② 放太甲于桐：把太甲放逐到桐邑。参见本书《万章上》第六章。

译文 公孙丑说："伊尹说：'我不亲近背义不顺的人，放逐太甲到梧桐邑，百姓十分高兴。太甲变好了，又恢复王位，百姓十分高兴。'贤者作为臣子，君王不好，就可以放逐吗？"

原文 孟子曰："有伊尹之志，则可；无伊尹之志，则篡也。"

译文 孟子说："具有伊尹的抱负，就可以；没有伊尹的抱负，便是篡夺。"

原文 13·32 公孙丑曰："《诗》曰：'不素餐兮①'。君子之不耕而食，何也？"

注释 ① 不素餐兮：是《诗经·魏风·伐檀》篇第一章（全篇共三章）中的诗句。

译文 公孙丑说："《诗经》中说：'不能白吃饭啊！'君子却不种庄稼同样吃饭，为什么呢？"

原文 孟子曰："君子居是国也，其君用之，则安富尊荣；其子弟从之，则孝悌忠信。'不素餐兮'，孰大于是？"

译文 孟子说："君子住在这国家，他的君王任用他，就会安逸富有，尊贵荣耀；他的青年子弟追随他，就懂得孝亲、敬兄、忠心、信守。'不能白吃饭啊！'还有比这更好的例子吗？"

原文 13·33 王子垫问曰[①]："士何事？"

注释 ① 王子垫：齐王之子，名垫。

译文 王子垫问："士干什么事？"

原文 孟子曰："尚志。"

译文 孟子说："要使志行高尚。"

原文 曰："何谓尚志？"

译文 〔王子垫〕问："怎样才算志行高尚？"

原文 曰："仁义而已矣。杀一无罪非仁也，非其有而取之非义也。居恶在？仁是也；路恶在？义是也。居仁由义，大人之事备矣。”

译文 〔孟子〕答：“行仁义罢了。枉杀一个无罪者，是不仁；不属自己所有而妄取，是不义。居所在何处？仁就是；道路在哪里？义就是。居仁之所，行义之路，有远大志向者的事业就完备了。”

原文 13·34 孟子曰：“仲子[①]，不义与之齐国而弗受，人皆信之，是舍箪食豆羹之义也。人莫大焉亡亲戚君臣上下。以其小者信其大者，奚可哉？”

注释 ① 仲子：指陈仲子，齐人。朱熹注：“……齐人皆信其贤，然此但小廉耳。其避兄离母，不食君禄，无人道之大伦，罪莫大焉。岂可以小廉信其大节，而遂以为贤哉？”可供理解本章参考。

译文 孟子说：“陈仲子〔这个人〕，〔假设〕不合义理把齐国交给他，他也不会接受，人们都信任他。这〔也只〕是抛弃一筐饭一碗汤的义。人〔的过失〕没有再比不要父兄、君臣、上下更严重的了，因为他有小节便相信他的大节，怎么行呢？”

原文 13·35 桃应问曰[①]："舜为天子，皋陶为士，瞽瞍杀人，则如之何？"

注释 ① 桃应：孟子的弟子。

译文 桃应问道："舜当了天子，皋陶做法官，〔假设舜的父亲〕瞽瞍杀了人，那该怎么处理？"

原文 孟子曰："执之而已矣。"

译文 孟子说："拘捕他就是了。"

原文 "然则舜不禁与？"

译文 〔桃应〕问："那样做，舜不阻止吗？"

原文 曰："夫舜恶得而禁之？夫有所受之也。"

译文 〔孟子〕说："舜怎么能阻止呢？〔拘捕他〕是有〔法律〕根据的。"

原文 “然则舜如之何？”

译文 〔桃应〕问：“那么，舜该怎么办呢？”

原文 曰：“舜视弃天下犹弃敝蹝也①。窃负而逃，遵海滨而处，终身䜣然②，乐而忘天下。”

注释 ① 蹝（xǐ）：通“屣”，鞋子。
② 䜣（xīn）：同“欣”。

译文 〔孟子〕答：“舜把抛弃王位看得跟扔掉破鞋一样。〔他可以〕偷偷地背负着他父亲逃跑，沿海边住下，终身快乐逍遥，乐得完全忘掉当过天子的往事。”

原文 13·36 孟子自范之齐①，望见齐王之子，喟然叹曰：“居移气，养移体，大哉居乎！夫非尽人之子与？”

注释 ① 范：在今山东范县东南，是梁（魏）、齐之间的要道。

译文 孟子从范邑到齐都，老远就看见齐王的儿子，感叹地说：“所处的地位使气度改变，所受的奉养使体质变化，环境位置的影响真大啊！难道他不也同样是人的儿子吗?”

原文 孟子曰:“王子宫室、车马、衣服多与人同，而王子若彼者，其居使之然也；况居天下之广居者乎[1]？鲁君之宋，呼于垤泽之门[2]。守者曰:‘此非吾君也，何其声之似我君也?’此无他，居相似也。”

注释 ① 广居：指仁。参见《滕文公下》第二章“居天下之广居，立天下之正位”。

② 垤（dié）泽之门：朱熹注:“宋城门名也。”

译文 孟子又说:“王子的住宅、车马、衣服多半跟人相同，而王子却像那样，正是环境位置使他如此啊！何况是以‘仁’（广居）为住所呢？鲁国国君到宋国，在宋国东南的垤泽门下高呼。宋国守门者说:‘这不是我们的君王，为什么他的声音跟我们的君王那么相像呢?’这没有别的，只不过是环境地位相像罢了。”

原文 13·37 孟子曰:“食而弗爱，豕交之也；爱而不敬，兽畜之也。恭敬者，币之未将者也[1]。恭敬而无实，君子不可虚拘。"

注释 ① 将：送，奉。

译文 孟子说："〔对人〕养活而没有爱〔的感情〕，跟养猪一样；爱而不恭敬，跟养狗、马之类一样。恭敬〔之意应产生〕在礼物还没致送之前。恭敬而缺乏实质，君子不该被虚假之礼所留。"

原文 13·38 孟子曰："形色，天性也；惟圣人然后可以践形[①]。"

注释 ① 践形：中国古代哲学术语。本章内容，认为"形色（泛指人的身体，感觉，欲望等）原是人性的外部表现，只有圣人才能通过"形色"把这固定本性体现出来（即"践"），指圣人言行举止无不符合伦理道德标准。

译文 孟子说："体形容貌，是天生的，只有圣人才能把这固有的本性体现出来。"

原文 13·39 齐宣王欲短丧。公孙丑曰："为期之丧，犹愈于已乎?”

译文 齐宣王想缩短守孝的日期。公孙丑说:“守孝一年,难道不比完全不守孝要好吗?”

原文 孟子曰:“是犹或紾其兄之臂,子谓之姑徐徐云尔,亦教之孝悌而已矣。”

译文 孟子说:“这就好像有人扭他哥哥的胳膊,你却劝那人慢一点,轻一点。只教导他懂得孝父母、敬兄长就可以了。”

原文 王子有其母死者,其傅为之请数月之丧。公孙丑曰:“若此者何如也?”曰:“是欲终之而不可得也。虽加一日愈于已,谓夫莫之禁而弗为者也。”

译文 王子有死了母亲的,他的师傅替他请求守孝几个月。公孙丑问:“这一类情况该如何处理呢?”孟子说:“这是因为王子准备守完〔三年〕丧期而实现不了。即便多守孝一天也强过于不守。〔前面所说〕是针对没有人禁止他守孝却不肯去守的人而言的。”

原文 13·40 孟子曰："君子之所以教者五：有如时雨化之者，有成德者，有达财者[1]，有答问者，有私淑艾者[2]。此五者[3]，君子之所以教也。"

注释 ①财：通"材"。

②私淑艾：私下获取。

③此五者：综合朱熹注，对这五种情况所举的例证是，"如时雨化之者，若孔子之于颜、曾是也；成德，如孔子之于冉、闵；达财，如孔子之于由、赐；答问，若孔、孟之于樊迟、万章也；私淑艾，若孔、孟之于陈亢、夷之是也。"

译文 孟子说："君子用以教育人的方法有五种：有像及时雨那样灌溉的，有成全其品德的，有培训才能的，有解答疑难问题的，有才学影响使后人自学获益的。这五类，都属于君子教导人的方法。"

原文 13·41 公孙丑曰："道则高矣，美矣，宜若登天然，似不可及也；何不使彼为可几及而日孳孳也？"

译文 公孙丑说："道，很高，也很美，就好比登天一样，似乎高不可攀，为什么不让它变成有达到目标的希望而每天孜孜不倦去攀它呢?"

原文 孟子曰:"大匠不为拙工改废绳墨,羿不为拙射变其彀率。君子引而不发,跃如也。中道而立,能者从之。"

译文 孟子说:"高明的工匠不因笨拙的徒弟而改变或取消规矩,羿不因笨拙的射手而改变拉弓的标准。君子张满弓而不发箭,只做出要射的姿态。能〔不难不易地〕在恰到好处的中道站立〔指导别人〕,学习的人便能紧紧追随。"

原文 13·42 孟子曰:"天下有道,以道殉身;天下无道,以身殉道①;未闻以道殉乎人者也②。"

注释 ① 以道殉身,以身殉道:朱熹注:"殉,如殉葬之殉,以死随物之名也。身出则道在必行,道屈则身在必退,以死相从而不离也。"

② 未闻以道殉乎人者也:赵岐注:"殉,从也。…… 不闻以正道从俗人也。"

译文 孟子说："天下治理有道，可因施行道而不惜生命；天下治理无道，可以用生命为道牺牲；没听说过牺牲道而屈从于俗人的。"

原文 13·43 公都子曰："滕更[1]之在门也，若在所礼，而不答，何也？"

注释 ① 滕更：滕君之弟，曾向孟子求学。

译文 公都子问："滕更在你门下的时候，好像应属于以礼对待的范畴之内，您却不搭理他，这是为什么？"

原文 孟子曰："挟贵而问[1]，挟贤而问，挟长而问，挟有勋劳而问，挟故而问，皆所不答也。滕更有二焉。"

注释 ① 挟（xié）：倚仗。朱熹注引尹氏之言云："有所挟，则受道之心不专，所以不答也。"

译文 孟子说："倚仗权势提问，倚仗贤能提问，倚仗年长提问，倚仗功勋提问，倚仗旧交情提问，〔这五方面〕我都一律不回答，滕更占了其中两个方面。"

原文 13·44 孟子曰："于不可已而已者，无所不已。于所厚者薄，无所不薄也。其进锐者，其退速。"

译文 孟子说："把不可停止的事停止了，那就没有什么事不可停止；对该重视的人轻视，那就没有谁不可轻视；前进太激烈的人，退缩也很快。"

原文 13·45 孟子曰："君子之于物也，爱之而弗仁；于民也，仁之而弗亲。亲亲而仁民，仁民而爱物。"

译文 孟子说："君子对于万物，爱惜它却不行仁；对于百姓，行仁却不亲爱。亲爱亲人进而仁爱百姓。仁爱百姓进而爱惜万物。"

原文 13·46 孟子曰："知者无不知也，当务之为急；仁者无不爱也，急亲贤之为务。尧、舜之知而不遍物，急先务也；尧、舜之仁不遍爱人，急亲贤也。不能三年之丧，而缌小功之察①；放饭流歠②，而问无齿决③，是之谓不知务。"

注释 ① 缌（sī）：细麻布。指五种孝服中最轻的一种，缌麻，用熟布为孝服，为期三个月，如女婿为岳父母服孝用此服。小功：指五种孝服中次轻的一种，为期五个月，如外孙为外祖父母带孝用此服。〔按，其它三种为“大功”，用熟麻布，为期九个月，为堂兄弟、未嫁堂姊妹，已嫁姑及姊妹带孝。已嫁女为伯叔父、兄弟等，亦用此服。齐（zī）衰（cuī），用粗麻布，比大功稍细，因缉边而称齐衰，服期一年，孙为祖父母，夫为妻用此服。为曾祖父母为五月，为高祖父母为三月。“斩衰”，五服中最重的一种，不缉边，使断处外露，以示无饰，故称斩衰，服期三年，凡子及未嫁女为父，承重孙为祖父，妻为夫，用此服。〕察：朱熹注为“致详也。”即仔细讲求。

② 放饭流歠（chuò）：大吃猛喝。朱熹注：“放饭，大饭；流歠，长歠。不敬之大者也。”歠，饮。

③ 齿决：用牙齿咬断。朱熹注：“齿决，啮断干肉，不敬之小者也。”

译文 孟子说：“智者本来没有不该知道的事，但总是急于当前的重要事情；仁者本来没有不爱的人，但总是急于首先亲近贤者。尧、舜的智慧不能遍知一切，因为他们急于当前的重要事；尧、舜的仁爱不能遍及一切人，因为他们急于亲近贤者。〔如果〕不能遵行三年的丧礼，而对于缌麻〔三月〕、小功〔五月〕却很详备；对饮食〔不礼貌地〕痛吃猛喝，却又考究不宜用齿咬断干肉，这就叫作不识时务。”

尽心下

（凡三十八章）

原文 14·1 孟子曰："不仁哉梁惠王也！仁者以其所爱及其所不爱，不仁者以其所不爱及其所爱。"

译文 孟子说："梁惠王多么不仁啊！仁者把他所喜爱的普施于他所不喜爱的，不仁者却把他所不喜爱的也扩展到他所喜爱的。"

原文 公孙丑问曰："何谓也？"

译文 公孙丑问："这是什么意思？"

原文 "梁惠王以土地之故，糜烂其民而战之，大败，将复之，恐不能胜，故驱其所爱子弟以殉之，是之谓以其所不爱及其所爱也。"

译文 〔孟子〕说："梁惠王由于〔掠夺〕土地的原因，〔不惜〕让百姓粉身碎骨去疆场作战，吃了大败仗，准备再战，又怕胜不了，因此驱使他所喜爱的子弟去送死，这就叫作把他所不喜爱的扩展到他所喜爱的。”

原文 14·2 孟子曰：“春秋无义战。彼善于此，则有之矣。征者，上伐下也。敌国不相征也。”

译文 孟子说：“春秋时代没有正义的战争。但那个国家的君主比这个国家的君主稍好，倒是有的。征讨，意思是上级征伐下级，等级相同的国家不能互相征讨。”

原文 14·3 孟子曰：“尽信《书》，则不如无《书》。吾于《武成》①，取二三策而已矣②。仁人无敌于天下，以至仁伐至不仁③，而何其血之流杵也④？”

注释 ①《武成》:《尚书》的篇名。朱熹注:“武王伐纣；归而记事之书也。”现存《武成》篇是伪古文。

②策：竹简。

③以至仁伐至不仁：至仁，指周武王；至不仁，指商纣。朱熹注:“……然《书》本意，乃谓商人自相杀，非谓武王杀之也。”

④杵（chǔ）：舂米或捶衣的木棒。

译文 孟子说："要是完全相信《书》，那还不如没有《书》。我对《武成》篇只不过取其中两、三竹简罢了。仁者在天下无敌，以最讲仁道的人去征伐最不仁道的人，怎能不使血多得把舂米的木棒都漂流起来呢？"

原文 14·4 孟子曰："有人曰，'我善为陈[①]，我善为战。'大罪也。国君好仁，天下无敌焉。南面而征，北狄怨；东面而征，西夷怨，曰：'奚为后我？'武王之伐殷也，革车三百两，虎贲三千人。王曰：'无畏！宁尔也，非敌百姓也。'若崩厥角稽首[②]。征之为言正也，各欲正己也，焉用战？"

注释 ① 陈：列阵。朱熹注："制行伍曰陈，交兵曰战。"

② 崩厥角：厥，同"蹶"，顿。角，额角。厥角，顿首。俞樾《古书疑义举例·倒句例》注为，"当云厥角稽首若崩，今云若崩厥角稽首，亦倒句耳。"

译文 孟子说："有人讲，'我善于列阵势，我善于作战。'这是大犯罪！国君喜欢仁道，才能天下无敌。〔商汤〕向南方征讨，遭到北狄怨恨；向东方征讨，遭到西夷怨恨。说：'为什么不先来我这儿？'周武王讨伐殷商，调动兵车三百辆，勇士三千人。武王说：'不必害怕，〔我〕是来让你们安定的，不是来跟百姓为敌。'百姓便以额头触地叩拜起来，声响如山崩。征，意思是正，各自都想端正自身，哪里用得着战争呢？"

原文 14·5 孟子曰："梓匠轮舆能与人规矩，不能使人巧。"

译文 孟子说："木匠与制作车轮、车箱的人，能传授别人规矩的标准，却不能使人一定有高超的技术。"

原文 14·6 孟子曰："舜之饭糗茹草也①，若将终身焉；及其为天子也，被袗衣②，鼓琴，二女果③，若固有之。"

注释 ① 饭糗（qiǔ）茹草：饭、茹，动词，吃。糗，干粮。

② 袗衣：袗（zhēn），通"珍"。赵岐注："袗，画也。画衣，黼黻（fǔ fú）希绣也。"黼，礼服上绣的半黑半白的花纹。黻，礼服上绣的半青半黑的花纹。

③ 果：亦作"婐"，女侍。

译文 孟子说："舜啃干粮吞野草的时候，好像要这样过一辈子。等他当了天子以后，穿着画衣，弹着琴，有〔尧的〕两个女儿侍奉，又好像这些是本来就有的一样。"

原文 14·7 孟子曰："吾今而后知杀人亲之重也：杀人之父，人亦杀其父；杀人之兄，人亦杀其兄。然则非自杀之也，一间耳①。"

注释 ① 一间（jiàn）：相距很近。朱熹注："一间者，我往彼来，间一人耳。"

译文 孟子说："我现在算是懂得杀害别人亲属〔报复〕的严重性了：杀别人之父，别人也会杀死他的父亲；杀别人之兄，别人也会杀死他的兄长。那么，〔父兄〕即便不是被自己杀死的，但差别也很接近了。"

原文 14·8 孟子曰："古之为关也，将以御暴；今之为关也，将以为暴。"

译文 孟子说："古代设置关卡，是准备用来抵抗残暴（进犯）；现在设置关卡，却是用来横征暴敛。”

原文 14·9 孟子曰："身不行道，不行于妻子；使人不以道，不能行于妻子。"

译文 孟子说："自身不依道行事，道对于妻子都行不通；使唤别人不合乎道，连妻子也使唤不了。"

原文 14·10 孟子曰："周于利者凶年不能杀①，周于德者邪世不能乱。"

注释 ① 周于利……不能杀：周，足。朱熹注："周，足也，言积之厚，则用有余。"杀，缺乏、困苦。

译文 孟子说："财足利厚的人，灾荒之年不致困苦；积德深厚的人，世道混乱也不致迷惑。"

原文 14·11 孟子曰："好名之人能让千乘之国，苟非其人，箪食豆羹见于色。"

译文 孟子说："喜好名望的人能把千乘兵车的国位让给别

人，但如果不是好名的人,〔即便要他〕让一筐饭一碗汤，也会表现出不愉快的神情。”

原文 14·12 孟子曰:“不信仁贤，则国空虚；无礼义，则上下乱；无政事，则财用不足。”

译文 孟子说:“〔如〕不亲信仁者贤者，国家就会空虚；不讲礼义，举国上下就会混乱；不搞好政治，财用就会贫乏。”

原文 14·13 孟子曰:“不仁而得国者，有之矣；不仁而得天下者，未之有也。”

译文 孟子说:“不实行仁道而得到国家，这种事倒曾有过；但不行仁道而得到天下，却未曾有过啊!”

原文 14·14 孟子曰:“民为贵，社稷次之，君为轻。是故得乎丘民①而为天子，得乎天子为诸侯，得乎诸侯为大夫。诸侯危社稷，则变置。牺牲既成，粢盛既絜，祭祀以时，然而旱干水溢，则变置社稷。”

注释 ① 丘民：朱熹注："丘民，田野之民。"近人杨伯峻注："丘，众也。"

译文 孟子说："百姓最重要，土神谷神次要，君主较轻。因此，得到众百姓之心的做天子，得到天子之心的做诸侯，得到诸侯之心的做大夫。诸侯危害社稷国家，就另外改立。牺牲已经长成，祭物已经洁净，能按时祭祀，但仍发生旱灾涝灾，就另立土神谷神。"

原文 14·15 孟子曰："圣人，百世之师也，伯夷、柳下惠是也。故闻伯夷之风者，顽夫廉，懦夫有立志；闻柳下惠之风者，薄夫敦，鄙夫宽。奋乎百世之上，百世之下，闻者莫不兴起也。非圣人而能若是乎？——而况于亲炙之者乎？"

译文 孟子说："圣人是百代人的师表，伯夷、柳下惠正是这样的人。因此，听到伯夷品性的人，贪婪者廉洁了，懦弱的人也长了志气；听到柳下惠品性的人，刻薄者敦厚老实了，狭隘者宽宏大度了。百代以前发奋进取，百代以后听到的人无不感动振作。〔如果〕不是圣人，能有这样的影响吗？何况是那些亲身感受过熏陶的人呢？”

原文 14·16 孟子曰：“仁也者，人也[①]。合而言之，道也。”

注释 ① 仁也者，人也：朱熹注：“仁者，人之所以为人之理也。然仁，理也；人，物也。以仁之理，合于人之身而言之，乃所谓道者也。”可供参考。

译文 孟子说：“仁，就是人。仁与人合起来讲，都是道。”

原文 14·17 孟子曰：“孔子之去鲁，曰：‘迟迟吾行也，去父母国之道也。’去齐，接淅而行——去他国之道也。”

译文 孟子说：“孔子离开鲁国，说：‘我们走慢一点吧！这可是离开祖国的感情态度啊！’离开齐国，捞起正在淘洗的湿米便（匆匆）启程，这是离开他国的感情态度。”

原文 14·18 孟子曰：“君子之厄于陈、蔡之间[①]，无上下之交也。”

注释 ① 厄（è）于陈、蔡：在陈、蔡被困事。《论语·卫灵公》记述为“在陈绝粮，从者病，莫能兴。”

译文 孟子说：“君子（指孔子）在陈国与蔡国之间被困，是由于跟〔两国〕君臣都没有什么交情。”

原文 14·19 貉稽曰[①]：“稽大不理于口[②]。”孟子曰：“无伤也。士憎兹多口。《诗》云：‘忧心悄悄，愠于群小[③]。’孔子也。‘肆不殄厥愠，亦不殒厥问[④]。’文王也。”

注释 ① 貉（mò）稽：人名，姓貉，名稽。

② 理：顺。不理于口，即不顺于口，朱熹注：“现，赖也。”

③ 忧心悄悄，愠于群小：是《诗经·邶风·柏舟》篇第四章（全篇共五章）中的诗句。

④ 肆不殄厥愠，亦不殒厥问：是《诗经·大雅·緜》篇第八章（全篇共九章）中的诗句。

译文 貉稽说：“我被大家非议嘲弄。”孟子说：“不碍事。士人就讨厌这种议论纷纷。《诗经》中说：‘忧愤郁积心头。小人视我如仇。’孔子正是这样。‘不根绝他人的怒气，也不损害自己的声誉。’周文王正是这样。”

原文 14·20 孟子曰："贤者以其昭昭使人昭昭，今以其昏昏使人昭昭。"

译文 孟子说："贤人是自己先弄明白了再去让别人明白，现在的人却是自己稀里糊涂还企图让人明白。"

原文 14·21 孟子谓高子曰："山径之蹊[①]，间介然用之而成路[②]；为间不用[③]，则茅塞之矣。今茅塞子之心矣。"

注释 ① 山径之蹊：朱熹注："径，山路也；蹊，人行处也。"

② 介然：畛界分明。

③ 为间：短时，为时不久。

译文 孟子对高子说："山间的小道〔本来很窄〕，经常走它，畛界分明而变成了路；短期内没有走它，茅草就会堵塞。现在茅草也把你的心堵上了。"

原文 14·22 高子曰："禹之声尚文王之声。"

译文 高子说："禹的音乐高于文王的音乐。"

原文 孟子曰："何以言之？"

译文 孟子说："根据什么得出这个结论？"

原文 曰："以追蠡[①]。"

注释 ① 追（duī）蠡（lí）：追，钟纽，是古钟悬挂之处。蠡，如虫啮而欲绝的样子。

译文 〔高子〕说："根据〔禹所传的〕钟纽〔腐蚀快断这个迹象〕。"

原文 曰："是奚足哉？城门之轨，两马之力与[①]？"

注释 ① 两马：指少量的马。朱熹注之言引丰氏云："两马，一车所架也。城中之途容九轨，车可散行；故其辙迹浅；城门唯容一车，车皆由之，故其辙迹深，盖日久车多所致，非一车两马之力能使之然也。言禹在文王前千余年，故钟久而纽绝；文王之钟，则未久而纽全，不可以此而议优劣也。"可供参考。之力与：朱熹认为此章"文义本不可晓，旧说相承如此。"

译文 〔孟子〕说："这怎么能作为充分证据呢？城门下的车辙〔那么深〕，难道只是一二匹马的力量〔压出来的〕吗？"

原文 14·23 齐饥。陈臻曰："国人皆以夫子将复为发棠[①]，殆不可复。"

注释 ① 发棠：发，指开仓廪。棠，地名，在今山东即墨县南。

译文 齐国闹饥荒。陈臻说："国内的人们都认为您会再一次请求〔齐王〕打开棠邑仓廪〔赈济灾民〕，大概不再这样做了吧！"

原文 孟子曰："是为冯妇也[①]。晋人有冯妇者，善搏虎，卒为善士。则之野，有众逐虎。虎负嵎[②]，莫之敢撄[③]。望见冯妇，趋而迎之。冯妇攘臂下车。众皆悦之，其为士者笑之。"

注释 ① 冯妇：男人名，姓冯，名妇。

② 嵎（yú）：山势弯曲险阻处。一说通"隅"，指角落，偏僻之处。

③ 撄（yīng）：迫近，触犯。

译文 孟子说："这就成了冯妇了。晋国有个叫冯妇的人，善于跟虎搏斗，后来成为〔不斗武的〕善人。一次他到野外，人们正在追逐老虎。虎背靠山势弯曲险阻之处，没有人敢迫近它。〔人们〕望见冯妇，便上前迎接他。冯妇挽起袖子伸臂走下车。人们都喜欢他，但士人却讥笑他。"

原文 14·24 孟子曰："口之于味也，目之于色也，耳之于声也，鼻之于臭也，四肢之于安佚也，性也，有命焉，君子不谓性也。仁之于父子也，义之于君臣也，礼之于宾主也，知之于贤者也，圣人之于天道也，命也，有性焉，君子不谓命也。"

译文 孟子说："口舌对于美味，眼睛对于美色，耳朵对于音乐，鼻子对于芬香，手脚对于喜欢安逸，这都是天性，但得由命运决定〔能否得到它们〕，所以君子并不认为是〔必然的〕天性。仁对于父与子，义对于君与臣，礼对于宾与主，智慧对于贤者，圣人对于天道，由命运决定，但也是〔必然的〕天性，所以君子不强调命运的因素。”

原文 14·25 浩生不害问曰[①]：“乐正子何人也？”

注释 ① 浩生不害：齐国人，姓浩生，名不害。

译文 浩生不害问：“乐正子是个什么样的人？”

原文 孟子曰：“善人也，信人也。”

译文 孟子说：“是好人，是老实人。”

原文 “何谓善？何谓信？”

译文 〔浩生不害问：〕“什么叫好，什么叫老实？”

原文 曰：“可欲之谓善，有诸己之谓信，充实之谓美，充实而有光辉之谓大，大而化之之谓圣，圣而不知之之谓神。乐正子，二之中，四之下也。”

译文 〔孟子〕答：“值得喜欢就叫‘好’，好处体现在他本身上叫‘老实’，好处充满全身叫‘美’，充满了而又散发光辉叫‘大’，大而能融化贯通叫‘圣’，圣而又高深莫测叫‘神’。乐正子〔的人品〕，在前两种〔善、信〕之中，在后四种（美、大、圣、神）之下。”

原文 14·26 孟子曰：“逃墨必归于杨，逃杨必归于儒。归，斯受之而已矣。今之与杨、墨辩者，如追放豚，既入其苙①，又从而招之②。”

注释 ① 入其苙（lì）：入，纳入，关进。苙，关牲畜的栏圈。

② 招：赵岐注：“招，罥（juàn）也。”缠绕，捆绑。

译文 孟子说：“脱离墨子派系必然趋向杨朱派系，脱离杨朱派系必定趋向儒家学派。〔既然〕趋向，这就接受算了。现今跟杨、墨两派辩论的人，好像追寻走失了的猪，已经关入猪圈了，还要〔用绳子〕绊住它的脚。”

原文 14·27 孟子曰：“有布缕之征，粟米之征，力役之征。君子用其一，缓其二。用其二而民有殍，用其三而父子离。”

译文 孟子说：“有收布帛的赋税，有收粮食的赋税，有征劳力的赋役。君子采用其中的一种，缓和另外两种。〔如果〕同时用两种，百姓便有饿死者，三种同时并行，那就连父子间也不能相顾了。”

原文 14·28 孟子曰：“诸侯之宝三：土地，人民，政事。宝珠玉者，殃必及身。”

译文 孟子说：“诸侯有三样宝：土地、人民和政治。把珍珠美玉看成宝贝的人，祸患一定会降临自身。”

原文 14·29 盆成括①仕于齐，孟子曰：“死矣盆成括！”

注释 ① 盆成括：人名。朱熹注：“盆成，姓；括，名也。恃才妄作，所以取祸。”

译文 盆成括在齐国做官，孟子说：“盆成括快死了。”

原文 盆成括见杀，门人问曰：“夫子何以知其将见杀？”

译文 盆成括〔果然〕被杀，学生问："夫子怎么会知道他将被杀呢？"

原文 曰："其为人也小有才，未闻君子之大道也，则足以杀其躯而已矣。"

译文 〔孟子〕说："他这人小有聪明，但不懂得君子奉行的大道，这就足以〔招致〕杀身〔之祸〕罢了。"

原文 4·30 孟子之滕，馆于上宫①。有业屦于牖上②，馆人求之弗得。或问之曰："若是乎从者之廋也③？"

注释 ① 上宫：有多种解释。楼；别宫名称；上等馆舍。

② 业屦：未织完的草鞋。

③ 廋：原作"廋"（sōu），隐匿。

译文 孟子到达滕国，住在上宫。有一双未织完的草鞋放在窗台上不见了，馆里的人找不见它。有人问孟子说："像这种情况，有可能是随从您的人藏起它来吗？"

原文 曰："子以是为窃屦来与？"

译文 〔孟子〕说："你认为他们是为偷窃草鞋而来的吗？"

原文 曰："殆非也。夫子之设科也，往者不追，来者不拒。苟以是心至，斯受之而已矣。"

译文 〔那人〕答："恐怕不是。您开设课程，走了的不追查，来了的不拒绝。只要他们抱着〔学习〕心愿而来，〔不分良莠〕这就通通接受了。"

原文 14·31 孟子曰："人皆有所不忍，达之于其所忍，仁也；人皆有所不为，达之于其所为，义也。人能充无欲害人之心，而仁不可胜用也；人能充无穿窬之心，而义不可胜用也；人能充无受尔汝之实①，无所往而不为义也。士未可以言而言，是以言餂②之也；可以言而不言，是以不言餂之也，是皆穿窬之类也。"

注释 ① 无受尔汝之实：不受轻贱的实际言行。"尔、汝"是古代尊长对卑幼的称呼，平辈用"尔、汝"，含有轻视之意。

② 餂（tiǎn）：探取、获取。

译文 孟子说："人都会有不忍心干的事，把它扩展到忍心干的事上，就是仁；人都会有不肯干的事，把它扩展到肯干的事上，就是义。人能把不想害人的心理扩充，仁就用不完了；人能把不挖洞跳墙〔行窃〕的心理扩充，义也就用不尽；人能把不受轻贱的言行扩充，那就无论到何处都不会不行义。士人，不可同他谈论却去谈论，这是借谈论获取私利；可以谈论却不去谈论，这是借沉默获取私利，这些都属于挖洞跳墙的类型。”

原文 14·32 孟子曰：“言近而指远者，善言也；守约而施博者，善道也。君子之言也，不下带而道存焉[①]；君子之守，修其身而天下平。人病舍其田而芸人之田——所求于人者重，而所以自任者轻。”

注释 ① 不下带：朱熹注为“古人视不下于带，则带之上乃目前常见至近之处也。举目前之近事，而至理存焉”。

译文 孟子说：“言词浅近而意义深远的，是善言；操守简要而影响广大的，是善道。君子的言词，讲平时常见的事，道却在其中；君子的操守，只是修自身而能使天下太平。人们的毛病是舍弃自己的田而去替别人的田除草——要求别人很重，自己担负的却很轻。”

原文 14·33 孟子曰：“尧舜，性者也；汤武，反之也。动容周旋中礼者，盛德之至也。哭死而哀，非为生者也。经德不回[①]，非以干禄也。言语必信，非以正行也。君子行法，以俟命而已矣。”

注释 ① 经德不回：朱熹注为“经，常也；回，曲也”。赵岐注为“经，行也”。杨伯峻注为“回，同违”。

译文 孟子说：“尧、舜〔的行仁〕，是本性；汤、武，是〔经过修身而〕回复本性。行动、容貌合乎礼，是美德中最高的。痛惜死者而悲哀，不是给活着的人看的；守德而不违，并不是为了谋求官职俸禄。言语务求诚实，并非借此显示自己品行端正。君子按法度行事，以等待命运〔安排〕罢了。”

原文 14·34 孟子曰：“说大人，则藐之，勿视其巍巍然。堂高数仞[①]，榱题数尺[②]，我得志，弗为也。食前方丈，侍妾数百人，我得志，弗为也。般乐饮酒，驱骋田猎，后车千乘，我得志，弗为也。在彼者，皆我所不为也；在我者，皆古之制也。吾何畏彼哉？”

注释 ① 堂高：殿堂的基础。

② 榱（cuī）题：榱，屋檐屋桷的总称。榱题，也叫“出檐”，指屋檐的前端。

译文 孟子说：“向诸侯游说，要藐视他，不要理睬他那高高在上的傲气。堂高两三丈，屋檐才有几尺，〔如果〕我得志，不这样干。佳肴摆满了桌席，有几百个姬妾侍候，我得志，不这样干。饮酒欢乐，田野射猎，有千乘车尾随，我得志，不这样干。他所采取的，都是我所不干的；我所施行的，都按古代制度，我为什么要怕他呢？”

原文 14·35 孟子曰：“养心莫善于寡欲。其为人也寡欲，虽有不存焉者，寡矣；其为人也多欲，虽有存焉者，寡矣。”

译文 孟子说：“修养品性最好的办法莫过于减少欲望。他为人很少有欲望，即便〔善性〕有所失，也很少；他为人欲望很多，即便〔善性〕有以保留，也很少。”

原文 14·36 曾皙嗜羊枣，而曾子不忍食羊枣。公孙丑问曰："脍炙与羊枣孰美？"

译文 曾皙爱吃羊枣，而〔他儿子〕曾子不忍心吃羊枣。公孙丑问道："烤嫩肉和羊枣，哪一种好吃？"

原文 孟子曰："脍炙哉！"

译文 孟子说："烤嫩肉。"

原文 公孙丑曰："然则曾子何为食脍炙而不食羊枣？"

译文 公孙丑问："那么，曾子为什么吃烤嫩肉而不吃羊枣呢？"

原文 曰："脍炙所同也，羊枣所独也。讳名不讳姓①，姓所同也，名所独也。"

注释 ① 讳名：古代对父母君上的名字，不能用嘴说，用笔写，叫避讳。

译文 〔孟子〕答："烤嫩肉是人们都爱吃的，羊枣却是个别人爱吃的。这就跟〔对父母之名〕只避讳名却不避讳姓一样，〔因为〕姓是相同的，名却是独有的。"

原文 14·37 万章问曰："孔子在陈曰：'盍归乎来！吾党之小子狂简，进取，不忘其初。'孔子在陈，何思鲁之狂士？"

译文 万章问道："孔子在陈国时，说：'为什么不回去呢？我那些学生志大而狂放，有进取心，没有忘本。'孔子当时身在陈国，为什么思念鲁国的这些狂士？"

原文 孟子曰："孔子'不得中道而与之，必也狂獧乎①！狂者进取，獧者有所不为也'。孔子岂不欲中道哉？不可必得，故思其次也。"

注释 ① 獧（juàn）："狷"的异体字。洁身自好。朱熹注："獧，作狷，有所不为者，知耻自好，不为不善之人也。"

译文 孟子说："孔子认为'找不着中行的人而跟他相交，那必定只能结交狂放不羁和洁身自好的人了。狂放不羁的人向前进取，洁身自好的人有所不为。’孔子怎么会不想结交中行的人呢？因为找不到，才想次一等的啊！”

原文 “敢问何如斯可谓狂矣？”

译文 〔万章〕问：“请问，什么样的人才算狂放不羁之士呢？”

原文 曰：“如琴张、曾皙、牧皮①者，孔子之所谓狂矣。”

注释 ① 琴张：据朱熹注，“琴张，名牢，字子张，子桑户死，琴张临其丧而歌，事见《庄子》，虽未必尽然，要必有近似者”。牧皮：人名。不详。

译文 〔孟子〕答：“例如琴张、曾皙、牧皮这一类型的人，就是孔子所指的狂放不羁之人。”

原文 “何以谓之狂也？”

译文 〔万章〕问：“为什么说他们狂放呢？”

原文 曰："其志嘐嘐然①，曰：'古之人，古之人。'夷考其行②，而不掩焉者也。狂者又不可得，欲得不屑不絜之士而与之，是獧也，是又其次也。孔子曰：'过我门而不入我室，我不憾焉者，其惟乡原乎③！乡原，德之贼也。'"

注释 ① 嘐嘐（xiāo）：赵岐注为"志大言大者也。"

② 夷：赵岐、朱熹均注为"夷，平也。"亦有人认为是句首助词，无意义。

③ 乡原（yuàn）：亦称"乡愿"，指乡里中言行不符，伪善欺世的人。

译文 〔孟子〕说："他们志向大口气也大，动不动就说：'古之人〔如何如何〕，古之人〔怎样怎样〕。'而考察他们的实际行动，跟嘴里讲的不相吻合，〔如果〕连这种狂放不羁之士都找不到，便想跟那些不肯干坏事的人相交，这就是那些洁身自好之士，又是〔不得已而找〕次一等的了。孔子说：'从我家大门口经过而不进我屋里的人，我并不感到遗憾，这只是些伪善欺世的乡愿一类人物，乡愿，是破坏道德的人。'"

原文 曰:“何如斯可谓之乡原矣?”

译文 〔万章〕问:“怎么样的人才算是伪善欺世的乡愿呢?”

原文 曰:“‘何以是嘐嘐也!言不顾行,行不顾言,则曰,古之人,古之人。行何为踽踽凉凉①?生斯世也,为斯世也,善斯可矣。’阉然媚于世也者②,是乡原也。”

注释 ① 踽(jǔ)踽凉凉:踽,朱熹注:“踽踽,独行不进之貌。凉凉,薄也,不见亲厚于人也。”

② 阉然:阉,通“奄”。朱熹注:“阉,如奄人之奄,闭藏之意也。”

译文 〔孟子〕答:“〔乡愿批评狂放之士说,〕‘为什么这样志向大、口气也大呢?言谈不顾行动,行动不顾言谈,就会说古之人〔如何如何,〕古之人〔怎样怎样〕,〔乡愿又讥笑洁身自好的獧者说,〕处事为什么如此孤独冷漠呢?生活在这个世界,为这个世界办事,相安无事就满可以了。’〔这一类〕低贱地献媚讨好于世俗的人,便是伪善欺世的乡愿。”

原文 万章曰："一乡皆称原人焉，无所往而不为原人，孔子以为德之贼，何哉？"

译文 万章说："全乡的人都称他是好人，他所到的地方也处处表现为好人，孔子却说他是破坏道德的人，这是什么原因？"

原文 曰："非之无举也，刺之无刺也，同乎流俗，合乎污世，居之似忠信，行之似廉絜，众皆悦之，自以为是，而不可与入尧舜之道，故曰'德之贼'也。孔子曰：'恶似而非者；恶莠[①]，恐其乱苗也；恶佞，恐其乱义也；恶利口，恐其乱信也；恶郑声，恐其乱乐也，恶紫，恐其乱朱也；恶乡原，恐其乱德也。'君子反经而已矣[②]。经正，则庶民兴；庶民兴，斯无邪慝矣[③]。"

注释

① 莠（yǒu）：狗尾草，一年生草本植物，形状像谷子。

② 反经：朱熹注："反，复也；经，常也，万世不易之常道也。"

③ 慝（tè）：奸邪。邪念。

译文 〔孟子〕说："〔这一类人的特点是，〕要否定他，举不出什么大过错；要责怪他，也无可指责，他总是迎合流俗，讨好污世，乍看起来为人好像忠厚老实，行动也好像清白无染，人们都很喜欢他，他自己也觉得挺不错，却不可与尧、舜之道混同一起，因此说是道德的破坏者。孔子说，很讨厌那种乍看相似实质根本不同的东西：讨厌那〔类似谷物的〕狗尾草，担心它会扰乱禾苗；讨厌巧言善辩不正派的人，担心它会搅乱了义；讨厌夸夸其谈说大话的人，担心它会混淆了信守；讨厌郑国〔低级庸俗〕的乐曲，担心它会污染了雅乐；讨厌紫颜色，担心它会弄混了正红色；讨厌伪善欺世的乡愿，正是担心它破坏了道德。君子〔能使一切〕回到〔万世不易的〕正常道路就完全可以了。正常道路恢复了，百姓就会兴奋振作，百姓一兴奋振作，这就可以杜绝邪恶坏念了。"

原文 14·38 孟子曰："由尧舜至于汤，五百有余岁；若禹、皋陶，则见而知之；若汤，则闻而知之。由汤至于文王，五百有余岁，若伊尹、莱朱[①]，则见而知之；若文王，则闻而知之。由文王至于孔子，五百有余岁，若太公望、散宜生[②]，则见而知之；若孔子，则闻而知之。由孔子而来至于今，百有余岁，去圣人之世若此其未远也，近圣人之居若此其甚也，然而无有乎尔，则亦无有乎尔③。”

注释

① 莱朱：汤的贤臣。

② 太公望、散宜生：据赵岐注，“太公望，吕尚也，号曰师尚文。散宜生，文王四臣之一。吕尚有勇谋而为将，散宜生有文德而为相，故以相配而言之也。”

③ 然而无有乎尔，则亦无有乎尔：据朱熹引述林氏之言曰，“孟子言孔子至今时未远，邹、鲁相去又近，然而已无有见而知之者矣，则五百余岁之后，又岂复有闻而知之者乎?”朱熹对林氏之说，“不敢自谓已得其传”。但因此说尚能与前文承接贯通，译文采用此说，以供参考。

译文

孟子说：“从尧、舜直到商汤，有五百多年，像禹和皋陶这些人，是亲眼见过〔尧、舜之道〕而懂得的；像汤，却是听到〔尧、舜之道〕才懂得的。从商汤到周文王，又有五百多年，像伊尹、莱朱一类人，是眼见而懂得的；像周文王却是耳闻才懂得的。从周文王到孔子，也有五百多年，像太公吕望、散宜生这一类人，是眼见而懂得的；像孔夫子却是耳闻才懂得的。

从孔子以来直到今天，有一百多年，离开圣人的时代像这样近，距离圣人的故乡又像这样短，但是，已经没有〔眼见而懂的〕那种后继者，恐怕也就不会再有〔耳听而懂得的〕那种后继者了吧！”

图书在版编目(CIP)数据

四书全译 / 刘俊田，林松，禹克坤译注. — 贵阳：贵州人民出版社，2021.4
（中国历代名著全译丛书）
ISBN 978-7-221-16505-3

Ⅰ.①四… Ⅱ.①刘…②林…③禹… Ⅲ.①儒家②四书—译文 Ⅳ.①B222.14

中国版本图书馆CIP数据核字（2020）第267676号

出 版 人：王 旭
责任编辑：程 立
编辑助理：高巧琳
装帧设计：晓笛设计工作室 舒刚卫 刘清霞
责任监印：尹晓蓓 唐锡璋

书　　名：四书全译
译　　注：刘俊田 林 松 禹克坤
出版发行：贵州出版集团 贵州人民出版社
地　　址：贵州省贵阳市观山湖区会展东路SOHO办公区A座
印　　刷：北京雅昌艺术印刷有限公司
开　　本：880mm×1230mm 32开
印　　张：28.25
字　　数：513千字
版　　次：2021年4月第1版
印　　次：2021年4月第1次印刷
书　　号：ISBN 978-7-221-16505-3
定　　价：142.00元
